존 웨슬리의 기독교 해설 3

목회신학

존 웨슬리의 기독교 해설 3

목회신학

토머스 C. 오든

웨슬리 르네상스

감수 후기

「존 웨슬리의 기독교 해설」 시리즈 3권 『목회신학』은 번역자가 번역을 마친 후, 감수자가 꼼꼼히 수정하고, 마지막으로 번역자가 수정된 원고를 재확인하는 방식으로 번역했습니다. 책이 난해한 신학적 내용을 다루기보다 어느 정도 신앙 지식을 지닌 개신교 신자라면 충분히 이해할 수 있을 내용인 데다, 번역자가 영국에서 자라 영어를 모국어처럼 사용하기에 가능한 작업이었습니다. 그럼에도 번역자의 웨슬리 신학 이해와 우리말 표현에 부족한 점이 있을 수 있음을 감안해, 모든 과정은 웨슬리 신학 전공자의 철저한 감수 아래 이루어졌음을 밝힙니다.

책의 본문이나 각주에서 웨슬리 자료의 출처는 많은 경우 원서의 영어 제목을 그대로 옮겼습니다. 아직 우리말로 번역되지 않은 웨슬리 자료가 많은 데다, 전문적인 연구자의 편의를 위해 필요하다고 판단했기 때문입니다. 웨슬리의 설교는 대부분 우리말로 번역되었기에 번역된 자료를 참고할 수 있도록 책의 끝부분에 부록으로 '영어 알파벳순 웨슬리 설교 목록'과 '우리말 웨슬리 설교 목록'을 실었습니다. '우리말 웨슬리 설교 목록'에는 웨슬리 설교의 우리말 제목과 영어 제목을 동시에 표기했습니다. 따라서 책의 본문이나 각주에서 영어로 표기된 설교의 우리말 자료가 필요한 경우 부록을 참고하시기 바랍니다.

장기영 박사

차례

머리말

웨슬리의 교육관의 두드러진 특징은 다양한 견해를 관용하는 것이다. 그는 다음과 같이 말한다.

> 자신처럼 생각하지 않는다는 이유로 다른 사람을 비난하지 마십시오. 모든 사람에게 자신만의 생각을 할 온전한 자유를 허용하십시오. 모든 사람은 하나님 앞에서 자신이 그렇게 한 이유를 고백해야 할 것이기에 스스로 바르게 판단해야 합니다. 다른 사람을 어떻게, 얼마라도 핍박하려 했다면 그런 마음의 자세를 거부하십시오. 여러분이 이유를 잘 설명하거나 설득해서 누군가를 진리로 이끌 수 없다면, 절대 강제로 그렇게 하려 하지는 마십시오. 만약 사랑 때문에 강제할 수 없다면, 모든 것을 판단하시는 하나님께 그를 맡기십시오.[1]

웨슬리의 기독교해설 시리즈에 관해

웨슬리의 기독교해설 시리즈는 존 웨슬리의 가르침을 이해하기 원하는 독자들을 위한 가이드다. 이 책은 제1권 하나님과 섭리, 제2권 그리스도와 구원에 이어지는 제3권이다.

이 책에서 나는 교회와 사역, 목회에 관한 웨슬리의 복음적 가르침의 기본 원리가 무엇인지에 초점을 두고자 한다. 이 책의 내용은 목회 사역으

---

1 Advice to the People Called Methodist, B 9:130, sec. 23.

로의 부르심, 제자도, 목회자 리더십, 영적 돌봄, 세례와 성만찬에 관한 웨슬리의 자료를 개괄한다. 나는 존 웨슬리의 길거나 짧은 모든 저술에 담긴 핵심 내용을 최대한 축약해 독자에게 전달하고자 한다.

네 권의 책 저술 방법은 모두 동일한데, 체계적 순서로 구성되어 있는 존 웨슬리의 기본 자료의 내용을 최대한 원문에 충실하게 옮기는 것이다. 나는 웨슬리의 글을 최대한 본문에 충실하면서 현대어로 전달하기 위해 노력했다.

나는 웨슬리를 만나보지 못한 복음주의나 정통주의, 가톨릭주의에 속한 독자에게 웨슬리의 가르침을 소개하고자 한다. 지난 세기에는 웨슬리와 관련 있는 많은 신자조차 그를 깊이 있게 읽거나 그의 풍부한 지성에서 지적 영향을 받을 기회를 결코 갖지 못했다. 그러면서도 지난 두 세기 반 동안 수백만의 신자가 그의 탁월한 사역의 결과로 형성된 신앙 공동체 속에서 예배를 드려왔다.

이 책에 관해

시리즈 제3권인 이 책에서 나는 교회와 목회에 관한 웨슬리의 가르침의 정수를 웨슬리에 관해 익숙하지 않은 독자에게 전달하고자 한다. 웨슬리는 교회의 본질과 목회자의 직무, 예배와 설교, 그리고 그리스도의 생명에 참여하기 원하는 사람을 섬기는 사역에 관한 성경의 가르침에 깊이 천착했다. 목회 상담에 관한 그의 저술은 결혼과 자녀 양육, 가족이나 독신자들 또는 환자와 죽어가는 사람에 대한 돌봄에 관한 교육적 설교를 포함한다.

이 책은 웨슬리의 가르침 전부를 충분히 다루지는 못하지만 그의 논문, 찬송집, 설교집, 기도문 등 다양한 형태의 저술에 담긴 핵심적인 통찰을 다룬다. 내 목표는 그런 글에 담긴 모든 요소를 검토하거나, 그것을 어떻게 해석하는지의 차이를 분석하거나, 본문이 의미하는 바를 모두 풀어내려는 것이 아니라, 각 본문에 담긴 웨슬리의 주장의 핵심과 의도를 밝혀, 웨슬리 신학이 오늘날 우리를 위해서도 유익한 신학임을 드러내는 것이다. 만약 우리가 교회와 사역, 목회에 관한 웨슬리 자신의 저술을 주의 깊게 살펴보면, 그가 오늘날의 목회신학에서 일반적으로 논의되는 주제들 전부를 빠짐없이 다루고 있음을 알게 될 것이다.

웨슬리의 저술들

웨슬리는 지칠 줄 모르는 저술가이자, 열렬한 일지 기록자였고, 끊임없이 여행했던 순회 설교자였으며, 60여 년간 공적인 주목을 받은 인물이었다. 그는 엄청난 양의 저술을 남겼다. 그의 유작으로는 151편의 교육적 설교, 1735년부터 1791년까지 60년 분량의 사역 일지, 출판되지 않은 자필 일기, 여덟 권의 서신 전집, 다양한 주제에 관해 쓴 다수의 신학 논문, 성경 주해, 교리를 설명하는 소책자, 그리고 필요에 따라 간헐적으로 쓴 다수의 글이 남아 있다.

　이 책은 그의 막대한 양의 저술에서 영혼을 돌보는 목회사역에 관련된 웨슬리의 사상과 논리, 가르침을 모은 것이다. 나는 이러한 내용을 압축해 현대 독자들이 묵상과 설교, 신학 연구를 위해 쉽게 이해하고 유용하게 사용할 수 있도록 적당히 내용을 분할했다. 웨슬리가 가르친 내용의 대부분은 오늘날의 사회적 상황에도 그대로 적용될 수 있다. 웨슬리가 남긴 유산인 이 글들은 방대하며 그 가치는 도저히 값을 매길 수 없을 정도다.

　웨슬리는 1771년 그의 작품 전집에 붙이는 독자들을 향한 글에서 자신의 교육적 설교들을 자연스런 전개 방식에 따른 순서로 배열하면서 다음과 같이 말한다. "나는 적절한 제목 아래에 유사한 주제를 다루는 설교를 함께 모으고 그 안에서 한 설교가 다른 설교의 의미를 더 분명히 하는 방식으로 설교를 체계적으로 정리하고자 노력했다."[2] 그의 많은 설교는 목회 신학, 즉 목회 사역과 영혼에 대한 돌봄을 실천하는 가운데 겪는 도전들에 초점을 둔다. 우리는 웨슬리 자신의 이러한 체계적인 계획을 우리의 작업을 위한 토대로 삼을 것이다.

웨슬리에게 목회는 하나님, 그리스도, 구원, 성령의 역사에 관한 가르침과 떼어놓을 수 없다. 웨슬리에게 목회란 마치 그의 구원론에 덧붙인 각주 같은 것이다. 그렇기에 이 책만 읽어 성경의 권위에 관한 그의 사상을 알고 싶어 하는 사람이 있다면, 그 주제를 충분히 다루는 제1권으로 돌아가 그 내용을 살펴보는 것이 좋을 것이다. 속죄와 신앙, 확신, 은혜, 선택과 예정 등에 관해 더 자세한 설명을 원하는 사람은 제2권을 참고하면 된다.

주제별 순서

웨슬리는 1771년 전집에 쓴 "제3판에 붙이는 서문"(Preface to the Third Edition)에서 자신의 글 전반을 개괄적으로 이해하고자 하는 일반 독자들을 도우려는 바람을 짧게 적었다. 그리고 자신의 설교에 적절한 제목을 붙이고, 그 제목 아래 유사한 주제의 설교를 함께 모아, 한 설교가 다른 설교를 더 분명하게 이해할 수 있게 배열하고자 하는 의도를 밝혔다. 웨슬리는 자신의 저술 전반에 관해, 이 "실천 신학" 작품에서는 "실천적 신학이든 논쟁적 신학이든, 집중적이든 간헐적이든 신학의 중요한 주제 중 다루지 않

---

2   "Preface to the Third Edition," J I. 3.

은 것이 거의 없습니다"라고 평가한다.[3]

웨슬리는 대체로 평신도를 고려해 글을 썼다. 그가 다루는 주제는 교회의 본질과 임무, 평신도, 성직자의 소명과 복음 사역을 위한 준비, 상담, 돌봄, 견책 등 오늘날에도 일반적으로 논의되는 주제들이다. 그는 이러한 주제들에 관해 설교에서 미처 다루지 못한 내용은, 상황적 필요에 따라 작성한 논문, 일지 속 관련 내용, 관련 주제에 관해 쓴 편지 등 그의 저술 전반에 흩어져 있는 내용으로 보완했다. 가능한 한 나는 교회와 사역, 목회 신학의 핵심 주제를 다루는 논리적 배열에서 웨슬리 자신의 순서를 따르고자 한다.

목회신학이란?

목회신학이란 성직자와 평신도 신자들의 사역과 관련해 하나님을 연구하는 신학의 한 분야다. 목회신학은 하나님과 동행하는 삶에 실제적인 방법을 제공하기 위한 것이다. 이는 신학의 더 실제적 부분으로, 이론적이기보다 실용적이며, 성직자와 평신도를 포함해 사역자로 적절한 자질을 갖추게 하려는 목적을 가진다. 그 하부 주제는 교회, 목회의 직분과 은사, 설교학, 목회, 예배학, 교회 리더십을 비롯해 교리적이고 도덕적인 신학의 적용 등 이 책의 차례에 담긴 모든 주제를 대체로 포괄한다. 목회신학은 "그리스도의 일꾼이요 하나님의 비밀을 맡은 자"(고전 4:1)에게 주어진 은사와 책무를 가르친다. 조직신학은 계시된 진리가 보관된 곳이 성경임을 확증하고, 그리스도께서 교회에 맡기신 신앙의 내용을 체계화 한다. 목회신학은 계시된 진리에 관해 기독교의 전통이 축적해온 지혜를 회중과 신자

---

3 "Preface to the Third Edition," J I:3.

에게 전달하는 방법을 그리스도의 일꾼들에게 가르친다. 도덕 신학은 기독교 공동체 안에서 이루어지는 도덕적 판단의 기초를 놓는다. 목회신학은 이러한 다양한 분야의 신학과 은혜의 방편 사용, 영혼을 돌보는 소명을 받은 사람의 매일의 삶과 밀접한 연관이 있는 실천적 태도를 가르친다. 목회신학은 이러한 다양한 신학 모두에서 지혜를 얻어, 그러한 깨달음이 그리스도께서 확립하신 사역을 통해 실제로 영혼을 구원하는 일에 효과를 발휘하도록 한다.

　'목회신학'이라는 특정한 신학은 매우 최근에야 생겨났지만, 그것이 전달하고자 하는 지혜는 교회 그 자체만큼이나 오래되었다. 목회신학의 원천은 성경과 고대 기독교 저술가, 중세와 종교개혁기의 주요 저술가들이다. 그들은 목회자의 직분, 교회와 사역, 그리고 영혼을 돌보기 위한 접근 방법 등을 설명했다.

　목회신학의 주제는 영혼을 돌보도록 예수님께서 사도들에게 주신 많은 가르침에서 나타난다.[4] 사도 시대 이후 고대 기독교 주석가의 가르침은 주후 110년 안디옥의 이그나티우스(Ignatius of Antioch)의 저술로부터 주후 590년 대 그레고리의『사목규범』(Regulae pastoralis liber)에 이르기까지 목회 지침으로 가득했다. 목회신학의 본질적 의미를 규명하는 시기의 저술은 알렉산드리아의 클레멘트(Clement of Alexandria), 시프리안(Cyprian), 나지안주스의 성 그레고리(Gregory of Nazianzus), 존 크리소스톰(John Chrysostom), 어거스틴(Augustine), 암브로시우스(Ambrose)의 글을 포함한다. 그 후로도 목회신학의 위대한 전통은 비드(Bede)로부터 토머스 아퀴나스(Thomas Aquinas)와 보나벤투라

4　마 3:12-7:28; 10:6-10; 25; 막 6:8-11.

(Bonaventure)를 거쳐 루터, 칼빈, 크랜머, 웨슬리에 이르기까지 계속된다.

그레고리 1세 이후로 전통적 목회신학은 주로 교육과 거룩한 신비의 전달, 영혼에 대한 돌봄이라는 세 범주로 나누어졌는데, 이들은 교리학과 설교학, 예배학을 포함했다. 목사들은 종종 가난한 회중에게 의학적 지혜를 전달하는 중재자이기도 했기 때문에, 목회는 때때로 사목의학(pastoral medicine)이라 불리는, 영혼을 적절히 돌보는 데 필요한 의학 지식의 전달을 포함했다. 오늘날 종합대학이나 신학대학원에서 다루는 학문적 분야로서의 목회신학은 치유와 돌봄의 신학적 토대, 목회 심리학, 종교 심리학, 그리고 상담의 이론과 실제를 모두 아우른다.

목회신학 연구방법론

이 책의 목회신학 연구방법론은 유대교 본문 비평 전통이 하나님의 감동으로 된 거룩한 말씀의 진리를 대하는 태도와 유사하다. 랍비와 교부의 성경해석은 각 단어와 문장, 본문의 문맥을 면밀히 살펴 본문에서 진리를 끌어내, 그 진리가 행동 변화에 영향을 끼칠 정도로 그 유익한 깨달음을 절실히 느끼게 만드는 것을 목적으로 삼는다. 여기서 거룩한 말씀이란 웨슬리의 가르침이 아니라, 그의 가르침을 형성하는 각각의 구성요소인 성경 말씀을 말한다.

전통적인 기독교 주석가들은 충실하게 성경으로 성경을 해석했다. 애석하게도 오늘날 목회에 관한 저술에서는 이런 방법론을 거의 볼 수 없다. 웨슬리는 성경 본문에 기반을 둔 설교를 통해 목회신학에 접근했다. 따라서 그는 목회신학의 새로운 형태를 제시한다.

웨슬리의 연구방법은 오랜 세월에 걸쳐 유효성이 입증된, 성경 본문을 다른 성경 본문과 대조하는 것이다. 이 방법은 교회와 목회에 관해 말씀하는 성경 본문을 또 다른 성경 본문이나 그 숨은 뜻과 연결한다. 신학적이고 목회적인 진리를 성경 본문 자체에서 직접 이끌어내기에, 이 방법은 성경 본문을 서로 비교하며 해석하는 방법이 어떻게 발전해 왔는가 하는 역사와는 구별된다. 웨슬리는 구약 예언자들과 신약의 사도들의 증거 사이에는 내적 일관성과 통일성, 연속성이 있다고 보았다. 그는 성령의 조명하심을 구하면서 하나의 성경 본문을 가장 분명한 의미를 가진 다른 성경 본문과 비교함으로 끊임없이 '신앙의 유비'를 사용했다. 한 본문의 의미가 모호한 경우, 의미가 모호하지 않은 본문을 통해 그 의미가 명확해지는 것이다. 이러한 방법론은 기본적으로는 주석적 작업이지만, 부차적으로는 조직신학적 작업이기도 하다. 따라서 나 역시 해당 주제에 관한 웨슬리의 핵심 저작들에서 본문의 의미를 명확히 한 후, 그 본문을 주제별로 정리해 웨슬리의 가르침을 일관성을 지닌 형태로 제시할 것이다.

나는 의도적으로 웨슬리에 관한 2차 자료보다 웨슬리 자신이 쓴 1차 자료에 집중했다. 웨슬리의 신학이 시간의 추이에 따라 그가 속해 있던 사회적 관계 속에서 어떻게 바뀌고 발전했는지를 추적하는 작업은 웨슬리에 관해 목회적 관심보다 역사적 관심을 가진 연구자들의 몫으로 남겨두고자 한다. 사회의 역사, 심리 상태의 변천, 사회적 신분과 관련된 문제들, 역사적으로 중대한 사안들이 아무리 사람의 흥미를 자아낼지라도, 그런 문제는 설교자와 목회상담가를 도울 수 있을 만큼 유익한 통찰을 주는 일에는 실질적 실적을 남기지 못했다.

나는 독자들이 웨슬리 자신의 글에 집중하기를 바란다. 웨슬리 자신이 말하도록 함으로써 웨슬리의 가르침에 어떤 능력이 담겨 있는지 직접 확인해 보라. 이 연구는 단지 웨슬리 자신의 글을 직접 접함으로 더 깊은 통찰력을 얻으라는 초청장 역할을 할 뿐이다.

사람들은 웨슬리를 자주 '대중 신학자' 또는 주로 '실천 신학' 전문가로 여겨 왔다. 그를 목회상담가나 사람을 일대일로 돌보는 치유자, 목회신학 분야의 최고의 교사로 여기지는 않았다. 나는 「존 웨슬리의 기독교해설」 시리즈의 첫 두 권에서 웨슬리를 세상의 창조로부터 종말에 이루어질 완성에 이르기까지 신학의 중요한 주제들을 빠짐없이 해설한 깊이 있는 조직신학자로 설명했다. 이 책은 그를 목회 상담과 사역에서의 리더십을 수행하는 일에 끊임없이 헌신한 목회신학자로 제시한다.

나는 목회에 관한 웨슬리의 가르침을 공정하면서도 오늘날의 현실에 적합하도록 제공하고자 한다. 그 방법은 귀납적으로 설명하는 것이다. 설명의 순서는 체계적이다. 만약 웨슬리의 가르침이 아닌 나 자신의 생각을 과도하게 덧입힌다면, 나는 더 중요한 목적을 이루는 데 실패하는 것이 되고 만다. 나는 웨슬리가 저술하던 시대의 복잡한 사회적·정치적 환경에 대해 불필요하게 짐작하지 않을 것이다. 그런 일은 그 분야에 관해 더 잘 아는 전문가들의 몫으로 남겨두고자 한다.

주요 원자료 버전 표기

이 책에서 가장 중요하게 사용한 학문성이 뛰어난 웨슬리 전집은 옥스퍼드(Oxford)/애빙던(Abingdon) 출판사의 200주년 기념판(옥스퍼드 출판사는 1975-83년, 애빙던은 1984년 이후)으로, 'B'로 표기할 것이다.[5]

---

5   드물게 석든(Sugden)판 웨슬리 표준설교(*Standard Sermons*, 약어 *SS*)에서 인용할 경우 특별히 그가 주해한 내용을 독자에게 설명할 것이다.

인쇄를 거듭해 가장 많이 출판되었고, 흔히 도서관이나 목회자의 책
장에서 유일하게 발견되는 전집은 1829-31년에 처음 출판된 토마스 잭슨
(Thomas Jackson) 판인데, 'J'로 표기할 것이다. 따라서 각주에 'B'나 'J'
가 나오면 독자는 200주년 기념판(B)이나 잭슨판(J)으로 기억하기 바란
다. 이 작업이 필요한 이유는 독자 대부분이 두 전집 중 하나만 가지고 있
지, 둘 모두를 가지고 있지는 않기 때문이다. 잭슨판은 200주년 기념판보
다 훨씬 많이 배포되어 있다.

연구 자료 활용을 위한 핵심 지침은 아래와 같다.

- 아라비아 숫자로 표기된 책은 200주년 기념판을 가리키고, 대문자 로마 숫자
  로 표기된 책은 잭슨판을 가리킨다.

- 200주년 기념판(B로 표기)과 잭슨판(J로 표기) 모두는 검색용 CD나 온라인으
  로 사용할 수 있다. 200주년 기념판 CD는 아직 불완전하고, 전집의 완성을 위해
  서는 아직 많은 책을 더 출판해야 한다.

- 잭슨판과 200주년 기념판을 구분하는 것은 쉽다. 첫 번째 숫자가 아라비아 숫
  자면 200주년 기념판을 가리키고, 대문자 로마 숫자면 잭슨판을 뜻한다. 예를 들
  어, 'B 4:133'은 200주년 기념판 4권 133페이지, 'J IV:133'은 잭슨판 4권 133페이지
  를 가리킨다.

- 더 자세한 논의를 위해 새로운 설교를 소개할 경우, 200주년 기념판은 괄호에
  넣어 B, 설교 번호, 설교 날짜, 권수와 페이지 순서, 잭슨판은 괄호 안에 J, 설교 번
  호, 권수와 페이지로 표기할 것이다.

- 200주년 기념판 설교의 번호와 순서는 간혹 잭슨판과 다르다.[6]

이런 표기를 하는 이유는 서로 다른 버전의 웨슬리 자료를 가지고 있

---

6   예를 들어 "선한 사람들의 괴로움과 쉼"은 200주년 기념판에서는 설교 109번(B #109), 잭슨판
에서는 설교 127번(J #127)이다. 두 전집의 설교 번호가 같은 경우가 더 많지만 일부 설교는 다
르다.

더라도 편리하게 원문을 확인할 수 있도록 돕기 위해서이다. 독자 대부분은 잭슨판이나 200주년 기념판 중 한 가지 버전만 사용할 것이고, 대체로 두 버전 모두 사용하지는 않을 것이다. 이를 감안해 나는 두 버전을 모두 표기할 것이다. 이 시리즈 각 권 뒤에는 모두 부록으로 "알파벳 순서별 웨슬리 설교 출처, 200주년 기념판 & 잭슨판"을 수록했다. 학술적으로 연구하는 사람이라면 가능한 한 200주년 기념판을 사용하기 바란다.

성경 구절 인용 표기

웨슬리는 일반 예배에서 사용되던 영어 흠정역 성경(KJV)의 가치에 늘 감사하는 마음을 가졌지만, 그가 성경을 연구할 때는 대체로 원어 성경을 사용했다. 이 책에서 성경 구절을 인용할 때 별다른 언급이 없는 경우에는 웨슬리가 설교하거나 글을 쓸 때 주로 사용한 킹제임스 성경을 인용할 것이다.

웨슬리는 자신이 헬라어를 직접 번역한 신약 성경을 출판할 때, 평이한 영어를 사용하던 1700년대 청중과의 교감을 위해 1611년판 영어 흠정역 성경의 많은 본문을 수정했다. 그렇더라도 웨슬리가 자신의 헬라어 영역본 신약 성경이 앞으로 수세기 동안 영국 독자를 위한 결정판이 될 것이라고 여겼다고 생각할 필요는 없다. 과거 수십 년 동안 영국 사람들의 언어의 용례와 기법이 자주 바뀌어 왔듯, 웨슬리 이후로도 그럴 것이기 때문이다.

웨슬리가 늘 킹제임스 성경으로 작업했을 것이라 추측해온 사람은, 그가 헬라어 신약 성경을 능숙하게 읽을 수 있었음을 알아야 한다. 그는 매일 이른 아침과 저녁, 말씀 묵상과 연구에서 헬라어 신약 성경을 사용했다.

다른 웨슬리 전집들

웨슬리 생전에 출판된 유일한 전집은 32권짜리 브리스톨판 웨슬리 전집 [*The Works of the Rev. John Wesley* (Bristol, UK: William Pine, 1771-74)]이었다.

웨슬리 사후 출판된 두 번째 전집은 조셉 벤슨(Joseph Benson)이 편집한 *The Works of the Rev. John Wesley* (17 vols., London: Conference Offices, 1809-13; New York과 Philadelphia에서 10권으로 재출판됨, 1826-27)이다.

세 번째 전집은 현재 미국에서 가장 많이 사용되고 있고 이 책에서도 가장 중요하게 사용할 두 전집 중 하나로, 토머스 잭슨이 편집한 *The Works of the Rev. John Wesley* (14 vols., London, 1829-31)이다.[7]

200주년 기념판이 나오기 전 현대적 기준에 따라 웨슬리 글에 학자의 서문을 싣고 주해를 붙인 전집에는 1916년에 출간된 느헤미아 커녹 (Nehemiah Curnock)의 *The Journal of John Wesley* (약어 *JJW*), 1921년에 출간된 에드워드 석든(Edward H. Sugden)의 『표준설교집』 (*Standard Sermons*, 약어 *SS*), 1931년에 출간된 존 텔포드(John Telford) 의 *The Letters of John Wesley* (약어 *LJW*), 1964년에 알버트 아우틀러 (Albert C. Outler)가 선별한 『존 웨슬리 저작선』 [*John Wesley* (New York: Oxford University Press, 1964)]이 있다. 이 책은 이 모든 자료를

---

7   200주년 기념판 설교집이 텔포드·석든·커녹·잭슨판을 거의 언급하지 않는 이유는 여전히 수수께끼로 남는다. 그 모든 자료가 연구에 적절하고 유용한 해설을 담고 있기 때문이다. 존 에머리(John Emory)가 잭슨판에 기초해 편집한 미국판은 1831년 뉴욕에서 출간됐다. 현재 많은 도서관이 잭슨판만 가지고 있다.

중요하게 다룬다. 옥스퍼드 • 애빙턴 출판사의 200주년 기념판(약어 B)[8]은 앞으로 오랜 기간 웨슬리 전집의 결정판으로 자리매김할 것이다.

웨슬리가 남긴 유산

웨슬리는 엄청난 분량의 저작물을 남겼다. 이 방대한 저작물은 151편의 교육적 설교, 거의 60년치의 출판된 일지(1735-91), 자필 일기, 8권 분량의 편지, 신학 논문, 교리에 관한 소책자, 필요에 따라 쓴 글과 서문들이다. 막대한 분량의 찬송 대부분은 동생 찰스 웨슬리가 썼지만, 그것을 편집한 사람은 형 존 웨슬리다. 이 모든 것은 아주 오랜 기간 그들이 편집하고 출판한 결과물이다. 18세기에 존 웨슬리처럼 방대한 저작물을 남긴 사람은 다시 찾기 힘들다.

이 시리즈는 웨슬리에 대한 전문 지식이 없는 독자를 위해 웨슬리가 남긴 유산 전체의 요지를 조직신학적으로 체계화해 전달하고자 한다. 이는 그의 기독교 해설에 담긴 근본적 지혜를 보게 하는 하나의 창을 제공할 것이다. 이 시리즈는 그의 가르침을 총망라하지는 못하더라도, 그의 다양한 장르의 저작물 전체에 담긴 핵심적 통찰을 빠짐없이 담고자 노력했다.

이는 웨슬리의 방대한 작품을 점검하는 일에 왜 여러 권의 책이 필요한지에 대한 설명이 될 것이다. 짧은 시리즈로는 핵심 내용을 희생시킬 수

---

8 '신조'(Articles of Religion, 약어 Art.)라는 말로 내가 지칭하는 것은 웨슬리가 영국 국교회 39 개 신조를 편집, 수정해 만든 24개 신조다(미국 감리교회는 1784년에 25번째 신조를 추가했다). 이 신조는 미국 웨슬리안 교리 전통에서 핵심적 역할을 해왔으며, 웨슬리안 전통 교회 대부분의 헌법에 포함되어 있다. '신앙고백'(Confession, 약어 Confes.)이라는 말은 1962년에 복음주의 형제연합교회(The Evangelical United Brethren) 신앙고백서에 제시된 웨슬리안 신앙 개요를 지칭하는데, 이 개요는 이후 헌법적 구속력이 있는 규정에 의해 연합감리교회(the United Methodist Church)의 교리적 표준이 되었다. 신앙고백 제1조는 'Confes. 1'로 표기할 것이다.

밖에 없기 때문이다. 특정 교리나 사상에 대한 관심으로 이 책을 읽는 독
자라면, 시리즈의 특정 부분을 더 심도 있게 읽는 것이 도움이 될 것이다.

이 시리즈에 관해

존더반(Zondervan)은 참고자료와 고전 출판에 탁월한 명성을 가진 출판
사로, 출판한 많은 책이 시리즈로 되어 있다. 나는 이 시리즈가 평신도와
신학자 모두에게 충분히 유용한 자료로 인정받고 적절한 시기에 디지털
화되어 앞으로 수십 년 동안 세계의 독자들이 활용할 수 있게 되기를 바란
다. 지금까지 웨슬리 연구에서 웨슬리가 가르친 내용과 그 내용을 담고 있
는 원문을 하나하나 소개하면서 해설한 이런 연구서는 없었다.

존더반은 1994년에 이 시리즈의 전작인 웨슬리 신학 연구서 *John
Wesley's Scriptural Christianity: A Plain Exposition of His Teaching on
Christian Doctrine* (약어 *JWSC*)을 출판했다. 이 시리즈는 그 단행본의 내
용을 상당히 개정하고 분량을 네 배로 확장했다.

약어표

ACCS   *The Ancient Christian Commentary on Scripture*. Edited by Thomas C. Oden. Downers Grove, IL: InterVarsity, 1997-2010.

art.   article.

AM   *Arminian Magazine*.

AMW   Karen B. Westerfield Tucker. *American Methodist Worship*. New York: Oxford University Press, 2001.

AS   *Asbury Seminarian*.

B   Bicentennial edition of *The Works of John Wesley*. Edited by Frank Baker and Richard Heitzenrater. Oxford, Clarendon, and New York: Oxford University Press, 1975-83; Nashville: Abingdon, 1984 - ; in print: volumes 1, 2, 3, 4, 7, 18, 19, 20, 21, 22, 23, 24. Vols. 14-16 of the Bicentennial edition, on pastoral, ethical, and instructional writings, and on medicine and many other topics are as yet in preparation.

BCP   Book of Common Prayer.

BEM   Bernard G. Holland. *Baptism in Early Methodism*. London: Epworth, 1970.

Bull.   Bulletin

CCJW   *The Cambridge Companion to John Wesley*. Edited by Randy L. Maddox and Jason E. Vickers. Cambridge: Cambridge University Press, 2009.

CH   *A Collection of Hymns for the Use of the People Called Methodists*, vol. 7 of the Bicentennial edition.

Chr.   Christian.

CL   A Christian Library

Confes.   1962 Confession of the Evangelical United Brethren .

CTA   John Fletcher. *Checks to Antinominism*. New York: J. Collard, 1837.

CWT   Robert W. Burtner and Robert E. Chiles. *A Compend of Wesley's Theology*. Nashville: Abingdon, 1954.

Diss.   Dissertation.

DOS	*The Doctrine of Original Sin according to Scripture, Reason, and Experience.*
DPF	"Dialogue between a Predestinarian and His Friend."
DSF	"The Doctrine of Salvation, Faith and Good Works Extracted from the Homilies of the Church of England."
DSWT	Thomas C. Oden. *Doctrinal Standards in the Wesleyan Tradition.* Grand Rapids: Zondervan, 1988.
EA	"An Earnest Appeal to Men of Reason and Religion."
ENNT	*Explanatory Notes upon the New Testament.*
ENOT	*Explanatory Notes upon the Old Testament.*
ETS	Evangelical Theological Society.
EWT	Paul Mickey. *Essentials of Wesleyan Theology.* Grand Rapids: Zondervan, 1980.
FA	"A Farther Appeal to Men of Reason and Religion."
FAP	Francis Asbury Press, Zondervan.
FB	Howard Slaatte. *Fire in the Brand: Introduction to the Creative Work and Theology of John Wesley.* New York: Exposition, 1963.
FW	Kenneth Collins. *A Faithful Witness: John Wesley's Homiletical Theology.* Wilmore, KY: Wesleyan Heritage, 1993.
FWAT	Mildred Bangs Wynkoop. *Foundations of Wesleyan-Arminian Theology.* Kansas City: Beacon Hill, 1967.
HSP	*Hymns and Sacred Poems.*
J	Jackson edition of Wesley's Works. Edited by Thomas Jackson, 1829 – 32. 1872 edition reprinted in many 14-volume American editions (Eerdmans, Zondervan, Christian Book Distributors, et al.); portions digitally available on Wesley.nnu.edu .
JBR	*Journal of Bible and Religion.*
JJW	*The Journal of John Wesley.* Edited by Nehemiah Curnock. 8 vols. London: Epworth, 1916.
JWCE	Frank Baker, *John Wesley and the Church of England.* London: Epworth, 2000.
JWO	*John Wesley.* Edited by Albert C. Outler. Library of Protestant Theology. New York: Oxford University Press, 1964.
JWPH	Robert Monk. *John Wesley: His Puritan Heritage.* Nashville: Abingdon, 1966.
JWSC	Thomas C. Oden. *John Wesley's Scriptural Christianity: A Plain Exposition of His Teaching on Christian Doctrine.* Grand Rapids: Zondervan, 1994.

JWTT	Colin Williams. *John Wesley's Theology Today*. Nashville: Abingdon, 1960.
LCM	Letter to the Rev. Dr. Conyers Middleton (January 4, 1749).
LJW	*Letters of John Wesley*. Edited by John Telford. 8 vols. London: Epworth, 1931.
LPC	Letter on Preaching Christ (Letter to an Evangelical Layman라는 제목으로 출판된 경우도 있음, December 20, 1751).
LQHR	*London Quarterly and Holborn Review.*
LS	Thomas C. Oden. *Life in the Spirit*. San Francisco: HarperSanFrancisco, 1992.
LW	James H. Rigg. *The Living Wesley*. 3rd ed. London, 1905.
LWM	Henry Moore. *Life of Wesley*. London: n.p., 1824-25.
MH	*Methodist History.*
Minutes	"Minutes of Some Late Conversations between the Rev. Mr. Wesley and Others."
MLS	*Martin Luther: Selections from His Writings*. Edited by John Dillenberger. New York: Doubleday, 1961.
MM	*Methodist Magazine.*
MOB	William M. Arnett. "John Wesley: Man of One Book." PhD dissertation. Drew University, 1954.
MPL	*Patrologia latina* (*Patrologiae cursus completus: Series latina*). Edited by J.-P. Migne. 217 vols. Paris: 1844-64.
MQR	*Methodist Quarterly Review.*
MR	*Methodist Review.*
NDM	Reinhold Niebuhr. *The Nature and Destiny of Man*. 2 vols. New York: Scribner, 1941, 1943.
NIV	New International Version.
NT	New Testament.
OED	*Oxford English Dictionary.*
OT	Old Testament.
PACP	*A Plain Account of Christian Perfection.*
PCC	"Predestination Calmly Considered."
PM	*Preacher's Magazine.*
Pref.	Preface.
Publ.	Publishing, Publishers.
PW	*Poetical Works of Charles Wesley and John Wesley*. Edited by George ols. London: Wesleyan Methodist Conference, 1868-72.

PWHS	*Proceedings of the Wesley Historical Society.*
Q	Quarterly.
QR	*Quarterly Review.*
RC	Roman Catholic.
RE	Henry D. Rack. *Reasonable Enthusiast.* Philadelphia: Trinity Press International, 1985.
RJW	George Croft Cell. *The Rediscovery of John Wesley.* New York: Henry Holt, 1935.
RL	*Religion in Life.*
RPTK	*Realencyklopädie für protestantische Theologie und Kirche.* Edited by J. J. Herzog and A. Hauck. 24 vols. Leipzig: J. Hinriches, 1896-1913.
SS	*The Standard Sermons of John Wesley.* Edited by Edward H. Sugden. 2 vols. London: Epworth, 1921; 3rd ed., 1951.
SOSO	John Wesley. *Sermons on Several Occasions.* 3 vols. London: W. Strahan, 1746.
SSM	*The Sunday Service of the Methodists in North America, with Other Occasional Services* (1784). Edited by Edward C. Hobbs. Nashville: Methodist Student Movement, 1956.
TIRC	"Thoughts on the Imputation of the Righteousness of Christ."
TJW	William R. Cannon. *Theology of John Wesley: With Special Reference to the Doctrine of Justification.* New York: Abingdon, 1946.
TUN	"Thoughts upon Necessity."
Tyerman	Luke Tyerman. *Life and Times of Rev. John Wesley.* 6th ed., facsimile. Stoke on Trent: n.p., 2000.
UMC	United Methodist Church
unpubl.	Unpublished.
WC	John Deschner. *Wesley's Christology.* Grand Rapids: Zondervan, 1989.
WHS	Lycurgus M. Starkey. *The Work of the Holy Spirit.* Nashville: Abingdon, 1962.
WMM	*Wesleyan Methodist Magazine.*
WOF	Isaac Ambrose and Samuel Kneeland. *The Well-Ordered Family: Wherein the Duties of Its Various Members Are Described and Urged.* Charleston: Nabu Press/BiblioBazaar, 2010. See digital version available at nnu.edu.
WQ	Donald Thorsen. *The Wesleyan Quadrilateral: Scripture, Tradition, Reason, and Experience as a Model of Evangelical Theology.* Grand Rapids: Zondervan, 1990.

서론

A. 웨슬리가 본 성경적 목회

18세기 영국국교회 신학자들이 목회를 가르친 방식은, 오늘날 우리가 목회신학에 대해 저술하는 방식과는 많이 다르게, 대부분 교육적 설교를 통한 것이었다. 설교집을 통한 교육 방법은 토머스 크랜머(Thomas Cranmer), 존 쥬얼(John Jewel), 매튜 파커(Matthew Parker) 등의 영국국교회 전통의 익숙한 패턴이었다. 이 교육적 설교들은 성경 본문에 기초한 것으로, 일반적으로 받아들여져온 기독교의 가르침으로 회중을 인도하기 위한 것이었다.

존 웨슬리 역시 200년에 걸친 영국국교회 전통을 따라 자신의 영적 훈련 조직에 소속된 사람들에게 교육적 설교를 제공했다. 나는 독자들에게 웨슬리가 가르친 다양한 목회의 요소들 간의 내적 일관성을 제시하고자 한다. 웨슬리의 영적 훈련 조직에 소속되었다는 말은, 소속된 사람이 영적 성장을 위해 자발적으로 그의 도움을 받고자 했음을 의미한다. 18세기와 19세기에는 수백만의 사람이 웨슬리와 직접적 관련이 있는 이러한 조직에 소속되었다. 그들은 웨슬리의 글을 직접 읽지는 않았더라도, 그의 목회 지침과 신앙 공동체를 생기 있게 일으키는 방법론, 그의 능력 있는 사역의 결과인 풍성한 저술로 신앙에 필요한 요소들을 공급받았다.

교회 및 목회와 관련해 웨슬리의 사역의 가장 두드러진 특징은, 교회는 성령의 사역을 의존한다는 사실에 끊임없이 초점을 두는 것이다. 그 외의 모든 것은 이 전제에서 비롯된다. 성령님은 그리스도 안에 있는 믿음의 공동체를 존재하게 하신다. 목사의 직무는 성령께서 새롭게 창조해내시는 삶으로 양떼를 인도하는 것이다.

웨슬리의 목회에 관한 이러한 연구는 매일 실제적인 영적 성숙을 이루어가면서 수행해야 하는 것이다. 그럴 때 개신교, 동방 정교회, 가톨릭 교회 독자 모두가 큰 유익을 얻게 될 것이다.

1. 목회 안내자 웨슬리

대영제국에서 일어난 초기 복음적 부흥운동들은 조지 횟필드(George Whitefield), 헌팅턴(Huntingdon) 백작 부인, 윌리엄 윌버포스(William Wilberforce), 윌리엄과 캐서린 부스(William and Catherine Booth) 등에 의해 일어나거나 영향을 받았다. 그러나 이 모든 것보다 앞서 존 웨슬리와 찰스 웨슬리의 소명을 통해 성령께서 시작하신 복음적 부흥이 있었다. 위에서 언급한 모든 사람은 웨슬리 형제에게 큰 빚을 졌다.[1]

존 웨슬리는 목회 안내자로서 놀라운 은사와 재능을 보여주었다. 그는 웨일즈와 잉글랜드, 미국의 조지아 식민지와 북미 원주민 지역, 아일랜드와 스코틀랜드의 셀 수 없이 많은 마을을 쉴 새 없이 순회하면서 수만 명의 영혼을 돌보며 그들이 영적으로 성숙하도록 돕는 일에 자신의 삶

---

[1]   웨슬리는 조나단 에드워즈(Jonathan Edwards)와 동시대 사람으로, 그의 『신앙감정론』 (The Religious Affections, 부흥과개혁사)을 읽고 매우 높이 평가했다.

전체를 바쳤다. 그의 목회 사역의 많은 내용이 그의 편지와 일지에서 드러나지만, 그 모든 사역의 토대가 무엇인지는 그의 교육적 설교에 나타난다.

오늘날 많은 복음주의자들이 여전히 웨슬리가 만든 복음적 조직이나 그 후속 조직에 소속되어 있다. 그들의 삶과 역사는 2세기 반 동안 지속적으로 읽혀져 내려온 이러한 목회 지침에 의해 형성되었다. 세계 오순절 전통의 뿌리는 우리의 마음과 인간의 역사 속에서 일하시는 성령의 역사에 관한 웨슬리의 가르침에 의해 결정적으로 형성되었다. 복음주의 개신교 신자 중 오순절 교단의 신자 수만 해도 2억 5천만 명을 헤아린다. 웨슬리의 사역의 결과로 생겨나 전 세계에 퍼져 있는 웨슬리안 교단과 은사주의 교단, 오순절 교단, 성결 교단은 북미와 유럽의 주류 교단들에 비해 그 신자 수가 기하급수적으로 불어나고 있다. 오늘날 이 모든 기독교 전통에 속한 신자들이 어떻게 하면 자신들이 웨슬리의 지혜와 기쁨에 찬 온전함에서 유익을 얻을 수 있는지 알고 싶어 한다.

전 세계 교회 중 상당히 많은 교단이 초기의 복음적 메소디스트 설교와 성결 부흥운동의 설교에서 생겨났다. 그런 교단에는 웨슬리안 교회(the Wesleyan Church), 자유 감리교회(the Free Methodist Church), 나사렛 교회(the Church of the Nazarene), 구세군(the Salvation Army), 아프리카 감리교회(the African Methodist Episcopal Church), 아프리카 시온 감리교회(the African Methodist Episcopal Zion Church)와 많은 선교회, 그리고 세계에 퍼져 있는 연합감리교회(the United Methodist Church) 같은 교단이 두루 포함된다. 이런 교단 중에서는 대형 교단들보다 본래의 역사적 뿌리에서는 거리가 멀더라도 많은 선교적 열매를 맺는 파생 교단들이 오히려 웨슬리에게 더욱 충직한 모습을 지녀 왔다. 웨슬리와 전혀 관계가 없는 타 전통에 속한 그리스도인조차도 자주 웨슬리를, 자신의 전통에 조용히 영향을 끼친 특별한 영적 능력을 지녔던 헌신적인 지도자로 여기곤 한다. 범웨슬리안 교단이나 감리교에 소속된 전 세계의 약 3천만 명의 신자들은 영적 돌봄과 관련해 웨슬리의 가르침에 깊이 뿌리를 내린 교리적 표준 및 신앙 훈련의 기준을 가지고 있다.

오늘날에도 웨슬리는 시대에 뒤떨어지지 않는다. 현대의 정신과 기술에 빠져 있는 사람도 여전히 웨슬리의 영적인 조언에서 유익을 얻을 수 있다. 웨슬리는 초기 기독교 저술가들과 언어나 시대적 차이는 크지만 영적으로는 매우 가까웠다. 목회와 관련해 그는 큰 장점을 가진 역사적 원천으로 영국국교회 전통과 성결 전통, 청교도 전통 외에도, 특별히 교부들의 글과 루터나 칼빈 등 관료후원적 종교개혁자의 글에 깊은 관심을 가졌다.

목회에 관한 웨슬리의 가르침에서 가장 강력한 요소는 초기 몇 세기 동안의 최고의 기독교 저술가들의 가르침과 매우 닮아 있다. 복음은 평이한 언어를 말하는 보통사람을 위한 것이기에, 웨슬리는 가르침에서 평이한 용어를 사용했다. 개혁주의, 가톨릭, 경건주의, 은사주의 등 다양한 배경을 가진 청중이 그의 가르침을 직접 듣거나, 그 가르침을 반복해 전달하는 다른 사람의 메시지를 들었다. 그들은 웨슬리의 가르침이 고대 기독교의 보편적 가르침의 원천이었던 가장 훌륭한 지도자들의 것과 매우 유사함을 즉시 알아보았다.

고대 기독교에서 진리에 대한 모든 주장은 사도의 가르침과 일치하는지의 기준에 따라 그 진실성을 평가받았다. 그 법칙은 웨슬리에게도 적용되었는데, 웨슬리는 그 사실을 확증해준다. 따라서 그가 목회에 관해 균형을 잃은 어떤 교리적 편향성을 보여줄 것이라고 지레 짐작하지 않기를 바란다. 웨슬리는 현대의 교파적 분열이 일어나기 전 시대의 고대 정통주의에 철저히 기초해 있는 복음적 영국 국교회주의자였다.

2. 개인적 회고

나의 개인적이고 직업적인 회고는 독자들로 내가 「존 웨슬리의 기독교해설」 시리즈에 웨슬리의 목회신학을 포함시키게 된 동기를 발견하게 하는 데 도움이 될 것이다. 지난 40년 동안[2] 내 사명은 오늘의 기독교가 초기 기독교가 가졌던 신앙적 지혜를 되찾도록 돕는 것이었다. 고대의 보편적 합의를 이룬 기독교 내에서 나는 정통적, 복음적인 계열에 속한다. 전통적이고 복음적인 신자들 중 많은 사람이 웨슬리의 목회적 가르침을 연구할 기회가 없었다.

33년 동안 내 작업은 주로 뉴욕시 지역에서 이루어졌다. 메소디스트의 최고 연구 기관 중 하나인 드루 대학교(Drew University)에서 나는 현대의 진보적이고 에큐메니컬한 개신교의 한복판에서 대학원생들을 가르쳤다. 당시는 사회적·도덕적 위기가 절망적으로 이어지면서 서구 사회 전체가 약화되고 있을 때였다.

나는 목회신학에 대한 애정과 관심을 잃지 않으면서 주로 교부들의 성서해석과 조직신학에 대해 가르치고 저술해 왔다. 드루 대학교에서 30년 넘게 탁월한 대학원생들을 가르치는 기쁨을 누리는 동안, 내가 가장 만족했던 수업은 웨슬리 세미나와 목회신학 세미나였다. 이 책에서 내가 관심을 가져온 두 분야인 웨슬리와 목회를 하나로 묶으면서 나는 특별한 즐거움을 얻는다.

웨슬리는 18세기에 목회신학을 가르친 최고의 복음주의 교사였다. 리처드 백스터(Richard Baxter, 1615-91)[3]부터 장 니꼴라 그로우(Jean

---

2 1970년대 초반 이후; 참고. *Agenda for Theology* (Harper, 1979). 약 10년 후 존더반판에서 출판한 개정판에서는 제목이 *After Modernity... What? Agenda for Theology*로 바뀌었다.
3 *Christian Directory: A Body of Practical Divinity.*

Nicholas Grou, 1731-1803)[4]에 이르기까지 실천 신학에 지속적으로 영향을 끼친 면에서 그와 견줄 만한 사람으로는 에드먼드 깁슨(Edmond Gibson, 1669-1748),[5] 조시아 호트(Josiah Hort, d.1751),[6] 조나단 에드워즈(Jonathan Edwards, 1703-58),[7] 요한 프레드릭 제이코비(Johann Frederic Jacoby, 1712-91)[8] 정도일 것이다. 그러나 이 중 누구도 목회신학이나 목회적 실천에서 웨슬리가 가졌던 넓이와 깊이에는 필적하지 못한다.[9] 그의 지칠 줄 모르는 열정은 1차 대각성운동의 초기 단계들을 형성하는 데 결정적이었다.

웨슬리의 목회신학에 관한 몇 안 되는 책들은 내용이 매우 피상적이어서 좀 더 깊은 연구가 반드시 필요했다. 나는 『목회신학: 목회의 본질』(*Pastoral Theology: Essentials of Ministry*, 한국신학연구소)을 집필한 후 연구 에너지의 대부분을 29권으로 된 「교부들의 성경주해」(*Ancient Christian Commentary on Scripture*, IVP, 1996-2010, 분도출판사) 및 그와 관련된 프로젝트에 집중했다. 이제 이 「존 웨슬리의 기독교해설」시리즈를 통해 다시 웨슬리와 목회에 관한 연구로 돌아올 수 있게 된 것을 기쁘게 생각한다.

이러한 목회적 관심은 내 소명 중에서 부수적이거나, 포스트모던 정통주의와 고대의 보편적 기독교에 집중해온 최근 몇 년 동안의 소명과 불일치하지 않는다. 웨슬리는 현대 기독교에서 전통적이고 보편적인 성경해

---

4   *Manual for Interior Souls.*

5   *Codex juris ecclesiastici Anglicani*, 2 vols., 1713.

6   Instructions to the Clergy, 1742.

7   *The Religious Affections*, 1754.

8   *Beitrag zür Pastoral Theologie*, 2 vols., 1774-82.

9   토마스 C. 오덴, 『목회신학: 목회의 본질』, 이기춘 역 (서울 한국신학연구소, 1986)에 수록된 도서 목록 참고.

석이 어떤 것인지를 보여주는 최고의 모범이라는 점에서, 이 책은 전통적 기독교에 관한 내 연구가 계속되고 있음을 보여주는 또 하나의 결과물이다. 웨슬리는 고대 기독교 저술가들에 대한 연구의 부흥이 일어날 때 옥스퍼드 대학교에서 강의를 하고 있었다. 「교부들의 성경주해」 시리즈에서 볼 수 있는 고대 기독교의 보편적 가르침은 웨슬리의 목회신학의 모판과도 같다. 나는 어떤 감추어진 섭리가 나 자신의 영적 성장과 신학적 논리의 균형을 회복할 수 있도록 나를 이런 고대 기독교의 가르침으로 되돌아오게 만들었다고 믿는다.

내 변하지 않는 목표는 독창성이라는 허세에 빠지지 않는 것이다. 나는 기독교의 목회에 관해 웨슬리뿐 아니라, 고대 기독교의 보편적 가르침에 집요하게 집중하고자 한다. 나는 이 책에서 획기적인 무엇을 보여줄 것이라고 약속하지 않는다. 고대 기독교의 보편적 가르침의 어떤 '변형'도 시도하지 않을 것이다. 나는 오늘의 교회를 위해 고대 기독교의 가르침을 재발견하는 데 헌신해온 신학자로서 내 인생의 마지막 수년을 다시 한 번 웨슬리의 글과 함께하며, 그 속에 담긴 지혜를 오늘의 신자들에게 전달할 수 있게 된 것에 감사한다.

3. 신학을 전공하지 않은 독자에게

나는 영혼을 돌보는 사역에 관한 존 웨슬리의 가르침을 전반적으로 살펴보고자 하는 평신도 독자들을 환영한다. 웨슬리 사역의 중요한 일부는 평신도 사역자와 지교회 신자들이 활용할 수 있는 자료를 정리하는 것이었다. 이 책의 중심주제는 목회이지만 그것은 목회자의 사역에만 국한되지 않는다. 웨슬리의 관점에서 목회자 사역의 목표는 바로 평신도 사역이다. '영혼을 돌보는 일'은 그리스도의 몸에 속한 평신도 전체의 사역이다. 목회 개념의 기원은 현대가 아니지만, 현대에 와서 이 개념은 때때로 특정한 전문적 훈련을 언급하는 것으로 피상적으로 축소되기도 한다. 그러나 웨슬리는 그렇게 하지 않았다. 그의 설교를 들었던 청중은 종교적 직업을 가진 사람이나 훌륭한 교육을 받은 사상가도 있었지만 대부분은 평범한 사람이었다.

신학을 전공하지 않은 독자에게 바라는 것은, 어렵지 않게 직설적으로 말하는 웨슬리의 평이한 어법을 즐기는 것이다. 웨슬리에게 귀를 기울이는 사람은 그의 강한 영적인 힘에 고무되고 그의 건전한 사고로 지도 받을 각오를 해야 할 것이다. 오늘날의 신자들은 웨슬리의 어떤 점에서 가장 큰 유익을 누리게 될까? 그의 건전한 판단력과 실천적 지혜, 성경적 깊이일 것이다. 만약 18세기 문체로 쓰인 웨슬리의 글을 읽는 것이 때때로 큰 부담으로 다가온다면, 이 시리즈는 그의 평이한 어법에 담긴 진정성을 잃어버리지 않으면서도 그의 가르침을 좀 더 접근하기 쉬운 형태로 만들어 독자의 부담을 덜어주고자 한다.

어떤 독자는 이 책이 고요한 영적 성장을 돕는 점에서 가장 유익하다고 느낄 것이다. 다른 독자는 웨슬리의 접근법을 목회 사례 연구를 위한 참고 자료로 여길 것이다. 어떤 이들은 성, 독신생활과 결혼, 자녀 양육, 가정 생활에 대한 웨슬리의 관점에 놀랄 수도 있을 것이다. 다른 사람은 웨슬리를 중독행위나 자유방임, 도덕에서의 절대적 상대주의에 대처하기 위한 깊이 있는 원천으로 여길 것이다. 나는 홈스쿨링을 하는 부모에게 특히 웨슬리의 목회적 가르침을 추천한다. 혹 웨슬리의 관점을 항상 현대 언어로 곧바로 옮기지 못하더라도, 대부분의 경우 그 속에 내포된 근본적 직감과 원리는 여전히 현대에 적용 가능하다.

목회의 이론과 실제에 전문성을 가진 독자에게 웨슬리의 글은, 목회를 전통적 기독교가 가르쳐온 교회와 사역, 그리스도께서 행하신 일, 그리고 역사 전체와 신자의 공동체에서 행하시는 성령의 적극적 사역이라는 더 큰 틀에서 보게 하는 하나의 모범을 제공할 것이다.

이 일에서 내 역할은 웨슬리의 가르침을 현대의 평신도가 이해하기 용이하도록 만들어 독자의 부담을 완화시키고 그 가르침이 힘을 발휘할 수 있게 하는 것이다. 교회와 목회에 대한 웨슬리의 가르침은 오늘 우리가 기쁘게 받아들일 만한 귀중한 선물을 가져다 줄 것이다. 그러므로 이 선물을 마치 의무처럼 무겁게 받아들이지 않기를 바란다. 심호흡을 한 후 긴장을 풀고 그 선물을 받으라.

더 깊은 이해를 위한 독서 자료

목회신학자 웨슬리

Abraham, William J. *Waking from Doctrinal Amnesia: The Healing of Doctrine in the United Methodist Church*. Nashville: Abingdon, 1995.

_____. *Wesley for Armchair Theologians*. Louisville: Westminster John Knox, 2005.

Bowmer, John Coates. *Pastor and People: A Study of Church and Ministry in Wesleyan Methodism*. London: Epworth, 1975.

Outler, Albert C. "Pastoral Care in the Wesleyan Spirit." In *The Wesleyan Theological Heritage: Essays of Albert C. Outler*, edited by Thomas C. Oden and Leicester R. Longden, 175-88. Grand Rapids: Zondervan, 1991.

Rivers, Isabel. "Dissenting and Methodist Books of Practical Divinity." In *Books and Their Readers in Eighteenth Century England*, edited by Isabel Rivers, 127-64. New York: St. Martins, 1982.

Shipley, David C. "The Ministry in Methodism in the Eighteenth Century." In *The Ministry in the Methodist Heritage*, edited by Gerald McCulloh, 11-31. Nashville: Department of Ministerial Education, 1960.

웨슬리 신학방법론

Abraham, William J. "Inspiration in the Classical Wesleyan Tradition." In *A Celebration of Ministry: Essays in Honor of Frank Bateman Stanger*, edited by Kenneth C. Kinghorn, 33-47. Wilmore, KY: Francis Asbury, 1982.

_____. "The Wesleyan Quadrilateral." In *Wesleyan Theology Today*, edited by Theodore H. Runyon, 119-26. Nashville: Kingswood, 1985.

Anderson, Neil D. *A Definitive Study of Evidence Concerning John Wesley's Appropriation of the Thought of Clement of Alexandria*. Lewiston, NY: Edwin Mellen, 2004.

Armistead, M. Kathryn. *Wesleyan Theology and Social Science: The Dance of Practical Divinity and Discovery*. Newcastle, UK: Cambridge Scholars, 2010.

Cheek, H. Lee. *Confronting Modernity: Towards a Theology of Ministry in the Wesleyan Tradition*. Lake Junaluska, NC: Wesley Studies Society, 2010.

1장

목회의 직분과 은사

1장 목회의 직분과 은사

A. 목회의 소명

1. 목회자를 향한 권면

웨슬리는 1756년 1월 5일 일지에 다음과 같이 적었다. "나는 사회적인 상황을 고려해 다른 때보다 계절상 더 적절하고 작업하기에도 더 용이하다고 판단해 이번 주 '목회자를 향한 권면'(An Address to the Clergy)을 작성했다."[1] 웨슬리는 자신의 동료 목회자들에게 하기 힘든 말을 해야 한다는 사실을 알고 그 글을 작성할 시기를 신중하게 선택한 것이다. 이 논문에서 그는 목회로의 소명 및 그것과 짝을 이루는 내용으로 이를 준비하기 위해 어떤 신학 교육이 필요한지에 대해 사려 깊은 생각을 피력한다.

a. 목회 소명을 위한 은사와 은혜

목회 사역의 연구는 목회로의 부르심과 함께 시작된다. 자신이 목회로 부르심을 받았는지 점검하는 사람이라면 누구나 "목회자를 향한 권면" [J X:480-500 (1756년 2월 6일)]에서 도움을 받을 수 있을 것이다. 이 중요한 논문이 200주년 기념판으로 아직 출판되지 않은 것은 매우 안타까운 일

---

1   B, Journals and Diaries 4.

이다. 현재 우리가 사용할 수 있는 자료는 잭슨판 웨슬리 전집이 전부다.

웨슬리는 우선 "다른 사람의 영혼을 돌보고 그들에 관해 보고해야 할" 사람들에게 어떤 은사와 은혜가 필요한지 묻는다.[2] '은사'와 '은혜'라는 핵심 개념은 웨슬리안 목회적 전통에서 언제나 등장한다. 은사와 은혜 개념은 목회자가 될 사람의 인격적 자질 및 목회를 위한 준비로서 근본적으로 중요한 것이 무엇인지를 가리킨다. 목회자로서 사역을 고려하거나 청빙 심사를 앞둔 사람은 교회의 가장 큰 관심이 그것을 감당할 사람의 은사와 은혜에 관한 것임을 곧 알게 될 것이다.

다른 사람의 영혼을 돌보는 일을 맡은 사람은 하나님 앞에서 자신이 돌보는 한 사람 한 사람을 최종 목적지까지 인도해야 할 책임이 있다. 최후의 심판에서 하나님의 백성의 목자는 자신에게 맡겨진 영혼들을 어떻게 돌보았는지 설명해야 할 것이다.

b. 소명

영혼을 돌보는 일은 엄밀히 말해 직업이 아닌 소명이다. 직업은 정규적 고용으로 임금을 받는 자리를 말한다. 소명은 경제와 정치, 가정의 영역을 초월하는 것으로 하늘로부터의 부르심이다. 하나님께로부터 소명을 받기 위해서는 그리스도인이 그분의 음성에 귀 기울여야 한다.

영혼을 돌보는 일은 우리가 전인(全人) 즉 사람의 모든 것에 관심을 가지시는 하나님께 응답함으로 생겨났다. 우리가 영혼을 돌보아야 할 궁극적인 준거의 틀은 사람이 하나님과의 관계에서 맞이하게 될 영원한 운명

---

2 "An Address to the Clergy," J X:481, 서문.

이다.[3] 혹 우리가 영혼을 돌볼 책임을 뒤로 미루어 버렸더라도 최후의 심판에서는 그 책임을 지게 될 것이다. 이것은 단지 심각한 일 정도가 아니라 영혼의 영원한 운명이 달려 있는 매우 엄중한 문제다.

누구도 그런 소명을 억지로 떠맡도록 강요받지 않는다. 그 소명은 하나님의 풍성한 은혜에 대한 자발적인 응답으로 자유로이 추구할 수 있을 따름이다. 물질적 가난함이 하나님의 은혜의 풍성함을 막을 수는 없다. 소명의 장으로 들어오는 사람은 모두 자발적이며, 그렇지 않으면 아예 시작하지 말아야 한다.

2. 자연적 재능과 자질

그리스도인이 이러한 소명을 받았는지 분별하려면 자신을 진지하게 성찰한 후 자신이 목회를 위해 준비되어 있는지 판단해야 한다. "목회자를 향한 권면"에서 웨슬리는 다음과 같이 질문한다. '영향력 있는 목회자가 되도록 돕는 특징은 무엇인가? 신앙 공동체가 그리스도께서 그 피로 값 주고 사신 교회의 설교자, 예배 인도자, 교사, 돌보는 이, 복음 전도자, 감독자들에게서 마땅히 바라고 기대해야 할 것은 무엇인가?'[4] 그들에게 바람직한 은사와 은혜에 어떤 것이 있는지 설명하면서 웨슬리는 먼저 많은 노력을 통해 어렵게 획득한 자질과 구별되는 '자연적 재능'을 다루었다.

자연적 재능은 개인이 성장해가는 형태에 영향을 준다. 이는 통상적 기술이 아니라 창조주께서 주시는 자연적 선물로, 모두에게 주어지는 것이 아니다. 하나님의 헤아릴 수 없는 섭리와 준비시키시는 은혜를 통해 주

---

3   "The Wisdom of Winning Souls," B 4:307, sec. 1.
4   고전 1:30; 7:23; 히 10:29; 13:12; 계 5:9.

어진다. 자연적 재능과 자질은 기계적으로 작동하지 않고 협력적 수용을 필요로 한다. 직접적 명령에 의해서가 아니라 무기물, 유기물, 동물, 이성적 법칙 등 자연적 인과관계의 다양한 영역을 통해, 또 그것들 속에서 작용한다. 또 성령께서 매우 다양한 재능의조합을 통해 유익한 방향으로 사람을 이끄신다는 사실을 드러낸다. 이 재능은 판단하고 사고하고 기억하는 것과 같은 자연적 과정을 통해 주어지지만, 모든 사람이 그런 재능을 가진 것은 아니다.[5]

어떤 자연적 재능은 목회사역을 위해 반드시 필요하다. 어떤 사람은 특정 재능을 다른 재능보다 더 쉽게 습득하는데, 이런 경우 유전이나 환경적 기회, 스스로 선택한 반응의 유형이 영향을 끼친다. 어떤 재능은 처음부터 충분히 주어지지 않았더라도 많은 노력과 인내를 통해 습득되기도 한다.

하나님의 모든 백성은 평신도 사역자로 부르심을 받았다. 그중 어떤 사람은 안수 받은 목회자로 구별되는 역할을 하도록 부르심을 받는다. 어떤 사람은 다른 사람과 달리 영혼을 돌보는 중대한 직무로 부르심을 받는다. 영혼을 돌보기 위한 자연적 재능이 충분하지 못하거나 재능들 사이의 만족스런 조합을 이루지 못하는 사람은, 하나님께서 부르셨는지 주의 깊게 분별할 수 있도록 하나님의 은혜를 간구하는 것이 좋다.

a. 올바른 판단력, 빠른 이해력, 좋은 기억력

목회를 위해 꼭 필요한 자연적 재능으로는 건전한 판단력, 예리한 지

---

5 "The Imperfection of Human Knowledge," B 2:568-77, sec. 1. 1-13.

성, 좋은 기억력 등이 있다.[6] 이 중 웨슬리가 가장 강조한 것은 건전한 판단력이다. 지혜로운 조언을 하기 위해서는 복잡한 상황을 면밀하고도 명쾌하게 파악할 수 있는 훌륭하고도 신중한 판단 능력이 필요하다. 우리의 인생과 고난은 복잡하게 뒤엉겨있기에 자기기만에 빠지지 않고 그것을 헤쳐나가기 위해서는 훌륭한 판단력이 필요하다. 이는 인간의 약점은 물론 미심쩍은 의도에서 비롯된 인간 행동의 원인을 꿰뚫어본다.

그러나 속임수는 무엇이 옳은지를 알아서 그것을 행하는 것을 방해한다. 신앙은 사람들의 생각뿐 아니라 자유를 위한 내적 몸부림에서도 강력한 적을 마주하고 있다. 능력 있는 목회로 파고들어가 그 기반을 약화시키는 일만큼 대적들이 좋아하는 일은 없다. 신약성경은 이 악한 세력을 거짓의 아비인 마귀의 더 큰 우주적 영역에 속해 있는 것으로 본다. 그들은 왜곡되고 혼동된 생각을 통해 활동하면서 사람들이 책임성 있게 행동하지 못하게 한다. 따라서 어리석은 사람은 영혼 돌보는 일을 할 수 없다. 그 일을 하기 위해서는 반드시 어둠의 영과 싸워야 하기 때문이다.[7]

b. 빠른 이해력과 좋은 기억력

영혼을 돌보는 데 필요한 두 번째 재능은 마귀와 견줄 정도의 빠른 이해력이다. 영혼을 돌보도록 부르심을 받은 사람이 상황에 즉각적이고 적절하게 대처하려면 상황을 신속히 파악하는 능력을 가져야 한다. 선한 마음이 느린 이해력으로 인한 흠결을 언제나 채워주지는 않는다. 만약 그렇지 않다면 "비록 돕고자 하는 마음이 있더라도 자기 스스로가 어리석은데

---

6   "An Address to the Clergy," J X:81-82.
7   "An Address to the Clergy," J X:482.

어떻게 어리석은 자를 도울 수 있겠는가?"[8]

　웨슬리가 세 번째로 강조한 영혼을 돌보는 데 필요한 자연적 재능은 좋은 기억력이다. 목회에서는 기억력이 시험대에 오른다.[9] 목회자는 "새것과 옛것을 그 곳간에서 내오는"(마 13:52) 일을 해야 한다.[10] 성경의 가르침을 잘 기억하지 못하는 사람은 영혼을 돌보는 일에서 불리할 수밖에 없다. 이 경우 목회를 위해 잘 준비되었다는 것은 적절한 때에 성경적 진리를 특별한 상황에 적용할 수 있는 실제적 능력을 의미한다. 성경은 목회자가 사람들에게 전해줄 기쁜 소식을 캐내는 채석장이다. 기억력이 나쁜 목회자에게 무엇인가 이야기하는 것은 마치 '밑 빠진 독에 물 붓기'같다.[11] 자연적 재능의 중요성을 깨닫지 못한 결과는, 많은 목회자가 올바르게 사고하는 능력이 부족하고 생각의 깊이가 얕으며 이해력은 탁하고 혼동되어 "아둔하고 대하기 어려우며 완고한 목회자"로 양산되는 것이다.[12]

3. 소명을 위해 갖추어야 할 자질

　이런 자연적 재능 외에도 목회 사역을 위해 습득해야 할 지성과 관련된 습관이 있다. 이런 재능은 연구와 훈련, 그리고 언어적 지식과 성경 지식, 신학 지식 같은 견고한 형태의 지식으로 습득된다. 그러므로 교육이 본질적으로 목회 준비의 일부라도, 모든 교육이 다 그런 것은 아니다. 이 사역이 필요로 하는 것은 설교와 성례, 목회를 통해 신앙 공동체를 섬기기 위

8　같은 곳.
9　"The Good Steward," B 2:290-94.
10　"An Address to the Clergy," J X:482.
11　"An Address to the Clergy," J X:489.
12　같은 곳.

한 적절히 균형 잡힌 교육이다.

웨슬리가 특별히 지목한 네 가지 자질은 목회 직분에 대한 이해, 성경 본문 한 구절 한 구절에 천착하는 것, 초기 5세기 동안의 고대 기독교 저술가들의 성경해석 연구에 몰두하는 것, 그리고 목회 준비를 위해 필요한 다방면의 교양 교육이다.

a. 목회 직분의 본질 및 성경에 대한 이해

목회를 위해 습득해야 할 자질 중 하나로 목회 지망자들은 목회 직분 그 자체가 무엇인지 그 본질을 분명히 이해할 필요가 있다. 성령 하나님께서 이루기 원하시는 것이 무엇인지 모르는 사람은 목회를 할 수 없다. 그리고 성경에 대한 바른 이해는 꼭 이루어져야 할 일이 무엇인지를 정의하는 데 반드시 필요하고도 충분하다.[13] 목회 직분은 거룩한 위임이다. 올바른 이해를 위해 사도행전과 바울 서신, 특히 그중에서 디모데전후서와 디도서, 요한 문서를 주의 깊게 공부하는 것은 매우 중요하다.

목회 직분의 본질을 이해하기 위해 목회자는 그 직무를 가능하게 하는 성경에 대한 철저한 지식을 얻기 위해 노력해야 한다. 성경 본문을 깊이 있게 다룰 수 없는 사람은 훌륭한 목회자가 될 수 없다. 성경 본문에 대한 깊은 이해는 성경이 처음 쓰인 언어 히브리어와 헬라어 원문에 대한 실용 지식이 없이는 이루어질 수 없다. 이런 언어적 능력은 진리의 말씀을 바르게 가려내는 데 필수적이다. 좋은 목회자는 "성경의 모든 단어와 구절, 모든 장의 문자적 의미"를 이해할 수 있도록 준비되어야 한다. "문자적 의미에 대한 이해 없이는 영적 의미가 세워질 수 있는 확고한 토대가 있을 수

---

13   "An Address to the Clergy," J X:482.

없기 때문이다."[14]

성경에 대해 깊고 실제적인 지식을 가진 목회자는 성경 본문을 다른 본문과 대조하며 설명할 수 있고, 성경을 실제 삶의 상황에서 인간의 필요에 정확히 적용할 수 있다. 오직 성경만이 목회자가 다른 사람을 어떻게 지도해야 하는지 지도할 수 있다. 목회자는 구원의 역사의 모든 사건 하나 하나에도 전문가가 되어야 하고, 그 전체를 개괄적으로 제시하는 일에도 능숙해야 한다. 목회자는 반대 의견을 헤아리고 분명하게 대답할 준비가 되어 있어야 한다.[15] 웨슬리는 그 시대 대부분의 성직자처럼 전통적인 교육에 기초해 고대 언어를 쉽게 읽을 수 있었다. 그는 모든 복음 사역자가 언어적으로나 문학적으로 숙련되어야 한다고 생각했다. 그래서 메소디스트 평신도 설교자들에게 그런 자질을 갖추기 위해 공부할 것을 강조했다. 웨슬리 자신도 아버지의 무릎에 있을 때부터 헬라어를 배우기 시작했다.

b. 교부들의 성경해석 연구에 힘쓰기

성경 연구는 성경에 관한 가장 신뢰할 만한 해석자들에 대한 연구와도 연결된다. 성경해석에서 가장 신뢰할 만한 해석자는 사도들이 활동하던 시기와 가장 가까운 시기에 활동하던 해석자들이다. 따라서 복음적 목사는 가장 이른 시기에 활동하던 초기 변증가들과 교부들이 이해한 방식으로 성경의 메시지를 견고하게 이해할 필요가 있다.

왜 그런가? 그들은 "성경을 기록한 사도들과 가장 가까운 사람들이었기에 성경에 관해 가장 권위 있는 해석자였으며, 모든 성경을 기록하게 하

---

14 같은 곳.
15 "An Address to the Clergy," J X:483.

신 성령을 충만하게 받았던 사람들이기 때문이다."[16] 성경을 해석하기 위한 가장 중요한 토대는 일반적으로 니케아 이전 저술가로 불리는 가장 초기 기독교의 성경 해석자들과 설교자들을 깊이 연구하는 것이다. 고대 기독교 주석가들 역시 성경 속 지혜의 말씀을 이해하는 데 도움을 주는 가장 적합한 원천이다. 최근에 출판된 29권의「교부들의 성경주해」시리즈는 웨슬리의 많은 주장의 토대가 되는 고대 기독교 저술가의 글들의 표본을 제공한다.[17] 웨슬리의 영적 공동체의 전통에 서 있는 드루 신학대학원에서 이 일을 구상하고 발전시켜 연구를 수행한 것은 자연스러운 일이다.

웨슬리가 가장 빈번하게 추천한 니케아 이후 성경 해설자는 아다나시우스(Athanasius), 바실(Basil), 그레고리의 나지안주스(Gregory Nazianzus), 크리소스톰(Chrysostom), 제롬(Jerome), 암브로시우스(Ambrose), 어거스틴(Augustine) 같은 동서방 교회 분열 이전의 위대한 스승들이다. 찬송시 작가 중에서는 특히 "누구보다도 애통하는 자 시리아의 에프렘(Ephraim Syrus)"을 추천했다.[18] 이러한 핵심 목록은 웨슬리가 그리스어를 사용하는 동방 전통과 라틴어를 사용하는 서방 전통뿐 아니라, 사람들에게 비교적 덜 알려진 시리아 전통을 포함해 초기 기독교 전통 전반에 대해 해박한 지식을 지녔음을 보여준다.

잘 구비된 복음적 목회자는 초기 기독교 교리에 굳건히 서 있어야 하는데, 웨슬리는 초기 기독교가 세례 시 신앙고백으로 사용했던 '세 가지 신경'인 사도 신경, 니케아 신경, 아다나시우스 신경에 그 교리가 명확히 표현되어 있다고 생각했다. 초기 기독교 교리는 기독교의 근본적인 가르침

---

16   "An Address to the Clergy," J X:484.
17   *The Ancient Christian Commentary on Scripture*, ed. Thomas C. Oden (Downers Grove, IL: InterVarsity), 1997-2010.
18   "An Address to the Clergy," J X:484.

을 간명하게 정리한 것이다. 그 교리를 바르게 이해하기 위해서는 그것을 "확고히 믿어야" 한다.[19] 그것을 입으로 고백하기 위해서는 마음에서부터 그것이 옳다고 말할 수 있어야 한다.

웨슬리는 복음적 목회자의 견해는 "성경과 이성, 초기 기독교의 가르침"과 일치해야 한다고 믿었다.[20] 웨슬리에게 "초기 기독교"란 "교회 전체가 가장 순수했을 시기인 초기 교회 시대의 기독교"를 말한다. 고대 기독교의 목소리는 기독교가 가장 널리 수용해온 초기 기독교 성경 해석자들의 글에서 가장 잘 들을 수 있다. 그 해석자들 중 웨슬리가 가장 애호한 사람은 로마의 클레멘트, 이그나티우스, 폴리캅, 터툴리안, 오리겐, 알렉산드리아의 클레멘트,[21] 시프리안,[22] 크리소스톰,[23] 바실,[24] 시리아의 에프렘,[25] 마카리우스[26] 등이다.

초기 기독교 저술가의 지혜는 단지 현대 목회에 대한 보조재가 아니다. "사려 깊은 사람이라면 누구도 교부들을 비난하지 않을 것이다." 그들의 견해는 현대의 목회에도 "필수 불가결"하다. 그들의 지혜를 "활용

---

19 "On Laying the Foundation of the New Chapel," B 3:582, sec. 1. 3. "정통"에 관한 다양한 설명은 B 1:220, 694; 2:415-16, 3:582, 587; 4:50, 57, 146, 175, 398; 11:22, 39, 477-78; LJW 3:183, 203; 4:347, 364를 참고하라.

20 1771년 판 웨슬리 전집에 웨슬리가 쓴 서문이 잭슨판에서는 "Preface to the Third Edition" (March 1771), sec. 4에 수록되었다; 참고. "On Sin in Believers," sec. 3. 1-10.

21 참고. LJW 2:327-28, 342, 387.

22 시프리안에 관한 웨슬리의 광범위한 언급은 B 2:461-62; 3:196-97, 450-51, 458-59, 469-70; LJW 1:277, 323; 2:320, 333-37, 361, 373, 387; B 11:437; JWO 42-43, 126, 195, 264, 309, 328; JJW 1:416; 2:263; 4:97 참고.

23 존 크리소스톰에 대한 언급은 FA 11:156-62, 175; B 11:155-59, 381-453; 2:113; 3:586; 4:402; JWO 131-32, 264, 328을 참고하라.

24 LJW 4:176; B 11:8.

25 JJW 1:276, 279, 284-85, 294-95, 3:284; 4:457-59.

26 이집트의 마카리우스가 누구이며 무엇을 가르쳤는지는 JWO 9:9, 31, 119, 252, 274-75; JJW 1:254; LJW 2:387을 참고하라.

할 기회가 있었음에도 활용하지 않은 사람"에게는 변명의 여지가 없고, "대학 교육을 받고도" 초기 기독교 저술가에 대해 전혀 알지 못하는 사람은 그에 대한 정당한 이유가 없다.[27] 웨슬리는 엡워스(Epworth)에서의 어린 시절과 옥스포드에서의 학생 시절부터 부친 사무엘 웨슬리에게서 "초기 교회"에 대한 변치 않는 "존경"을 배웠다.[28] 그는 이레니우스,[29] 미누키우스 펠릭스(Minucius Felix),[30] 오리겐,[31] 알렉산드리아의 디디무스,[32] 유세비우스,[33] 아다나시우스,[34] 에피파니우스(Epiphanius),[35] 닛사의 그레고리,[36] 나지안주스의 그레고리,[37] 어거스틴,[38] 제롬,[39] 파코미우스(Pachomius),[40] 테오필락트(Theophylact),[41] 위-디오니시우스,[42] 다마스쿠스의 요한[43]과 다른 여러 교부[44]의 특정한 글을 자주 언급했다.

27　"An Address to the Clergy," J X:484, sec. 1. 2; 참고. Ted A. Campbell, *John Wesley and Christian Antiquity: Religious Vision and Cultural Changes* (Nashville: Kingswood, 1991).

28　1756년 3월 12일에 윌리엄 도드(William Dodd)에게 편지를 쓰기 30년 전이다. *LJW* 3:172, 따라서 대략 1726년쯤이다.

29　이레니우스에 대한 언급은 *LJW* 2:319, 332, 387; *JJW* 1:356을 참고하라.

30　*LJW* 2:332, 348.

31　오리겐에 대한 언급은 *LJW* 2:91-92, 100, 105, 324, 332, 353, 362, 387; 3:137; 4:176; B 4:33n.를 참고하라

32　JWO 129.

33　*LJW* 2:331.

34　FA 11:162-63, 175; *LJW* 1:367; B 2:397.

35　*LJW* 2:360.

36　B 1:75, 188n.; JWO 9-10, 31, 119.

37　JWO 130.

38　웨슬리의 어거스틴 언급 대부분은 편지에서 발견된다. *LJW* 1:45; 2:60, 70; 3:171; 4:176; 6:175; 7:58, 33; B 2:548, 566; 11:236, 492; JWO 124–26, 131–32, 409; *JJW* 5:118.

39　*LJW* 2:353; B 2:113; 3:62n.; FA 11:156, 159.

40　B 9:354.

41　B 4:6.

42　*JJW* 2:365.

43　B 11:189n.

44　FA, pt. 1, 11:155-63, sec. 5. 16-22.

c. 목회 준비로서 충분히 받아야 할 일반 교육

복음적 목회자는 성경과 전형적인 기독교 전통에 대한 지식을 넘어 과학에 대한 충분한 교육 및 인간 본성과 세상에 대한 지식뿐 아니라 일반 상식과 인간 행동 역학에 관한 사려 깊은 이해도 필요하다.[45] 따라서 역사에 관해서도 충분한 지식을 가져야 한다. 하나님은 역사 속에서 스스로를 계시하시므로, 목회자는 세계 역사와 역사 철학, 그리고 "고대 풍속과 연대기와 지리학" 즉 문화와 시대와 공간에 대한 이해를 포함하는 개별적인 역사 연구에 대한 확고한 이해 없이는 직분을 수행할 수 없다.[46] 하나님의 계시는 인간의 역사와 자유, 시간의 한계 안에 있는 사람들을 대상으로 하므로, 유능한 목회자는 인간의 본성과 매우 다양한 특성의 사람들을 대하는 가운데 영들을 분별하는 지혜가 필요하다. 그러므로 인간의 본성 및 "세상의 격언과 인간의 기질과 행동 양식"에 관해 실제적인 지식을 갖추어야 한다. "그런 지식은 실제 삶에서 날마다 일어나는 일에 관한 것이기 때문이다."[47] 목회자는 우리가 사는 세상과 사람들이 살아가는 실제 삶에 대한 지식이 있어야 한다.

하나님의 계시는 각 사람을 대상으로 하므로, 하나님의 계시를 증거하기 위해서는 사람과 인격 발달의 과정, 그리고 오늘날 심리학이라 부르는 지식을 필요로 한다. 웨슬리는 인간의 정서와 대인관계, 육체와 정신의 상호관계에 관해 연구할 것을 권한다.

하나님의 계시는 구체적인 상황들에 적용되어야 하기에, 유능한 목회자는 경험에 의해 상당한 윤리적 분별력을 얻게 된다. 이 분별력은 이론

---

45 "An Address to the Clergy," J X:484-86.
46 "An Address to the Clergy," J X:483.
47 "An Address to the Clergy," J X:484.

적 지식을 실제적 삶의 맥락에 어떻게 적용할 것인지에 관한 상황적 감각을 말한다. 이는 건전한 일반 상식과 함께, 특정한 행동이 얼마나 타당하며 그 결과는 무엇일지에 대한 감각을 필요로 한다. 그리고 "하나의 일에 관해서도 모든 상황을 고려하는 습관"과 함께 "상황의 다양한 조합에 따라 적절히 행동을 조절하는 재능"에 의해 습득된다.[48]

논리는 모든 다른 학문으로 통하는 '문'이기에 목회는 다양한 과학, 자연철학, 기하학, 형이상학의 자료를 논리적으로 이해하고 추론하는 능력을 필요로 한다.

d. 지혜롭게 교육받은 복음적 목회자의 가치

웨슬리는 평신도 설교자의 사역을 옹호했으나, 이것이 제대로 준비되지 못하고 교육이나 지도도 받지 못하는 사역을 옹호한다는 의미는 결코 아니었다. 그는 복음 설교를 위한 교육의 중요성을 인정했다. 그는 "목회자를 향한 권면"[49]에서 지혜롭게 교육받은 복음적 목회자가 왜 중요한지 다음과 같이 설명했다.

- 그들의 사역은 죽음에서 영혼을 구원하는 것이다.
- 인간의 모든 관심 중 영혼을 돌보는 일은 가장 중요하다.
- 영원한 생명과 거룩함, 또는 영적 건강은 목회의 질적 수준에 달려있다.
- 목회자는 영혼의 의사다.
- "그들이 공적인 직분 수행을 시작하기 전 가장 유능한 평가자들"이 모든 면에서 그들을 충분히 시험해 보아야 한다.
- 시험을 거친 후에는 공적 적임자가 목회직을 수행할 권위를 부여해야 한다.
- 목사 안수자들은 이 일을 위한 공적 권위를 가진 자들로서 그 권위의 기원은 사도 시대까지 거슬러 올라간다.

---

48   "An Address to the Clergy," J X:485.
49   J VIII:496, sec. 1. 5-10.

이런 이유로 인해 "그들은 교육과 배움에서 모든 유익을 얻어야 한다."[50]

4. 목회자의 성품

복음 사역자는 예의와 배려심, 인간미 있는 성격과 기질을 지녀야 한다. 목회자는 좋은 성격을 입증할 증거가 어느 정도 있어야 한다. 웨슬리는 그 증거로 "소탈하고 적절한 품행 … 지식의 정확함과 신사다운 정중함"[51]을 언급한다. 여기서 정중함은 꾸며낸 습관이 아니라 이웃의 상태에 세심하게 반응할 줄 아는 깊이 있는 특성을 말한다.

설교를 잘 하는 사람은 "강하고 또렷한 음악 같은 목소리와 좋은 전달법"을 발전시키기 위해 노력한다. 정확한 의사소통을 위해서는 이해할 수 있는 문장으로 말해야 한다. 공적으로 말하는 사람은 발성법, 똑똑히 발음하는 법, 대중 연설의 필수 기법을 배우지 않으면 효과적으로 사역할 수 없다.[52] "약하고 듣기 거북한 목소리"를 가진 사람은 끈기있게 노력하면 "강하고 듣기 좋은 목소리"를 가질 수 있다. 하나님께서는 은혜로 "거의 모든 단어마다 말을 더듬는 사람"을 분명하고 간명하게 말할 수 있도록 지금까지 도와오셨다. "발음이 우아하지 않고 몸짓이 어색한 사람이 기술을 익히고 노력하는 가운데 얼마가 지나면 어색한 행동과 우아하지 않은 발음을 단지 고치는 정도가 아니라 둘 모두가 탁월한 상태가 되었다."[53]

후천적으로 얻어지는 이 모든 은사는 목회자에게 도움을 주지만 이 은사들이 모든 사역자에게 필요하다는 것은 지나친 주장이다. 자연적 재

---

50 "A Letter to a Clergyman," J VIII:496, sec. 1. 1-3.
51 "An Address to the Clergy," J X:485.
52 같은곳.
53 같은곳.

능이 부족하거나 체계적 훈련을 받지 못한 사람도 잘 섬길 수 있다. 그러나 충분한 훈련을 받을 기회가 있었음에도 노력을 게을리한 사람은 목회에서 어려움을 겪게 될 것이다. 이와 같이 웨슬리는 "누구나 기회가 있다면 반드시 활용해야 할 목회자의 자질로서의 특별한 교육"을 설명했다.[54]

a. 의도와 정서와 행동의 조화

그러나 후천적으로 습득한 이런 기술은 하나님께서 값없이 주시는 은혜로 능력을 부여하고 복 주시지 않으면 그 자체로는 불완전하다. 그래서 선천적이거나 후천적인 재능 외에 오직 하나님만이 주실 수 있고, 기도를 통해 믿음으로만 받을 수 있는 것으로 마음속 의도와 정서, 도덕적 용기라는 특별한 탁월함이 있다.[55] 이런 의도와 정서가 훌륭한 복음 사역자를 특징짓는 외적인 행동으로 이어진다.

하나님께서는 진실하게 노력하는 가운데 은혜를 간구하는 모든 사람을 도와주신다. 하나님의 성령은 이 길을 걷는 목회자의 모든 발걸음마다 앞서 행하시고 조언하시며 동행하신다. 목회의 모든 은사는 하나님에게서 오지만, 하나님의 은혜는 협력적 의지를 요구하시고 인간 역시 철저히 노력해야 할 필요를 일깨우신다. 의지와 감정과 행동을 포함해 인간의 의식의 모든 수준에서 하나님께서는 은혜를 베푸신다.

평신도는 마음의 청결함이 삶에 각인된 목회자가 자신을 이끌어주기를 기대할 권리가 있다. 그들은 목회자에게서 책망으로 귀결되지 않는 사랑과 품행을 기대한다. 웨슬리는 이런 것들을 목회자의 선한 의도와 참된

---

54   Letter to Dr. Rutherforth, B 9:377, sec. 2. 2.
55   "An Address to the Clergy," J X:486-88.

애정, 오염되지 않은 삶을 나타내는 증거로 설명한다.[56]

목회로 불러주신 하늘 소명을 따르는 의도는 "오직 하나님을 영화롭게 하고, 영혼을 죽음에서 건져내려는 것뿐이다."[57] 목회자는 마음이 나뉘면 안 된다. 마음에 하나의 의도만 있어야 한다. 뒤섞인 동기는 더럽혀진다.

이는 은혜로만 가능하다. 단 하나의 초점과 마음의 순결함 없이 "우리가 드리는 모든 희생과 기도, 설교와 성례는 주님께 가증스러운 것이 되고 만다."[58] 이러한 인간의 내면적 영역이 외적인 행실의 특징을 형성하는 장소다.[59] 깊은 곳에서의 내적이고 영적인 성숙이 철저하면 외적 행위에서의 반응이 뒤따른다.

b. 복음 사역자의 사랑

복음 사역자의 사랑은 가족의 필요를 기꺼이 즐겁게 돌보는 애정 어린 부모의 사랑과도 같은 것이다. 성숙한 목회자의 감성은 하나님과 이웃과 신앙 공동체, 그리고 그리스도께서 구원하시기 위해 죽으신 온 세상에 대한 사랑으로 가득하다. 목회를 위해 반드시 필요한 철저한 헌신은 이 사랑의 충만함에서 흘러나오는데, 이 사랑은 목회자로 하여금 손을 뻗어 "하나님의 영광을 위하는 간절한 마음과 영혼 구원을 위한 갈급함으로 그리스도께서 구원하시기 위해 죽으신 한 영혼을 잃어버리지 않기 위해 기꺼이 무엇이든 하고, 무엇이든 희생하며, 어떤 고난도 마다하지 않게 한다."[60]

이러한 사랑은 세상, 돈, 칭찬, 야망, 감각적 쾌락, 각종 오락에 대한 사

---

56 "An Address to the Clergy," J X:486-87.
57 "An Address to the Clergy," J X:487.
58 "An Address to the Clergy," J X:497.
59 "Sermon on the Mount, 6," B 1:573-76, secs. 1-4; "A Single Intention," B 4:371-76, secs. 1-9.
60 "An Address to the Clergy," J X:487.

랑과 극명한 대조를 이룬다.[61] 자신의 감정을 절제하지 못하는 사람과 궁핍한 사람들의 부르짖음을 외면하는 사람은 목회할 준비가 되지 않은 것이다.

이 넘쳐흐르는 사랑의 샘에서 목회에 필요한 모든 적극적 행동이 흘러나온다. 모든 외적인 행위는 이 새로워진 내면적 삶이 겉으로 드러나는 것이다. 은혜가 거룩한 삶을 낳는다고 가르치면서도 그 가르침 대로 살지 않는 사람은 쉽게 그 실체가 드러날 것이다. 그의 가르침은 비록 논리적으로 옳더라도 가치가 없다. 그의 행위로 인해 그의 말은 신뢰를 잃고 만다.[62]

목회자는 사적 또는 공적인 삶 모두에서 할 수 있는 한 "거룩한 하늘의 품성"을 드러내도록 부르심을 받았다.[63] 소명을 이루기는 쉽지 않으나 하나님의 은혜는 더 크시다. 하나님의 은혜 없이 경건한 인격을 드러내는 것은 불가능하다. 목회자의 직분은 가능한 한 모든 악한 말과 행실을 금할 것을 요구한다. 목회자라고 해서 평신도와는 다른 도덕적 기준을 갖는 것은 아니다. 설교자의 진실성은 그들이 행하는 바에 의해 입증된다. 사람들은 당연히 그들이 말하고 남에게도 가르친 것을 그 스스로가 진지하게 여길 것이라고 기대한다.

c. 목회자의 자기 성찰

자기 성찰은 목회자가 정기적이고 지속적으로 해야 할 필수적인 의무다. "목회자를 향한 권면"은 자기 성찰의 한 모범을 제시하면서 끝을 맺는다. 웨슬리는 목회자들이 이 소명을 따르고 있는지 질문함으로 당대의 목

61　"The Image of God," B 4:294-95.
62　"The Repentance of Believers," B 1:338-39.
63　"An Address to the Clergy," J X:488.

회자들을 대면한다.[64] 이 질문에 막연하게 답하는 태도는 목회의 진실성을 약화시킬 뿐이다. 양을 돌보는 책임을 지는 사람은 하나님 앞에 정직하여 자신의 부족함에 대해 바르게 판단해 하나님의 고쳐주시는 은혜를 간구하도록 부르심을 받았다.

웨슬리는 그 후 자기 성찰을 위한 많은 면밀한 질문을 던진다. 스스로 질문해 마땅한 지극히 개인적인 질문은 이런 것이다. 내가 가진 은사와 자연적 재능은 목회를 위해 적합한가? 나는 설교할 수 있을 만큼 충분히 생각이 준비되어 있는가? 나는 좋은 기억력을 위해 훈련해왔는가? 나는 건전한 이해력을 가졌는가? 나는 충분한 일반 상식을 가지고 있는가?[65] 나는 성경을 원어로 공부해왔는가? 그렇지 않다면 그것이 나를 "성경 원어를 아는 사람이나 심지어 모르면서도 아는 척하는 사람에게 의존할 수밖에 없는 상태로 만들지 않는가?"[66] 나는 목회직의 본질을 이해했는가? 나는 역사, 과학, 자연 철학에 충분한 지식이 있어 내가 섬기는 사람들의 지적 수준에 부응하는가? "나는 로마의 클레멘트, 이그나티우스, 폴리캅이 남긴 훌륭한 저술을 반복해 읽었으며, 순교자 저스틴과 터툴리안, 오리겐, 알렉산드리아의 클레멘트, 시프리안의 저술을 최소한 한 번이라도 읽어본 적이 있는가?"[67] 나는 뱀과 같이 지혜롭고 비둘기같이 순결하며, 모든 사람을 겸손하게 대하기를 배웠는가?

질문은 누그러지지 않고 계속된다. 모든 사람은 다음의 질문들로 자문하면서 자신의 영혼을 점검해야 한다. 하나님의 은혜가 내 의도와 정서와 의지에 얼마나 깊이 침투해 있는가? "오직 섬기며 살겠다는 단순한 의

---

64 "An Address to the Clergy," J X:488-500.
65 "An Address to the Clergy," J X:486-93.
66 "An Address to the Clergy," J X:491.
67 "An Address to the Clergy," J X:493.

도가 나 자신이 높아지려는 욕망과 뒤섞이지 않았는가? 나는 그리스도께서 행하신 것처럼 행하고 있는가? 나는 편한 삶을 추구하고 있지 않은가? 내 정서는 은혜에 기초해 있는가? 만약 하나님께 전적으로 헌신되어 세심한 주의와 근면함으로 모든 말과 행실에서 악을 삼가며 가장 사소한 것에 대해서도 아무도 시험을 당하거나 믿음이 흔들리지 않도록 악은 모든 모양이라도 버리지 않는다면, 그리스도의 일꾼과 영혼의 목자란 도대체 무엇을 하는 사람인가?"[68] 나는 하나님께 전적으로 헌신하는 삶을 살고 있는가? 나는 믿는 자들의 본이 되고 있는가? "하나님과 이웃에 대한 사랑이 내 마음을 채우고 내 모든 삶을 비추고 있는가?"[69] 나는 하나님의 부르심에 자발적으로 응답한 복음의 일꾼으로서 부족함 없이 온전하고, 위에서 부르신 부름을 따르기 위해 간절히 은혜를 구하며, 자신을 기꺼이 희생하도록 부르심을 받았다.

이러한 질문을 들은 모든 사람은 자신의 내적인 양심의 법정 앞에서 어떻게 답할 준비가 되어 있는지 자신을 엄중히 돌아보아야 한다. 만약 자기 자신에게 엄중하지 못한 경박한 태도로 질문한다면 그것은 마치 "환자의 상처를 살펴볼 수 없을 만큼 지나치게 측은한 마음을 가진 결과 결국 환자를 죽게 만드는 의사"와도 같은 어리석음을 범하는 것이다. "이 얼마나 잔인한 측은지심인가! 참으로 하나님께서 고쳐주시기를 원한다면 자신의 상태를 정확히 직시할 수 있도록 점검하라."[70]

---

68 "An Address to the Clergy," J X:487.
69 "An Address to the Clergy," J X:499.
70 "An Address to the Clergy," J X:489.

B. 목회직의 권위

1. 목사에게 순종함에 대하여

a. 영혼을 돌보아야 할 교회의 소명

평신도는 조언과 인도함 없이 방치되어서는 안 된다. 성령께서는 양들을 돌보도록 교회에 목사와 조언자와 목자들을 주셨다. 웨슬리는 이런 내용을 설교 "목사에게 순종함에 대하여"(On Obedience to Pastors)에서 다룬다 [설교 #97 (1785년 3월 18일), B 3:373-83; J #97, VII:108-16] . 웨슬리는 자신의 진정 어린 실천적 모범을 통해 그의 공동체에 속한 사람들, 즉 그의 지도를 받고자 자원해서 그에게로 나아온 사람들의 영적 인도자로 존경을 받게 되었다.[71] 하나님께서는 그분의 비밀한 방법으로 목회자를 불러 양떼를 돌보게 하시고, 하나님의 은혜로 그들에게 능력을 부어 다른 이들에게 유익을 끼치게 하신다. 이러한 사실을 전제로 양들은 지혜로운 조언을 주도록 하나님의 명령을 받은 목회자에게 순종할 것이 요구된다.

목회를 다루는 이 설교의 성경 본문은 히브리서 13:17이다. "너희를 인도하는 자들에게 순종하고 복종하라 그들은 너희 영혼을 위하여 경성하기를 자신들이 청산할 자인 것같이 하느니라 그들로 하여금 즐거움으로 이것을 하게 하고 근심으로 하게 하지 말라 그렇지 않으면 너희에게 유익이 없느니라."[72] 같은 구절을 영어 NIV 성경은 쉬운 언어로 표현한다. "너희의 지도자를 신뢰하고 그 권위에 순종하라. 그들은 너희 영혼 돌보기를 자신들이 책임진 자인 것처럼 한다. 그들이 즐거움으로 그 일을 하게 하고

---

71 "On Obedience to Pastors," B 3:382, J VII:115, sec. 3. 9.
72 "On Obedience to Pastors," B 3:373-74, J VII:108.

짐이 되게 만들지 말라. 그렇지 않으면 너희에게 유익이 없다." 이 구절은 목회를 신자의 유익을 위해 하나님께서 만드신 질서로 말한다. 그리스도 자신이 목회 사역을 만들어내시고 그것이 열매 맺게 하신다.

목회자란 누구인가? 적절한 절차를 거쳐 양들을 돌보는 일을 맡은 자다. 어떤 권위로 그 일을 맡게 되었는가? 성령을 통해 성부 하나님을 증거하신 성자 하나님의 권위로 맡게 되었으며, 이를 증거한 것은 사도들이다. 목회자는 개인의 양심의 자유를 존중하면서도 그것을 교정하고 권고하도록 부르심 받았다.[73]

b. 양떼를 돌보는 목자

목자의 역할은 공감에 바탕을 둔다. 하나님께서 공감하심으로 실패한 인간을 대하시듯, 목회자도 양들에게 공감할 수 있어야 한다. 이 전제 아래 목회자의 지도를 경청해 바르게 반응하는 것은 양떼의 바른 태도다.[74]

목사의 의무는 영혼을 돌보는 일이다. 교회 지도자로서 양떼를 보살피고 지켜내는 것이다. 큰 목자이신 살아계신 그리스도 앞에서 책임을 맡은 작은 목자인 담임 목사의 지도를 경청하고 책임 있게 행동하는 것은 양들이 해야 할 일이다. 양떼는 목자의 음성에 귀 기울일 때 위험에서 보호받을 수 있다.[75]

안타깝게도 가톨릭과 개신교 모두는 목회자와 신자의 관계에서 한쪽 극단이나 그 반대쪽 극단에 치우쳐 있다. 가톨릭 교도는 "자신을 다스리는 이들이 가르치는 교리에 따라 맹목적 신앙을 가져야 하고, 그들이 명령하

73 "On Obedience to Pastors," B 3:379, J VII:112-13, sec. 3. 3.
74 "On Obedience to Pastors," B 3:376-77, J VII:110, sec. 1. 5.
75 같은 곳.

는 모든 것에도 맹목적 순종을 해야 한다고 믿는다." 반면 개신교인은 "그것과 정반대의 극단으로 기울어 자기 목회자의 권위를 전혀 인정하지 않고, 목회자를 회중의 고용인과 종으로 만들어버린다."[76] 웨슬리는 목회자의 권위 및 지도력과 관련해 두 극단 사이에서 중용의 길을 찾고자 했다. 이 설교에서 웨슬리는 인도하는 사람이 누구며, 양떼는 누구를 따라야 하는지, 또 "순종과 복종"의 의미가 무엇인지를 정의한다.[77]

2. 소명의 분별

영어 흠정역(KJV) 성경이 사용한 '다스린다'(to rule over)는 말은 '인도한다'(to guide)로 번역하는 것이 더 적절하다.[78] 영혼을 돌보도록 부르심 받은 사람은 앞 구절에서 "하나님의 말씀을 일러 주었다"(히 13:7)고 말씀한 그들이다.[79] 어떤 사람이 그들보다 더 신뢰할 만하겠는가?

누가 영적 지도자를 정하는가? 당신이다. 만약 그의 영적 지도를 받는 것에 동의하지 않는다면 누구도 세례를 거쳐 당신이 속한 신앙 공동체에 소속될 수 없다. 당신은 당신이 속한 신앙 공동체의 영적인 지도자가 "하늘 가는 길에서 당신의 인도자가 되는 것"을 자발적으로 수용했다.[80] 자발적으로 수용한 당신이 그 결과로 세례도 받고 거듭나게 된 것이다.

영적 인도자가 되기 위해 목회자는 양떼를 뒤에서 밀어주는 것이 아니라 앞에서 이끌어야 한다. 목회자는 "진리와 거룩함의 길로 양떼를 인도

---

76 "On Obedience to Pastors," B 3:374; J VII:108, 서문 1.
77 "On Obedience to Pastors," B 3:374, J VII:109, 서문 2.
78 웨슬리 번역은 "On Obedience to Pastors," B 3:374, sec. 1. 2; J VII:109, sec. 1. 1 참고.
79 "On Obedience to Pastors," B 3:375-77, J VII:109, sec. 1. 2.
80 "On Obedience to Pastors," B 3:374-76, sec. 1. 2-3; J VII:110, sec. 1. 3.

하도록" 부르심을 받았다.[81] 목회자는 "양떼를 '말씀의 순수한 젖'으로 먹여 '영생의 말씀'으로 양육한다." 그는 하나님 말씀을 지속적으로 적용한다. 즉 양들에게 "하나님 말씀 안에 있는 모든 근본적 교리를 가르쳐 그들이 바른 길에서 벗어나 좌로나 우로나 행하면 경고하면서 '책망'하고, 잘못을 어떻게 고쳐야 하는지 알려주면서 '바르게' 하고, 그들이 평안의 길로 돌아오도록 인도하며, 또 '의로 교육한다'"(딤후 3:16). 또 "'그리스도의 장성한 분량이 충만한 데 이르기까지'(엡 4:13) 내적이고 외적인 거룩함으로 훈련시킨다."[82]

이 안수 받은 목회자들은 "너희 영혼을 위하여 경성하기를 자신들이 청산할 자인 것같이 한다." 놀라운 말씀이다. "하나님께서 이 말씀을 영혼을 인도하는 모든 사람의 마음에 새겨주시기를!" 그들은 우리가 잠을 자는 동안에도 깨어 살핀다. 그들은 "그리스도의 양무리, 그가 피로 값 주고 사신 영혼들"을 깨어 지킨다. 누구 때문인가? 단지 사람들을 생각해서만은 아니다. "그들은 문 앞에 서 계시는, 산 자와 죽은 자를 심판하실 주님께 한 영혼 한 영혼에 대해 상세히 고해야 할 자이기에, '깊은 열정'과 변함없는 진지함, 지치지 않는 돌봄과 인내, 근면함으로 깨어 살핀다."[83]

a. 명백한 소명 또는 잠재적 가능성에 대한 교회의 판단

목회자는 먼저 자신을 자각하는 영적인 훈련을 통해 하나님의 부르심을 받아야 한다. 다음으로 그러한 자기 인식은 신앙 공동체인 교회를 통해서도 인정되어야 한다. 교회의 인정은 또다시 목회자의 자질을 판단하

---

81 "On Obedience to Pastors," B 3:376, J VII:110, sec. 1. 4.
82 같은 곳.
83 "On Obedience to Pastors," B 3:376-77, J VII:110, sec. 1. 5.

기 위해 배정된 상위의 교회 기관에 의해 평가받고 직분을 인정받아야 한다. 그 후에야 목회자는 양무리를 돌볼 수 있도록 엄숙히 안수를 받는다.

이러한 선택과 확인, 성별은 교회에서 적절한 과정을 거쳐 역사 속에서 규제를 받는 가운데 이루어진다. 목회자들은 각 지역에서 우리의 위대한 목자이신 주님을 대리해 사역을 감당한다. 그들은 인도하고, 가르치며, 경계한다. 또 권고하고 훈련하며 양떼를 건강하게 지켜낸다. 양은 길에서 벗어날수록 더 위험에 노출된다.

b. 안수 전 검증

목사 안수식은 개인의 선택이 아니라 목회자들과 평신도 모두의 의견을 경청하는 가운데 적절한 절차를 거쳐 예배 공동체의 선택에 의해 이루어진다. 교회는 목사 안수에 관한 교회 리더십의 결정이 공정하고, 그들이 안수 대상자가 지닌 가능성을 바르게 분별할 수 있도록 기도해야 한다. 안수자 검증 과정은 이중성과 속임이 아니라 하나님 앞에서 철저한 정직함으로 이루어져야 한다.[84] 심사자는 자신의 판단에 한계가 있음을 인식해야 하며, 자신이 모든 시대의 교회 전체를 대표해 하나님의 소명을 성실하게 확인하기 위해 일하고 있음을 이해할 필요가 있다.[85] 아담과 하와 이후 모든 인류는 죄악의 역사 속에서 살아간다. 하나님께서는 이 죄악의 역사를 구원하고 계신다. 목사 안수 지원자는 성경이 가르치는 하나님의 구원 계획을 이해해야 한다.[86]

---

84 "Ought We to Separate?" B 9:571-72.

85 "Of the Church," B 3:55-56; 참고. "Ought We to Separate?" B 9:571-72.

86 BPC Ordinal; "On Obedience to Pastors," B 3:376-77, J VII:110, sec. 1. 5.

c. 안수식

웨슬리가 목사 안수를 받았던 영국국교회의 목사 안수식은 적절하게 소명을 받고 검증을 거친 지원자들이 말씀을 선포하고 성례를 집례하는 사역을 가능하게 하는 의식이다. 영국국교회 목사 지망생(postulant)는 안수 지원자로 받아들여지기 전 검증 단계에 있는 사람이다. 목사 안수는 에피스코포스(episkopos) 즉 사도적 전통과 영적 연계성이 있고 사도적 가르침의 보존을 서약한 사람의 안수로 이루어진다.

웨슬리는 자신이 받은 안수를 결코 가볍게 여기지 않았다. 그는 자신이 언제나 안수식 서약을 마음으로부터 온전히 순종했다고 생각했다. 이러한 생각은 그의 교회가 특별한 사역으로 보았던 선교 사역으로 부르심을 받았을 때도 남아 있었다.

영국국교회와 메소디스트 전통은 안수식 때 성령께서 안수 받는 목회자의 사역에 복 주시고 능력을 부으시도록 기도한다. 사역자는 성경에 기록되어 대를 이어 전해져온 사도적 증언을 충실히 견지할 것을 서약한다. 사도적 계승을 문자적 계승으로 보든 상징적 계승으로 보든 이러한 예식은, 안수 받는 사람이 신약 시대의 사도들로부터 현재에 이르기까지 이어지는 예수 그리스도께 대한 사도적 증언의 계승을 이어간다는 사실을 시사한다. 웨슬리가 안수를 받은 것이 사도 시대로부터 현재에 이르기까지 문자적으로 사도적 전승을 이어받은 것인지에 관해서는 해결하기 힘든 문제가 남아 있다. 나는 웨슬리가 영국국교회의 여느 주교처럼 사도적 전통을 이어받았다고 생각한다. 그러나 이러한 관점은 메소디즘 역사 전체에서 계속 도전을 받아왔다. 그럼에도 미국 메소디스트들이 안수식에 관해 사용하는 용어는 대체로 영국국교회 안수식의 방식을 그대로 따른다.

안수를 통해 성립되는 목회자 공동체는 감독(bishop)과 사제(elder)와 부제(deacon)로 이루어진다.

성직을 받는다는 것은 안수식을 통해 하나의 거룩하고 보편적인 교회의 구별된 사역을 하게 된다는 것을 의미한다. 목회자는 안수를 통해 단지특정 교단이 임명한 목회자가 되는 것 이상으로, 모든 시대와 장소에 존재해왔던 하나의 통일된 교회가 임명한 목회자가 되는 것이다. 안수식은 안수 대상자를 성직자로 구별해 하나님의 말씀을 설교하고 성례를 집례하며 교회의 질서에 따라 훈육하는 권한을 부여하는 과정이다.[87]

d. 목회자와 평신도의 조언

웨슬리가 책임을 맡은 영국국교회 조직은 모든 신자가 제사장 직분을지니고 있음을 인정하면서도, 평신도와 적절한 과정을 통해 성직의 임무를 맡은 성직자 사이를 기능적으로 구분 지었다. 성직자 사역과 평신도 사역 둘 모두 그 효과가 온전해지는 것은 그리스도의 제사장 직분으로 인한것이다. 공적으로 안수 받은 성직은 그 기능에서 일반 성직, 즉 세례받은모든 사람의 성직과 구분된다.

목회자와 평신도가 하는 조언의 차이는 한쪽은 하나님의 용서를 가져오고 다른 쪽은 그렇지 못한 것이 아니다. 만약 하나님께서 용서하시는 은혜가 참으로 주어지고 또 수용되었다면, 둘 모두 하나님의 용서를 전달할수 있다. 둘 사이의 차이는 목회자는 말씀 선포와 성례 집례라는 전임사역을 위해 안수 후보자와 교회가 공동으로 분별해 안수의 과정을 거쳐 성직

---

87 "Of the Church," B 3:55-56; 참고, "Ought We to Separate?" B 9:571-72.

으로 부르심을 받는다는 데 있다.[88]

평신도 사역 전체는 이처럼 자신의 삶 전체를 목회를 위해 헌신하도록 특별히 부르심을 받은 이들의 사역으로 인도받을 필요가 있다. 목회자는 위대한 목자이신 성자 하나님을 위해 대리적 사역을 수행하며, 자신이 속한 시간과 공간의 한계 속에서 활동한다. 그들은 인도하고 지키며, 경고하고 권고하며 훈육한다. 간단히 말해 그들은 양떼를 먹인다. 그들은 양떼를 건강하게 살 수 있는 환경으로 이끌어간다. 그러나 양떼가 목자에게서 벗어나면 위험에 더 많이 노출된다.

그들의 양식은 생명의 떡이다. 안수 받은 성직은 하나님께서 부르시고 적절한 교회법을 거쳐 주어지는 직분으로, 그리스도께서는 그러한 사역을 감당하는 이들을 통해 생명을 주실 것을 약속하신다.[89]

3. 영적 인도자

a. 목회자의 지도에 대한 자발적 수용

신자와 영적 인도자의 관계는 시작부터 자발적 선택에 의한 것이고, 상호 신뢰에 기초하며, 위기를 이겨내는 힘을 가진다. 신자는 성경을 토대로 조언해 그리스도인의 삶의 모든 차원에서 은혜 안에서 자라도록 간구하는 것을 도와줄 목회자의 지도를 스스로 찾아나서야 할 책임이 있다. 여기서 강조해야 할 것은 강제가 아닌 자유로운 선택의 결과로서의 자발적 순종이다.[90] 자발적 순종이란 당신과 당신의 영혼, 내적인 삶과 정서적인

---

88 "Of the Church," B 3:48-57, secs. 7-30.
89 "On Obedience to Pastors," B 3:375, J VII:111, sec. 2. 3.
90 "On Obedience to Pastors," B 3:375-76, J VII:111, sec. 2. 3.

요소, 당신이 가장 사랑하는 것과 당신이 지닌 한계 등에 관해 목자의 조언을 신뢰하는 것을 의미한다. 건전한 판단력을 가진 목회자를 신뢰하라. 목회자는 당신을 위해 준비되어 있다. 즉 하나님의 섭리에 의해 당신에게 필요한 것이 무엇인지 말해 주기 위해 성경적이고 도덕적인 면에서 준비되어 있다. 그들의 지도를 따르는 것은 당신의 양심적 판단과도 관계가 있다. 이 말은 그들의 지도를 맹목적이고 무비판적으로 따르라는 것이 아니라, 조언자의 지혜에 미심쩍은 요소가 있더라도 목자의 판단을 신뢰하도록 노력하는 것을 의미한다. 목자는 당신 스스로는 알지 못했던 방법으로 당신을 도울 준비가 되어 있기 때문이다. 만약 담임 목회자를 그 정도까지 충분히 신뢰하지 못한다면, 당신은 다른 친구나 전문가의 도움을 받아 당신을 바르게 인도해줄 다른 누군가의 지도와 돌봄을 구할 책임이 있다. 건전한 판단력이 없는 목회자마저 신뢰해야 할 의무는 없다.[91]

b. 자발적으로 영혼의 지도자를 선택한 신자에 대한 목회자의 격려

훌륭한 영적 지도를 자발적으로 온전히 경청하도록 부르심을 받은 대상은 누구인가? 모든 신자이자 당신이기도 하다. 사도의 명령을 받은 사람에는 당신도 포함된다. 당신의 영혼을 돌보도록 하나님께서 부르신 이의 지도를 경청하고 그에게 순종하라.[92] 당신이 목회자라도 그 점에서는 동일하다.

웨슬리는 영적 지도자가 엄밀히 말해 꼭 신자 자신이 출석하는 지역 교회 담임 목사여야 한다고 생각하지는 않았다. 비록 그것이 성령께서 예

91 "On Obedience to Pastors," B 3:376, J VII:111, sec. 2. 3.
92 "On Obedience to Pastors," B 3:377, J VII:111, sec. 2. 1.

배 공동체에서 일반적으로 역사하시는 방법이라 하더라도 그렇다. 경건한 다른 목사의 사역을 통해 인도하시는 일은, 성령께서 신자에게 동기를 부여하시는 숨겨진 방법이자 인간의 자유에 속하는 영역이기도 하다. 성령께서는 그런 방법을 통해서도 신앙의 진리를 전달하신다.[93] 웨슬리는 이런 질문을 던진다. "우리가 사는 곳이 어느 목사의 교구에 소속되어 있다는 이유로 그 목사에게 순종하는 것이 의무라는 말이 어디에 기록되어 있는가? 내 영혼의 지도자가 누구인가 하는 것은 내가 결코 무관심할 수 없는 것이다. 나는 지옥으로 가는 고속도로에 있는 목회자를 나의 천국 가는 길을 안내하는 사람으로 받아들일 수 없다. 양의 탈조차 쓰지 않은 늑대를 내 목자로 삼을 수는 없다."[94] "나는 부모님의 말씀을 최대한으로 존경하며 적법한 모든 일에서 그 말씀에 기꺼이 순종할 것이다. 그러나 그들을 '랍비로 부르는 것' 즉 그들을 무조건 믿고 순종하는 것이 적법한 것은 아니다. 모든 사람은 하나님 앞에서 자신이 행한 일에 대해 해명해야 한다. 따라서 모든 사람은 스스로 바른 판단을 내리되 특히 영혼의 인도자를 선택하는 것같이 지극히 중요한 일에서는 더욱 자신에게 유익이 되는 선택을 해야 한다."[95]

신자로서 당신은 기쁨, 감사, 순종 및 당신의 신앙의 여정에 신뢰할 만한 동반자가 함께하고 있음에 대한 자각 속에서 하나님께 소명 받은 목회자의 인도를 받고 있을 것이다. 훌륭한 목회자와 함께할 때 당신은 하나님께서 그와 동행하고 계심 역시 보게 될 것이다. 이런 일은 타락한 인류를 향한 하나님의 무한한 돌보심을 이해하는 누군가가 당신을 돌본다는 전

---

93 "On Obedience to Pastors," B 3:375-76, J VII:111, sec. 2. 3.
94 "On Obedience to Pastors," B 3:377, J VII:111, sec. 2. 2.
95 "On Obedience to Pastors," B 3:375-76, J VII:111, sec. 2. 3.

제 아래에서 가능해진다.[96] "오직 위로부터 난 지혜는 첫째 성결하고 다음에 화평하고 관용하고 양순하며 긍휼과 선한 열매가 가득하고 편견과 거짓이 없나니"(약 3:17).

c. 신뢰할 만한 영적 지도자 선택하기

그리스도인의 삶을 바르게 안내해줄 사람을 찾는 사람은 "앞의 성경 구절에서 묘사한 것 같은 조언을 해줄 수 있는 목회자, 그의 영혼을 위하여 경성하기를 자신이 청산할 자인 것같이 하는 목회자를 찾아 자발적으로 관계를 형성한다. 사도는 이러한 성품과 정신, 태도를 가진 인도자를 발견하고 선택한 사람은 반드시 그에게 '순종하고 복종하라'(히 13:17)고 말씀한다."[97]

그러나 만약 담임 목회자가 하나님께서 명령하거나 허락하시지 않은 무엇을 요구한다면, 그가 아닌 하나님께 순종해야 한다. 당신의 목회자가 존재하는 것은 오직 당신이 성경에 계시된 하나님의 계명을 따를 수 있도록 돕기 위함이지, 인간의 부족한 도덕적 통찰에 기초해 새로운 계명을 만들어내라는 것이 아니다. 우리에게는 단 한 분의 주인밖에 없다. 이 세상에서의 조언자는 영혼의 목자이신 하늘 인도자와의 바른 관계 속에서 사람들을 인도할 뿐이다. 만약 하나님과의 바른 관계가 잘못된 것으로 판명되지 않는 이상, 우리는 하나님 앞에서 책임을 자각함으로 소속 교구를 담당하는 권위를 부여받은 목회자에게 순복해야 한다.[98] 조언을 해주거나 받아들이는 사람은 '양순'(약 3:17), 즉 마음이 열려 있어 쉽게 다가갈 수 있어

---

96 "God's Love to Fallen Man," B 2:422-35.
97 "On Obedience to Pastors," B 3:379-80, J VII:111-12, sec. 2. 4.
98 "On Obedience to Pastors," B 3:378, J VII:112, sec. 3. 1.

야 하며 사사건건 반대하는 자세여서는 안 된다.[99]

4. 자신의 상태를 알리려는 자세

a. 영적 목자에 대한 신자의 의무

목회자와 관련해 "모든 참된 그리스도인이 누리는 정감 있는 성품"으로 "순복할 준비"를 갖추는 것은 양떼의 책임이다. 평신도는 "자신의 영혼을 돌보는 이에게 특별한 자세로" 그런 성품을 나타내야 한다. 그는 "자신이 전에 몰랐던 것을 수용하고, 그들의 조언을 열린 마음으로 들으며, 권면을 기쁘게 받아들여야 하고", 자신의 단호한 의지도 "깨끗한 양심으로 할 수 있을 때마다" 내려놓을 준비가 되어 있어야 한다.[100]

만약 목회자의 조언이 하나님의 말씀에 위배되지 않는다면, "모든 그리스도인은 각각 자신의 영혼을 인도하는 목회자에게 순종하는 것이 의무다."[101] "개신교인은 이러한 의무를 얼마나 소홀히 여겨왔는가!" 개신교인 중에는 누구도 "그런 의무"가 있을 것이라고 상상조차 하지 못한다. "그러나 신구약 성경 어디를 보더라도 그보다 더 분명한 계명은 없다." 이 계명을 의도적으로 거스르는 사람은 "성령을 근심하게"(엡 4:30) 하고, "하나님의 은혜가 자신의 마음에 온전히 역사하시는 것을 방해하지 않을 수 없게 된다." 이러한 거역하는 태도는 "많은 영혼이 죽게 되는 중대한 원인이자, 그들이 간절함으로 간구하는 복을 받지 못하는 중대한 원인이다."[102]

---

99   "On Obedience to Pastors," B 3:378, J VII:112, sec. 3. 2.
100   "On Obedience to Pastors," B 3:379, J VII:112-13, sec. 3. 3.
101   "On Obedience to Pastors," B 380, J VII:114, sec. 3. 6.
102   "On Obedience to Pastors," B 3:381, J VII:114, sec. 3. 7.

오늘날에는 내담자의 도덕적 문제에 관해 판단 내리기를 회피하는 상담법이 유행하고 있기에, 현대 독자들은 웨슬리가 영혼을 돌보는 목자에게 순종할 의무를 매우 중시했다는 사실에 놀랄 것이다.

b. 경건한 목회자의 인도에 단순히 순종하기

웨슬리는 신자가 목회자의 지도를 받았을 때는 자신의 유익을 위해 단순하고도 성실하게 그것을 적용하기를 요구한다. 그것은 매우 간단하다. 즉, 당신이 신뢰하는 영적인 지도자가 당신에게 무엇인가 하라고 말하면, 그것을 하라는 것이다. 또 당신이 자발적으로 선택한 영적인 인도자가 당신에게 무엇인가를 하지 말라고 경고하면, 그것을 하지 말라는 것이다. 이 지혜로운 성경적 명령을 무시함으로 스스로 은혜 안에서 성장하는 길을 가로막지 말라. 만약 이러한 명령을 무시한다면 "당신은 자신을 속여 당신이 누릴 수 있었던 많은 복을 스스로에게서 빼앗아버리는 일을 자행하는 것이 된다." 오직 순종하되 즐거운 마음으로 하라. "그들로 하여금 즐거움으로 이것을 하게 하고 근심으로 하게 하지 말라 그렇지 않으면 너희에게 유익이 없느니라"(히 13:17). 만약 조언해준 내용이 자기 부인을 필요로 한다면 자신을 부인하라. 만약 목회자가 자기 십자가 지기를 요구한다면 자기 십자가를 지라. 그것 없이 제자가 될 수는 없다. 하나님께서는 은혜로 감당할 힘을 더하실 것이다.[103]

웨슬리의 속회와 반회, 신도회에서는 당시의 문화를 거스르려는 동기가 강하게 작용했다. 그들은 목회적 은사에서 유익을 얻기 위해 "세상과 짝하는" 일에서 자신을 지켰다. 도리어 그들은 "단순함의 모범"이 되었다.

---

103 "On Obedience to Pastors," B 3:381, J VII:114-15, sec. 3. 8.

한 가지 사례는 몸을 꾸미는 장신구에 대해 과도하게 주의를 주는 것이었다. 오늘날에는 이것 역시 문화에 순응하는 것일 수 있으나 웨슬리 시대에는 문화를 거스르는 태도였다. 이것은 웨슬리가 그렇게 자주 옷차림의 소박함을 강조한 이유기도 하다. "당신이 지금도 여전히 당신과 비슷한 지위나 재산을 가진 사람들처럼 옷차림을 하고 있다면, 그것은 당신이 주님 안에서 당신을 가르치는 사람에게 순종하지 않겠다고 세상을 향해 선언하는 것입니다."[104] 성경이 권면하듯 "오직 선한 행실로만 자신을 단장하라"(딤전 2:10; 벧전 3:5).[105] 이는 하찮은 것이 아니다. 당신의 내면적 삶을 눈에 보이게 표현하는 방법이다. 따라서 웨슬리는 이렇게 말한다. "나는 이 문제를 하나님 앞에서 여러분의 양심에 맡깁니다. '여러분의 영혼을 위하여 경성하기를 자신들이 청산할 자인 것같이 하는' 그들에게 자발적으로 순종하십시오."[106]

---

104 "On Obedience to Pastors," B 3:382, J VII:115-16, sec. 3. 10.
105 "On Obedience to Pastors," B 3:383, J VII:116, sec. 3. 11.
106 "On Obedience to Pastors," B 3:383, J VII:116, sec. 3. 12.

더 깊은 이해를 위한 독서 자료

소명과 안수

George, Raymond A. "Ordination [Eighteenth Century]." In *A History of the Methodist Church in Great Britain*, edited by W. Reginald Ward. London: Epworth, 1965.

Van Noppen, Jean-Pierre. "Beruf, Calling and the Methodist Work Ethic." In *Wahlverwandtschaften in Sprache, Malerei, Literatur, Geschichte*, edited by I. Heidelberger-Leonard and M. Tabah, 69-78. Stuttgart: Verlag Hans-Dieter Heinz, 2000.

성품과 목회적 권위

Berg, Daniel. "The Marks of the Church in the Theology of John Wesley." In *The Church*, edited by Melvin Dieter and Daniel Berg, 319-31. Anderson, IN: Warner, 1984.

Campbell, Ted Allen. "John Wesley on the Mission of Church." In *The Mission of the Church in Methodist Perspective*, edited by Alan Padgett, 45-62. Lewiston, NY: Edwin Mellen, 1992.

Collins, Kenneth J. "A Reconfiguration of Power: The Basic Trajectory in John Wesley's Practical Theology," in *Heart of the Heritage: Core Themes of the Wesleyan/Holiness Tradition*, edited by Barry L. Callen and William C. Kostlevy, 131-50. Salem, OH: Schmul, 2001.

Frank, Thomas Edward. *Polity, Practice, and the Mission of the United Methodist Church*. Nashville: Abingdon, 1997.

2장

상담 목회

2장 상담 목회

나는 웨슬리에 관한 광범위한 2차 자료를 살펴보았지만 상담 목회에 관해 웨슬리가 가르친 가장 중요한 내용을 실질적으로 전달하는 자료는 거의 찾지 못했다. 웨슬리가 목회와 관련해 기여한 것 중 가장 오랜 영향력을 지닌 이 주제에 관해 참고할 자료가 많지 않고 그마저도 가볍게 분석한 내용밖에 없다. 곳곳에 흩어져 있는 목회에 관한 그의 훌륭한 가르침을 찾아보려는 시도가 부족했고, 상세히 설명하려는 노력은 물론이며, 그의 관점을 옹호하기 위한 작업 역시 미흡했다. 실질적 연구가 19세기 웨슬리안 전통에서는 이루어졌으나 20세기나 21세기에는 거의 이루어지지 않았다.

　　지금까지 "아픈 자들을 심방하는 일에 대하여" "시험에 대하여" "위선에 대하여" "이웃에 대한 책망의 의무" "가정의 신앙생활에 대하여" "자녀교육에 대하여" "믿음의 분요에 대하여"와 같은 중요한 저술을 한 문장 한 문장 설명해나가는 해설서는 없었다. 이런 글은 거의 언급조차 되지 않는다. "결혼 예복에 대하여" "참 이스라엘 사람" "부모에게 순종함에 대하여" "믿음의 분요에 대하여" 같은 중요한 설교에 대한 진지한 연구는 찾아볼 수 없다. 목회에 관한 다양한 주제 중 웨슬리에게 가장 중요한 것은 목회적 권고, 목회자의 권위, 부모에 대한 순종, 거룩한 삶 등과 같은 것이다. 그럼에도 웨슬리에 관한 2차 자료 중 이런 주제를 다루는 것을 본 적이 있는가? 그런 글을 목회와 상담에 관해 웨슬리가 쓴 가장 중요한 본문으로 소개하는 자료를 볼 수 있는가? 이 책은 이런 주제를 최우선으로 다룰 것이다.

웨슬리는 분명 목회를 돕기 위해 이러한 주제로 글을 썼다. 오늘날 목회 상담 전문가들은 이렇게 중요한 목회적 과제에 웨슬리가 영속적으로 기여한 것이 무엇인지 거의 인지하지 못한다. 웨슬리의 어떤 주장은 오늘날의 기준으로 보면 충분히 '정치적으로 옳지' 못한 점이 있다. 어떤 주장은 현대 심리학적 이론과 일치하지 않는다. 어떤 주장은 대인 관계, 개인 성장, 자녀 양육, 사회 진단 등에서 현대적 논의 이상으로 나아가지 못하는 듯 보이지만 그렇지 않다. 오늘날 우리가 배워야 할 많은 요소가 있다.

우리는 모든 평신도와 특히 안수 받은 목회자의 의무인 병자를 방문하는 사역에서 논의를 시작할 것이다. 웨슬리는 병자 방문에 관해 구체적으로 가르친다.

A. 병자 방문

1. 성경의 명령

설교 "아픈 자들을 심방하는 일에 대하여"(On Visiting the Sick)의 성경 본문은 마태복음 25:36의 "헐벗었을 때에 옷을 입혔고 병들었을 때에 돌보았고 옥에 갇혔을 때에 와서 보았느니라" 라는 말씀이다[설교 #98 (1786년 5월 23일), B 3:384-98; J #98, VI:117-27].

아픈 사람을 돌보는 일은 목회의 일부다. 육신의 질병이든, 정신의 질병이든, 영혼의 질병이든, 아픈 사람을 방문하는 것은 영혼을 돌보는 사람의 분명한 의무이다. 그 사역은 "건강한 모든 사람이 각각 그 정도가 높든 낮든 실천 가능한" 부르심이다.[1] 그리고 이 사역은 성경이 명령하는 자비의 일 중 가장 중요한 것이기도 하다. 이 자비의 일을 등한시하는 사람은 자신이 받은 은혜의 빛마저 희미하게 만들 수 있다.

아픈 사람을 방문하라는 말씀은 이성을 지닌 모든 사람, 도덕적 책임의식을 지닌 모든 사람에게 해당된다. 그러나 가장 분명하게는 신앙을 가진 사람에게 말씀하시는 것이다. 그것은 하나님의 규례이자 하나님께서 복과 은혜를 주시는 통로이기도 하다(마 25:34-43; 눅 10:31-32). 이러한 자비의 일을 행하는 것은 모든 신자의 책무다.

기도와 성경 읽기, 성찬에 참여하는 것은 그리스도께서 제정하신 주된 은혜의 방편이다. "이러한 것은 하나님의 은혜를 사람에게 전달하는 일반적인 방편이다."[2] 여기서 '일반적'(ordinary)이라고 하는 것은 그리스도인의 삶은 시간적 배열에 바른 순서(orderly)가 있어야 한다는 의미다.

a. 양과 염소 비유

예수님께서 마태복음 25장의 양과 염소 비유에서 분명히 말씀하신 자비의 일 중 하나는 아픈 사람을 방문하는 것이다. 그리스도인은 이러한 의무를 등한시하는 것 때문에 믿음이 약해지고, 자신이 이미 받은 은혜에 대한 분명한 자각도 잃어버리게 된다. "이러한 의무를 등한시하는 사람은 그것을 행했다면 받았을 은혜를 받지 못하게 되거나", 자신이 이미 받은 은혜조차 잃어버리게 된다.[3] 자비의 일에 적극적인 제자는 믿음으로 살아간

---

1   "On Visiting the Sick," B 3:384, 서문 1.
2   "On Visiting the Sick," B 3:385, 서문 1-2.
3   "On Visiting the Sick," B 3:386, 서문 1.

다. 이러한 행동은 "하나님의 은혜로 구원을 얻게 한 그 믿음을 우리가 여전히 보존하고 있음"을 드러낸다.[4] "하나님의 은혜에 의해 오직 믿음으로 의롭다 하심을 얻는다"는 것과 "사랑으로써 역사하는 믿음" 사이에는 어떤 모순도 없다.[5] 은혜에 의해 믿음으로 구원받은 사람은 필요할 때마다 자비의 일을 행하도록 언제나 준비되어 있음을 통해 그 구원의 신앙 안에서 살아가도록 요청받는다.[6]

웨슬리의 설교 본문은 주님이 말씀하신 양과 염소 비유다.

> "너희가 여기 내 형제 중에 지극히 작은 자 하나에게 한 것이 곧 내게 한 것이니라"(마 25:40). 만약 이 말씀으로도 자비의 일을 계속 행하는 것이 구원에 필요하다는 사실을 확신할 수 없다면, 모든 사람을 심판하시는 분께서 왼편에 있는 사람들에 무슨 말씀을 하셨는지 깊이 생각해 보라. "저주를 받은 자들아 나를 떠나 마귀와 그 사자들을 위하여 예비된 영원한 불에 들어가라 내가 주릴 때에 너희가 먹을 것을 주지 아니하였고 목마를 때에 마시게 하지 아니하였고 나그네 되었을 때에 영접하지 아니하였고 헐벗었을 때에 옷 입히지 아니하였고 병들었을 때와 옥에 갇혔을 때에 돌보지 아니하였느니라. … 이 지극히 작은 자 하나에게 하지 아니한 것이 곧 내게 하지 아니한 것이니라"(마 25:41-45).[7]

b. 고통의 때에 함께 있어주라

"아픈 사람"이란 육체의 고통이든 정신적 고통이든, 성품이 좋든 나쁘

---

4   "On Visiting the Sick," B 3:386, 서문 2.
5   Martin Luther, *Christian Liberty* (Minneapolis: Augsburg Fortress, 2003); "A Treatise on Good Works" (1520), *Luther's Works*, vol. 44 (Philadelphia: Fortress, 1966), 15-114; Augsburg Confession, art. 4. 20.
6   Wesley, Minutes, 1746, May 13, Q3, JWO 159.
7   "On Visiting the Sick," B 3:387, sec. 1; 마 25:31-46.

든, 하나님을 경외하든 그렇지 않든 고통받는 모든 사람을 말한다.[8] 아픈 사람을 방문하는 이 은혜가 분명히 드러나게 하기 위해서는 아픈 사람이 사는 곳, 그들이 고통받는 그 환경에 물리적으로 방문해야 한다.

'방문하다'라는 말의 헬라어 'episkeptomai'는 눈으로 직접 '살펴보다'라는 의미를 지닌다. 이런 의미에서 아픈 사람을 방문하는 것은 "당신이 그들과 함께 있지 않고서는 이루어질 수 없다. 그들에게 후원금만 보내는 것은 그들을 방문하는 것과 전혀 다르다."[9] 만약 당신이 두 눈으로 아픈 사람을 직접 "살펴보며" 그들의 필요를 돌보지 않는다면 성경적 의미로는 그들을 방문한 것이 아니다. "여러분이 아픈 사람을 방문하지 않는다면 당신은 은혜의 통로를 놓치게 됩니다. 하나님께 더 많은 감사를 드릴 수 있게 만드는 훌륭한 은혜의 통로를 놓치게 됩니다."[10] 아픈 사람을 방문해야 할 책임은 사회의 계층이라는 장벽을 뛰어넘어 어떤 계층의 사람도 만날 수 있게 해주지만, 무엇보다 자신과 가까운 관계에 있는 사람에게 다가가게 한다. 아픈 사람을 방문하는 사람은 사회적 지위나 보상이 아니라,[11] 단지 그들이 필요로 하는 것이 무엇인지와 자신이 어떤 도움을 줄 수 있는지 질문해야 한다. "일반적으로 부자가 가난한 사람에게 동정심을 느끼지 못하는 가장 큰 한 가지 이유는 그들이 가난한 자를 방문하지 않기 때문입니다." 그것이 "세상의 한편의 사람들이 세상의 다른 편 사람들이 어떤 고통을 당하며 살고 있는지 모르는 이유입니다. 부자들이 가난한 자들의 사정을 알지 못하는 것은 그들이 알려고 하지 않기 때문입니다. 다시 말해, 그들은 가난한 사람의 사정을 알 수 있는 방법 그 자체를 회피해 버립니다.

---

8   "On Visiting the Sick," B 3:387, sec. 1. 1.
9   "On Visiting the Sick," B 3:387, sec. 1. 2.
10   같은 곳.
11   "On Visiting the Sick," B 3:387-88, sec. 1. 3.

그러면서도 마음이 굳어져버린 것에 대해 자신들의 고의적 무지를 핑계 삼습니다."[12] 아프거나 가난한 사람을 직접 찾아가 보면, 당신은 자신 역시 얼마나 연약한 존재인지를 깊이 깨닫는다.

웨슬리는 "아픈 사람, 특히 종합병원의 환자를 지속적으로 방문해 … 그들의 침상에서 시중들고 상처를 싸매며 그들을 위해 가장 궂은 일을 마다하지 않았던" 프랑스 파리의 특권층 기독교 여성의 모범을 칭찬했다.[13] 그들은 청결과 근면을 습관적으로 실천하기 위해 노력했다.[14] 병자 방문에서는 육체의 필요를 돕는 것이 중심 과제지만, 그와 관련된 영적 필요 역시 돌볼 수 있어야 한다.[15]

2. 병자 방문의 실천

a. 방문 준비

어떻게 해야 아픈 사람을 방문하는 것이 하나님을 영화롭게 하고 이웃을 섬기는 방식으로 이루어지는가?

아픈 사람을 방문하기 전 당신은 반드시 자신의 힘만으로는 어떤 위로가 되는 말도 할 수 없음을 깨달아야 한다. 당신은 당신의 재치나 선한 의도가 아니라 힘 주시는 하나님을 의지해야 한다. 아픈 사람이 있는 곳으로 들어가기 전 기도로 하나님의 도우심을 구하라. 어떤 우발적인 상황도 잘 대처할 수 있도록 관대함과 인내, 온유와 겸손, 은혜를 구하라.[16]

---

12 "On Visiting the Sick," B 3:388, sec. 2. 3.
13 "On Visiting the Sick," B 3:388, sec. 1. 4.
14 "On Visiting the Sick," B 3:392, sec. 2. 6.
15 "On Visiting the Sick," B 3:389, sec. 1. 4.
16 "On Visiting the Sick," B 3:389-90, sec. 2. 1.

병자 방문에 규정된 방법이 있는 것은 아니다. 방문자는 상황적 필요를 살펴 어떤 반응을 할지 알아낼 필요가 있다. "음식과 의복이 충분한지" 등 그들의 "외적 상태"를 할 수 있는 한 돕겠다는 태도를 보이면서 물리적이고 물질적인 필요를 물어보라.[17] 지금 당신의 손으로 직접 도울 수 있는 것이 무엇인지도 물어보라.[18] "그렇게 하면 여러분은 여러분의 손으로 직접 베풀 수 있는 일이 있는지 쉽게 알 수 있습니다."[19] 재정적 도움이 필요할지도 모른다. 그럴 경우 웨슬리의 법칙을 기억하라. 당신 자신을 위해 구걸하는 것은 부끄러워하되, 가난한 사람을 돕기 위한 것이라면 결코 부끄러워하지 말고 쉽게 포기하지도 말라.[20]

작은 사랑의 수고는 더 중요한 일을 할 수 있는 길을 열어준다. "당신은 하나님께서 주신 모든 재능을 실천할 기회를 갖게 된다."[21] "그들이 거칠게 대하든 부드럽게 대하든, 친절하게 대하든 불친절하게 대하든, 그들이 어떻게 대하든 결코 분내거나 낙심하지 않도록 하나님께서 처음부터 끝까지 당신의 마음에 온유함과 유순함, 인내와 오래 참음을 계속해서 공급해 주시기를 간구하십시오."[22]

b. 경건의 능력을 나타내라

아픈 사람의 방문은 단지 물질적 필요만 돌보는 것 그 이상이어야 한다. 웨슬리는 아픈 사람의 육체적, 사회적, 경제적 상태에는 적극적 관심

---

17 "On Visiting the Sick," B 3:390, sec. 2. 2.
18 "On Visiting the Sick," B 3:390, sec. 2. 3.
19 "On Visiting the Sick," B 3:391, sec. 2. 4.
20 "On Visiting the Sick," B 3:390, sec. 2. 2.
21 같은 곳.
22 "On Visiting the Sick," B 3:390, sec. 2. 1.

을 보인 후 그들의 영혼을 돕는 사역은 등한시하는 우를 범하지 말 것을 강조했다. 아픈 사람이 하나님의 돌보심을 확신할 수 있게 하라. 적절한 때가 오면 복음의 약속을 분명히 알리기를 주저하지 말라.[23]

웨슬리는 "당신은 하나님께서 세상을 다스리신다는 사실에 대해 생각해 본 적이 있습니까?" 같은 일반적인 신학적 질문을 던지는 것에 반대했다. 오히려 하나님께서 세상을 다스리신다는 것에 대한 당신의 확신을 말해주라. 하나님께서 "당신이 고통 속에 있음을 아시고, 당신의 아픔을 아시며, 당신이 원하는 것이 무엇인지 그 모두를 아신다"는 사실을 알려줄 방법을 찾으라.[24]

당신의 삶으로 경건의 능력을 나타내라. "아픈 사람이 거룩함이 무엇인지와 신생의 필요성을 알게 되면"[25] 그것은 당신이 그에게 회개와 그리스도를 믿는 신앙을 알려줄 좋은 기회가 될 것이다. 만약 그들의 첫 반응이 하나님을 경외하는 마음이 있음을 보여준다면, 방문자는 성경과 신앙의 실천적 요소를 공부할 수 있도록 적절한 자료를 제공하는 데까지 나아가야 한다.

웨슬리는, 아픈 사람을 방문하는 사람은 하나님과 함께하는 삶으로 이끄는 알기 쉬운 소책자 등 성경에 기초한 간단한 읽을거리를 준비해 가져가기를 권한다. 충분한 교감이 있을 경우 이후에 그 내용으로 다시 대화할 수 있을 것이다.[26]

방문을 마칠 때는 항상 아픈 사람을 위해 기도해주는 것으로 마무리 하라. 만약 기도에 자신이 없다면 "하나님의 도우심을 구하십시오. 그러면

당신의 입을 열어주실 것입니다."[27]

c. 평신도의 병자 방문

아픈 사람을 방문하라는 하나님의 명령은 목회자만이 아니라 모든 평신도에게도 주신 것이다. 하나님나라 상속받기를 소망하고, 하나님이 기뻐하시지 않는 것은 피하려는 모든 사람이 이 복된 사역으로 부름을 받았다. 이 일은 누구나 할 수 있다. 부자든 가난하든, 젊든 나이가 많든, 남자든 여자든, 방문해 함께하는 것만으로도 위로를 줄 수 있다. 어떤 경우에는 오직 당신만이 변화를 일으킬 수 있을지도 모른다.

시간과 돈에 좀 더 여유가 있는 사람은 그만큼 아픈 사람을 더 방문해야 할 책임이 있다. "이 세상에서 부유한 사람, 생존을 위해 필요한 것 이상으로 많은 소유를 가진 사람은 하나님께서 이 복된 사역으로 특별히 부르신 사람입니다."[28] 그러나 경제적으로 풍족하지 못한 사람도 기도를 통해 아픈 사람에게 그 어떤 물질적인 선물보다 값진 것을 줄 수 있다. 호의를 나타내고 중보기도를 해주며 하나님의 은혜를 증거할 수 있다. "만약 당신이 '예수 그리스도의 이름으로' 말한다면, 당신이 해준 말이 그들의 영혼에 건강을 주고 뼈에 골수를 채워주는 것이 되지 않겠습니까?"[29]

나이가 많은 사람은 풍부한 경험과 지혜를 가졌기에 사역을 위한 유익한 자산이 될 수 있다. 그들은 아픈 사람을 방문하는 사역으로 특별한 부르심을 받았다.[30] 젊고 힘 있는 사람은 필요한 곳에 힘을 보태 자신의 재능

---

27   "On Visiting the Sick," B 3:392, sec. 2. 5.
28   "On Visiting the Sick," B 3:392, sec. 3. 1.
29   "On Visiting the Sick," B 3:394, sec. 3. 4.
30   "On Visiting the Sick," B 3:394, sec. 3. 5.

으로 도울 수 있다. "젊은 여러분은 사역의 길을 가로막는 십자가를 짊어 질 수 있습니다. 고통받는 형제를 위한 사역에 여러분의 육체와 정신의 모든 활력을 사용하십시오. 그리고 그런 영예로운 일에 사용할 힘을 주신 것에 대해 하나님께 감사하십시오."[31]

미국의 성결 부흥사였던 피비 팔머(Phoebe Palmer, 1807-74)의 사례에서 볼 수 있듯, 하나님께서는 여성에게 특별한 은사를 주어 이 사역으로 부르셨다. 여성은 특히 공감하는 능력이 뛰어나다. "초기 기독교에서는 특별히 이 사역을 위해 지명된 여성들이 있었음은 잘 알려져 있습니다."[32] 힘세고 건강한 남성들의 방문 역시 약하고 병든 사람들에게 특별한 격려가 될 것이다. 심지어 어린아이도 병든 친구를 찾아가 자신의 역할을 하는 습관을 일찍부터 형성하도록 격려해야 한다.

d. 직접 대면하라

만약 통증이나 허약함으로 무능하게 되지 않았다면, 병든 자를 방문하라는 요구는 모든 신자에게 주어진 의무다. 이 일은 다른 사람을 보내는 일로 대신할 수 있는 것이 아니라, 반드시 직접 방문해 얼굴과 얼굴을 대면함으로써만 할 수 있다. "당신이 눈 먼 사람에게 눈이 되어주고, 걷지 못하는 사람의 발이 되어주며, 고아와 과부에게 아버지나 남편 같은 보호자가 되어줄 때라도 여전히 더 높은 목표를 가지고 있어야 합니다."[33] 더 높은 목표란 당신이 베풀 수 있는 가장 큰 선물인 영혼의 영원한 행복이다.

당신이 현재 느끼는 마음속 감동을 점차 잃어 결국 주님께 "저주를 받

---

31 "On Visiting the Sick," B 3:395, sec. 3. 6.
32 롬 16:1; "On Visiting the Sick," B 3:395, sec. 3. 7.
33 "On Visiting the Sick," B 3:393, sec. 3. 3.

은 자들아 … 내가 병들었을 때와 옥에 갇혔을 때에 돌보지 아니하였느니라"(마 25:41-43)라는 충격적인 말씀을 듣지 않도록 당장 방문하는 일을 시작하라. "내 아버지께 복 받을 자들이여 … 내가 병들었을 때에 와서 보았느니라"(마 25: 34-36)는 말씀을 듣는 사람은 얼마나 복될 것인가![34]

B. 갈등의 중재

1. 험담의 치료

설교 "험담의 치료"의 성경 본문은 마태복음 18:15-17이다. "네 형제가 죄를 범하거든 가서 너와 그 사람과만 상대하여 권고하라 만일 들으면 네가 네 형제를 얻은 것이요 만일 듣지 않거든 한두 사람을 데리고 가서 두세 증인의 입으로 말마다 확증하게 하라 만일 그들의 말도 듣지 않거든 교회에 말하고 교회의 말도 듣지 않거든 이방인과 세리와 같이 여기라."

a. 험담하지 말라

웨슬리는 예배 공동체 내에서의 개방성과 솔직함, 상호 책임성의 중요성을 매우 강조했다 [설교 #49, "험담의 치료(The Cure of Evil Speaking, 1760), B 2:251-62; J #49, VI:114-24]. 그는 성경이 갈등을 중재하는 규칙을 주의 깊게 가르치고 있다는 사실을 잘 보여준다.

본문은 세 부분으로 나뉘어 있다. 첫 번째 단계는 "네 형제가 죄를 범하거든 가서 너와 그 사람과만 상대하여 권고하라 만일 들으면 네가 네 형제를 얻은 것이요"라는 말씀이다. 그러나 만일 듣지 않으면 어떻게 해야

---

34   "On Visiting the Sick," B 3:395, sec. 3. 6.

하는가? 두 번째 단계는 "만일 듣지 않거든 한두 사람을 데리고 가서 두세 증인의 입으로 말마다 확증하게 하라"는 것이다. 만약 비공개적인 중재가 실패하면 어떻게 해야 하는가? 기독교 공동체가 실행해야 할 제3단계가 있다. "만일 그들의 말도 듣지 않거든 교회에 말하고 교회의 말도 듣지 않거든 이방인과 세리와 같이 여기라"는 것이다(마 18:15-17). 이것은 예수님의 말씀이기에, 그분을 주님으로 부르는 공동체라면 결코 가볍게 여겨서는 안 된다.

이 중재 과정에서 기억해야 할 기본 전제는, 신자는 누구에 대해서도 험담하지 말아야 한다는 것이다. 험담은 누군가 그 자리에 있지 않아 자신을 변호할 수 없을 때, 비록 사실이더라도 그에 대해 나쁜 말을 하거나 그가 연루된 나쁜 일을 말하는 것이다.[35] "험담이란 본인이 없는 곳에서 그에 관해 나쁜 것을 말하는 것입니다."[36]

b. 험담의 민낯

뒷담화와 고자질, 비정한 말은 모두 험담과 밀접한 관계가 있다. 그리스도인은 삶에서 이 모두를 주의 깊게 억제해야 한다. 험담은 때로 그 대상에 대한 호의의 표현과 함께 부드럽고 경건한 방식으로 이루어진다. 타인에 관해 쉽게 속단하는 신자가 이런 유혹에 빠지곤 하는데, 이는 그리스도의 몸 된 교회가 하나 됨을 유지하는 일에 장애가 된다.

험담은 재미있게 비꼬는 유머러스한 형태를 띨 수도 있다. 그러나 유머를 가장해 자기 독선에 빠져 일시적으로 우월감을 느끼는 것일 뿐이다.

---

35 "The Cure of Evil Speaking," B 2:252-53, J VI:114-15, 서문 1.
36 "The Cure of Evil Speaking," B 2:251, J VI:114-6, 서문 2-3.

또 험담은 다른 사람에게 관심을 갖는 것처럼 보이지만 실상은 자기 잇속을 챙기는 것일 뿐이다. "우리 자신이 잘못을 저지르지 않는다고 생각하는 어떤 부분에 관해 남의 잘못을 말하는 것은 자기 자신의 자존심을 높이는 데서 희열을 느끼려는 것일 뿐입니다." 그러면서도 의분을 참지 못하겠다는 듯 가장해 타인을 공격하는 것이다. 어느 누구도 이러한 육체의 시험에서 면제되지 않는다. 이것은 평범한 일상생활에서 일반적으로 저지르는 죄며, 사랑으로 연결된 그리스도인 신자의 공동체는 이 죄를 특별히 경계해야 한다.[37]

그러나 험담은 우리가 하나님의 말씀을 바르게 묵상하면 피할 수 있다. 성경을 길잡이로 삼을 때 신자 공동체는 대체로 이 죄에서 벗어나게 된다. 우리는 앞에서 언급한 세 단계를 거치는 방법으로 모든 험담에서 벗어나야 한다. 우리 주님께서는 "다른 사람의 마음을 상하게 하는 말과 험담을 피할 수 있는 확실한 방법을 우리에게 알려주셨다."[38]

2. 비공개적 권고

a. 어떻게 잘못을 깨닫게 할 것인가?

주님께서 가르쳐주신 첫 단계는 어렵지만 간단하다. 즉 "너와 그 사람만 상대해 그의 잘못에 대해 권고하라"는 것이다.[39] 온유하고 겸손한 마음으로 그 이웃과 대화하라. 하나님께서 "당신의 마음을 지켜주시고, 당신의 마음에 빛을 비추시며, 당신의 혀를 지도해주셔서 그가 복 주시기를

---

37   "The Cure of Evil Speaking," B 2:253-54, J VI:114-16, 서문 4.
38   "The Cure of Evil Speaking," B 2:254, J VI:116, 서문 5.
39   마 18:15; "The Cure of Evil Speaking," B 2:254, J VI:116, 서문 5.

기뻐하실 말을 할 수 있게 해주시도록" 기도하라.[40] 우리가 항상 간구해야 할 은혜를 결여한 채로는, 이러한 중재의 행위가 더 많은 문제를 일으키는 근원이 될 수 있다.[41] "책망의 성공은 많은 부분 우리가 어떤 태도로 책망하는지에 따라 결정됩니다. … 만약 사랑이 패배하지만 않는다면 모든 것을 정복할 수 있게 됩니다. 바울은 '너희의 참된 사랑을 이웃에게 나타내라'(고후 2:8)고 말씀합니다. 그렇게 하면 그의 마음은 따뜻함을 느끼게 될 것입니다."[42]

마음과 말 모두에서 "교만이나 독선, 자신을 높이고 거만하게 구는 듯이 보일 수 있는 모든 눈빛과 몸짓과 말과 말투를 피하라." 거만함은 중재의 과정에 치명적이다. 웨슬리는 "상대를 업신여기거나 고압적이거나 경멸하는 태도를 극히 주의하십시오. … 사랑 외에 다른 뜨거움은 조금도 존재하지 않게 하십시오. … 증오나 악감정, 쓸쓸한 마음이나 표정의 불쾌함이 조금도 나타나지 않게 하십시오"[43]라고 경고했다.

b. 대면하기를 피하지 말라

얼굴을 마주하며 개인적으로 대면하는 것이 여의치 않을 경우 그의 잘못이 무엇인지 침착하게 글로 적은 후 당신이 서명해 보내는 것도 도움이 된다. 이 방법은 특히 건설적인 비평조차 받아들이지 않으려는 성급한 젊은이들에게 유용할 수 있다. 누군가 "성품이 불 같고 충동적이어서 질책을 견디지 못한다면" 그런 사람에게는 글을 써서 보내는 것이 더 나을 수

---

40 "The Cure of Evil Speaking," B 2:251, J VI:116-17, sec. 1. 1.
41 같은곳.
42 롬 12:20; "The Cure of Evil Speaking," B 2:251, J VI:116-17, sec. 1. 1.
43 "The Cure of Evil Speaking," B 2:256, J VI:117-18, sec. 1. 2.

있다. "대면해서 하는 말은 참지 못하면서도 같은 내용을 글로 읽는 것은 받아들이는 사람이 있다. 그 글이 처음에는 아무런 영향을 주지 못하더라도, 그들이 두 번째 읽고 다시 생각해 본 후에는 처음에 신경 쓰지 않았던 책망에 대해 더 진지하게 생각해 볼 수도 있다."[44]

혹 당신의 마음속 염려를 바르고 정확하게 글로 표현할 수 있도록 도와줄 믿음이 가는 형제나 자매를 찾아볼 수도 있다.[45] 그러나 얼굴을 마주 보며 진심을 담아 말하는 것이 더 낫다.

성경이 말씀하는 첫 단계는 선택 사항이 아니라 반드시 거쳐야 할 과정이다. "주님은 절대적 명령으로" 우리가 다른 방법을 시도하기 전에 반드시 이 첫 단계를 시도해야 한다고 말씀하신다.[46] 우리는 이 첫 단계를 시도하기 전에 다른 방법을 사용하거나, 첫 단계를 배제하고 다른 방법을 사용해서는 안 된다.[47] 예배 공동체가 선의를 가지고 행한다면, 많은 경우 이 첫 단계를 행하는 것만으로도 문제를 해결하는 데 충분할 것이다.

그러나 다른 사람의 생명이나 신체, 재산이 해를 입을 수 있는 긴급한 상황에서는 예외가 있을 수 있다. 합리적 판단을 내리기 위해서는 주의가 필요하다. 웨슬리는 이런 예외적 상황에 관해 "그 자리에 없는 누군가가 다른 사람이나 자기 자신에게 해를 끼치지 못하도록 그 사람의 잘못을 알리는 것은 우리가 반드시 해야 할 책무다"[48]라고 말한다. 그러나 그런 드문 경우조차도 예외적인 조치는 가능한 한 적게, "선한 목적을 이루기 위해 꼭 필요한 정도로만 사용해야 한다. 다른 모든 경우에는 '너와 그 사람

---

44   "The Cure of Evil Speaking," B 2:256, J VI:118, sec. 1.4.
45   같은 곳.
46   같은 곳.
47   "The Cure of Evil Speaking," B 2:257, J VI:114-18, sec. 1.5.
48   "The Cure of Evil Speaking," B 2:257, J VI:119, sec. 1.7.

만 상대해 그의 잘못에 대하여 권고하라'는 첫 번째 규칙을 지켜야 한다."
이 첫 단계는 현명한 판단을 내리기 위한 합리적 지시사항이자 성자를 통
해 말씀하신 성부 하나님의 명령이다. 이 첫 단계를 지연시키거나 회피하
지 말라.[49]

3. 듣지 않으면

그러나 듣지 않으면 어떻게 할 것인가? 우리 주님은 그럴 경우를 위해
서도 분명하고 충분한 지시를 주셨다. 중재의 다음 단계는 무엇인가? "만
일 듣지 않거든 한두 사람을 데리고 가서 두세 증인의 입으로 말마다 확증
하게 하라"(마 18:16). 증인이 될 사람은 관련된 모든 사람이 잘 알고 존경
하는, 평판이 좋고 신뢰할 만한 사람, 특히 겸손한 사람이어야 한다.[50] "당
신이 생각하기에 사랑의 마음을 가진" 사람만 증인으로 데리고 가라. 겸
손으로 옷입고, "온유하고 관대하며, 인내하고 오래 참으며, '악을 악으
로' 갚지 않고 … 하늘로부터 지혜를 받아 이성적이고, 차별과 편견과 어
떤 종류의 선입견으로부터도 자유해 치우치지 않는 사람", 그래서 관계
가 소원해진 이웃이라도 수용할 만한 사람들을 데리고 가라. "그들로 부
드럽고 애정 어린 태도로, 상대방에 대해 어떤 분노나 편견도 가지고 있
지 않으며, 자신들이 온 것은 선의에 의해 원칙을 지키기 위한 것임을 분
명히 말하게 하라."[51]

오늘날 많은 독자가 중독행위에 빠진 사람을 돕기 위한 가족 상담에서
겪는 대립적인 상황에 익숙하다. 그들은 문제 해결의 두 번째 단계로 나

49 "The Cure of Evil Speaking," B 2:257, J VI:119, sec. 1.6-7.
50 "The Cure of Evil Speaking," B 2:258, J VI:119–20, sec. 2.1.
51 같은 곳.

아가는 것이 얼마나 어려우면서도 동시에 희망을 주는 일인지 즉각적으로 알게 될 것이다. 그러나 이 두 번째 단계는 화해로 나아가기 위해 반드시 필요하다. "우리 주님은 우리에게 어떤 선택권이나 차선책을 주시지 않고, 이것을 하라고 분명히 명령하셨다. 그것 대신 다른 것을 하라고 명령하지도 않으셨다. 주님은 언제 이것을 행해야 하는지도 지도해주셨다. 그보다 빠르지도 늦지도 않게, 즉 첫 번째 단계를 행한 후와 세 번째 단계를 행하기 전에 두 번째 단계를 행해야 한다는 것이다."[52]

사랑이 길을 내게 해야 한다. 사랑이 대화의 태도와 품격을 결정짓게 하라. "사랑이 사건의 성격에 따라 어떤 방식으로 대화를 진행해 나가야 할지 알려줄 것이다."[53]

4. 신앙 공동체에 알리라

a. 어떻게 알릴 것인가?

중재의 세 번째 단계는 세상의 방법을 뛰어넘는다. 이 방법은 구원 공동체 안에서 은혜를 소중히 여기지 않는 자에게는 타당해 보이지 않을 수 있다. 그것은 "그들의 말도 듣지 않거든 교회에 말하는"(마 18:17) 것이다.[54]

사람의 영혼을 돌보는 사람은 하나님 앞에서 그들의 상태에 대해 책임을 진 자들이다. "교회 지도자나 지도자의 모임, 당신이 속한 그리스도의 양무리를 돌보는 자들에게 그 사실을 말하십시오."[55] 이 알림은 법적 과정

---

52   "The Cure of Evil Speaking," B 2:259, J VI:120-21, sec. 2. 4.
53   "The Cure of Evil Speaking," B 2:258, J VI:120, sec. 1. 2.
54   마 28:17; "The Cure of Evil Speaking," B 2:259, J VI:121, sec. 3. 1.
55   "The Cure of Evil Speaking," B 2:259, J VI:121, sec. 3. 1.

이 아닌 대인관계에서 이루어지는 과정이다. 여기서 '교회 지도자'란 공동체에서 지혜가 있는 사람이다. 그들은 많은 분쟁을 보아왔으며, 사람들 가운데 역사하는 은혜에 관한 많은 경험을 가지고 있다. 문제를 그들에게 가지고 가라. 가장 지혜로운 자들이 이 문제를 해결하도록 하라. '교회'에 알린다는 것은 공식적으로나 공개적으로 고발하는 것이라기보다 화해의 공동체에서 이루어지는 중재 과정에 문제를 맡긴다는 것을 말한다.[56]

이 세 번째 단계는 "순서상 그 이전의 두 과정을 거친 후에 이루어져야 하며, 두 번째 단계보다 앞서거나 더더욱 첫 번째 단계보다 앞서서는 안 된다."[57] 그래야만 신앙 공동체에서 가장 지혜로운 이들이 관련된 모든 요소를 고려해 다툼을 공정하고 선명하게 검토할 수 있다.[58] 공동체를 책임 맡은 사람은 공동체 전체의 지속과 건강을 고려해 대인관계의 갈등을 중재하게 된다. 그들은 사태에 대한 바른 통찰력을 가질 수 있도록 하나님께 은혜를 구할 것이다. 그리고 성경 말씀의 빛 안에서 그 다툼을 바라볼 수 있도록 노력할 것이다. "모든 권위를 가지되 … 할 수 있는 한 모든 부드러움과 사랑으로 책망"하는 것은 본래 그들의 직분에 포함되어 있는 역할이다.[59] 지금까지의 화해를 향한 모든 노력이 문제를 해결하는 데 충분하지 않았다면, 이제는 신앙에서 가장 지혜로운 자들이 권고하거나 책망해야 할 때다. 그러나 그 일은 언제나 온화하게, 따뜻한 애정을 가지고서 이루어져야 한다.

---

56 같은 곳.
57 같은 곳.
58 같은 곳.
59 "The Cure of Evil Speaking," B 2:259–60, J VI:121–22, sec. 3. 1-2.

b. 그 일에 매이지 말고 마음을 새롭게 하라

신앙 공동체가 이 세 단계를 모두 성실히 수행했다면 더는 책임감을 느끼지 않아도 된다. "이것을 행했다면 여러분은 하나님의 말씀 또는 사랑의 법이 요구하는 모든 것을 행했기 때문입니다. 여러분은 이제 그의 죄에 참여한 자가 아니며, 만약 그가 멸망한다면 모든 책임은 그 자신이 져야 합니다."[60]

어떤 다른 사람을 대할 때와 같이 당신에게서 새로운 생각이 자라나도록 마음을 열어두라. 그러면 당신은 적어도 당신의 영혼이라도 구할 수 있을 것이다.[61]

"험담과 고자질과 중상모략을 피하는 것을 참 신자를 구분 짓는 지표로 삼으라."[62] 다른 사람들이 "보라, 이 그리스도인들은 얼마나 서로를 사랑하는가!"라고 말할 수 있게 하라. 이 지표는 책임감 있게 결과를 함께 나누는 공동체를 위한 하나의 본보기가 된다.[63]

c. 입술에 파수꾼을 두라

주님께서 말씀하신 중재의 세 단계를 따르는 그리스도인이 매우 적다는 것은 안타까운 일이다. 신자는 시대의 격류에 이리저리 휩쓸리지 않아야 한다. 이 세 단계 중 불가능한 것은 없으며 주님이 그 모두를 명하셨기에 신자는 이 간단한 세 단계에 순종할 수 있다. 웨슬리는 "지금 이 순간부터 여러분은 입술에 파수꾼을 두십시오"라고 권고한다.[64] 혀를 절제하라.

---

60 "The Cure of Evil Speaking," B 2:260, J VI:122, sec. 3. 2.

61 "The Cure of Evil Speaking," B 2:260, J VI:121, sec. 3. 3.

62 "The Cure of Evil Speaking," B 2:262, J VI:123, sec. 3. 5.

63 같은 곳.

64 "The Cure of Evil Speaking," B 2:262, J VI:122-23, sec. 3. 4.

이 세 단계를 순서대로 지킨다면 험담은 매우 줄어들 것이다. 이 과정을 온전히 지켜나가면 세상에서 하나님의 사랑은 훨씬 풍성해지고 관계의 끈은 더 돈독해질 것이다.

C. 거짓 없이 말하라

1. 사랑 안에서 참된 것을 말하라

a. 참 이스라엘 사람

웨슬리의 90번째 설교는 신자에게 솔직하고 꾸밈 없이, 즉 "거짓 없이" 말할 것을 요구한다 ["참 이스라엘 사람"(An Israelite Indeed, 1785), B 3:278-89; J VII:37-45]. 웨슬리는 이 설교에서 예수님의 "보라 이는 참으로 이스라엘 사람이라 그 속에 간사한 것이 없도다"(요 1:47)라는 말씀을 통해 나다나엘의 인격을 묘사한다.

나다나엘은 사랑 안에서 참된 것을 말하는 것의 본이 된다. 그는 말의 진실함과 정직함, 단순함이라는 덕이 어떤 것인지를 보여준다. 그에게서 죄로 타락해버린 인간의 언어는 참된 것을 말하는 수단으로 다시금 회복된다. 이 설교는 그 이전 설교 "위선에 대하여"와도 밀접한 관계가 있다.[65]

b. 우리가 사랑함은 그가 먼저 사랑하셨음이라

웨슬리는 칼 로저스(Carl Rogers)보다 훨씬 전에 인간의 대인 상호 작용은 그 내적 동기가 외적 행동과 일치할 뿐 아니라 전적인 사랑으로 가득할 때 가장 훌륭하게 작동한다고 주장했다. 그는 이 사실을 보여주는 성경

---

65   B appendix, vol. 4:138A 그리고 138B-C; "On Dissimulation" (1728), B 4:255-66.

적 모범으로 요한복음 1:47에 나오는 나다나엘의 진실함을 예로 들었다.

웨슬리는 성경과 경험에 기초해, 하나님을 사랑하는 것이 크고 첫째 되는 계명이고, 이웃을 사랑하는 것 역시 그 계명에서 비롯된다고 주장했다.[66] 그는 역사 속에 계시된 하나님의 사랑에서 비롯된 것이 아니라면 세속적 박애 정신 자체만으로는 죄인을 의롭게 할 수 없음을 성경에서 배웠다.[67]

웨슬리는 영적 성숙을 다루는 이 교육적 설교에서, 하나님께 대한 사랑이 이웃에 대한 사랑을 가능케 한다는 기독교의 가르침을 공격한 철학자 프란시스 허치슨(Francis Hutcheson)에게 함축적으로 답한다. 아이러니하게도 허치슨 자신은 다른 글에서 "의심할 바 없이 세상에 존재해온 모든 단체 중 가장 자애로운 단체"[68]가 기독교임을 인정했다. 그러나 그는 하나님을 인간의 선행의 윤리적 기초로 여기는 주장에는 반대했다. 웨슬리는 이러한 허치슨의 이론을 기독교 전체에 대한 근본적인 공격으로 간주했다. 이러한 도덕론자들은 '하나님이 짝지어 놓으신 것을 분리해 버리기'(막 10:9) 때문이다. 기독교는 하나님 사랑과 이웃 사랑을 양면성을 지닌 단일한 명령으로 결속시킨다.

바울은 모든 신자에게 "사랑 안에서 참된 것"(엡 4:15)을 말할 것을 요구한다. 모든 사람의 마음을 아시는 분께는 진실과 사랑이 서로 연결되어 있다. 모든 사람을 향한 사랑의 실천은 진실과 사랑의 연합으로 이루어진다. 그 마음이 하나님의 사랑으로 변화된 사람에게는 어떤 간사한 것도 존재하지 않으며, 누군가를 속여야 할 필요가 없다. 우리는 이 점을 성경의

66 "An Israelite Indeed," B 3:281, J VII:38, 서문 2.
67 "An Israelite Indeed," B 3:282, J VII:38, 서문 7.
68 "An Israelite Indeed," B 3:280-81, J VII:38, 서문 2-4.

인물인 나다나엘에게서 볼 수 있다.[69] 나다나엘은 거짓에 속지 않으려는 마음으로 정상적인 망설임을 보이면서 "나사렛에서 무슨 선한 것이 날 수 있느냐"(요 1:46)라고 물었던 사람이다.

c. 언행 일치

웨슬리는 나다나엘을 "신앙에 경솔하지 않으나 설득을 받아들일 준비가 되어 있으며 기꺼이 진리를 받아들이려는" 사람의 성경적 모범으로 여겼다.[70] 주님께서 그를 "그 속에 간사한 것이 없는 사람"으로 특징지어 말씀하셨을 때 그 의미는 무엇인가? 주님은 그가 마음에서부터 하나님께 진실하고, 그 말이 마음과 일치하는 사람임을 보신 것이다.

나다나엘의 진실하고 언행이 일치된 성품은 요한복음에서 일찍 드러난다. 예수님은 첫 제자들을 부르실 때처럼[71] 간사한 것이 없는 사람, 즉 속이는 것이 없는 사람을 찾으셨다.

예수님께서 벳새다 사람 빌립을 부르신 후, 빌립은 나다나엘을 찾았다(요 1:43-45). 웨슬리가 설명한 것은 다음 구절이다. "빌립이 나다나엘을 찾아 이르되 모세가 율법에 기록하였고 여러 선지자가 기록한 그이를 우리가 만났으니 요셉의 아들 나사렛 예수니라"(45절). 그러나 그것이 사실인가?

"나사렛! 거기서 선한 것이 날 수 있는가?" 나다나엘이 물었다.

"와서 보라." 빌립이 대답했다.

나다나엘이 가까이 오는 것을 보시고 예수님은 "보라 이는 참으로 이스라엘 사

---

69   "An Israelite Indeed," B 3:280-81, J VII:38 – 39, 서문 4-5.
70   "An Israelite Indeed," B 3:281, J VII:39, 서문 6.
71   "An Israelite Indeed," B 3:282, J VII:39, 서문 7.

람이라 그 속에 간사한 것이 없도다"라고 하셨다.

"어떻게 나를 아시나이까?" 나다나엘이 여쭈었다.

그러자 예수님은 "빌립이 너를 부르기 전에 네가 무화과나무 아래에 있을 때에 보았노라"라고 답하셨다(요 1:46-48).

비록 미심쩍은 부분이 있었지만, 나다나엘은 갑자기 자신이 누구인지 알고 있는 분 앞에 있음을 느꼈다. 그는 즉시 자신에게 말하시는 분을 알아보았다. "그래서 나다나엘은 '랍비여 당신은 하나님의 아들이시요 당신은 이스라엘의 임금이로소이다'라고 즉시 선언했다." 예수님은 솔직하게 나다나엘의 즉각적인 고백을 인정하셨고, 그에게 앞으로 있을 일을 잠시 말씀하셨다. "내가 너를 무화과나무 아래에서 보았다 하므로 믿느냐 이보다 더 큰 일을 보리라." 그리고 "진실로 진실로 너희에게 이르노니 하늘이 열리고 하나님의 사자들이 인자 위에 오르락내리락하는 것을 보리라"는 말씀을 덧붙이셨다(요 1:50-51). 나다나엘은 제자가 될 준비가 되어 있었다. 가장 핵심적인 질문을 던졌고, 진실한 대답을 믿을 준비가 되어 있었기 때문이다.

2. 마음으로부터 하나님께 진실하라

a. 거짓은 설 수 없음

이 이야기에서 웨슬리는 우리의 마음이 "하나님께 진실"한 것이 무엇을 의미하는지 살핀다. 그는 우리가 즉각적이고도 완전하게 "마음을 하나님께 드릴 때만, 우리 마음이 '하나님께 진실'하게 된다"고 말한다.[72] 진리

---

72   "An Israelite Indeed," B 3:282, J VII:40, sec. 1. 1.

를 받아들이려는 준비된 마음은 진실함을 드러내는 하나의 특징이다. 그러나 우리 마음을 하나님께 드리는 데는 다양한 정도의 차이가 있지 않은가? 비록 우리 마음을 하나님께 드리는 것이 낮은 정도일 수 있지만, 성경은 이 의지적 행동에 관해 더 높고 온전한 정도를 말씀한다.[73] 우리가 명예나 평판이나 박수갈채보다 하나님 안에서 우리의 행복을 구하면, 진리가 우리의 내면적 인격에 계시된다. 우리는 단지 하나님 안에서 행복을 추구하기만 하는 것이 아니라 참된 행복을 실제로 발견하게 된다.

우리는 어떻게 그것을 배우는가? 성령의 능력에 의해서다. "우리가 하나님의 성령의 가르침으로 하나님을 알기 시작할 때 … 즉 성부 하나님께서 기꺼이 그 아들을 우리 마음에 계시하실 때 … 성자께서 '우리 마음에 아빠 아버지를 부르짖게 하는 양자의 영'을 주셔서 우리 속에 성부 하나님을 계시하시고, 또 '우리 영과 더불어 우리가 하나님의 자녀 되었음을 증거하실 때'(참고. 롬 8:14-16) 이 행복은 틀림없이 시작됩니다. 그때 '우리 마음에 부어지는 것'이 '하나님의 사랑'입니다."[74]

그러나 이 느낌이 일시적이거나 단지 며칠 동안만 지속하다 끝나지 않게 하는 것은 무엇인가? 유다는 "하나님의 사랑 안에서 자신을 지키라"고 우리에게 권고한다.[75] 이 말씀은 "그것을 지속하기 위해서는 우리 편에서도 무엇인가를 해야 함"을 의미한다.[76] 우리가 더 큰 은혜를 받기 위해서는 이미 주신 은혜에 바르게 반응해야 한다. "무릇 있는 자는 받아 넉넉하게 되되 없는 자는 그 있는 것도 빼앗기리라"(마 13:12)고 하신 예수님의 말

---

73 같은 곳.
74 "An Israelite Indeed," B 3:283, J VII:40, sec. 1. 2.
75 유 1:21; "An Israelite Indeed," B 3:282, J VII:41, sec. 1. 3.
76 "An Israelite Indeed," B 3:283, J VII:41, sec. 1. 4.

씀은 이런 경우를 가리키는 것이다.[77] 하나님의 은혜를 받는 원리는, "하나님께서 이미 주신 은혜 안에서 성장해나가는 사람, 하나님께서 이미 주신 사랑 안에서 성장해나가는 사람은 누구나 확실히 그 은혜를 간직할 수 있다"는 것이다. 이미 받은 달란트를 활용하지 않는 사람은 받은 것조차 간직할 수 없게 된다.[78]

b. 마음에 있는 것이 입으로

그 마음이 하나님 앞에서 진실한 사람은 진실된 말을 하게 된다. 마음에 아무런 간사한 것이 없기에 그 입술도 그렇다. 그는 마음에서 나오는 진실된 것을 말하며, 고의로 거짓말을 하지 않는다.

거짓말은 "말하는 사람이 알면서도 속이려는 의도를 가지고 말하는" 허언이다.[79] 중세 도덕론자들은 거짓말을 악의의 거짓말, 무해한 거짓말, 선의의 거짓말 세 종류로 구분했다. 선의의 거짓말은 좋은 일을 하기 위한 계획으로 하는 거짓말이다. 웨슬리는 세 종류의 거짓말 모두가 간사함이 없는 삶과 조화를 이룰 수 없다고 보았다.[80] 이 점에서 그는 어거스틴과 일치했다.

무언가 좋은 일을 하려는 의도로 했다는 거짓말은 누군가에겐 타당하거나 그럴 듯해 보일 수 있다. 그들은 심지어 바울도 로마서 3:7에서 "나의 거짓말로 하나님의 참되심이 더 풍성하여 그의 영광이 되었다면 어찌 내가 죄인처럼 심판을 받으리요"라고 하지 않았느냐며 그 정당성을 찾으려

77 "An Israelite Indeed," B 3:283–84, J VII:41, sec. 1. 4-5.
78 "An Israelite Indeed," B 3:284, J VII:41, sec. 1. 5.
79 "An Israelite Indeed," B 3:284, J VII:41, sec. 2. 1..
80 "An Israelite Indeed," B 3:284-85, J VII:42, sec. 2. 2-3.

한다. 그러나 웨슬리는 같은 구절이 헬라어 원문에서는 "좋은 결과를 가져올 수 있다는 이유로 거짓말이 아무런 비난을 받지 않아도 되는가?"로 되어 있다고 설명했다. 웨슬리는, 성경은 우리에게 "선한 결과를 일으키기 위해 악을 행하라"고 요구하지 않는다고 주장한다. 거짓말로 인해 혹시 좋은 결과가 있을지 몰라도, 그것이 거짓말을 계속하는 데 대한 변명거리가 될 수는 없기 때문이다.[81]

c. 정직한 말

하나님께 대한 진실한 마음에서 나오는 정직한 말은 어떤 위선도 없는 진실함과 조심스러움, 신중함, 단순함을 특징으로 한다. "참된 말은 거짓말과 반대이듯, 진실함은 간교함과 반대가 된다. … 지혜는 가장 좋은 목적을 분별하는 능력이자, 동시에 그 목적 달성에 가장 적합한 수단을 분별하는 능력이다. 모든 이성적인 피조물의 궁극적 목적은 하나님, 즉 시간과 영원 속에서 그분을 즐거워하는 것이다. 그 목적에 도달하는 가장 좋은 유일한 방법은 '사랑으로써 역사하는 믿음'(갈 5:6)이다."[82]

간교한 거짓의 아비가 속이기 위해 사용하는 두 가지 방법은 가식(simulation)과 위선(dissimulation)이다. "가식은 우리 자신이 아닌 다른 어떤 모습으로 보이게 하는 것이라면, 위선은 우리의 실제 모습을 감추는 것이다. 진실한 사람은 이 두 가지 모두를 멀리하고, 자신의 있는 모습 그대로를 드러낸다."[83] 어떤 경우에는 가만히 있는 것이 지혜로운 일이다.

누구도 속이기 위한 목적으로 진실하게 말할 수는 없다. 목적이 수단

81 "An Israelite Indeed," B 3:285, J VII:42, sec. 2. 3.
82 "An Israelite Indeed," B 3:286, J VII:44, sec. 2. 4.
83 "An Israelite Indeed," B 3:286, J VII:43, sec. 2. 5.

을 더럽힐 것이기 때문이다. 우리는 정직하게 "우리가 아는 것 중 일부나 아주 약간만을 말하기 위해 일부를 보류하고 말할 수 있다. 그러나 만약 그 일부를 전체인 양 말한다면, 그것은 진실함과 반대된다."[84] 웨슬리는 이렇게 경고한다. "우리가 비록 사실과 부합하는 말을 하더라도 여전히 진실하지 않을 수 있다는 것은 확실하다. 따라서 만약 우리가 말하지 않는 것보다 말하는 것이 더 낫다고 판단한다면, 가식과 위선 모두를 버리고 마음에 있는 그대로 사실을 숨김 없이 말하는 것이 가장 훌륭한 방법이다."[85]

만약 내가 단순하게 말한다면 아무런 거짓말도 하지 않게 될 것이다. 거짓이 뒤섞이면 단순함이 사라진다. 나는 모두에게 분명하고 꾸밈 없이 말할 것이다. 아무리 사소한 정도라도 다른 사람을 속이지 않을 것이다. 여기서 웨슬리는 칭찬(compliment)이라는 말에 대한 경계심을 드러낸다. 18세기 당시 이 말은 그것이 사실이든 그렇지 않든 누군가에 대해 좋은 말을 하는 것을 의미했다. 그런 말은 사람을 진실하지 못하게 만든다.[86] 영혼의 정직함은 모든 태도에 영향을 끼친다. "거짓이 없는 사람의 진실성과 단순성은 그의 모든 태도에도 영향을 끼친다."[87] 사랑 안에서 참된 것을 말하는 것은 사람의 모든 외적 대화의 색깔과 어조를 결정한다. 모든 말은 분명하고 "모든 가장된 것에서 자유로워, 사람의 마음을 그대로 보여준다."[88]

인간의 행동은 어떤 위선도 없이 진실함과 조심스러움, 신중함, 단순함으로 말할 때 하나님의 형상을 반영한다. "진실함과 사랑이 함께 연합

84　"An Israelite Indeed," B 3:287, J VII:43, sec. 2. 6.
85　"An Israelite Indeed," B 3:287, J VII:44, sec. 2. 7.
86　"An Israelite Indeed," B 3:287-88, J VII:44, sec. 2. 8.
87　"An Israelite Indeed," B 3:289, J VII:44, sec. 2. 10.
88　같은 곳.

된 것이 덕이나 거룩함의 본질이다. 하나님께서는 우리의 모든 말과 행동에 영향을 끼치는 '내적 진실함'이 우리에게 반드시 있어야 함을 요구하신다." 그러므로 "신앙, 즉 하나님께서 내 죄를 씻기 위해 독생자를 보내어 죽게 하셨음을 믿는 온전한 확신에서 비롯된 하나님을 향한 사랑이라는 바른 토대 위에, 온 인류를 향한 겸손하고 온유하며 인내하는 사랑을 확고히 하라."

더 깊은 이해를 위한 독서 자료

Armistead, M. Kathryn. *Wesleyan Theology and Social Science: The Dance of Practical Divinity and Discovery*. Newcastle, UK: Cambridge Scholars, 2010.

Demaray, Donald E. *Devotions and Prayers of John Wesley*. Grand Rapids: Baker, 1957.

Outler, Albert C. "Pastoral Care in the Wesleyan Spirit." In *The Wesleyan Theological Heritage: Essays of Albert Outler*, edited by Thomas C. Oden and Leicester R. Longden, 175-88. Grand Rapids: Zondervan, 1991.

Telford, John, ed. *Letters of John Wesley*. 8 vols. London: Epworth, 1931.

3장

영혼 돌봄

3장 영혼돌봄

영혼을 돌보는 사람은 사랑 안에서 참된 것을 말하고 다른 사람들도 그렇게 하도록 도울 책무를 지닌다. 그러기 위해서는 어떻게 거짓을 꿰뚫어보고 책망하며, 권위에 대한 도전에 대응하고, 잘못된 사랑을 바로잡을 수 있는지 배워야 한다. 영혼의 선한 목자는 필요한 경우 어떻게 부드러우면서도 단호하게 책망해야 하는지를 알아야 한다.

A. 목회적 권면

우리는 어떤 마음으로 자신이나 다른 사람에게 해가 될 행동을 하면서 스스로를 속이는 사람을 권고해야 하는가? 내담자중심요법은 우리에게 판단하지 말아야 한다고 가르쳐왔다. 웨슬리는 상대방에게 공감하되 필요할 때는 온건하게 자신의 입장을 말해야 함을 가르친다. 이 문제는 앞장에서 다룬 위선에 관한 논의와도 관계가 있다.

이러한 권면은 목회자의 직분에서 본질적인 것이다. 이러한 능력을 갖추지 못하면 목회자는 온전히 사명을 감당할 수 없다.

1. 이웃에 대한 책망의 의무

상담에서 단지 수동적으로 듣기만 하는 자세는 웨슬리가 가장 반대하는 태도다. 웨슬리의 접근법은 진실을 말하는 것을 목적으로 한다.

a. 권면의 방법, 시간, 긍휼의 마음

권면에 관한 웨슬리의 교육적 설교 "이웃에 대한 책망의 의무"(The Duty of Reproving Our Neighbor)의 성경 본문은 모세 율법의 일부다 [설교 #65, B 2:511-20; J #65 VI:296-304 (1787년 7월 28일)]. "너는 네 형제를 마음으로 미워하지 말며 네 이웃을 반드시 견책하라 그러면 네가 그에 대하여 죄를 담당하지 아니하리라 원수를 갚지 말며 동포를 원망하지 말며 네 이웃 사랑하기를 네 자신과 같이 사랑하라 나는 여호와이니라"(레 19:17-18). 사람들과의 관계에서 정직의 윤리를 강조하는 내용은 신약성경에서도 동일하게 반복된다(골 3:16; 살전 5:14; 딤후 4:2; 딛 1:13-16) .

율법은 신자에게 솔직히 말해야 할 때는 "사실대로 이웃을 책망"할 것을 요구한다. 웨슬리는 영성 훈련을 위해 메소디스트 연합체에 소속된 사람들에게 이웃을 솔직하게 책망하면서도 사랑의 마음을 유지할 수 있는 방법을 가르치고자 했다.

'이웃'은 바로 옆에 있는 사람, 옆집 사는 사람, 당신이 만나고 있는 사람을 의미한다. 이웃은 가장 가까이 있는 사람, 서로 대면해 눈을 마주치며 사는 사람이다. 이웃이 잘못을 범할 때 그를 미워하지 말라. 오히려 사랑으로 그가 꼭 들어야 할 말을 분명히 해주라. 사랑이 식지 않게 하라.[1]

---

1 "The Duty of Reproving Our Neighbor," B 2:511-14, J VI:296-97, 서문.

예배 공동체에서 각 신자는 다른 사람이 도덕적 판단의 내적 요새인 양심이 깨어있도록 도와주어야 한다.[2] 이것이 신앙 공동체에서 우리가 서로에게 베풀어야 할 섬김이다. 이 일을 위해 우리는 서로 간에 진리를 들을 준비와 말할 준비가 되어 있어야 한다.

b. 위험을 경고해야 할 목회자의 의무

그러나 그리스도인들이 서로 교제하며 함께 삶을 살아가려면 내향적 자기 성찰만으로는 충분하지 않다. 사랑은 신앙 공동체에서 이루어지는 대인관계에서 신자들이 필요할 때는 서로 권고하고, 죄로 나아갈 가능성이 있는 행동에 대해서는 적극적으로 저항할 것을 요구한다. 우리는 함께 신앙생활하는 믿음의 형제·자매가 죄로 나아가게 만들 가능성이 있는 잘못된 생각에 빠졌을 경우뿐 아니라, 제한된 생각으로 잘못된 생각을 계속할 경우 더 큰 잘못으로 나아갈 가능성이 있는 실수에 대해서도 시의적절하게 책망할 수 있어야 한다.

위험을 경고하는 것은 사랑의 행동이다. '책망'(reprove)[권고(admonish) 또는 견책(rebuke)]은 믿음의 동료들이 자발적으로 행해온 자유로운 행동에 어떤 잘못이 있고 어떤 제한이 있어야 하는지 깨달을 수 있도록 온화한 마음으로 돕는 것을 의미한다. 그러한 책망은 하나님의 사랑에 뿌리를 내린 동기에서 비롯되어야 한다. 모든 신자는 하나님의 구속적 사랑에서 동기를 부여받아 자신의 이웃이 눈에 보이지 않는 유혹에 저항할 수 있도록 도와주어야 한다. 하나님께서는 우리의 이웃이 자기기만에 빠져있는 상태에서 아무런 도움도 받지 못하는 것을 원치 않으신다. 그들에게

---

2   "On Conscience," B 3:479-90.

필요한 것은 특별한 종류의 교우관계다.[3]

권고는 모세의 옛 언약과 그리스도의 새 언약 둘 모두 아래에서 신자가 행해야 할 의무사항이다. 전자가 율법에 기초해 있다면, 후자는 복음에 기초해 있다. 엄밀히 말해 권고는 사람을 정죄하는 것이 아니라, 그들에게 가장 유익이 되는 행동과 반대로 나아갈 때 경고하는 것이다. 우리가 이웃에게 "자연히 죄로 나아가게 될" 그들의 행위를 깨달을 수 있도록 돕는 것은, 우리가 이웃에게 마땅히 행해야 할 정직의 의무(duty of candor)다.[4] 만약 우리가 우리 자신만큼 이웃을 사랑한다면, 우리가 그들에게 솔직했던 것만큼 그들도 우리에게 솔직하기를 바랄 것이다.

c. 권고가 필요한 행동의 분별

우리가 책망을 남발하지 않으려면 도덕적으로 불분명하거나 사소한 것에 대해 책망하지 않도록 주의를 기울여야 한다. 다른 사람의 잘못된 행동보다 당신 마음속 양심의 작은 거리낌 때문에 다른 사람을 책망하지 않도록 하라. 차라리 성경의 빛으로 분별할 수 있는 하나님의 분명한 계명, 즉 뜻이 모호하지 않고 확실한 도덕적 요구에 집중하라. 우리는 "분명하고 부인할 수 없는 악"에 대해서는 책망해야 할 특별한 의무를 지닌다.[5] 사람의 양심에 직접적으로 호소하라. 솔직하게 있는 그대로 말하라. 사람의 눈을 보면서 말하라.

---

3   "The Duty of Reproving Our Neighbor," B 2:514, J VI:297, sec. 1. 1.
4   같은 곳.
5   "The Duty of Reproving Our Neighbor," B 2:513, J VI:297, sec. 1. 1. 3.

2. 바른 권고의 기초인 존중과 사랑

우리는 권고의 의무를 누구에게 수행해야 마땅한가? 하나님과 함께하는 삶에서 떨어져나갈 위험이 있는 어떤 사람에게든 행해야 한다. 사람은 무엇에 대해 경고나 권고를 받아야 하는가? 하나님을 영화롭게 하는 삶에서 멀어지게 만든다면 무엇이든 해당된다.

죄에서 구원받아야 할 영혼을 가진 사람이라면 누구나 필요한 때 사랑의 권고를 받을 자격이 있다.[6] 다른 사람의 영혼을 가치 있게 여기는 사람이라면, 당면해 있는 매우 다양한 상황과 인생의 다양한 단계를 고려해 이 사랑의 직분을 행해야 한다. 모든 사람, 모든 위치, 모든 관계의 사람에게 같은 정도나 같은 마음으로 권고해서는 안 된다. 어린이에게 권고할 때는 어른에게 할 때와는 달라야 한다. 적법한 권위를 가진 지위에 있는 사람을 권고할 때는 공적 질서를 고려해 필요한 권고를 해야 하지만, 적법한 공적 권위를 가지고 있지 않은 사람에게는 권고의 방법이 달라야 한다. 예를 들어, 아이인지 부모인지, 일반 시민인지 경찰인지 등 권고 대상의 지위와 책임을 고려해 권고해야 한다. 우리는 우리의 동료, 우리를 고용한 사람, 우리가 고용한 사람에 대해 우리가 책임을 맡은 정도가 다를 수 있다. 그러나 필요시 우리는 그러한 차이를 고려하면서 그들 각각에게 권고할 의무가 있다. 비록 우리가 책임을 진 정도는 다르지만 우리가 권고해야 할 의무가 있는 대상에는 우리의 동료 시민, 그리고 사실상 온 인류가 포함된다.[7]

6　"The Duty of Reproving Our Neighbor," B 2:514, J VI:297, sec. 1. 1-2.
7　"The Duty of Reproving Our Neighbor," B 2:515, J VI:299, sec. 2. 4.

a. 가까울수록 의무를 다하라

관계가 얼마나 가까운가 하는 것은 이웃 관계에서 언제나 가변적인 요소다. 관계가 먼 이웃은 배우자나 직장 동료, 마을의 통반장 같은 가까운 이웃보다 내가 져야 할 책임이 덜하다. 우리는 특히 우리의 직계 가족을 사랑으로 권고해야 하지만, 권고 시에는 배우자와 배우자, 부모와 자녀, 형제와 자매 관계에서나, 그 외 혈연이나 결혼으로 맺어진 가깝거나 먼 친척 관계에서 나이 및 성별 간 차이를 고려해야 한다.[8]

만약 이웃이 들을 준비가 되어 있지 않으면, 너무 말하려고 하지 말라. 예수님도 들을 준비가 되지 않은 사람에게 말하려는 태도에 대한 경계로 돼지 앞에 진주를 던지지 말라는 비유를 드셨다.[9]

권고의 책임에서 또 다른 특별한 우선순위를 갖는 사람은 복음적인 공동체에서 특별히 가까운 관계에 있는 사람이다. 특별히 하나님 앞에서 책임을 지니고, 상호 관계에서도 서로를 돌보아주려는 목적을 가진 거듭난 신자들의 예배 공동체에서, 우리는 다른 사람이 죄에 빠지는 것을 적절한 경고의 말조차 없이 그냥 내버려두지 말아야 할 책임이 있다.

이와 같이 사랑으로 섬기기를 거절하는 것은 우리 이웃을 그들의 죄 속에 내버려두는 것이다. 이웃에게 권고하지 않는 것은 이웃이 책임적 자유를 천한 것으로 타락시키도록 방조하는 것이기에, 사실상 "마음에서부터 그 형제를 미워하는 것"과 다를 바 없다. 예를 들어, 우리가 책임을 진 이웃이 만약 결혼생활에서 위험에 처한다면 우리의 권고를 들을 권리가 있다.[10]

---

8 같은 곳.
9 같은 곳.
10 "The Duty of Reproving Our Neighbor," B 2:515-16, J VI:297, sec. 2. 4.

특히 영혼을 돌보는 자는 권고하는 것이 의무다. 당신이 이 사랑의 직무를 수행하지 않으면 당신의 이웃은 자기 죄 속에서 죽게 될지도 모른다. 그렇게 된다면 최후의 심판 때 당신이 그것을 해명해야 할 것이다.[11]

b. 권고의 방법

권고의 의무는 말은 쉽지만 실천하기는 쉽지 않다. 그러나 어려움이 얼마나 크든 우리가 하나님의 은혜를 간구하면 가장 신뢰할 만한 분이신 하나님의 약속은 실패하지 않을 것을 우리는 안다. 사람이 아닌 하나님 경외하기를 계속하라. 하나님께서 필요한 힘을 공급해주실 것이다.[12]

당신은 모든 일을 "친절한 선의"의 마음으로 행해야 한다. 당신이 대하는 그 사람을 위해 그리스도께서 죽으셨기 때문이다. 그가 자유를 남용해 초래한 부적절한 결과에 대해 경고해줄 수 있을 만큼 그를 사랑하라. 그래서 그가 더 큰 은혜에 참여하는 자가 되게 하라.

다른 사람을 돌아보는 참된 사랑은 이웃의 마음에 닿을 것이다.[13] 상대방에 대한 어떤 경멸도 없이 겸손하게 말하라. 우월감을 포기하라. 이웃에게 있는 좋은 점들로 인해 하나님을 찬양하라. 당신에게 교만의 흔적이 없는지 돌아보라. "당신이 자신을 지나치게 높이 평가하면 형제를 멸시하지 않을 수 없다. 당신이 책망하는 사람에게 최소한의 경멸을 나타내거나 마음 속으로만 품더라도, 그것은 당신의 모든 사역을 한방에 날려버릴 것이다."[14]

---

11   같은 곳.
12   "The Duty of Reproving Our Neighbor," B 2:513-14, J VI:299-300, sec. 3. 1.
13   "The Duty of Reproving Our Neighbor," B 2:516, J VI:300-301, sec. 3. 2.
14   "The Duty of Reproving Our Neighbor," B 2:516, J VI:297, sec. 3. 3.

진정한 권고는 성령의 사역이다. 따라서 분노를 피하고 온유함으로 말하라. "사람마다 듣기는 속히 하고 말하기는 더디 하며 성내기도 더디 하라 사람이 성내는 것이 하나님의 의를 이루지 못함이라"(약 1:19-20).[15]

당신의 솜씨가 아닌 하나님의 섭리를 의지하고, 일상의 대화에서도 당신의 마음을 하나님께로 향하게 하라. 하나님의 은혜로 사랑이 사랑을 낳게 될 것을 믿으라. "마음으로 기도하며 말한 모든 것은 땅에 떨어지지 않는다"는 사실을 기억하면서, "당신의 지혜와 말, 어떤 능력도 신뢰하지 말고, 온갖 좋은 은사와 온전한 선물을 주시는 위대한 창조주를 신뢰하라."[16]

c. 온화하게 권고하라

지금까지는 효과적으로 권고하기 위한 내적인 마음의 태도를 다루었다. 이제부터 다룰 내용은 소통에 필요한 외적인 태도에 관한 것이다.

모든 것에 앞서 솔직한 선의를 표현함으로 말문을 열라.[17] 어떤 아첨의 기색도 피하라. 하나님께서 당신의 마음에 불붙여주신 이해를 초월한 사랑의 불꽃이 가장 굳어진 마음도 관통할 것을 믿으라.

가능한 한 성경 말씀을 그대로 사용해 진지한 태도로 책망하라. 성령 하나님께서 책망의 참된 원천이 되시도록 하라.[18] 그러나 "신앙에 낯설어하는" 사람에게 말할 때는 "확고한 주장보다 적절한 농담이 더 깊은 찔림을 줄" 수도 있다.[19] 많은 말을 할 것인지, 한숨을 쉬거나 그저 바라볼 뿐 아무 말도 하지 않을 것인지, 상황을 살펴 대화의 분위기를 결정하라.[20] 상대

15 약 1:19-20; "The Duty of Reproving Our Neighbor," B 2:516, J VI:297, sec. 3. 4.
16 "The Duty of Reproving Our Neighbor," B 2:516, J VI:300-301, sec. 3. 5.
17 "The Duty of Reproving Our Neighbor," B 2:517, J VI:301, sec. 3. 6.
18 "The Duty of Reproving Our Neighbor," B 2:517, J VI:301, sec. 3. 7.
19 "The Duty of Reproving Our Neighbor," B 2:518, J VI:301-2, sec. 3. 8.
20 "The Duty of Reproving Our Neighbor," B 2:518, J VI:302, sec. 3. 9.

방이 흔쾌히 받아들일 때는 과도하게 지체하지 말고 시의적절하게 하고 싶은 말을 하라. 정기적으로 만나는 사람과는 말하기에 알맞은 때를 기다리는 것도 좋다. 단 한 번밖에 만나지 못할 사람에게는 때와 상관없이 말해야 한다. "하나님께서는 당신이 어떻게 말해야 할지 가르치시고, 말한 것에 복을 더하실 것이다."[21]

자신을 잘 모르거나 강박적 분노나 흥분 상태에 빠져 있는 사람에게는 진지하게 권고하려 하지 말라.[22] 강박적이고 중독적인 행동에 대해서는 동정심을 갖되 단호한 자세로 대하라. 대화 후 열매가 맺히기까지는 시간이 필요하므로 기다리라. 쉽게 낙심하지 말라.[23]

이런 방법으로 특히 복음적 공동체에서는 모든 사람이 그리스도인의 사랑 안에서 자유로이 "이웃을 견책함으로 그가 죄로 고통받지 않게 해야" 한다.[24] 부흥은 권고하려 하지 않는 곳에서는 결코 일어난 적이 없다.

3. 솔직한 권면 사례 연구

a. 모라비아 교도들의 교회에 보내는 편지

웨슬리는 "모라비아 교도들의 교회에 보내는 편지"(To the Moravian Church)라는 글에서 온화한 권고의 사례를 제공한다 [Letters, B 26:109-12 (1744년 6월 24일)]. 그 배경은 1744년 6월 일지에 설명되어 있다.

먼저 웨슬리는 자신의 대화 상대에게 솔직한 권면을 부탁한다. 배경이 되는 사건은 그의 친구이자 영적 멘토와 같았던 모라비아 교도들, 특히

---

21   "The Duty of Reproving Our Neighbor," B 2:518, J VI:302, sec. 3. 10.
22   "The Duty of Reproving Our Neighbor," B 2:519, J VI:302, sec. 3 .11.
23   "The Duty of Reproving Our Neighbor," B 2:520, J VI:303, sec. 1. 13.
24   "The Duty of Reproving Our Neighbor," B 2:520, J VI:303-4, sec. 3. 14.

페터 레인 신도회(the Fetter Lane Society)에 소속된 사람들과의 계속적인 불화였다. 그가 모라비아 교도들과 충돌한 이유는 그들의 정적주의(quietism) 경향, 특히 율법무용론으로 기우는 경향 때문이었다.

b. 우호적인 자세로 매를 들어달라

웨슬리는 공감하는 내용으로 편지를 시작한다. 그는 자신이 높이 평가하는 모라비아 교도들의 가르침을 언급했다. 그 후 그는 "일어난 순서에 따라 우리 사이에 있었던 많은 사건과 대화를 있는 그대로" 설명했다. 그의 목표는 "비록 나 자신이 그들의 주장을 받아들일 수 없더라도, 하나님의 말씀으로 판단을 받아 무엇이 옳은지" 분명히 하고자 하는 것이었다.[25]

"있는 그대로"라는 말로 웨슬리는 그리스도 안에서 소중한 교우 사이에 최고의 신뢰관계를 구축하기 위해 숨길 것이 없이 전적으로 투명한 열린 마음을 의미했다. 그가 가장 중요하게 요청한 태도는 "우호적인 자세로 매를 들라"는 기억할 만한 문구에 담겨 있다. 주님 안에서의 사귐이 실제적인 차이를 모호하게 남겨두어야 할 이유가 되지 않는다. 그 사귐은 진지한 권고와 온화한 조언을 요구한다. 웨슬리는 "원한다면 우호적인 자세로 매를 들고 견책해주기를 바랍니다"[26]라는 유명한 말을 남겼다

그는 그리스도인 동료들이 사실에 대한 지식이든 그 해석이든, 내용이든 형식이든, 부분적이든 전반적이든 자신이 정확히 무엇을 잘못했는지 이런 열린 마음으로 지적해주기를 원했다.

---

25   Letters, B 26:111.
26   같은 곳.

B. 저항을 돌파하라

1. 기만의 활동

영혼을 돌보기 위해서는 기만에 구멍을 뚫어야 한다. 기만이 심각하고 범위가 넓다면 구멍을 뚫는 작업은 강하고 정확해야 한다. 기만이 교정되지 않도록 그대로 내버려두는 것은 영혼의 건강을 위태롭게 한다.

웨슬리가 허위를 경멸했다는 사실은 그의 초기 자필 설교 중 하나인 1728년의 "위선에 대하여"(On Dissimulation)에서 분명히 드러난다[설교 #138A (1728년 1월), B 4:255-61 (잭슨판에는 수록되어 있지 않음)]. 설교 본문은 요한복음 1:47이다. 웨슬리 설교를 연대순으로 정리하면 이 설교는 여섯 번째다. 이 설교는 주로 "위선에 관한 두 단편 설교" [#138B-C, B 4:262-66]로 불리는 두 개의 단편 자필 설교와 밀접한 관계가 있다. 설교 #138B의 성경 본문은 로마서 12:9이다. "사랑에는 거짓이 없나니…."

a. 설교 "위선에 대하여"

위선을 행하는 사람을 권고할 때는 자신이 왜 속이는지 깨닫도록 도울 필요가 있다. 조언자의 임무는 자기기만과 타인 기만 사이의 연결고리를 정황을 통해 구분해내는 것이다. 이는 영혼을 돌보기 위한 매우 민감한 과제로, 조언자는 발휘할 수 있는 모든 감각과 분석 능력을 동원해야 한다.

이 설교는 모든 형태의 속임에 대한 웨슬리 평생의 혐오를 일찍이 표현한 것이다. 그가 설교를 작성한 곳은 엡워스의 부친의 목사관이다. 그의 부모는 오랫동안 그에게 정직하게 말하고 행동해야 한다는 엄격한 윤리의식을 가르쳤다. 이 주제는 그의 가장 초기 저작부터 가장 후대의 저작에 이르기까지 반복적으로 나타난다.[27] 그의 나이 겨우 23세 때 이 주제는 그의 목회의 산실에서 이미 잘 다듬어져 있었다.

18세기 독자들은 버나드 맨더빌(Bernard Mandeville)의 『투덜대는 벌집』(The Grumbling Hive)에서, 정직과 덕의 엄격한 윤리를 추구하기로 결정하기 전에는 꿀벌 공동체가 번성했다는 점을 조롱하는 내용을 읽을 수 있었다. 사리사욕에 대한 동기가 사라지자 벌 군락지는 점점 작아진다. 맨더빌의 가시 돋친 요점은 개인적 악덕 없이는 공공의 이익도 존재할 수 없다는 것이다.

웨슬리는 이런 입장에 반대했다. 그는 전적인 정직함과 열린 태도를 권장했고, 어떤 형태의 기만도 거부했다. 위선이라는 악습은 "하나님께서 권고하시는 것과 정반대"로 행하는 것이다. 위선은 자신의 행동의 결과를 보이지 않게 감추려 한다.[28] 이 설교에서 웨슬리는 "불성실함이라는 악덕에 그와 반대되는 색깔을 칠함으로 그것이 얼마나 비열하고 왜곡되었으며 어리석은지, 즉 가식적 행동이 얼마나 나쁘고 역겨우며 경솔한지를 보여주고자" 했다.[29]

b. 거짓의 아비

가장 먼저 스스로를 가장한 것은 마귀다. 권모술수와 가장은 인간이 자유의지로 거짓을 택하기도 전에 "거짓의 아비"에게서 시작되었다. 그후 거짓말하는 자는 처음부터 "그 악함을 감추기 위해 즉시 자신을 가장할 수밖에 없었던" 거짓의 아비를 그대로 본받게 되었다. "그는 자신을 실제

27 참고. "Sermon on the Mount, 4," J IV:3, 52; "The Reformation of Manners," J IV:4-5.
28 "On Dissimulation," 설교 #138A, B 4:255, 서문 2.
29 "On Dissimulation," B 4:255, 서문. 3.

보다 더 나은 존재로 보이게 함으로 속였다." 이것이 사탄이 "세상이 시작되기 전부터, 그리고 그 후로도 언제나" 행해온 일이다.[30] 그는 먼저 자신을 속였고, 그 후에는 그의 마음속 숨겨진 동기를 분별해낼 수 없었던 사람의 자녀를 속였다.[31] 사람의 기만 행위의 비열함을 가장 잘 파악하려면 거짓의 창작자의 비열함과 비교해 보면 된다. 일반적인 사람의 상태는 많은 면에서 마귀를 닮아 있다. 마귀와 타락한 인류 모두는 "의롭게 창조되었고, 그 둘 모두는 그 의로움을 지속할 만한 능력을 가지고 있었다. 그러나 둘 모두 의도적으로 그렇게 하기를 거부했다." 그들은 "무화과나무 잎을 엮어 자신들의 부끄러움을 가렸으나" 그것은 사실상 자신의 타락한 의지를 감추기 위한 것이었다.[32] 도덕적으로 민감한 어떤 이성적인 존재도 자신이나 타인 속에 있는 가장을 양심적으로 옹호할 수는 없다.[33]

원수는 "속으로는 우리에게 상처를 입히려고 준비하면서도 겉으로는 우리 얼굴을 향해 미소 짓는다."[34] 속이는 자는 "무관심한 모습 아래에 실제 모습인 적의"를 감추고 "사랑의 외양 아래에 실제 모습인 무관심"을 감춘다. 둘 중 무엇을 통해서든 가장은 분노를 일으키고 분개하게 만든다.[35]

훌륭한 조언을 하는 중 기만을 감지하면, 타락한 인간 역사는 거짓의 아비가 뿌려놓은 거짓으로 가득함을 기억할 필요가 있다. 웨슬리는 속이는 자들에게 "너희는 너희 아비 마귀에게서 났으니 너희 아비의 욕심대로 너희도 행하고자 하느니라 그는 처음부터 살인한 자요 진리가 그 속에 없

---

30   "On Dissimulation," B 4:256, sec. 1. 1.

31   같은 곳.

32   "On Dissimulation," B 4:256, sec. 1. 2.

33   "On Dissimulation," B 4:257, sec. 1. 3.

34   "On Dissimulation," B 4:257, sec. 1. 1.

35   "On Dissimulation," B 4:257-8, sec. 1. 1.

으므로 진리에 서지 못하고 거짓을 말할 때마다 제 것으로 말하나니 이는 그가 거짓말쟁이요 거짓의 아비가 되었음이라"(요 8:44)라고 하신 예수님의 가시 돋친 말씀을 상기시켰다.

만약 인간의 자유가 양심과 신앙에 의해 제어받지 않는다면, 기만의 해로운 결과는 갑절로 늘어날 것이다.[36] 그러나 양심이 인간의 의식에 새겨져 있기 때문에, 어떤 속임도 양심을 없앨 수는 없다.

거짓으로 가장하는 사람들은 사랑이 아닌 미움에서 그렇게 하는 것이다. 거짓에 영원히 굴복한 사람들은 사랑할 능력마저 상실할 수 있다. "사랑의 본성은 진실하고 솔직하며 숨겨져 있지 않기 때문이다."[37]

c. 위선의 어리석음

죄를 지을 때 우리는 고귀한 인격을 상실한다. 그럴 때 우리는 B라는 덕으로 A라는 죄를 가리기 위해 노력함으로 인격의 상실을 면해보려 한다. 웨슬리는 이러한 기만을 행하는 사람들은 "자신의 고귀한 인격을 거슬러 한 번 죄 지은 것에서 그치지 않고, 자신의 양심을 거슬러 두 번 죄를 짓는다"는 사실을 날카롭게 관찰했다.[38] 우리의 대적 마귀는 "이미 지은 죄를 숨기기 위해 또 다른 죄를 짓도록 우리를 설득"하려 한다. 기만은 마치 일련의 비밀한 결정과 행동같이 작용한다. 유감스럽게도 이 속임수는 너무나 흔하게 성공한다. 우리는 무서운 적을 상대하고 있는 것이다.

"속이는 일은 비열하고 역겨우며, 사실상 하나님과 사람에게 멸시를 받고 미움의 대상이 된다." 위선은 "헛되고 썩어 없어질 목적을 추구하게

---

36 같은 곳.
37 같은 곳.
38 "On Dissimulation," B 4:255, 서문 1 .

하며, 그것을 위해 까다롭고 위험하며 악한 수단을 사용하게" 만든다. 신자는 "다윗이 기도했던 것처럼 '여호와여 거짓된 입술과 속이는 혀에서 내 생명을 건져주소서'(시 120:2)라고 기도해야 한다."[39]

속이는 사람은 하나님의 진리뿐 아니라 하나님의 자비를 모욕한다. 거짓으로는 하나님의 진리를 모욕하고, 스스로 자비로운 척하며 하나님의 자비를 모욕한다.

속임의 결과는 그 결과가 지속되는 동안에도 언제나 불만족스럽다. 그런데다 오래 가지도 못한다. 모든 거짓은 드러나게 되어 있다.

좋은 결과를 얻기 바라며 사용하는 기만의 수단은 역겹고 위험하며 악하다.[40] 일시적 나쁜 행실은 영원한 의 앞에서 허망하기 짝이 없다. "속이는 자가 자신에게 줄 수 있는 것은 약간의 일시적 유익뿐이다. … 그러나 부든 명예든 권력이든 관능적 즐거움이든 이러한 일시적인 것들은 그것을 얻더라도, 일단 얻고 난 후에는 그것이 지속되어도 여전히 욕망을 채워주지 못하고 행복하게 만들어주지 못한다."[41] 일시적인 것 중 최고의 것조차도 "우리의 감각을 만족시킬 뿐, 우리를 행복하게 만들기에는 부족할 따름이다." 하나님께서 숨을 불어넣어 창조하신 우리 영혼은 영원한 행복을 추구한다.[42] 속이는 자가 추구하는 것은 썩어 없어질 것들이다. "그는 가장 나쁜 것을 선택했을 뿐 아니라, 곧 사라져 없어질 것을 선택했다."[43]

39　시 120:2; "On Dissimulation," B 4:260-61, sec. 3. 5.
40　"On Dissimulation," B 4:259, sec. 3.
41　"On Dissimulation," B 4:259, sec. 3. 1.
42　같은 곳.
43　"On Dissimulation," B 4:259, sec. 3. 2.

d. 지속하기 어려운 위선

위선을 계속해서 행하는 것은 매우 어렵다. "자신의 욕구와 감정을 계속 부인하면서 행동하는 것, 자신이 실제로는 존경하지 않는 사람을 칭찬하는 것, 정말로 사랑하지 않는 사람을 위해 그의 관심 사항을 계속 돌보는 것은 가장 낮고 천한 노예가 하는 일이다."[44] 위선을 행하는 사람은 "참된 애정에서 자유로이 흘러나오는 애정 어린 일, 참된 애정이 없이는 결코 기꺼이 할 수 없는 일들을 하기 위해" 노력할 수밖에 없다.[45] 기만은 그것을 알아차린 모든 사람에게 경멸하는 마음을 불러일으킨다. "신중함과 주의 깊음은 공공연한 적에게서 우리를 지켜준다. 그러나 무엇이 우리를 거짓된 친구에게서 지켜줄 수 있는가?"[46]

웨슬리는 다음과 같이 말한다. "위선을 행하는 사람은 연기해야 할 역할이 워낙 많아 극도의 고통과 경계심이 없이는 어떤 부분에서는 자신의 본 모습을 드러내는 것을 피할 수 없다. 자기 모습을 그렇게 자주 바꾸면서도 그렇게 하고 있다는 의심을 받지 않는 것은 얼마나 어려운 일인가!" 위선의 대상이 되는 각 부분은 더 오래 지속할수록 더 유지하기 어려워진다.[47] 위선을 행하는 사람은 언제나 본 모습이 드러날 위험에 처해 있다.[48]

위선을 행하는 사람은 "그의 입은 우유 기름보다 미끄러우나 그의 마음은 전쟁이요 그의 말은 기름보다 유하나 실상은 뽑힌 칼이로다 … 하나님이여 주께서 그들로 파멸의 웅덩이에 빠지게 하시리이다 피를 흘리게 하며 속이는 자들은 그들의 날의 반도 살지 못할 것이나"(시 55:21-23).

---

44 "On Dissimulation," B 4:263, sec. 2.
45 "On Dissimulation," B 4:264-66, sec. 2.
46 "On Dissimulation," B 4:264, sec. 2.
47 "On Dissimulation," B 4:259, sec. 3. 3.
48 "On Dissimulation," B 4:260, sec. 3. 4 .

이 말씀은 위선을 행하는 자가 왜 어리석은지를 설명해준다. 영혼에 대한 돌봄은 위선의 어리석음을 줄여나가, 가능하다면 위선에서 온전히 벗어나게 하는 것을 목표로 삼는다. 이를 위해서는 가식에 구멍을 뚫어야 한다.

2. 기만에 대하여

a. 기만에서 사랑 지켜내기

웨슬리 문서에서 또 다른 두 개의 자필 설교 단편이 발견되었다. 그 중 #138B로 분류된 설교 "위선에 대하여"(On Dissimulation)는 로마서 12:9의 "사랑에는 거짓이 없나니"라는 말씀에 기초해 있다. 설교를 작성한 날짜에 대한 언급은 없지만, 아마도 앞에서 언급한 설교와 비슷한 시기인 1728년에 작성되었을 것이다. 이 설교는 엘머 클라크(Elmer T. Clark)가 수집한 모음집인 *Wesleyana*라는 책에 보존되어 있다. 웨슬리는 사랑은 기만에서 보호되어야 한다고 주장한다. 이웃을 자신같이 사랑하는 것은 신자의 필수적인 의무다. 어떤 그리스도인도 이 의무에서 자유롭기를 바랄 수 없고, 또 그것을 바란 사람도 없었다. "그것을 명령하는 말씀은 매우 분명하고도 반복적이어서 그것이 하나님에게서 온 권위 있는 말씀임을 인정하는 한, 그 말씀에서 자유로울 수 있는 사람은 아무도 없다."[49]

이웃을 사랑해야 한다는 의무는 우리에게 크고 많은 유익을 가져온다. 사랑은 신자에게 우리가 행해야 할 의무 중에서 가장 위험하고 어려운 부분을 시도하고 정복할 정신과 활력을 부여한다. 사랑 없는 삶은 만약 고

---

49 "On Dissimulation," a fragment, B 3:262.

통스럽지 않다면 지겨울 것이다. "우리가 사랑하는 사람의 고통을 줄여주는 일을 하는 동안에는 우리 자신이 어떤 고통도 느끼지 않게 될 것이다. 우리가 그를 더 행복하게 만드는 동안에는 우리 자신이 더 행복해지지 않을 수 없다." 그래서 바울이 "사랑에 거짓이 없게 하라"고 경고한 것이다.

b. 위선은 쉽게 퍼진다

두 번째 자필 단편 설교[설교 #138C, "위선에 대하여"(On Dissimulation), B 4:263-66]는 같은 주제를 다루는 미완성 초고다. 위선은 사랑의 영역에 침범할 때 가장 쉽게 전파된다. "사랑을 가장한다는 것은, 우리에게 어떤 사랑도 없다는 것을 의미하거나, 우리가 있는 그대로의 사랑보다 더 크게 보이려 노력한다는 것을 의미한다."[50] 사랑을 가장하는 것은 위험하다. "횃불을 던지며 화살을 쏘아서 사람을 죽이는 미친 사람이 있나니 자기의 이웃을 속이고 말하기를 내가 희롱하였노라 하는 자도 그러하니라"(잠 26:18-19).[51] "이웃 사랑을 명령하는 모든 말씀은 가식이 없는 사랑을 명령하는 것이다."[52] 이웃을 참으로 사랑하고 있을 때는 가식적으로 사랑할 이유가 없다. 모든 형태의 가식 중에서 가장 용납하기 힘든 것은 "전혀 사랑하지 않으면서 사랑하는 척하는 것이다."[53]

하나님은 약속을 지키신다. 그리고 우리가 사랑할 수 있는 능력이 부족하다고 느낄 때 더 많은 사랑을 공급해주실 것을 약속하신다. 하나님은 사랑에서 비할 데 없이 풍성하시다. 하나님의 사랑은 줄어들지 않는다.[54]

---

50 "On Dissimulation," B 4:263, sec. 1.
51 같은 곳.
52 "On Dissimulation," B 4:263, sec. 2.
53 "On Dissimulation," B 4:263-65, sec. 2.
54 같은 곳.

이 두 단편 자필 설교 모두는 영혼을 돌보는 사역에서 웨슬리가 중점적으로 강조한 특징이 무엇인지 암시한다. 그는 단지 진실을 말하고 숨김이 없기를 요구한다.

C. 시험에 대한 권고

1. 시험에 대하여

a. 감당 못 할 시험은 허락되지 않음

우리는 시험을 당해 절박한 사람과 상담할 때 영혼을 돌보는 본질적인 일을 하게 된다. 거기서 우리는 성경의 약속대로 하나님께서 우리가 감당할 능력 이상의 시험을 허락하지 않으신다는 것이 사실임을 깨닫게 된다.

웨슬리는 "한때 은혜 안에서 잘 달렸지만 이후에 유혹에 넘어져" 낙심한 모든 사람에게 어떻게 조언해야 하는지 알려준다.[55] 그는 설교 82번 "시험에 대하여"(On Temptation)에서 유혹의 역학 분석에 뛰어든다 [B 3:156-68; J VI:475-84 (1786년 10월 7일)]. 그는 목회는 단호해서 기만이라는 장애를 꿰뚫어야 한다고 가르쳤다.

성경 본문은 고린도전서 10:13의 "사람이 감당할 시험밖에는 너희가 당한 것이 없나니 오직 하나님은 미쁘사 너희가 감당하지 못할 시험 당함을 허락하지 아니하시고 시험 당할 즈음에 또한 피할 길을 내사 너희로 능히 감당하게 하시느니라"라는 말씀이다.

웨슬리는 시험 당한 사람과 상담할 때 하나님께서 "끝까지 믿음을 지

---

55 "On Temptation," B 3:157, J VI:477-78, 서문. 3.

키는 사람을 위해 '피할 길'을 내신다"는 약속을 믿으면, 하나님께서 은혜로 그 사람의 연약함을 극복하게 하심을 강조했다.[56]

b. 유혹의 보편성: 몸과 영혼의 결합의 결과

시험은 타락한 자유가 겪는 일반적 상태다. 시험은 역사 속에서 살고 있는 몸과 영혼을 가진 인간의 타락한 본성과 환경으로 인해 피할 수 없는 고질적인 것이다.

먼저 당신의 몸과 영혼의 본성과 그 둘의 연결관계, 그리고 모든 것이 타락하게 된 역사를 생각해 보라. 이 뒤틀린 역사적 상황에서 우리 모두는 유혹을 경험할 수밖에 없기에 유혹이 어떤 형태를 취하든 놀라지 말아야 한다. 유혹은 언제든 찾아올 수 있다. 매일 매시 우리는 "연약함과 질병, 수천 가지 무질서"에 노출되어 있는데, 그중 어떤 것도 유혹의 원인이 될 수 있다.[57]

신체의 놀랍고도 우리를 겸허하게 만들 정도의 복잡함을 생각해 보라. 그 모든 부분은 "상상할 수 없이 작은 섬유조직"과 "순환하는 액체"로 되어 있는데, 그중 어떤 것도 순식간에 뇌나 심장, 폐를 막아버릴 수 있다. "모든 고통 역시 시험거리가 될 수 있기에, 사람이 부패하기 쉬운 몸에 거하는 동안 더 많든 적든, 더 이르든 늦든 각 사람을 괴롭힐 시험거리는 얼마나 많겠는가!"[58]

계속되는 시험으로 어려움을 겪는 신자는 "감당할 만한 시험 외에는" 어떤 시험도 허락되지 않는다는 말씀(고전10:13)을 기억할 필요가 있다.

---

56 "On Temptation," B 3:157, J VI:477.
57 "On Temptation," B 3:158-59, J VI:477, sec. 1. 1.
58 "On Temptation," B 3:159, J VI:477, sec. 1. 2.

2. 시험 당하는 이유

a. 몸과 영혼이 결합한 결과

회개하지 않는 죄인뿐 아니라 "은혜를 맛본" 신자들의 공동체에 속한 신자를 특징짓는 것은 몸과 영혼이 함께 연결되어 있는 인간의 상태다. 우리가 유혹에 취약한 것은 "우리 영혼이 흙집에 거하는 동안에는 결코 벗어날 수 없는 상태"다. 이 사실은 거듭나지 않은 상태로 살아가는 사람들에게서 가장 분명하게 드러난다. 그들은 "세상에서 아무런 소망도 없고 하나님도 없이 사망의 그늘, 어둠의 왕자의 지배 아래" 놓여 있다.[59]

그러나 거듭난 사람은 어떤가? 그들은 하나님 가정의 자녀로 새로운 삶을 살아가도록 양육된다. 그러나 가장 신실한 사람에 관해서도 우리는 여전히 이렇게 생각할 수밖에 없다. "그들의 이해력은 얼마나 약한가! 가장 지혜로운 자도 얼마나 자주 실수하는가! 또 얼마나 자주 잘못된 판단을 내리곤 하는가! 우리는 이렇게 죄가 아닌 연약성으로도 얼마나 많은 시험거리를 각오해야 하는가?"[60] 신자는 "무질서한 세상의 폐허에서 하나님을 모르는 사람들과 살아간다." "천 명의 무장한 사람에게 포위당한" 맨손의 한 사람을 상상해 보라. "이것이 모든 선한 사람이 처해 있는 상황이다."[61]

유혹은 사회적·가정적·경제적 환경에서 끊임없이 일어난다. 더 근본적으로는 인간의 의지 깊은 곳에서 일어난다. 유혹은 인간의 자유의 가변성과 취약성이라는 본질적 조건 때문에 언젠가 일어날 수밖에 없다. 하늘 본향을 향하도록 태어난 영혼이 부서지기 쉬운 몸에 거하기 때문이다.

---

59 같은 곳.
60 "On Temptation," B 3:159-60, J VI:477, sec. 1. 3.
61 "On Temptation," B 3:160, J VI:478, sec. 1. 4.

b. 성숙할수록 더 많은 시험을 당하는가?

어떤 사람은 자신이 악한 외적 영향을 벗어날 수 있다면 유혹에서 자유로울 것이라고 상상한다. 그런 환상은 사람의 마음 자체가 얼마나 애매모호한 선택사항들과 깊이 얽혀 있는지를 잘 깨닫지 못하는 데서 비롯된다. 사람의 마음 자체가 그 자신의 의지의 영역 내에서 유혹에 노출되어 있다. 신자는 죄의 지배에서는 벗어났으나 죄의 결과에서는 자유롭지 못하다. 신자에게 죄는 남아 있으나 죄가 그들을 다스리지는 못한다.[62] "심지어 일반적인 선한 사람도 비록 죄가 그들을 전적으로 지배하지는 못하더라도, 그 내면에 남아있는 죄에서 자유롭지 못하다. 그들은 여전히 '살아계신 하나님을 떠나려는' 악한 마음의 잔재를 가지고 있다. 그들은 교만과 분노, 어리석은 욕망, 그리고 사실상 모든 악한 성품의 씨앗을 가지고 있다. … 만약 그들이 날마다 경계하며 기도하지 않는다면, 그것들은 자연적으로 튀어나와 자신뿐 아니라 주변의 모든 사람에게도 해를 끼치게 될 것이다."[63]

그러나 유혹에 대한 취약성이라는 이 동일한 조건이 온전한 사랑 가운데 행하는 사람, 은혜 안에서 매우 성장한 사람에게도 그대로 적용되는가? 그렇다. 그들 역시 "여전히 연약성으로 가득하다. 그들은 이해력이 우둔할 수 있고, 천성적으로 부주의할 수 있으며, 신뢰할 수 없는 기억력을 가지고 있을 수도 있다. 또 지나치게 활발한 상상력을 가지고 있을 수 있다. 그리고 이 중 어떤 것이라도 부적절한 말이나 행동을 유발할 수 있다. 이런 연약성은 그 자체로는 죄가 아니지만, 당신이 받은 모든 은혜에 시험거리

---

62   참고. "Sin in Believers," B 1:314-34; 고후 5:17-21.
63   "On Temptation," B 3:161, J VI:478-79, sec. 1. 5.

가 될 수 있다." 분명히 여러분은 "스스로는 온전하다고 생각하지만 실제로는 그렇지 않은 사람"에 의해 모든 종류의 시험을 받을 수 있고, "과거에 언젠가 참으로 온전케 된 적이 있었던 사람"에게서도 그런 시험을 받을 수 있다. 그러나 연약성에서 생겨난 유혹에 대한 취약성이 "기억력의 결함이나 이해력의 부족" 등을 통해, "'그리스도께서 우리를 자유롭게 하려고 주신 자유 안에 굳건하게 서 있는'(갈 5:1) 사람"에게도 여전히 동일하게 남아 있는지는 분명치 않다.[64]

"누가 악의와 감지하기 힘든 미묘한 죄에서 벗어나 있는가? 사람 중에서 가장 지혜롭거나 훌륭한 사람도 그렇지 않다. '종은 그 주인보다 낫지 않다.' 그런데 그것들이 주인마저 시험했다면 당연히 우리도 시험하지 않겠는가?" 하나님께서는 우리의 인생이 끝나는 순간까지는, 더 깊고 강한 신앙으로 연단하시기 위해 악이 우리의 의지를 시험하는 것을 허용하신다.[65]

이와 같은 시험에 관한 조언은 개인이 당하는 시험을 죄와 구원의 역사 속에서 볼 수 있게 한다. 성경은 그 역사 이야기를 우리에게 들려준다.

3. 하나님은 감당 못 할 시험은 허락하시지 않음

a. 시험 당하는 자를 돕는 하나님의 방법

시험과 유혹 속에 있는 사람과의 상담은 그에게 하나님의 신실하심을 가르칠 새로운 기회를 제공한다. "하나님은 신실하셔서 우리가 감당

---

64   "On Temptation," B 3:161, J VI:479, sec. 1. 6.
65   "On Temptation," B 3:162, J VI:479-80, sec. 1. 7.

할 수 없는 시험 당함을 허락하지 않으신다는 사실을 확실히 아는 것이 그에게 얼마나 큰 위로가 될 것인가!" 하나님은 우리의 능력이 어느 정도인지 아신다. 그분은 우리가 흙으로 만들어졌음을 아신다. 하나님께서 "우리가 감당치 못할 시험 당함을 허락하지 않으신다"는 성경의 약속은 여전히 남아 있다.[66]

이 분명한 약속은 하나님의 공의와 잘 부합한다. 하나님의 공의는 만약 시험이 "우리가 감당할 수 없을 정도여서 우리가 이겨낼 수 없다면", 시험을 이기지 못한 책임을 우리에게 지우지 않으실 것이기 때문이다. 이 약속은 하나님의 자비와 자신의 말씀을 지키는 선실하심에도 기초해 있다.[67]

b. 시험거리를 제거함으로 피할 길을 내심

성경은 이렇게 약속한다. "하나님은 미쁘사 너희가 감당하지 못할 시험 당함을 허락하지 아니하시고 시험 당할 즈음에 또한 피할 길을 내사 너희로 능히 감당하게 하시느니라"(고전 10:13). 오직 하나님께만 그 약속을 이룰 지혜와 능력이 있다.[68] "피할 길을 내시는" 방법은 두 가지 다른 형태로 이루어질 수 있다.

첫째, 하나님께서는 시험거리를 제거하심으로 "피할 길을 내실" 수 있다.[69] 하나님께서 "문제나 질병, 고통을 제거하시면, 그런 것은 마치 전혀 없었던 일처럼 되고 만다."[70]

---

66 "On Temptation," B 3:162-63, J VI:475-84, sec. 2. 1.
67 "On Temptation," B 3:162-63, J VI:480, sec. 2. 1.
68 "On Temptation," B 3:162-63, J VI:475-84, sec. 3. 1.
69 "On Temptation," B 3:165, J VI:475-84, sec. 3. 3.
70 "On Temptation," B 3:165-66, J VI:484, sec. 3. 4.

c. 시험에서 고통을 제거함으로 피할 길을 내심

둘째, 하나님께서는 시험거리 자체는 제거해주시지 않더라도 "시험에서 고통을 제거하심으로, 시험 자체가 더는 시험거리가 아닌 감사의 제목이 되게 하심으로" 피할 길을 내실 수 있다. "하나님의 자녀들은 이런 섭리에 대해 얼마나 많은 증거를 가지고 있는가! 그들은 심지어 일상생활에서 그것을 경험하며 살아간다."[71] 이런 때 하나님은 문제나 고통 속에서 "외적 환경은 아무 것도 바꾸지 않으시지만, 거룩하신 분의 위로를 크게 더하셔서 그것들이 더는 문제나 고통으로 다가오지 않게 하신다."[72]

4. 시험 당하는 사람을 위한 조언

웨슬리는 바울의 경고의 말씀으로 나아간다. "'가장 확실하게 선 줄로 생각했다 넘어진 나머지' 속으로, '이런 경우를 겪는 사람은 나밖에 없다. 누구도 나만큼 시험을 당한 사람은 없었어'라며 중얼거리지 않도록 '주의하라.'"[73] "사람이 감당할 시험 외에는" 어떤 시험도 주어지지 않음을 기억하라.[74] 우리 주님도 시험을 당하셨다. 그분은 우리와 같이 시험을 받으셨으되 죄는 없으시다. "우리에게 있는 대제사장은 우리의 연약함을 동정하지 못하실 이가 아니요 모든 일에 우리와 똑같이 시험을 받으신 이로되 죄는 없으시니라"(히 4:15).

우리는 우리가 당하는 시험에 대해 "이 시험은 견딜 수 없어. 너무 힘

---

71   "On Temptation," B 3:165-66, J VI:475-84, sec. 3. 4.
72   같은 곳.
73   고전 10:12; "On Temptation," B 3:167, J VI:475-84, sec. 3. 7.
74   "On Temptation," B 3:167, J VI:475-84, sec. 3. 7.

들어. 난 이 시험을 결코 통과할 수 없어. 이 짐은 내가 감당할 수 있는 것이 아니야"라고 말하면서 감히 하나님을 시험하려 한다. "그러나 만약 하나님도 못하시는 일이 있지 않다면 그런 말은 사실이 아니다. … 하나님께서는 당신의 능력에 맞게 짐을 지우신다. 더 많은 힘이 필요하면 구하라. 그러면 주실 것이다."[75] 당신의 힘이 소진되면 하나님은 장애물을 제거하시든, 그것을 위로의 수단으로 바꾸시든 피할 길을 주실 것이다. "따라서 모든 시험을 담담히 감수하고, 모든 능력과 지혜와 자비와 신실하심의 하나님께서 우리를 도우사 그 시험에서 건져내실 것임을 겸손히 신뢰함으로 시험을 받아들이라." 우리는 결국 "모든 것이 합력하여 선을 이루는 것 (롬 8:28)과, 그 모든 일이 우리에게 유익이 되어 '우리가 하나님의 신성한 성품에 참여하는'(벧후 1:4) 행복한 경험을 하는 것"을 보게 될 것이다.[76]

D. 광야의 상태와 여러 가지 시험

1. 광야의 상태

시험 당한 사람을 조언하는 것에 관해 웨슬리의 탁월함이 드러나는 중요한 설교 두 편은 "광야의 상태"와 "여러 가지 시험을 통한 괴로움"이다. 이 두 설교는 폭풍과 같은 시험에서 경험하는 '내적인 암흑'(darkness of mind)과 '영혼의 괴로움'(heaviness of the soul)의 차이를 설명한다는 점에서 매우 밀접한 관계가 있다. 이 설교들은 서로 다른 수준의 두 가지 시험을 어떻게 다루어야 할 것인지를 조언한다.

---

75   "On Temptation," B 3:167, J VI:475-84, sec. 3. 8.
76   "On Temptation," B 3:168, J VI:475-84, sec. 3. 10.

먼저 설교 "광야의 상태"(The Wilderness State) [설교 #46 (1754-57), B 2:205-21; J #46, VI:77-91] 의 성경 본문은 요한복음 16:22의 "지금은 너희가 근심하나 내가 다시 너희를 보리니 너희 마음이 기쁠 것이요 너희 기쁨을 빼앗을 자가 없으리라"라는 말씀이다. 웨슬리는 출애굽한 이스라엘 백성이 "하나님께서 그 조상에게 약속하신 땅에 바로 들어가지 않고 '길을 벗어나 광야에서 헤맸다'"는 사실에 주목한다.[77] 그들은 해방되었으나 여전히 광야에 남아 있었다.

그리스도인의 삶도 이와 비슷해. 우리는 하나님의 용서와 화해의 은혜를 얻은 후에도 종종 출애굽한 이스라엘 백성의 상태처럼 된다. 하나님께서는 죄의 속박에서 우리를 건져내셨다. 우리는 하나님의 은혜로 의롭다 하심을 받았음에도 즉시 약속하신 땅으로 들어가지는 않는다. 종 되었던 땅과 젖과 꿀이 흐르는 땅 사이, 아직도 짐승이 부르짖는 광야(신 32:10)에서 배회하면서 여전히 유혹과 좌절을 경험한다.[78] 이것이 하나님의 구원의 은혜를 받고 경험했으나 약속된 평화와 기쁨의 안식을 실현하지 못한 신자가 반복적으로 경험하는 상태다.

이 역설은 애정 어린 긍휼의 마음을 필요로 한다. 그 빛이 우리를 비추었으나 우리는 여전히 어둠 속을 헤맨다. 이 단계는 믿음의 여정에서 일반적이지만, 우리는 이를 충분히 이해하지 못한다. 그래서 우리는 성경 전체에 대한 이해를 갖도록 성경을 깊이 파고 들어 성경의 각 부분을 다른 곳과 비교해가면서 하나님의 구원 계획 전체를 파악할 수 있어야 한다. 이러한 상태는 마치 우리가 한번 병에 걸렸다 나았으나, 그 후에도 여전히 합병증과 후유증에 시달릴 수 있는 것과 같다. 우리는 여전히 연약함과 죄의

---

77   "The Wilderness State," B 2:205, J VI:77, 서문, sec. 1; 출 13:3; 시 107:40.
78   "The Wilderness State," B 2:205, J VI:77, 서문, sec. 2.

수렁에 빠져 있다.[79]

웨슬리는 의학적인 비유를 사용해, 우리는 먼저 무질서의 증상을 인지하고, 다음으로는 그것을 일으킨 복잡인자를 확인해야 하며, 그 특별한 증상을 치료할 바른 치료약을 찾는 것은 그 이후여야 한다고 가르쳤다.

a. 무질서의 성격

문제는 하나님께서 한때 우리의 마음에 믿음을 일으켜주셨음에도 우리가 그것을 온전히 붙들지 못해 일시적으로 믿음을 상실한 데서 비롯된다.[80] 한때 우리는 보지 못하는 것들의 증거(히 11:1)를 가졌었다. 그럼에도 그때 경험했던 그 증거를 지금은 놓치고 있다.

한때 우리는 "이제 내가 육체 가운데 사는 것은 나를 사랑하사 나를 위하여 자기 자신을 버리신 하나님의 아들을 믿는 믿음 안에서 사는 것이라"(갈 2:20)라고 말할 수 있었다. 그런데 그 후로 우리는 성령께서 우리 마음을 비추심을 경험하지 않고 있다. 우리는 신앙이 보여주는 증거는 눈에 보이지 않는 것임을 잊어버린다. 믿음은 "보이지 않는 것에 관한" 것이다(히 11:1).[81] 한때 우리는 빛을 보았으나 지금은 어둠 속을 헤맨다. 성령께서 더는 우리 영과 더불어 우리가 하나님 자녀임을 증거하시지 않는 것 같다. 우리는 한때 마음으로 '아빠 아버지'라고 외쳤으나, 이제는 자녀로서 담대함을 가지고 아버지께 나아가는 자유를 누리지 못하고 있다. 우리는 욥과 함께 "그가 나를 죽이실지라도 나는 그를 의뢰하리니"(욥 13:15, KJV)라고 말하기를 아직 배우지 못했다.

---

79 "The Wilderness State," B 2:206, J VI:79, 서문, sec. 2.
80 "The Wilderness State," B 2:206, J VI:78, sec. 1. 1.
81 같은 곳.

이것이 광야에 있다는 것의 의미다. 우리는 하나님의 집 현관까지는 들어왔을지 모르지만, 아직 집 안에 있지는 않다.[82] 마음의 이 어두움은 하나님께서 만드신 것이 아니다. 이 상태는 그리스도인의 삶에서 매우 일반적이며, 특히 가장 초기 단계에서는 흔한 일이다. 그러나 치료법이 있다.

우리는 광야의 상태를 어떻게 알아차릴 수 있는가? 그 증상은 무엇인가? 여섯 가지의 특별한 증상은 사랑, 믿음, 능력, 기쁨, 열심, 평화의 상실이다.

b. 증상

광야의 상태의 첫 번째 확실한 증거는 사랑의 상실이다. 왜 그런가? 사랑의 행위는 오직 믿음에서 비롯되기 때문이다. 우리에게 믿음이 결핍되면, 믿음에서 솟아나는 사랑 역시 결핍될 수밖에 없다.[83]

믿음과 사랑이 결핍되면 기쁨도 결핍된다. 우리는 모든 영적 감각으로 보이지 않는 것들의 증거를 경험했던 때와 같은 하나님 안에서의 행복을 더는 누리지 못한다. 이제 더는 하나님의 현존하심 속에 있는 그 자체만으로 즐거워하지 못한다. 우리는 한때 하나님의 이름을 찬양하기를 즐거워했던 공적 예배에서 "하나님의 치료약의 향기" 맡는 것을 더는 기뻐하지 않는다. 우리의 갈망은 차갑게 식어버렸다.

광야 상태의 증거는 또 무엇이 있는가? 사람의 영혼을 위한 열심, "그들이 잘되기를 바라는 열망, 그들이 하나님과 화해하기를 바라는 강하고 지속적이며 적극적인 열망"을 잃어버린 것도 그 증거일 수 있다. 우리가

---

82   같은 곳.

83   "The Wilderness State," B 2:206, J VI:79, sec. 1. 2.

새롭게 태어나 사랑을 느끼던 그때, 우리는 모든 사람을 온화하게 대하면서 그들을 격려하고 바로잡아줌으로 그들의 유익을 구했었다. 누군가 넘어지는 것을 보면 일으켜 세워주었다. 우리는 온유함으로 그들을 회복시켰다. 그러나 어느 순간부터 우리는 우리 속에 있던 분노가 다시 예전의 그 힘을 되찾기 시작하는 것을 느끼게 되었다. 강퍅함과 성마름이 배려심을 잃게 만들었다.[84] 기쁨은 점점 사라져갔다. "만약 성령께서 우리 영과 더불어 우리가 하나님의 자녀 된 것을 증거하시지 않는다면, 그 내적 증거에서 흘러나오던 기쁨 역시 끝날 수밖에 없다."[85] 한때 우리는 "하나님의 영광을 소망하는 가운데 … 말할 수 없는 기쁨으로" 기뻐했으나, 이제 소망이 가져다준 그 기쁨이 끊어지고 말았다. 우리를 행복하게 하던 원인이 제거되면, 그것은 기쁨의 상실에도 영향을 미칠 수밖에 없다. 한때 우리의 목마른 영혼을 시원하게 해주었던 생명수가 이제는 막혀버린 것 같다.[86]

믿음, 사랑, 열정, 기쁨을 잃어버린 것과 함께 머지 않아 우리는 "한때 모든 이해를 초월해 누렸던 평화(빌 4:7)를 잃어버렸음"을 느끼기 시작한다. 달콤했던 마음의 평온함과 영혼의 평정이 사라지고 말았다. 고통스런 의심이 되살아나, 내가 한때 믿기는 했을까, 언젠가 다시 믿을 수는 있을까 하는 의구심을 갖는다. 우리는 마음속에서 성령의 참된 증거를 발견할 수 있었는지, 혹 우리가 자신의 영혼을 속여 자연의 소리를 하나님 음성으로 착각한 것은 아닌지 의구심을 갖는다.[87] 또 다시는 하나님의 음성을 듣지 못하거나 그분의 임재하심 속에서 은혜를 누리지 못할 것이라고 침울한 상상을 한다.

---

84 같은 곳.
85 "The Wilderness State," B 2:207, J VI:79, sec. 1. 3.
86 같은 곳.
87 "The Wilderness State," B 2:207, J VI:80, sec. 1. 4.

이런 의심은 우리가 처음 믿음을 갖기 전 가졌던 것 같은 하나님의 진노에 대한 "종으로서의 두려움"을 일으킬지도 모른다. 그렇게 되면 우리는 "과거에 완전히 구원받았던 죽음의 공포에 다시 빠질" 수도 있다.[88] 믿음, 사랑, 기쁨, 평화의 상실은 능력의 상실 및 아무런 도움도 받을 수 없는 절망적 상태로 경험된다. 웨슬리는 다음과 같이 설명한다. "예수 그리스도를 통해 하나님과의 평화를 이룬 사람은 모든 죄를 이길 힘을 가지고 있음을 우리는 안다. 그러나 그런 사람도 하나님과의 평화를 상실하면 죄를 이길 능력 역시 잃고 만다. 그 평화가 함께하는 동안에는 본성적이든, 고질적이든, 체득된 것이든, 직업적인 것이든 모든 빠지기 쉬운 죄는 물론 악한 성품과 욕망을 이길 능력이 머물러 있다."[89] 그때는 죄가 신자를 다스릴 수 없었다. 그러나 이제는 자신의 힘으로 죄를 다스릴 수 없다. "그는 머리에 씌워 있던 왕관을 빼앗기고 말았다. 그의 원수가 다시 그를 이기기 시작했고, 다시 그를 종처럼 굴복시키고 있다. 영광은 그에게서 떠났고 그의 마음속 하나님의 나라도 떠나가고 말았다."[90] 이것이 신자가 한때 누렸던 "성령 안에 있는 의와 평강과 희락을 빼앗긴" 광야의 상태다.[91]

이런 퇴보는 "하나님의 적나라하고 독단적이며 주권적인 뜻"에 의해 이루어지지 않는다. 하나님은 신자가 잘되는 것을 기뻐하시기 때문이다. 하나님은 사람에게 고통 주는 것을 기뻐하시는 분이 아니시다.[92] 하나님은 "성령 안에서 평강과 희락"(롬 14:17) 주시기를 원하신다. 하나님은 우리의 자유를 억압하지 않고도 우리가 값없이 주시는 하나님의 사랑, 믿음,

88 같은 곳.
89 "The Wilderness State," B 2:208, J VI:80, sec. 1. 5.
90 같은 곳.
91 같은 곳.
92 "The Wilderness State," B 2:208, J VI:80, sec. 2.1; 참고. 애 3:33 .

거룩함, 그리고 하나님 자녀의 삶에 합당한 행복을 기꺼이 받아들이기를 원하신다.

c. 하지 말아야 할 것을 하는 죄와 해야 할 것을 하지 않는 죄

하나님께서 우리를 버리신 것이 아니라 우리가 하나님을 저버렸다. 우리는 "하지 말아야 할 것을 하는 죄"(sins of commission)나 "해야 할 것을 하지 않는 죄"(sins of omission)로 하나님을 저버린다. 하나님께서 우리에게 주셨던 은혜를 거두어가시는 것이 아니라, 우리가 그 은혜를 계속 받기를 거절하는 것이다.[93]

사실을 직면하라. "내적 어두움의 가장 통상적인 원인은 다양한 종류의 죄다." 우리의 길을 방해해 우리로 죄와 불행에 뒤얽히게 만드는 것은 하나님의 은혜를 받는 데 실패하는 우리 자신이다.[94]

실패를 뚫고 앞으로 나아가기 위해서는, 하지 말아야 할 것을 의도적으로 하는 죄와 해야 할 선한 일을 하지 않는 데서 비롯된 죄, 이 두 가지 형태의 죄를 구분하는 것이 매우 유익하다. 하지 말아야 할 것을 하는 죄와 해야 할 것을 하지 않는 죄 사이의 구분은 매우 잘 알려져 있다. 하지 말아야 할 것을 하는 죄는, 저지르는 사람이 비교적 분명히 알 수 있다. "하나님의 분명한 얼굴빛 속을 걷던" 사람이 의도적으로 중대한 죄를 짓고 나면, 그는 즉시 은혜를 상실했음을 느낀다.[95]

웨슬리는 의도적이고 뻔뻔한 죄보다 알고 있는 선을 행치 않는 태만의

---

93 "The Wilderness State," B 2:208, J VI:80, sec. 2. 1.
94 "The Wilderness State," B 2:208, J VI:80, sec. 2. 2. 여러 설교집에서는 이곳부터 구분번호에 로마 숫자 I, II, III을 덧붙이면서 동시에 아라비아 숫자 구분 번호도 유지하고 있다. 혼동을 피하려면 로마 숫자를 무시하고 아라비아 숫자 구분번호만 따르는 것이 좋다.
95 "The Wilderness State," B 2:209, J VI:81, sec. 2. 3.

죄 또는 해야 할 일을 하지 않는 죄를 범하는 횟수가 더 많다는 데 동의한다. 우리는 선한 일에서 뒤돌아선다. 그리고 그 결과에 대해서는 눈을 감아버린다.[96] 성령 안에서 새 생명을 맛본 사람들은 해야 할 일을 무시하는 경우는 많으나, 하나님을 대항해 "중대하고 외람된 반역"을 일으키는 경우는 그보다 드물다.[97] 해야 할 일을 하지 않는 죄가 성령을 즉시 소멸시키지는 않는다. 그러나 시간이 지남에 따라 점차 성령을 소멸시킨다. 웨슬리는 하지 말아야 할 것을 의도적으로 저지르는 죄가 활활 타오르는 성령의 불에 "찬물을 끼얹는 것"이라면, 해야 할 것을 하지 않는 죄는 활활 타오르도록 지켜야 할 성령의 불에 "더는 기름을 공급하지 않는 것"으로 비유해 둘 사이를 구분했다.[98]

우리는 해야 할 일을 하지 않는 태만함에 거하면서, 하나님께서 우리로 의도적인 자범죄를 짓는 데까지 나아가지 않게 하시려고 주시는 은밀한 경고를 무시해 버린다. 우리가 죄를 이길 능력을 상실했다고 느끼는 것은 대부분 우리가 오랫동안 의도적으로 태만의 죄를 저질렀을 때다. 이것이 광야 상태의 어두움이다. 그럼에도 하나님은 우리 영혼의 내면에서 쉽게 떠나버리시지는 않는다. 성령께서는 우리를 타락하지 않게 하시기 위해 죄에 대한 많은 "내적인 억제책"을 공급하신다.[99]

d. 퇴보의 초기 징후

기도에 소홀하게 되는 것은 태만죄의 가장 중대하고도 전형적인 징후

---

96 "The Wilderness State," B 2:208, J VI:80, sec. 2. 3.
97 같은 곳.
98 같은 곳.
99 같은 곳.

다. "개인 기도에 소홀해지는 것보다 더 자주 나타나는 태만죄의 징후는 없을 것이다."[100] 기도 없이는 성경 연구와 설교를 듣는 것, 성찬에 참여하는 것 등 다른 어떤 하나님의 규례도 깊은 자양분이 되지 않는다. "우리가 하나님과 교통하고 우리의 마음을 그분 앞에 쏟아놓을 모든 기회를 활용하지 않는 한 우리 영혼 안에 있는 하나님의 생명은 지속될 수도 없고, 성장은 더욱 불가능하다는 것은 확실하다." 만약 우리가 기도와 공적 예배에서 하나님께서 주신 은혜의 방편들을 사용하지 않는다면, 우리는 영혼의 건강한 삶을 지속할 것을 기대할 수 없다. 만약 우리가 기도를 드리더라도 "가볍고 부주의하게" 서둘러 마쳐버리거나, "오래 또는 자주 기도를 멈추면" 건강했던 생명은 성장을 멈추고 결국 죽음에 이를 수도 있다.[101]

또 우리 영혼을 자주 어둠으로 끌고 가는 또 다른 태만죄에는 훈계를 듣고 받아들이기를 게을리하는 죄가 있다. 신구약 성경은 다음과 같이 말씀한다. "'네 이웃을 반드시 견책하라 그러면 네가 그에 대하여 죄를 담당하지 아니하리라.' '마음으로 형제를 미워하지 말라.' 만약 우리가 마음으로 형제를 미워하고, 그가 잘못을 범해도 책망하지 않고 죄를 짓도록 내버려둔다면, 그것은 우리를 그의 죄에 참여한 자로 만들어 얼마 안 가 우리 자신의 영혼에도 메마름을 초래하게 될 것이다. 이웃을 책망하는 일을 소홀히 함으로써 우리는 그의 죄가 우리의 것이 되게 한다. 우리는 하나님 앞에서 그 일에 책임을 지게 될 것이다. 그가 위험에 처해 있음을 보고도 경고하지 않았기 때문이다"(레 19:17; 참고. 수 22:20; 계 18:4).[102] "만약 우리 이웃이 죄 속에서 멸망한다면 하나님께서는 마땅히 '그의 핏값을 우리

---

100 "The Wilderness State," B 2:209, J VI:81, sec. 2. 4.
101 같은 곳.
102 "The Wilderness State," B 2:209, J VI:81, sec. 2. 5.

손에서' 찾으실 것이다"(삼하 4:11). 우리가 "하나님의 얼굴빛을 잃어버리면" 성령님은 근심하신다.[103]

우리로 하나님의 얼굴빛을 잃어버리게 만드는 다른 은밀한 내적 죄는 교만과 분노다. 성경은 "마음이 교만한 자를 여호와께서 미워하신다"(잠 16:5)고 말씀한다.[104] 특히 마음의 교만이 얄팍한 상냥함으로 감추어질 때는 더욱 그렇다. 자기 중심적인 사람은 "마땅히 생각할 것"(롬 12:3)보다 자신을 훨씬 높이 평가해 "자신이 실제보다 더 큰 은혜를 받았고, 더 큰 지혜나 능력이 있다고 생각하기가 얼마나 쉬운가! 자신이 하나님께 받은 것이 마치 받은 것이 아닌 것처럼 그것을 가지고 자신을 영화롭게 하는 것이 얼마나 자연스러운가!"[105] 그러나 하나님은 언제나 교만한 자를 대적하시고 겸손한 자에게 은혜를 주시므로, 이러한 태도는 때가 되면 자신의 마음을 비추어오던 빛을 파괴하고 만다.[106]

비록 "진리에 대한 열정이나 하나님의 영광이라는 이름으로 채색"했을지 모르지만, "실제 이유가 무엇이든 분노에 자리를 양보"하면 은혜로 인해 누렸던 마음의 평정은 내팽개쳐지고 만다.[107] 웨슬리는 분노와 뒤섞인 열정에 관해, 사랑의 동기를 지니지 않은 열정만큼 하나님의 온화하고 부드러운 사랑에 해를 끼치는 적은 없다고 경고한다.

그것이 만연하게 되는 정도만큼 성령 안에서 누리는 사랑과 기쁨은 줄어든다. 우리는 사회에서나 신앙적으로 연결되어 있는 형제에게 분노할 때 특히 그렇다는 것을 안다. 단 한 시간만이라도 분노에 굴복하면, 우리는 성령께서 주시는 유

---

103 같은 곳; 참고. 겔 3:18; 33:8; "The Duty to Reprove Our Neighbor."
104 "The Wilderness State," B 2:210, J VI:82, sec. 2. 6 (III .1 of sec. 2).
105 "The Wilderness State," B 2:210, J VI:82, sec. 2. 6; 참고. 롬 12:3; 고전 4:7.
106 "The Wilderness State," B 2:210, J VI:82, sec. 2. 6 (III .1 of sec. 2); 참고. 벧전 5:5 .
107 "The Wilderness State," B 2:210, J VI:82, sec. 2. 7.

익한 은혜들을 상실한 결과, 잘못을 고치기보다 우리 자신을 파괴하고 우리를 공격하는 적의 손쉬운 먹잇감이 되고 만다.[108]

심지어 분노가 잦아들고 사랑이 깨어날 때조차도 우리는 여전히 유혹을 받아 어리석은 욕구와 절제되지 않는 애정에 빠져들 수 있다. 우리가 우리 자신의 애착의 대상을 주의 깊게 점검해보면, 그것이 얼마나 자주 우상숭배에 뿌리를 두고 있는지 알게 된다. 우상숭배는 피조물을 숭배할 때 발생한다. 그렇다면 구체적으로 어떤 때인가?

해 아래 있는 어떤 사람이나 어떤 것 즉 세상의 것을 사랑할 때다. 만약 우리가 하나님이나 하나님께로 향하게 하는 것이 아닌 다른 무엇인가를 욕망하고, 하나님이 아닌 피조물에서 행복을 구하면, 질투하시는 하나님은 다른 신을 용납하실 수 없기에 반드시 우리와 다투실 것이다. 만약 우리가 그분의 경고하시는 음성을 들으려 하지 않고 온 마음으로 돌이키려 하지 않는다면, 우리는 그 우상숭배로 하나님을 계속 근심하시게 할 것이다. 또 다른 신을 좇으며 우리는 곧 차갑고 황폐하고 메마르게 될 것이다. 이 세상 신은 우리의 마음을 눈멀고 어둡게 할 것이다.[109]

만약 우리가 "하나님께서 이미 주신 은혜를 우리 속에 불러일으키지 않는다면" 그 은혜를 잃게 될 것이다(딤후 1:6). 또 바른 문으로 들어가지 않는다면 길을 잃게 될 것이다(눅 13:24). 웨슬리는 "싸우지 않는다면 지는 것이 당연하다"[110]는 경구를 사용한다. 우리가 쉬운 것을 추구하고 나

---

108 같은 곳.
109 "The Wilderness State," B 2:211, J VI:82-83, sec. 2. 8.
110 "The Wilderness State," B 2:211, J VI:83, sec. 2. 9; 이후 에드먼드 버크(Edmund Burke)가 유사한 말을 한 것으로 알려져 있다(그것이 사실인지에 대해 논란이 있음); 참고. "Thoughts on the Causes of Present Discontents"(1770).

태하면 우리의 자연적 어두움은 곧 되돌아와 우리 영혼을 뒤덮을 것이다.

우리는 결국 태만죄로 나아가게 되는 부주의함에 대해 책임이 있다. 한 탁월한 문구에서 웨슬리는 우리의 불만족의 원인이 우리의 자각적 인식과 전혀 일치하지 않을 수 있음을 보여준다. 단지 자각하지 못했을 뿐

> 우리는 며칠이나 몇 주, 또는 몇 달 전부터 부주의한 상태로 지내왔을 수 있다. 그렇기에 하나님께서 우리가 행해온 일을 오랫동안 지켜보신 후 어느 순간 그분의 빛과 평화를 거두어가시는 것은, 사람들이 생각하듯 하나님의 엄격하심을 보여주는 것이 아니라, 정반대로 그분이 오랫동안 참으시면서 사랑으로 은혜를 베푸셨음을 보여주는 증거다. 하나님은 우리가 잘못을 깨닫고 인정하며 고치도록 그 오랜 시간을 기다리신 것이다. 그럼에도 우리가 그렇게 하지 않자 마침내 우리로 회개하게 하시고자 분노를 드러내신 것이다.[111]

e. 부주의함은 하나님이 부과하신 피할 수 없는 것인가?

성경에 대한 무지를 보여주는 한 일반적인 양상은, 하나님께서 영원한 필연에 의해 우리의 불만스러운 마음의 어둠을 직접 부과하셨다고 생각하는 것이다. 성경이 말씀하는 하나님의 은혜로운 본성을 제대로 이해하지 못하는 사람들은 "어떤 예외도 없이 모든 신자는 때때로 어둠 속에 있을 수밖에 없다"고 생각한다.[112] 이런 오해는 어둠을 절대로 불가피한 것, 사실상 하나님의 결정으로 둔갑시킨다. 이는 우리로 어둠을 예기하도록 시험한다. 그러나 어둠을 예기한다는 것은 이미 어둠에 지고 있는 것이다.

웨슬리는 가톨릭과 개신교를 불문하고 신자의 침체를 당연히 예상하라고 가르치는 신학자들과 맞서 싸웠다. 그런 생각은 은혜조차도 하나님

---

111 "The Wilderness State," B 2:211, J VI:83, sec. 2.10.
112 같은 곳. 구분번호 2.10 이후로는 이상하게도 B. II. 1부터 시작하는, 로마 숫자를 포함한 구분번호가 따로 시작된다. 로마 숫자 구분번호에 대해서는 각주 94번을 참고하라.

의 약속을 충분히 성취하지는 못한다는 상상에 기초해 있다. 어떤 사람은 광야에서는 "벌거벗은 믿음"(naked faith)으로 견뎌내야 한다고 말한다. 그들이 말하는 것은 "성령 안에서의 사랑, 평화와 기쁨"을 박탈당한 상태의 믿음이다.[113] 따라서 그들은 마치 영적으로 메마른 상태가 그리스도인의 삶에 자연스러운 것인 양 여기며 그런 상태로 살아간다. 빛과 기쁨 가운데 사는 삶도 좋지만, 어둠과 침울함 속에서 사는 것이 더 좋다는 것이다.

신앙이 우리를 모든 유혹에서 영구적으로 면제시킨다고 상상할 때도 그와 유사한 문제가 발생한다. 하나님의 용서를 경험한 사람이 처음에는 유혹에서 온전히 면제된 것 같은 경험을 하는 것이 사실일 수 있다. 그러나 그들에게도 또다시 유혹은 찾아온다. "이 때문에 우리가 다시는 유혹과의 전쟁 없이 살 것이라고 추측하는 것은 매우 자연스러운 일이다. 드문 경우 이런 평온한 상태가 몇 주간이나 몇 달 혹은 몇 년이나 지속되기도 한다. 그러나 일반적으로는 그렇지 않다. 얼마 지나지 않아 또다시 '비가 내리고 창수가 나고 바람이 분다'(마 7:25-27)."[114] 하나님께서 "우리의 고삐를 느슨하게" 하시면 처음엔 안정감을 느끼지만, 곧 유혹이 돌아오면 우리는 내적인 죄가 완전히 사라지지 않았다는 사실을 알고 분노와 괴로움을 느끼게 된다. 만약 악한 때가 다시는 돌아오지 않을 것이라고 생각한다면, 우리는 신자에게 쏟아질 불화살을 막아낼 준비를 갖추지 못한다. 영혼은 어느 시점부터 또다시 자신의 "혈과 육뿐 아니라 통치자들과 권세들과 이 어둠의 세상 주관자들과 하늘에 있는 악의 영들을 상대해" 싸워야 한다(엡 6:12).

이 모든 것이 우리 내부로부터의 유혹이다. 유혹은 우리에게 강제되지

113 "The Wilderness State," B 2:212, J VI:84, sec. 2. 2 (B. II. 2).
114 "The Wilderness State," B 2:212, J VI:84, sec. 2. 1 (C. III. 1).

않고, 우리가 가진 타락한 자유의 취약성에서 솟아나온다.[115] 우리는 유혹이 영원히 떠나가 다시는 돌아오지 않을 만한 상태를 갈망한다. "우리의 첫사랑이 뜨거울 동안 우리는 얼마나 자연스럽게 이런 상태를 상상하는가! 우리는 하나님께서 '우리 안에서 능력으로 신앙의 일을 단번에 이루실 것'이라고 얼마나 쉽게 믿는가!"[116] 신자가 다시는 유혹을 받지 않을 것이라고 믿고 싶은 유혹을 받으면, 그것이 결국 침울한 상태("영혼의 무거움")나 "광야의 상태"에서 계속 방황하는 결과를 낳게 될 것이다.[117]

f. 엄격한 자기 점검

만약 이런 것들이 사람이 하나님과 화해하는 은혜를 받은 후에 경험하는 이 "두 번째 어둠"의 여러 원인이라면, 이 모든 것을 치료할 하나의 치료약은 있는가? 잘못된 신학은 한 종류의 약만 처방한다. 침울함과 활기 없는 상태의 서로 다른 원인을 한 종류의 약만으로 모두 치료할 수 있다고 믿는 것은 치명적인 실수를 저지르는 것이다. 목회자들은 웨슬리가 값싼 치료제로 여긴 것을 지나치게 자주 처방하곤 한다. 그것은 "불쌍하고 도울 자 없는 죄인에게 향하신 하나님의 사랑과 그리스도의 보혈의 효력에 관해 많은 듣기 좋고 부드러운 말만 하는 것이다. 그러나 그런 처방은 분명 돌팔이의사나 내리는 것으로 최악의 처방이다."[118]

웨슬리가 이토록 염려하는 것이 무엇인가? 유감스러운 사실은, 웨슬리 시대와 우리 시대 목회자들의 기본적이고 상투적인 처방의 "유일한 목

---

115 "The Wilderness State," B 2:213, J VI:84, sec. 2. 1 (III. 1).
116 "The Wilderness State," B 2:213, J VI:84, sec. 2. 2 (III. 1).
117 "The Wilderness State," B 2:213, J VI:85, sec. 2. 2 (B. III. 1).
118 "The Wilderness State," B 2:214, J VI:84, sec. 3. 1.

표"는 온화한 훈계로 바로잡아주는 것이 아니라 "오직 위로를 주는" 데 있었다는 것이다.[119] 웨슬리는 이렇게 너무도 손쉬운 방법으로 조언하는 사람들을 강하게 질타했다. 그런 사람들은 대개 현대의 쾌락주의적 관심에 집착하면서 사람들을 돌보려 하기 때문이다. "이들처럼 '제대로 섞지 않은 반죽을 사용하는 미장이들', 헛된 약속을 남발하는 사람에게는 그들이 들어 마땅한 적합한 말을 해주기가 쉽지 않다. … 그들은 하나님의 약속을 받기에 적합한 대상인지 아무런 구별도 하지 않고 약속을 적용해 매우 천한 방법으로 하나님의 약속을 더럽힌다. 육체의 질병을 고치는 약처럼 영혼의 질병을 고치는 약도 질병을 일으킨 원인만큼 다양할 수밖에 없다. 따라서 가장 먼저 해야 할 일은 질병의 원인을 찾는 것이다. 질병의 원인을 알게 되면 그것이 자연히 치료법이 무엇인지도 알려줄 것이다."[120]

우리는 영혼의 어둠이 의도적으로 범한 죄 때문에 생긴 것이 아닌지 바르게 점검할 필요가 있다. 만약 죄 때문이라면 외적인 죄 때문인가, 내적인 죄 때문인가? 또 그중 어떤 경우든 그것은 하지 말아야 할 것을 했기 때문인가, 해야 할 것을 하지 않았기 때문인가? 원인을 바르게 발견하려면 성령의 지도 아래 온화한 권고를 주거나 받기 위해 경청과 용기를 필요로 한다. 광야의 상태에서 방황할 때 자신의 양심을 면밀히 살펴 자신에게 어떤 종류의 시험이 작동하고 있는지 발견하는 것은 모든 신자의 마땅한 의무다.[121]

당신은 이 광야의 상태를 벗어나 다시 즐거운 믿음의 길로 행하고 싶은가? 그렇다면 더 면밀한 자기 점검으로 시작하라. "세밀하게 관찰해 당

---

119 "The Wilderness State," B 2:214, J VI:85, sec. 3. 1.
120 같은 곳.
121 "The Wilderness State," B 2:214, J VI:84, sec. 3. 2.

신의 영혼에 먹구름을 드리운 원인이 하지 말아야 할 것을 한 죄가 아니라면, 그다음으로는 당신과 하나님 사이를 갈라놓은 원인으로 해야 할 것을 하지 않은 죄는 없는지 살펴 보라."[122] 당신은 낭떠러지 근처에서 걷고 있으면서도 그 사실을 알지 못하는 당신의 형제에게 권고하기를 소홀히 하고 있지 않은가?

깊은 곳을 살펴 숨은 원인을 찾아내라. "만약 당신이 잘 알고 있는 의무 중 어떤 것이라도 습관적으로 소홀히 해왔다면, 어떻게 하나님께서 그 얼굴빛으로 당신을 계속 비추실 것을 기대할 수 있겠는가?"[123] 당신이 필요로 하는 것을 열심으로 간구하면 하나님께서는 은혜로 그것을 주실 것이다. "위반죄든 태만죄든 죄를 제거하지 않은 상태에서 누려온 모든 평안은 가짜며 기만적인 것이다. 그것은 속이 곪아 터진 상처를 겉만 보기 좋게 가린 것에 불과하다. 하나님과 화평함이 없이는 어떤 평안도 기대하지 말라. 그것은 '회개에 합당한 열매' 없이는 이루어질 수 없다."[124]

진지하게 자신의 양심을 점검한 후에도 "성령 안에서의 평강과 기쁨을 손상시킬 만한 어떤 태만죄"도 발견하지 못했다면, "당신의 마음에서 솟아나와 당신을 괴롭히는 쓴뿌리와 같은 어떤 내적인 죄가 없는지" 더 깊은 곳을 들여다 보라. 당신의 마음이 메마르고 영혼이 황량하게 된 것은 당신이 "살아계신 하나님에게서 떠난"(히 3:12) 데서 비롯된 것은 아닌가?[125] 광야의 상태에서 벗어날 방법을 찾으려면, 당신은 당신의 상상과 기억과 의지를 더 깊이 파고들어야 한다. 당신은 지금 위반죄나 태만죄를 찾고 있는 것이다.

---

122 "The Wilderness State," B 2:215, J VI:86, sec. 3. 3.
123 같은 곳.
124 같은 곳.
125 "Heaviness through Manifold Temptations," B 2:23, J VI:101, sec. 3. 4.

질문은 엄격해야 한다. "당신은 '당신이 받은 것임에도 받은 것이 아닌 것처럼' 자랑한 적이 있지 않은가?"[126] 만약 교만 때문에 넘어졌다면 "하나님의 능하신 손 아래에서 겸손하라. 때가 되면 당신을 높이실 것이다"(벧전 5:6).[127] 당신은 질투나 분노를 품은 적이 있는가? "그렇다면 당신이 새롭게 힘을 얻고, 당신의 모든 날카롭고 차가운 마음이 사라지도록, 그리고 사랑과 평강과 기쁨을 되찾을 수 있게 해주시도록 주님을 바라보라."[128] 당신은 혹 "어리석은 욕망"에 굴복하지 않았는가? "어떤 종류, 어떤 정도든 과도한 애착에 굴복하지 않았는가? 그렇다면 당신이 그런 우상들을 제거하지 않는데 어떻게 하나님의 사랑이 당신의 마음에 자리할 수 있겠는가?" 하나님께서는 "나누어진 마음에는 거하지 않으실 것이다. 주님께서 당신을 도우시니, 좁은 문으로 들어가라. 하나님의 나라를 침노하라! 주님의 성소에서 모든 우상을 내던져버리라. 그러면 주님의 영광이 곧 나타날 것이다."[129]

영적 나태함이 당신의 영혼을 어둠 속에 가두어둔 것일 수도 있다.[130] 당신의 영혼이 죽어가고 있는데도 너무나 안일하게 항상 똑같은 외적 의무만 반복하고 있을 수 있다. "주님 앞에서 깨어나라! 일어나 쌓인 먼지를 털어내라. 강력한 은혜가 임하도록 하나님과 씨름하라. 기도로 하나님 앞에 당신의 영혼을 쏟아놓으라. 모든 인내로 그것을 지속하라! 경계하라. 잠에서 깨어나라. 그리고 계속 깨어 있으라! 그렇지 않으면 하나님의 빛과

126 "The Wilderness State," B 2:216, J VI:87, sec. 3. 4; 참고. 고전 4:7.
127 참고. 벧전 5:6.
128 "The Wilderness State," B 2:216, J VI:87, sec. 3. 4.
129 같은 곳.
130 "The Wilderness State," B 2:217, J VI:87, sec. 3.

생명에서 점점 멀어지는 것 외에는 기대할 것이 없다.”[131]

스스로 자문하라. 지금까지 당신의 성품과 말과 행동은 하나님 앞에서 올바른 것이었는가? “당신의 처소에서 주님과 교통하고 잠잠하라”(참고. 시 4:4).[132] 당신이 하나님의 영광을 욕되게 한 일이 있다면 그 모든 것이 기억나도록 당신의 마음을 점검해주시기를 간구하라. “만약 우리 영혼에 회개하지 않은 죄에 대한 죄책감이 남아 있다면, 회개함으로 마음을 새롭게 해 ‘죄와 더러움을 씻는 샘’(슥 13:1)이신 주님을 믿음으로 씻음받으라. 그렇지 않으면 당신은 어둠에 머물러 있을 수밖에 없다.”[133]

g. 성경에서 기쁨에 관한 약속을 발견하라

만약 당신의 불만족의 원인이 인식할 수 있는 죄가 아니라 무엇인가 알지 못하는 것이 있어서라면 그것을 치료할 방법이 있다. 먼저 성경을 연구하라. “잘못 이해한 본문의 참된 의미”를 바르게 이해하기 위해 구절과 구절을 비교하면서 그 의미를 점검해 보라.”[134] 당신의 양심을 점검함과 동시에, 당신의 양심이 성경에 의해 점검받도록 하라.

웨슬리는 이러한 권고와 함께 자신의 설교 본문의 핵심 구절로 돌아간다. “지금은 너희가 근심하나 내가 다시 너희를 보리니 너희 마음이 기쁠 것이요 너희 기쁨을 빼앗을 자가 없으리라”(요 16:22). 이 말씀은 하나님께서 신자들이 무엇에 연루되어 있는지와 관계없이 모든 신자에게서 떠나기를 원하신다는 것을 의미하지 않는다. 지금의 문맥은 주님께서 “다른

---

131 “The Wilderness State,” B 2:217, J VI:87-88, sec. 3. 5.
132 “The Wilderness State,” B 2:217, J VI:88, sec. 3. 6.
133 같은 곳; 요 16:22 .
134 “The Wilderness State,” B 2:217, J VI:88, sec. 3. 7.

이들이 아닌 오직 사도들에게만 말씀하고 계시며, 그 내용은 자신의 죽음과 부활이라는 특별한 사건에 관한 것"임을 보여준다. 즉, 주님께서 무덤에 계신 동안에는 그들이 주님을 뵙지 못하지만, 부활하신 후에는 뵐 것이다. 따라서 "그들의 슬픔은 기쁨으로 변할 것이며" 그들에게서 그 기쁨을 누구도 빼앗지 못할 것이라고 하신 것이다.[135]

성경은 어떤 신비주의자들이 가르친 대로 어둠이 "빛보다 영혼에게 훨씬 유익하다"거나 "신자는 기쁨보다 슬픔으로 더 빠르고 철저하게 순결해진다"고 말씀하지 않는다. "성경 어디서도 하나님의 부재가 우리 마음속에서 그의 사역을 가장 온전히 성취한다고 말하지 않는다!"[136] 오히려 하나님의 임재와 말씀에 대한 강력한 인식 속에서 "한 시간 동안 이루는 일이, 하나님의 부재 속에서 일평생 이루는 일보다 더 많을 것이다." 성령 안에서의 기쁨을 누리는 것은 기쁨의 부재보다 훨씬 더 효과적으로 영혼을 정결하게 할 것이다. 하나님께서 주시는 평강은 세속적 사랑의 불순물에서 영혼을 정제하는 최고의 수단이다.[137] 성령 안에서 누리는 기쁨은 "의를 이루는 데 걸림돌이 된다거나, 우리는 믿음이 아니라 불신으로, 희망이 아니라 절망으로 구원받는다"고 주장하는 케케묵은 생각을 집어던져버리라.[138] 그 생각을 지니고 있는 이상 당신은 계속 어둠 속에서 걷게 될 것이다. 당신을 어둠으로 이끌던 장애물을 제거하면 빛이 다시 나타날 것이다.

유혹이 끝난다거나 어둠이 돌아오지 않는다는 주장은 사실이 아니다. "화살이 몸에 꽂혀 있는 동안에는 상처가 아물 수 없고, 화살을 뽑더라도

---

135 "The Wilderness State," B 2:218-19, J VI:89, sec. 3. 10
136 "The Wilderness State," B 2:219, J VI:90, sec. 3. 12.
137 같은 곳.
138 "The Wilderness State," B 2:219, J VI:90, sec. 3. 1.

당장 치료되지는 않는다."[139] 충분히 훈련받은 신자는 언제나 유혹에 직면할 준비가 되어 있고, 타락한 세상에 거하는 인간의 자유가 얼마나 연약한지를 언제나 인식한다. 유혹은 인간의 자유의지를 시험할 것이다. 그러나 우리를 방황하게 만드는 어둠은 그것을 초래한 장애물 자체를 제거하면 극복할 수 있다.

처음 신앙을 가질 때 우리는 앞으로 성장해나가기 위해 많은 시간을 필요로 하는 갓난아기와도 같다. 우리는 그리스도의 장성한 분량에 이르기까지 많은 폭풍을 만날 것이다. 성화의 사역은 단번에 이루어지지 않는다. 폭풍이 다가오면 기도하기를 배울 수 있도록 하나님의 은혜를 바라라. "하나님의 신실하심을 깊이 생각하라. '주의 말씀은 심히 순수하시다'"(시 119:140; 참고. 12:6).[140] 그러면 하나님께서는 자신의 말씀을 입증하셔서 "일어나라 빛을 발하라 이는 네 빛이 이르렀고 여호와의 영광이 네 위에 임하였음이니라"(사 60:1)라고 말씀하시고, 우리 영혼을 근심에서 건져내실 것이다.[141]

2. 여러 가지 시험을 통한 괴로움

설교 "광야의 상태"에서 설명한 마음의 어두움은, 설교 47번 "여러 가지 시험을 통한 괴로움"(Heaviness through Manifold Temptations) [B 2:222-35; J VI:91-103 (1760년)] 에서 설명하는 마음의 무거움과 많은 유사성이 있다. 그럼에도 둘 사이에는 큰 차이가 있다. 후자의 설교는 무

---

139 "The Wilderness State," B 2:220, J VI:90, sec. 3. 13.
140 "The Wilderness State," B 2:220, J VI:91, sec. 3. 14.
141 같은 곳.

거운 시험을 당하는 상황에서 광야의 상태를 뛰어넘도록 신자를 격려하기 위한 것이다. 성경 본문은 베드로전서 1:6의 "너희가 이제 여러 가지 시험으로 말미암아 잠깐 근심하게 되지 않을 수 없으나"라는 말씀이다.

웨슬리는 이 성경 구절이 다루는 주제에 관해 다섯 가지의 질문을 던진다. 괴로움 속에 있는 사람은 누구인가? 어떤 괴로움인가? 무엇이 그 원인인가? 하나님은 왜 그것을 허락하시는가? 그 의미는 무엇인가?

a. '괴로움'의 의미

사도가 권고하는 괴로움 속에 있는 사람은 "구원을 얻기 위하여 믿음으로 말미암아 하나님의 능력으로 보호하심을 받는"(벧전 1:5) 신실한 제자들이었다. 이 시련의 결과는 "불로 연단하여도 없어질 금보다 더 귀한 것"(벧전 1:7)이다. 그들은 믿음의 시련을 통해 "믿음의 결국 곧 영혼의 구원을 받을"(벧전 1:9) 가능성을 얻게 된 것이다. 그들은 "괴로움 속에서 살아있는 믿음을 갖게 되었다." 괴로움이 그들의 믿음을 파괴하지 않은 것이다. 그들은 "보이지 아니하는 자를 보는 것같이 하여 참았다"(히 11:27).[142]

그들이 고난에서 발견한 것은 "모든 지각에 뛰어난 하나님의 평강"(빌 4:7)으로,[143] 이 평강은 "참되고 살아있는 믿음과 분리할 수 없는" 것이다. 그들은 이미 죄를 용서하고 의롭게 하시는 은혜를 누리고 있었다. 바울은 이 은혜가 갑절이 되어 그들에게 "더욱 풍성하게"(고후 10:15) 부어지고, 그들을 통해 다른 사람에게도 부어지기를 기도했다. 그들은 고난 속에서 분투하는 중에도 "산 소망"으로 가득해 있었으며(벧전 1:3),[144] "썩지 않고

---

142 "Heaviness through Manifold Temptations," B 2:223, J VI:92, sec. 1. 1.
143 "Heaviness through Manifold Temptations," B 2:223, J VI:92, sec. 1. 2.
144 "Heaviness through Manifold Temptations," B 2:223, J VI:93, sec. 1. 3.

더럽지 않고 쇠하지 않는" 유업을 바라고 있었다(벧전 1:4).[145]

그들은 극도로 고통스러운 세상적 괴로움을 당하고 있음에도 여전히 "하나님의 영광을 바라고 즐거워하면서"(롬 5:2) 성령 안에서의 기쁨으로 가득해 하나님의 심판과 은혜가 최종적으로 계시될 것을 확신하며 기대했다. "따라서 그들이 받는 괴로움은 그들이 가진 산 소망은 물론 말할 수 없는 기쁨과도 모순되지 않았다. 그들은 고통을 당하면서도 동시에 '말할 수 없는 영광스러운 즐거움으로 기뻐했다'(벧전 1:8)."[146] 하나님의 사랑이 그들의 마음에 부은 바 되었다. 그들은 하나님을 직접 보지 못했으나 믿음으로 그분을 알기에 그분을 사랑했다. 하나님께서는 그들을 죄의 권세로부터 보호하셨다. 그들은 모든 말과 행실에서 언제나 거룩했다.[147]

그들이 겪은 괴로움은 그들의 신앙과 "소망, 하나님과 이웃을 향한 사랑, 하나님과의 평화, 성령 안에서의 기쁨, 내적이고 외적인 거룩함과 모순되지 않았음"을 명심하라. "그들의 괴로움은 마음속 하나님의 역사를 파괴는커녕 손상시키지도 않았다. 그것은 모든 참된 순종의 근원인 '성령의 성화의 사역'을 조금도 방해하지 못했다. 하나님의 은혜와 평강이 그들의 마음을 다스린 결과로서 그들의 누린 행복 역시 방해하지 못했다."[148]

b. 슬픔

그들은 어떤 종류의 괴로움을 겪었는가? 베드로의 편지를 받은 사람들은 근심에 빠져 슬퍼하고 있었다. 슬픔은 어린아이도 아는 감정이다.[149] 그

---

145 같은 곳.

146 "Heaviness through Manifold Temptations," B 2:224, J VI:93, sec. 1. 4.

147 "Heaviness through Manifold Temptations," B 2:225, J VI:93, sec. 1. 5.

148 "Heaviness through Manifold Temptations," B 2:224, J VI:93, sec. 1. 6.

149 "Heaviness through Manifold Temptations," B 2:224, J VI:94, sec. 2. 1.

들의 괴로움의 정도는 대단했고, 그것이 오래 지속될수록 강도는 점점 커져갔다. 슬픔은 그들의 영혼 깊은 곳을 가득 채웠다. 그것은 "한 시간에 지나가는 일시적 슬픔이 아니라 마음을 단단히 붙잡고 난 후에는 즉시 떨쳐낼 수 없도록 오래 지속되는 슬픔이며, 한순간의 격정이 아니라 확고히 자리 잡은 성품과도 같아서, 심지어 그리스도를 믿는 살아있는 신앙을 갖고 마음으로 하나님을 참되게 사랑하는 사람에게도 존재하는 슬픔이다."[150]

불 같은 시험 아래에서 겪는 영혼의 지속적인 괴로움은 영혼과 그 사랑하는 모든 것에 영향을 끼칠 만큼 깊을 수 있다. 그런 깊은 슬픔이 육체에 영향을 준다는 것은 놀라운 일이 아니다. 그렇게 되고 나면 그다음으로는 "부패하기 쉬운 육체가 그 영혼을 내리누른다."[151] 사람은 육체와 영혼이 서로 연결되어 있기에 슬픔을 경험하는 동안 극심한 진통을 겪는다.

이것은 앞에서 설명한, 방황하는 사람이 겪는 "마음의 어두움"이 아니라, 앞으로 설명할 불 같은 시험 아래에서 참된 신자가 겪는 "마음의 괴로움"이다. "그것을 '불 시험'(벧전 4:12)으로 표현하는 것은 당연하다."[152] 이것은 나뉘어진 마음을 가진 사람이 경험하는 광야에서의 끝없는 방황이 아니라, 끔찍한 상황에서도 성도가 온 마음을 다해 지켜낸 신앙의 결과다.

c. 무엇이 신자에게 슬픔을 유발하는가?

참된 신자가 겪는 이런 슬픔의 원인은 본문에 분명히 나온다. "그러므로 너희가 이제 여러 가지 시험으로 말미암아 잠깐 근심하게 되지 않을 수 없으나"(벧전 1:6). 믿음이 강한 사람도 약한 사람과 똑같이 시험을 받는

---

150 "Heaviness through Manifold Temptations," B 2:225, J VI:94, sec. 2. 2.
151 "Heaviness through Manifold Temptations," B 2:224, J VI:94, sec. 2. 2; 참고. Wisd. Sol. 9:15.
152 "Heaviness through Manifold Temptations," B 2:225, J VI:94, sec. 2. 4.

다는 사실에 주목하라. 확실히 그들이 받는 시험은 여러 가지다. "시험의
횟수만이 아니라 종류 역시 많다."[153] 시험의 "종류가 동일하지 않고 그 수
도 많다는 사실 자체가 시험에 맞서는 것을 더 어렵게 만든다." 심지어 가
장 신실한 신자에게 찾아오는 시험조차 형태가 셀 수 없이 많아 예측 불가
능하다. "그중에서도 우리는 몸 전체나 일부에 영향을 끼치는 육체의 모
든 무질서와 특별한 급성 질환들, 그리고 모든 종류의 극심한 통증을 우선
적으로 꼽을 수 있다."[154]

"신앙은 자연의 순리를 부인하지 않는다. 자연적 원인은 당연히 자연
적 결과를 낳는다. 열이 날 때 맥박이 빨라지는 것처럼, 신앙도 발작적 질
환 속에서 영적으로 가라앉는 것을 막지 못한다."[155]

어떤 신자는 매우 강한 체질을 가지고 있어, 마치 자연적 상태를 초월
해 심지어 가장 심한 고통 속에서도 "고통과는 전혀 무관한 듯 보이기도
한다."[156] 그러나 그들은 고통을 느끼면서도 "참고 있는 것일 뿐이다."[157] 선
천적으로 체질이 약한 사람은 영혼을 내리누르는 육체의 고통을 더 깊이
느낄 수 있다. 지속적인 고통 속에서 영혼은 몸에 감응한다. "고통이 덜하
더라도 오래 지속되는 모든 질병은 동일한 결과를 가져오기 쉽다."[158] 결핵
이나 말라리아 같이 전염성 있는 소모성 질병은 제대로 치료받지 않으면
몸을 야위게 할 뿐 아니라 "마음에도 비탄함을 일으킨다."[159] 신경성 질환
이라 부르는 것들도 그러하다.

———

153 "Heaviness through Manifold Temptations," B 2:226, J VI:95, sec. 3. 1.
154 같은 곳.
155 "Heaviness through Manifold Temptations," B 2:226, J VI:96, sec. 3. 2.
156 "Heaviness through Manifold Temptations," B 2:226, J VI:95, sec. 3. 1 .
157 참고. 눅 21:19 .
158 "Heaviness through Manifold Temptations," B 2:226, J VI:95, sec. 3. 1 .
159 "Heaviness through Manifold Temptations," B 2:226, J VI:95, sec. 3 .2 .

"너희의 두려움이 광풍같이 임하고 너희의 재앙이 폭풍 같이 이르며 너희에게 근심과 슬픔이 임할 때"(잠 1:27), 또는 빈궁이 마치 "무장한 군사처럼"(잠 24:34) 찾아올 때는 쉽게 견뎌낼 수 있는 작은 시험이란 없다. "멀리서 지켜보는 사람이나, 반대편에 서서 한번 보고 지나쳐버리는 사람에게는 작은 일로 보일 수 있지만, 그것을 경험하는 사람에게는 전혀 다를 수 있다."[160] 먹을 음식과 살 집이 없어 "누울 곳은 땅밖에 없고 덮을 것은 하늘밖에 없으며, 자신과 어린 자녀를 위해 습하지 않고 따뜻하며 청결한 거처가 없는" 그들은 어떻게 해야 할까?[161]

유베날리스(Juvenal, c. 60-140, 고대 로마의 풍자시인–역주)는 빈곤의 가장 나쁜 점은 사람을 조롱받게 만드는 것이라고 기록했다.[162] 그러나 유베날리스는 진짜 빈곤과는 거리가 멀었기에 그 고통마저 과소평가했다. "그러나 이 기독교 국가에 고생하고 일하며 땀을 흘려도 그 대가를 얻지 못한 채 피곤과 굶주림으로 고통당하는 사람이 얼마나 많은가. 하루의 고된 노동을 마치고 초라하고 춥고 더러우며 불편한 거처로 돌아온 뒤에도 고갈된 힘을 보충할 필요한 음식조차 없다는 것은 그것을 경험하는 사람에게 얼마나 최악의 상황인가?"[163] 잘사는 사람들은 그들이 당하는 고통이 어떤지를 알려고도 하지 않는다. "아! 빵을 위한 갈급함! 빵을 위한 갈급함이여! 자신이 직접 느껴보지 않고는 이 말의 의미를 누가 말할 수 있겠는가?"[164] 이런 빈곤은 결국 마음의 괴로움을 가져온다.

160 "Heaviness through Manifold Temptations," B 2:227, J VI:96, sec. 3 .3; 참고. 눅 10:31-32.
161 "Heaviness through Manifold Temptations," B 2:227, J VI:96, sec. 3. 3.
162 Satires, 3. 152-53; Loeb Classical Library 91:42.
163 "Heaviness through Manifold Temptations," B 2:227, J VI:96, sec. 3. 3.
164 같은 곳.

d. 원수는 어떻게 고난을 사용하는가?

웨슬리는 신자에게 당연히 마음의 괴로움을 일으킬 만한 상황을 일련의 극적 장면을 사용해 묘사한다. 사랑하는 사람이나 "우리 마음을 사로잡는 갓 태어난 사랑스런 아이"의 죽음을 생각해 보라. "내 영혼과도 같은 친구"의 죽음을 생각해 보라.[165] "모든 논쟁과 설득에도" 아이가 자신의 파멸을 서두르면서 "말이 전장으로 뛰어들 듯 죄를 향해 달려드는 것"을 볼 때 부모가 느낄 수밖에 없는 근심을 생각해 보라.[166] 이러한 것들은 영혼의 고통을 초래한다. "과거에는 생명의 길로 잘 달려갔으나" 지금은 멸망으로 향하는 확실한 길을 달리는 이를 생각해 보라. 자신이 과거에 어떠했는지 기억하지 못하면 그의 고통은 더 심해진다. 이것이 제자들이 베드로전서 5장이 기록될 때 겪었던 종류의 슬픔이다.[167] 가장 신실한 자들도 그런 상황을 직면할 수 있었다.

모든 경우 원수는 유혹할 것이다. "두루 다니며 삼킬 자를 찾는"(벧전 5:8) 그는 신자가 약해져 있는 이러한 상황을 악용해 "이미 낙심해 있는 영혼을 누르고 유리한 입장에 서기 위해" 자신의 모든 기술을 동원할 것이다. 그는 마음으로 들어갈 수 있는 통로를 발견하고 시험에 취약한 공격 지점을 찾아 자신의 불화살을 아끼지 않고 마음속 가장 깊은 곳을 집중적으로 공략할 것이다. 그는 불신앙적이고 신성모독적이며 불만스러운 생각을 주입하기 위해 노력할 것이다. 그는 하나님은 세상에 관심을 갖거나 다스리지도 않으며, 혹 다스리더라도 공의와 자비의 규칙에 따라 바르게 다

---

165 "Heaviness through Manifold Temptations," B 2:227-28, J VI:97, sec. 3.4.
166 "Heaviness through Manifold Temptations," B 2:228-29, J VI:97, sec. 3.5.
167 "Heaviness through Manifold Temptations," B 2:229, J VI:97, sec. 3.5.

스리지 않는다는 생각을 심어준다.[168] 시험 속에서 우리는 단지 일시적인 유혹거리 이상의 훨씬 어려운 적을 상대하는 것이다.

그런 상황에서 어떤 사람은 너무나 성급하게 하나님께서 "그들의 영혼에서 떠나버리시는데, 그것이 하나님의 주권적 뜻이기 때문"이라고 생각한다. 시험 중에 있는 신자에게서 떠나시는 것이 오직 하나님의 뜻 때문이란 말인가? 하나님의 뜻은 그렇게 독단적이지 않다. 하나님은 충분히 은혜를 베푸셨음에도 그들이 은혜에 등을 돌리는 경우 외에는 그들을 떠나지 않으신다. 오직 성령을 근심하시게 함으로 하나님께서 등을 돌리게 해 위험을 자초한 것은 신자 자신이다. 하나님은 결코 독단적인 뜻에 의해서나 "단지 그것을 기뻐하시기 때문에" 신자들을 떠나지는 않으신다.[169] 웨슬리는 "나는 그런 주장을 철저히 거부한다. 성경에는 그런 주장을 뒷받침하는 어떤 구절도 존재하지 않는다"[170]고 말한다. 그런 주장은 성경 전체의 대의와 어긋난다. 하나님께서 독단적으로 또는 오직 자신의 절대적이고 영원한 작정으로 신자에게서 은혜를 거두신다고 주장하는 것은 하나님의 본성 자체와도 모순된다. 그 해로운 생각은 성경 및 "하나님의 모든 자녀의 올바른 경험" 모두와 어긋난다.[171]

웨슬리는 "우리 자신을 아는 지식은, 심지어 의롭게 하는 신앙을 갖게 된 이후에도 가장 깊은 괴로움을 일으킬 수밖에 없다"는 어떤 신비주의자들의 생각을 부인한다.[172] 반드시 그럴 수밖에 없다니! "가장 깊은 괴로움"이 믿음으로 의롭게 된 사람을 위해 하나님께서 절대적으로 결정하신 필

168 "Heaviness through Manifold Temptations," B 2:229, J VI:97, sec. 3.6.
169 "Heaviness through Manifold Temptations," B 2:230, J VI:98, sec. 3.7.
170 같은 곳.
171 같은 곳.
172 "Heaviness through Manifold Temptations," B 2:230, J VI:98, sec. 3.8.

수불가결한 것인가? 모든 신자는 깊은 절망을 겪을 수밖에 없는가? 웨슬리는 그것은 말도 되지 않는 주장이라고 생각했다. 그는 고통은 과도하게 사랑하면서도 온전한 사랑을 이루게 해주실 것이라는 성경의 약속은 과도하게 불신하는 사람들로부터 그의 영적 훈련을 위한 연합체를 보호하기 원했다. 신자는 불행이 아니라 "영생에 이르도록 자라나는 사랑과 평강과 기쁨"을 추구한다.[173]

e. 왜 하나님은 시험을 통한 괴로움을 허락하시는가?

왜 하나님은 그분의 자녀들이 때때로 영혼의 괴로움에 빠지도록 허용하시는가? 거기에는 중요한 이유가 있음에 틀림없다. 사도는 같은 성경 구절에서 명백한 답을 제시한다. 괴로움의 원인은 시험이다. 그러나 그들은 왜 시험을 받는가? 이러한 시련은 구속적 목적을 지닌다. "너희 믿음의 확실함은 불로 연단하여도 없어질 금보다 더 귀하여 예수 그리스도께서 나타나실 때에 칭찬과 영광과 존귀를 얻게 할 것이니라"(벧전 1:7; 참고. 롬 8:18).[174]

시험은 믿음을 강하게 하는 데 도움을 준다. 시험을 거치지 않는다면 어떻게 믿음이 믿음으로 인식될 수 있겠는가? "불로 연단한 금은 그로 인해 정화되어 불순물에서 분리된다. 불 같은 시험에서 믿음도 그와 같아서, 더 크게 시험 받을수록 믿음은 더 정화된다. 그리고 단지 정화만 되는 것이 아니라, 믿음은 하나님의 지혜와 능력, 사랑과 신실하심에 대한 더 많은 증거로 강화되고 확증되며 풍성하게 성장한다. 그렇다면 우리의 믿음

---

173 "Heaviness through Manifold Temptations," B 2:230, J VI:99, sec. 3. 9.
174 "Heaviness through Manifold Temptations," B 2:231, J VI:99, sec. 4. 1.

을 성장시키는 것은, 은혜로우신 하나님께서 그런 여러 가지 시험을 허락
하시는 목적 중 하나다."175 시험이 없을 때보다 시험 가운데서 하나님의
신실하심에 대한 더 많은 증거가 드러난다.

시험 자체는 고통당하는 자의 산 소망을 정화하고 더 풍성하게 하기 위
해 허락된다. "확실히 우리의 소망은 믿음과 정비례로 자라날 수밖에 없
다."176 그 결과 "우리는 장차 우리에게 나타날 영광에 관해 확신에 찬 기대
를 갖는다"(롬 8:18). 더 자라난 믿음과 소망은 다음으로 "영생으로 가득한
소망에 뒤따를 수밖에 없는 주님 안에서의 기쁨을 증가시킨다."177

이것이 우리가 "주님의 고난에 동참한 자가 된 것을 기뻐할" 수 있는 이
유다.178 바로 이런 이유로 "당신은 행복하다. 영광의 하나님의 성령께서
당신에게 임하셨기 때문에, 고난 속에서도 '말할 수 없는 영광스러운 즐거
움으로 기뻐할'(벧전 1:8) 수 있게 되었기 때문이다."179 "장차 나타날 영광
에 관해 그들이 가진 증거가 더 분명하고 강할수록, 그들은 자신을 위해
그것을 값 주고 사시고, 우리 마음에 '보증을 주신'(고후 1:22) 주님을 더
욱 사랑하게 된다.180

이러한 방법으로 그들은 거룩함 즉 "마음과 삶의 거룩함"에서 자라간
다.181 좋은 나무는 좋은 열매를 맺는다. 그리스도를 위해 받는 고난은 하나
님의 은혜를 통해 우리를 거룩함으로 이끈다. "고난은 요동치는 우리 영혼
을 잠잠하고 온유하게 하고, 사나운 본성을 길들이며, 완고함과 고집을 누

---

175 "Heaviness through Manifold Temptations," B 2:232, J VI:100, sec. 4. 2.
176 "Heaviness through Manifold Temptations," B 2:232, J VI:100, sec. 4. 3.
177 같은 곳.
178 참고. 벧전 4:13-14.
179 "Heaviness through Manifold Temptations," B 2:232, J VI:100, sec. 4. 3.
180 "Heaviness through Manifold Temptations," B 2:232, J VI:100, sec. 4. 4.
181 "Heaviness through Manifold Temptations," B 2:233, J VI:101, sec. 4. 5.

그러뜨리고, 우리를 세상에 대해 못 박고, 하나님 안에서 모든 능력을 기대하고 행복을 구하도록 만든다."[182]

믿음, 소망, 사랑과 거룩함의 최종적 의미와 목적은, 마지막 날 하나님의 칭찬과 세상에서 도움받은 사람들의 감사를 받을 준비가 된 자로 발견되는 데 있다. 마지막 날에는 "우리가 잠시 받는 환난의 경한 것이 지극히 크고 영원한 영광의 중한 것을 우리에게 이루게 할 것이다"(고후 4:17).[183] 고통 속에서 취한 신앙의 태도는 "말로만 하는 가르침보다 우리에게 더 깊은 감명을 준다."[184] 인내하는 사랑으로 역사하는 믿음은 지켜보는 사람들에게도 유익을 준다. "하나님을 알지 못하는" 사람들이 "폭풍 가운데서도 고요하고 평안하며, 슬픔 속에서도 언제나 기뻐하고, 아무리 슬픈 일을 당하더라도 하나님의 뜻이라면 무엇이든 온유하게 받아들이는 영혼"을 보게 된다면, 우리의 지식보다 행동이 그들에게 더 큰 영향을 끼친다.[185]

f. 마음의 어두움과 고통으로 인한 괴로움의 차이

이 두 설교를 함께 연결해보면 웨슬리는 다음의 네 가지 결론을 이끌어낸다. 첫째, 이 두 상태가 얼마나 유사하게 보이든 어두움과 괴로움은 본질적으로 다르다. 광야 상태의 어두움은 성령 안에서의 기쁨을 전적으로 상실한 상태를 의미한다. 괴로움은 그렇지 않다. 그 상태는 고통 속에서도 "말할 수 없는 즐거움으로 기뻐할" 수 있다(벧전 1:8). 어두움 속에서 방황하는 자들은 하나님과의 평화를 잃어버렸다. 여러 가지 시험으로 괴로움

---

182 같은 곳.
183 "Heaviness through Manifold Temptations," B 2:233, J VI:101, sec. 4. 6.
184 "Heaviness through Manifold Temptations," B 2:233, J VI:101, sec. 4. 7.
185 같은 곳.

을 경험하는 신자는 그렇지 않다. 오히려 시험을 통해 은혜를 더 크게 경험한다. 어두움 속에서는 "하나님의 사랑이 점점 식어버리지만", 괴로움 속에서는 그 사랑이 날마다 더 커진다.[186] 어두움 속에서는 믿음이 "심하게 쇠퇴하지만", 여러 가지 시험을 통해 고통당하는 신자의 믿음은 "여전히 하나님께 대한 분명하고 흔들리지 않는 확신을 가지고 있다."[187]

둘째, 잠시 동안의 "괴로움은 필요할 수 있지만" 삶을 살아가는 방식으로서의 "어두움은 결코 필요하지 않다."[188] 영혼이 괴로움을 당할 때 "그것을 초월하는 기쁨"은 하나님께서 주시는 크나큰 은사다. 이 기쁨은 우리의 신앙을 시험하며 강화하고, 우리의 소망을 확증하고 증대시키며, 우리 마음을 모든 악한 성품에서 정화하고, 우리를 사랑 안에서 온전케 하는 데 필요한 "여러 가지 시험" 속에서 더 크게 경험된다.[189] 어두움은 우리의 영원한 영광의 무게를 더할 수 없는 반면, 핍박과 고통 속에서의 기쁨은 우리의 면류관을 빛나게 하고 우리를 하나님과 함께하는 영생을 위해 준비시킨다.

셋째, 여러 가지 시험 속에서의 괴로움은 한동안일 뿐이며, 영원에 비하면 짧은 시간이다. 그리고 그 괴로움은, 사도가 "잠깐 근심하게 되지 않을 수 없으나"(벧전 1:6)라고 말한 것처럼 목적을 지닌다.[190] 그것은 "모든 사람에게 필요한 것도 아니고, 또 어떤 사람에게 늘상 필요한 것도 아니다." 하나님께서는 시험의 폭풍우와 인간의 타락으로 초래된 고통 이외의 수단으로도 영혼 속에서 일하실 수 있다. 하나님의 은혜는 대체로 그들이

---

186 "Heaviness through Manifold Temptations," B 2:234, J VI:102, sec. 5. 1.
187 같은 곳.
188 "Heaviness through Manifold Temptations," B 2:234, J VI:101, sec. 5. 2.
189 같은 곳.
190 "Heaviness through Manifold Temptations," B 2:234, J VI:101, sec. 5. 3.

"하나님을 경외하면서 온전히 거룩해지기까지" 점점 더 강해진다.[191] "괴로움이 전혀 없는 상태에서" 거룩한 삶이 지속되는 것은 매우 드문 경우다. "하나님께서는 대개 '용납하실 만한 사람들을 고난의 용광로에서' 시험하시는 것을 선하게 여기신다." 확실히 여러 가지 시험과 괴로움은 "보통 하나님께서 가장 사랑하시는 자녀의 몫이다."[192]

우리는 여러 가지 시험을 통해 "하나님께서 사랑으로 세우신 모든 계획이 충분히 성취되기를" 소망하며 주님을 기다리고, 그 시험들이 "우리의 믿음을 자라게 하고, 소망을 확고히 하며, 우리를 모든 거룩함 속에서 온전하게 하는 수단이 되기를" 소망하면서, 경계와 기도에 힘써 어두움으로 떨어지는 것을 피하고, 괴로움 속에서도 성장해야 한다.[193]

E. 인내하는 영혼에 행하시는 성령의 사역

1. 시험을 당하거든 온전히 기쁘게 여기라

a. 인내에 대하여

사도 야고보는 특별한 당부로 짧지만 강력한 메시지를 시작한다.

"내 형제들아 너희가 여러 가지 시험을 당하거든 온전히 기쁘게 여기라 이는 너희 믿음의 시련이 인내를 만들어내는 줄 너희가 앎이라 인내를 온전히 이루라 이는 너희로 온전하고 구비하여 조금도 부족함이 없게 하려 함이라 너희 중에 누구든지 지혜가 부족하거든 모든 사람에게 후히 주시고 꾸짖지 아니하시는 하

---

191 같은 곳.
192 같은 곳.
193 "Heaviness through Manifold Temptations," B 2:234, J VI:103, sec. 5. 4..

나님께 구하라 그리하면 주시리라 오직 믿음으로 구하고 조금도 의심하지 말라 의심하는 자는 마치 바람에 밀려 요동하는 바다 물결 같으니 이런 사람은 무엇이든지 주께 얻기를 생각하지 말라 두 마음을 품어 모든 일에 정함이 없는 자로다"(1:2-8).

"여러 가지 시험을 당할 때 온전히 기쁘게 여기라"는 말은 납득하기 힘들 수 있다. 시험은 즐겁지 않고 슬픈 것이라면, 기쁨은 즐겁지 않고 슬픈 것과 반대되는 것이기 때문이다. 그러나 웨슬리는 사도 야고보와 자신의 경험을 통해 표면적으로 모순되어 보이는 이 말에 동의할 수 있는 이유를 배웠다. "이는 너희 믿음의 시련이 인내를 만들어 내는 줄 너희가 앎이라 인내를 온전히 이루라 이는 너희로 온전하고 구비하여 조금도 부족함이 없게 하려 함이라"(약 1:3-4) [설교 #83, "인내에 대하여"(On Patience, 1784년 3-4월), B 3:169-80; J #83, VI:484-92].

b. 온전하고 구비하게 하시려고

성경은 이따금 시험을 당하는 특정한 사람만이 아니라, 신앙의 삶에서 날마다 일상을 함께하는 모든 사람에게 이 당부를 하고 있다. 왜 그런가? 인간 역사의 모든 부분은 시험으로 가득하기 때문이다. 이 세상에 살고 있는 한 우리는 시험의 대상이다. 심지어 예수님도 시험과 유혹을 당하셨다. "그 백성을 죄에서 구원하기 위해 세상에 오신 그분은 그들이 시험 당하지 않게 하기 위해 오신 것이 아니다. 그 자신은 '비록 죄는 없으셨지만' 이 눈물 골짜기에 계시는 동안 '시험을 당하고 고난을 받으셨다'(히 4:15). 또 '우리에게 본을 끼쳐 우리로 그 발자취를 따르게 하셨다'(벧전 2:21)."[194]

---

[194] "On Patience," B 3:170; J VI:484-85, secs. 1-2.

인내를 "온전히 이루는 것"을 설명할 때 웨슬리는 온전함의 비유적 성격에 초점을 두었다. "인내를 온전히 이루라 이는 너희로 온전하고 구비하여 조금도 부족함이 없게 하려 함이라"(약 1:4). 웨슬리는 완전한 사랑을 그리스도인의 삶의 모든 도전적 행동이 지향해야 할 적절한 목적으로 여겼다. 그리스도인으로서 성숙하기를 바라는가? 인내를 온전히 이루기를 배우라. 인내하지 않는 것은 영적 성숙을 위한 강력한 은혜의 방편을 누락시키는 것이다.

인내를 온전히 이루는 것은 그리스도인의 삶에 새로운 힘을 부여한다. 그래서 웨슬리는 모든 메소디스트 설교자 자격 심사에서 다음을 질문했다. "당신은 완전을 향해 나아가고 있습니까?" "당신은 이 세상에서 사는 동안 사랑 안에서 온전하게 될 것을 기대합니까?" 웨슬리는 왜 이런 질문을 했는가? 어떻게 그것이 사역을 위한 전제 조건이 될 수 있는가? 그의 설교가 여기에 답한다.

c. 인내가 필요한 이유: 인내를 필요로 하는 상황의 보편성

자유의지를 선물로 받은 사람은 "다양한 방법으로 영혼에 악영향을 끼치는, 부패한 몸에서 비롯된 수많은 유혹"에서 누구도 자유로울 수 없다.[195] 몸과 영혼의 관계는 가장 지혜로운 사람조차도 "연약성으로 둘러싸여 있다." "가장 위험한 원수는 우리를 대놓고 공격하는 것이 아니라", 내부에서 비밀스럽고 보이지 않게 공격하는 것들이다. 마귀는 우는 사자같이 삼킬 자를 찾아다닌다. 모든 사람의 자녀뿐 아니라 "모든 하나님의 자

---

195 "On Patience," B 3:170; J VI:485, sec. 2.

녀도 여기에 해당된다."[196]

그러므로 우리는 의도적으로나 부주의해서 시험으로 달려가는 것이 아니다. 그럼에도 우리는 삶의 여정에서 "틀림없이 하늘의 별처럼 무수히 많고 다양한 시험에 빠질 것이다." 신자는 마치 사람이 자신의 타락한 상태에 대해 분노하는 것처럼 시험을 손해가 되는 것으로 여기지 않고, 오히려 인내의 덕을 일으키는 변장한 기쁨의 수단으로 여긴다. 오직 이런 방법으로만 우리는 "인내가 그 사역을 온전히 이룰 수 있게 한다."[197]

2. 인내란 무엇인가?

인내라는 특별한 선물은 어떤 것인가? 인내는 인간의 자유라는 일반적 상태와 어울리지 않는 것처럼 보인다. 인내는 자연적으로 습득되는 덕이 아니라 "성령의 능력으로 신자의 마음에 생겨난 은혜로운 성품"이다.[198]

그리스도인의 인내는 은혜에 기초한다. 그것은 성령의 사역으로, 하나님을 기쁘시게 하는 것이라면 무엇이든 수용하는 기질이다. 하나님께서는 우리를 자유롭게 하기 위해 그리스도께서 주신 자유(갈 5:1)의 힘을 시험하시기 위해 인내를 주신다. 우리는 시험의 방식과 시간을 정할 수 없다. 우리는 욥과 같이 믿음 안에서 자라기 위해 하나님께서 허락하신 시험을 받는다. "내가 모태에서 알몸으로 나왔사온즉 또한 알몸이 그리로 돌아가올지라 주신 이도 여호와시요 거두신 이도 여호와시오니 여호와의 이름이 찬송을 받으실지니이다"(욥 1:21). 우리는 고통을 경시하거나 별

---

196 같은 곳.
197 "On Patience," B 3:170; J VI:485, sec. 2.
198 "On Patience," B 3:171; J VI:485-86, sec. 3.

것 아닌 척하거나 쉽게 극복할 수 있다고 생각하지 않는다. 우리는 그것
을 우연적 사건이나 바꿀 수 없는 필연적 사건이 아니라 숨겨진 은혜의 선
물로 여긴다.[199]

우리가 당하는 고통은 하나님께서 우리를 유익하게 하려고 주시는 것
으로 "우리가 그의 거룩함에 참여하는 자가 되게 하기 위한 것이다."[200] 인
내는 "악을 악으로, 욕을 욕으로 갚지 않고 도리어 복을 비는"(벧전 3:9) 온
유함과 매우 유사하다. "우리의 복되신 주님은 이 성품에 특별한 가치를
두신다. 주님은 우리가 '영혼의 안식을 발견하기' 원한다면 자신에게서 이
성품을 배우라고 말씀하신다."[201]

3. 인내하는 영혼에 행하시는 성령의 사역

"인내를 온전히 이루라"는 말씀은 무슨 뜻인가? 그것은 하나님의 은혜
가 그 "온전한 열매나 효과"를 낼 수 있도록 충분한 시간을 주는 것을 의
미한다. 열매를 맺는 데는 시간이 필요하다. 성령께서 충분한 시간을 들
여 우리 마음 속에서 맺으시는 열매는 "평안, 즉 인내가 다스리는 곳이 아
니면 찾을 수 없는 달콤한 마음의 평온함이자 영혼의 고요함이다. 그리고
이 평안은 자주 기쁨이 되기까지 차오른다." 이것이 신자가 "여러 가지 시
험을 당하는 중에도 … '인내로 자신의 영혼을 지킬' 수 있는" 이유다.[202]

야고보서의 시작 부분과 매우 유사한 것이 베드로전서 1장의 인사말
이다. 이 인사말에서 베드로는 "그의 많으신 긍휼대로 예수 그리스도를

---

199 "On Patience," B 3:171-72; J VI:485-86, sec. 3.
200 "On Patience," B 3:172; J VI:485-86, sec. 3.
201 "On Patience," B 3:172; J VI:486, sec. 4.
202 눅 21:19; "On Patience," B 3:172-73; J VI:486, sec. 5.

죽은 자 가운데서 부활하게 하심으로 말미암아 우리를 거듭나게 하사 산 소망이 있게 하신" 하나님을 찬양한다(3절). 이러한 하나님의 구원 행위는 우리를 "쇠하지 아니하는 유업"으로 인도한다(4절). 이 유업은 "우리를 위하여 하늘에 간직하신 것이며, 우리는 말세에 나타내기로 예비하신 구원을 얻기 위하여 믿음으로 말미암아 하나님의 능력으로 보호하심을 받았다"(4-5절). 예배 공동체는 하나님의 인내하게 하시는 은혜로 현재의 시련과 약속하신 결과 사이에서 보존된다. 그동안 인간의 자유의지에 신앙 안에서 성장할 가능성을 부여하는 장애물로 인해 인내의 은사는 연단을 받는다.

현재의 시련이 아니라 그 목적, 즉 신앙의 연단을 바라보면 큰 기쁨이 생겨난다. 오랜 구원의 역사에서 우리는 현재의 고난 너머를 바라보며 기뻐할 수 있게 된다. "너희가 이제 여러 가지 시험으로 말미암아 잠깐 근심하게 되지 않을 수 없으나 오히려 크게 기뻐하는도다"(6절). 시험의 의미는 무엇인가? 구속사의 관점에서 시험의 목적은 무엇인가? "너희 믿음의 확실함은 불로 연단하여도 없어질 금보다 더 귀하여 예수 그리스도께서 나타나실 때에 칭찬과 영광과 존귀를 얻게 할 것이니라"(7절).[203]

인내는 시험과 소망의 성취 사이에서 주어지는 은사다. 인내를 통해 우리는 지금 여기서 "믿음의 결국"(9절)을 받는다.[204] 인내하는 신자는 은혜에 의해 부활 때 받기로 약속된 유업을 믿는 믿음을 은사로 받는다. 그들은 결과를 보지 않았어도 성자에 의해 성령을 통해 약속이 인침 받았음을 안다. "예수를 너희가 보지 못하였으나 사랑하는도다 이제도 보지 못하나 믿고 말할 수 없는 영광스러운 즐거움으로 기뻐하니"(8절).

---

203 "On Patience," B 3:173; J VI:487, sec. 6.
204 벧전 1:9; "On Patience," B 3:173; J VI:487, sec. 6.

a. 목적하는 결과: 온전한 인내

"온전한 인내"란 다름아닌 하나님을 전적으로 사랑하는 것이다. 단순히 말해, 그리스도께서 우리를 사랑하셨듯 우리가 모든 사람을 사랑하면 우리는 온전한 사랑을 실현한 것이다.[205] 그것은 "그리스도께서 가지셨던 온전한 마음"을 우리 안에 갖는 것이며, "우리의 영혼이 우리를 창조하신 분의 형상, 즉 하나님의 형상으로 새롭게 되는 것"이다.

온전한 사랑은 "하나님의 사랑의 아들을 통해 우리 자신과 우리가 가진 모든 것, 우리가 사랑하는 모든 것을 하나님께서 받으실 만한 거룩한 제사로 온전히 드리는 것"으로 이루어진다. "이것이 우리 신앙의 시험의 결과로서 '인내를 온전히 이루는 것'의 의미로 보인다."[206]

이 온전한 사랑의 삶은 의롭게 하시는 은혜를 받은 이후에 따르는 삶과 다른 것인가? 그렇지 않다. 온전한 사랑은 의롭게 하시는 은혜에서 분리될 수 없다. 웨슬리는 인내의 역사를 "칭의에서 일어나는 일"과는 전혀 다른 것으로 여기는 "중대하고도 위험한 실수"를 범하지 말라고 경고했다. "우리가 칭의 될 때 우리 속에 이루어지는 하나님의 영광스러운 사역"은 인내하는 삶을 불러일으키기 때문이다.[207] 웨슬리는 칭의 된 삶과 성화된 온전한 사랑의 삶 사이를 지나치게 구분하는 사람들에게 경고했다. "우리가 하나님의 은혜로 값없이 의롭다 하심을 받고, 하나님의 사랑하시는 독생자를 통해 하나님께 용납되는 바로 그 순간에 우리는 위로부터 성령으로 남으로 거듭난다."[208]

---

205 "On Patience," B 3:173; J VI:484-87, sec. 8.
206 같은 곳.
207 "On Patience," B 3:174; J VI:487-88, sec. 9.
208 같은 곳.

우리가 어머니에게서 날 때 우리 몸에 큰 변화가 있었던 것처럼, 우리가 성령으로 날 때 우리 영혼에는 큰 변화가 일어난다. "우리 내면의 공간이 충만하게 되는 새로운 영적 탄생"이 일어난다. "피조물에 대한 사랑은 창조주에 대한 사랑으로 바뀌고, 세상에 대한 사랑이 하나님께 대한 사랑으로 바뀐다."[209] "우리가 칭의 된 순간부터 우리 영이 하나님께 돌아갈 때까지 사랑은 율법, 즉 아담의 법을 대신한 복음적 율법을 성취한다."[210]

b. 거룩한 인내

이 변화는 클 수도 있고 작을 수도 있다. 성자의 변화시키시는 사역을 성령께서 수행하시는 상황에 따라 그 정도가 다양하게 이루어질 수 있기 때문이다. 하나님에게서 난 사람은 누구나, 심지어 그리스도 안에서 어린아이조차도, "그 마음에 하나님을 향한 사랑, 이웃을 향한 사랑과 함께 겸손과 온유와 인내를 가지고 있다. 그러나 그리스도 안에서 어린아이일 때는 이 모든 것이 신앙의 정도에 비례해 낮은 정도로밖에 없었다. 그리스도 안에서 어린 아이의 신앙은 약하고, 일반적으로 의심이나 두려움과 뒤섞여 있다. 자신 스스로를 속이고 있는 것 아닌가 하는 의심이나, 믿음을 끝까지 지키지 못할지도 모른다는 두려움 같은 것이다."[211] "그는 믿음이 자라는 것과 정비례로 거룩함에서도 자라나며 사랑과 겸손, 온유함을 비롯해 하나님 형상의 모든 부분에서 자라간다." 그런 신자에게는 하나님께서 "오래전 그 백성에게 주신" 약속, 즉 "네 마음과 네 자손의 마음에 할례를 베푸사 너로 마음을 다하며 뜻을 다하여 네 하나님 여호와를 사랑하게 하

---
209 같은 곳.
210 "On Patience," B 3:174-75; J VI:488, sec. 10.
211 "On Patience," B 3:175-76; J VI:488-90, sec. 10.

실"(신 30:6) 것이라는 약속이 성취된다.[212]

　　신생은 마치 죽음에서 부활하는 것과도 같다.

> 이것은 그가 예전에 행했던 것과 모든 면에서 달라지는 변화, 영혼의 지향점의
> 전적인 변화다. 값없이 주시는 선물인 칭의의 은혜에 반응하기 전에는, 하나님
> 께 대한 그의 사랑은 모호했고, 겸손은 교만과 뒤섞여 있었으며, 온유함은 분노
> 에 방해받았다. 하나님을 향한 사랑은 자주 다른 피조물에 대한 사랑으로 그 기
> 세가 꺾이고 말았다. 그러나 그도 온전한 사랑을 가능케 하는 인내를 통해서는
> "주님, 내 원대로 마옵시고, 당신의 뜻대로 되기를 원하나이다"라고 말할 수 있
> 게 된다. 그의 영혼은 이제 내부에서 충돌을 일으키지 않는다. 이제 더는 삐걱거
> 리는 잡음이 없다. 예수님만이 그의 마음에서 홀로 다스리시므로, 그의 모든 열
> 정은 일정하고도 지속적으로 하나님을 향한다.[213]

　　이런 일이 점진적으로 이루어지는지 순간적으로 이루어지는지 물으
면 웨슬리는 두 견해 모두에 매우 관용적으로 답했다. "이러한 변화가 완
만하게 점차 이루어지는지 단 번에 순간적으로 이루어지는지에 관해서는
하나님의 말씀 어느 곳에서도 명시적으로 규정해 놓지는 않았다. 당신이
영광 중에 하나님과 함께 거하기를 갈망한다면, 변화가 일어나는 것이 순
간적이든 점진적이든, 그 변화가 당신의 영혼에 이루어지기까지 결코 쉬
지 말라." 다른 사람에게 그 변화를 증거하고자 하는 사람은 모든 정직함
으로 자신에게 일어난 일에 관해 "자신의 풍부한 체험"이 있어야 한다.[214]

---

212 "On Patience," B 3:175-76; J VI:489, sec. 10.
213 마 26:39; "On Patience," B 3:176-77; J VI:488-89, sec. 10.
214 "On Patience," B 3:175-76; J VI:490, sec. 10.

4. 인내를 위한 기도

웨슬리는 설교 "인내에 대하여"에서, 신생이 순간적으로 경험되는지 아니면 일평생에 걸쳐 경험되는지를 알고자 40여 년 전에 행한 실증적 연구를 다시 떠올린다. 그는 자신의 공동체가 잘 알고 있으며, 자신이 "완전을 향해 나아가고 있다"고 바르게 묘사한 여러 사람의 삶을 조사해 보았다. 그는 "내가 참으로 그 진실함을 알고 또 내게 자신의 경험을 들려주기를 바랐던, 런던에 사는 두세 사람"을 언급함으로 시작했다. "그들이 해준 말은 내가 전에 들었던 어떤 내용과도 달라서 매우 이상하게 느껴졌지만, 성경이 온전한 사랑으로 부르는 것과 너무도 유사했다."[215]

이 실험은 "몇 년" 후까지 계속되었다. "나는 흡족한 조사를 위해 런던에서 같은 내용으로 간증한 모든 사람이 파운더리로 와서 나를 만나기를 원했다. 나는 하나님의 사람인 토머스 월쉬(Thomas Walsh)가 거기서 모임을 주선해주기를 바랐다. 우리가 만났을 때 우리는 차례로 그들에게 우리가 할 수 있는 가장 날카로운 질문들을 던졌다."[216] 웨슬리는 그들이 온전히 진실함을 보고 "그들은 스스로를 속이지 않았다"고 믿게 되었다. "그러한 신자의 수는 1759, 1760, 1761, 1762년에 런던과 브리스톨뿐 아니라 잉글랜드와 아일랜드의 많은 곳에서 급격히 늘어났다. 런던 신도회만 하더라도 매우 분명한 체험을 한 사람의 수가 652명에 이르렀음을 알게 되었다."[217] 그렇게 확인하는 가운데 매우 많은 사람이 이 구원은 "순간적, 다시 말해 변화가 한순간에 이루어졌다"고 증거했기에, 웨슬리는 이 변화가 많은 경우 매우 짧은 시간에 이루어지는 것으로 믿을 수밖에 없었다.

---

215 "On Patience," B 3:177-78; J VI:490-91, sec. 12.
216 같은 곳.
217 같은 곳.

a. 출생과 부활

이 새로운 삶의 경험을 묘사하기에 효과적인 비유는 출생과 부활이다. 부활은 오랜 시간을 끄는 과정이 아니라 한순간에 일어나는 사건이다. 이 점은 출생의 비유에서도 마찬가지다. 신생은 그 시작이 시간적으로 한순간에 이루어지는 사건이다. 웨슬리는 이 변화를 점진적인 것으로 보는 사람들을 존중하면서도, 충분한 조사 후에 이 신생의 경험은 자주 "순간적 사건"임을 믿을 수밖에 없다는 실증적 판단을 내리게 되었다.[218] 성령께서 예전에 얼마나 오랜 시간을 인도해 오셨든지 간에 그 변화의 순간 자체는 하나님께 달려 있기 때문이다.

이 하나님의 사역이 우리에게 이루어지게 하기 위해 우리가 해야 할 일은 오직 한 가지다. "하나님께서 보내신 이를 믿는 것이 하나님의 일이니라"(요 6:29). "너희는 그 은혜에 의하여 믿음으로 말미암아 구원을 받았으니 … 행위에서 난 것이 아니니 이는 누구든지 자랑하지 못하게 함이라"(엡 2:8-9). "이 변화는 꾸밈없고 단순한 신앙으로 받아야 할 '하나님의 선물'이다."[219] 하나님께서는 우리를 "모든 거룩함으로 충만하게" 하실 것이라고 약속하셨다(살전 3:13; 참고. 엡 3:14-21; 살전 4:3-6). 웨슬리는 신생에서 죽음에 이르기까지 "당신이 신앙의 순례에서 현재 어디에 이르렀든 당신은 그 상태에 부합하는 정도의 거룩함을 누릴 수 있다"[220]고 말한다.

b. 하나님의 뜻

이 믿음이 작용할 때 믿음은 시험과 연단을 받는다. 그리고 우리는 오

---

218 "On Patience," B 3:178; J VI:491, sec. 12.
219 "On Patience," B 3:178; J VI:492, sec. 13.
220 "On Patience," B 3:179; J VI:492, sec. 14.

랜 시간에 걸쳐 우리 속에서 "인내를 온전히 이루면"(약 1:4), 시험을 통해 충분히 연단받아 하나님의 전적인 은혜만을 온전히 의지하게 되므로, "온전하고 구비하여 조금도 부족함이 없게"(약 1:4) 된다.[221]

하나님은 지금 여기서 "당신을 온전히 구원해, 모든 죄에서 정결케 하고 당신의 마음을 사랑으로 충만하게 하고자 하실 뿐 아니라 그럴 능력이 있으시다"는 사실을 우리는 믿어야 한다. 이러한 은혜는 죽기 직전에만 받는 것이 아니며, "내일이 아닌 오늘도" 받을 수 있다. 우리를 온전히 변화시키는 것은 성령 하나님의 능력 밖의 일이 아니다.[222]

성령께서 우리에게 주고자 하시는 것은 "모든 악한 일, 말, 생각, 욕망, 열정, 기질과 모든 내적 부패, 육적인 마음의 잔존물, 그리고 죄 전체에서 온전히 구원받은" 새로운 삶이다. 따라서 "당신은 당신을 창조하신 분의 형상을 따라 의와 참된 거룩함 속에서 그 마음이 모든 의로운 성품으로 새롭게 될 것이다."[223]

F. 영혼을 잃어버리는 것에 대하여

1. 중요한 질문

웨슬리가 가장 빈번하게(117회) 설교한 성경 본문은 마태복음 16:26의 "사람이 만일 온 천하를 얻고도 제 목숨을 잃으면 무엇이 유익하리요"라는 말씀이다[설교 #84, "중요한 질문"(The Important Question), B 3:181-98; J #84, VI:493-505 (1775년 9월 11일)].

---

221 "On Patience," B 3:169-80; J VI:484-92.
222 "On Patience," B 3:179; J VI:492, sec. 13.
223 "On Patience," B 3:179; J VI:492, sec. 14.

a. 이 질문을 던지시는 영원하신 분

이 구절에서 직설적으로 질문하시는 분은 하나님의 아들이시다. 그분의 말씀은 분명하고도 단순하다. 즉 당신이 온 천하를 얻고도 당신의 영혼을 잃으면 무엇이 유익하겠느냐는 것이다. 이것을 물어보시는 분은 성자 하나님이시다. "단지 이 낮은 세상의 한 거주자가 하나님 나라의 대단한 일을 말한다면, 그는 그 장엄한 주제에 적합한 표현을 도저히 찾을 수 없을 것이다. 그러나 하나님의 아들이 하늘 나라에 관한 가장 높은 진리를 말씀하실 때는, 영원 전부터 이 모든 것을 알고 계셨으므로 그의 모든 언어와 말씀은 쉽고 자연스러우며, 소탈하고 꾸밈없을 것이다."[224]

우리는 마치 지금이 우리 생애의 마지막 순간인 것같이 질문하지 않으면 유익과 손실에 관한 이 성경 본문의 온전한 의미를 깨달을 수 없다. 우리의 상상력은 시간이라는 한계에 갇혀 있다. 우리는 하나님의 눈으로 전체를 볼 수 없기 때문에 영원을 상상할 수 없고, 그것을 말로 설명하려면 더 큰 어려움을 겪는다. 그러나 우리 주님은 우리가 가진 유한성 내에서 전체를 얼핏 보듯 상상할 수 있게 하셨는데, 그러한 경험은 전체에 관한 우리의 자세를 바꾸어 놓곤 한다. 그것은 온 세상을 주시고 구원하시는 하나님과 관련지음으로 인간의 죄의 역사 전체를 상대화시킬 수 있게 한다. 하나님의 나라 전체를 얼핏 볼 수 있으려면 우리는 성경 본문에 나타난 온 천하를 얻는 것의 의미가 무엇인지 물을 수밖에 없다. 그리고 여기서 자신의 영혼을 잃는 것은 무엇을 의미하는가? 그 각각의 의미를 깨달은 후에 생각해 볼 점은, 천하를 얻고도 자신의 영혼을 잃는 사람에게는 무슨 유익이 있는가 하는 것이다.

---

224 "The Important Question," B 3:182; J VI:493, 서문 1.

b. 감각적 즐거움의 온 천하를 얻고도

어떤 사람은 "온 천하를 얻는 것"이 온 세상을 지배하는 것을 의미한다고 생각할지도 모른다. 그러나 지금까지 어느 누구도 "세상의 10분의 1" 조차도 지배한 적이 없다. 그러니 이것이 주님이 하신 말씀의 의미일 수는 없다.[225] 주님은 그것보다는 "세상이 줄 수 있는 모든 즐거움"을 얻는 것에 대해 말씀하신 것이다. 한 사람이 감각적 세상이 주는 모든 것, 즉 "그의 동류인 동물들도 공통적으로 즐길 수 있는, 미각과 후각과 촉각을 만족시키는 모든 것 … 세상이 줄 수 있는 많고 다양한 모든 것"을 얻을 수 있다고 생각하는 것은 환상에 불과하다.[226] 환상에는 다음의 것이 포함된다.

> 안목의 정욕을 만족시키는 것은 눈이라는 통로를 통해 상상력을 충족시키는 모든 것을 포함한다. 상상의 즐거움은 장엄함과 아름다움과 새로움이라는 세 가지에서 비롯된다. 우리는 경험을 통해 우리의 상상력이 장엄하거나 아름답거나 일상적이지 않은 것을 보는 데서 충족된다는 것을 알게 된다. 그를 세상에서 가장 장엄하고 아름답고 새로운 것으로 둘러싸이게 해보라. 이 모든 것이 사람이 온 천하를 얻는다는 말에 분명히 함축되어 있기 때문이다.[227]

또는 영광을 가져보라. 어떤 사람은 감각과 상상이 주는 모든 즐거움을 뛰어넘어 확실히 더 가치 있는 것을 원할 수 있다. "명예와 영광과 명성, 인간의 마음속 어떤 신념도 이것의 힘만큼 강하지는 않다." "본성의 가장 강력한 성향과 우리의 모든 욕구 및 사랑하는 것들 위에 군림하는" 것이 명성이다. 어떤 사람은 애국심을 고취시키지만, "그들조차도 사람들의 존

---

225 "The Important Question," B 3:183; J VI:493-94, sec. 1. 1.

226 "The Important Question," B 3:183; J VI:494, sec. 1. 2.

227 "The Important Question," B 3:183-84; J:VI 494, sec. 1. 3.

경을 바라는 크나큰 갈망 없이 애국심만으로 그런 어려운 일을 해내지는 못했을 것이다." "어떤 사람의 이름이 먼 나라, 지구 끝까지 널리 퍼지더라도, 사람들의 칭송을 받지 못하면 그는 여전히 공허함을 느낄 것이다."[228]

부를 쌓아보라. 어떤 사람이 "보물을 끝없이 쌓아두고, 은을 땅의 흙만큼, 금을 바다의 모래만큼 쌓아둘 정도로 엄청난 부"를 얻었다고 해보자. "사람이 이 모든 즐거움, 즉 감각이나 상상력을 만족시키는 모든 것과 영예로운 이름을 얻었고, 오랫동안 많은 보물까지 쌓아두었다면, 그때 그는 쉽고 자연스런 의미에서 '온 천하를 얻었다'고 할 수 있을 것이다."[229]

c. 영혼을 잃는다는 말의 의미: 모든 것이 영원할 것이라는 망상

온 천하를 얻는 장면은 상상하기 쉽다. "그러나 '자기 영혼을 잃어버리는 것'에 함축된 모든 의미를 이해하는 것은 쉽지 않다. 실로 사람이 시간을 지나 영원에 들어가기 전에는 누구도 그 의미를 충분히 이해할 수 없다."[230] 우리는 영원으로부터 시간을 이해하는 방법 이외에는 시간을 제대로 이해할 수 없기 때문에, 마지막 날 즉 최후의 심판 때까지는 자기 영혼을 잃어버리는 것에서 파생되는 모든 결과를 상상조차 하지 못한다.

사람이 영혼을 잃을 때 무엇을 함께 잃게 되는가? 우리가 온 천하를 잃어버린다고 생각했을 때 상상할 수 있는 모든 것 그 이상의 것들이다.[231]

이성적인 사람은 시간과 영원 중 무엇이 더 중요한지 질문할 것이다.

228 "The Important Question," B 3:184; J VI:494, sec. 1. 4.
229 "The Important Question," B 3:185; J VI:495, sec. 1. 5.
230 "The Important Question," B 3:185; J VI:494, sec. 2. 1.
231 "The Important Question," B 3:186; J VI:494, sec. 2. 2.

현재의 삶은 곧 끝날 것이다. 그것은 그림자처럼 지나간다. 사람의 영혼은 영혼을 주신 하나님께 돌아가도록 부르심 받는 때가 곧 온다. 그 준엄한 순간 사람은 옛 세상을 뒤에 버려두고, 시간을 지나 영원으로 들어서는 새 세상의 문턱에 서게 된다. 그때 과거에 있었던 일과 앞으로 있을 일을 생각해 보는 것은 구원받은 영혼에게 얼마나 기쁜 일이 될 것인가! 과거의 일을 되돌아보면 "잘 보낸 삶에 대한 평온한 기억"을 떠올리게 될 것이다. 앞으로 있을 일을 전망하면, 그는 썩지 않고 더럽지 않고 쇠하지 않을 유업(벧전 1:4)을 얻게 될 것이며, 천사들이 그를 아브라함의 품으로 데려가기 위해 호위하는 것을 보게 될 것이다.[232]

그러나 그와 반대로 무서운 결과가 찾아올 수도 있다. 웨슬리는 "죄를 짓는 도중에 쓰러진" 한 사람 이야기를 들려주었는데, 그 사람을 찾아온 친구는 다음과 같이 기도했다. "'주님, 지금 막 육신을 벗어났으나 다른 세상으로 들어설 때 천사를 만날지 악마를 만날지 알지 못하는 이들에게 자비를 베풀어주소서.' 그 병든 사람은 '악마다! 악마다!' 날카로운 비명을 지르다 죽었다. 사람이 소처럼 죽지 않는 이상 자신의 영혼을 잃어버린 모든 사람은 그 같은 결말을 맞이하게 될 것이다."[233]

d. 영원한 낙원

그런 후 웨슬리는 "선한 사람의 영혼이 영원으로 들어가는 광경"을 묘사한다. "그를 안전하게 아브라함의 품, 하나님의 얼굴빛이 영원히 빛날 하나님의 정원, 낙원의 기쁨으로 인도하기 위해 … 보이지 않는 동반자로 섬겼던 영의 무리가 그를 호송하러 찾아오는 광경을 보라."[234] "거기서

---

232 "The Important Question," B 3:185-86; J VI:496, sec. 2. 3.
233 "The Important Question," B 3:186; J VI:496, sec. 2. 3.
234 "The Important Question," B 3:186-87; J VI:494-96, sec. 2. 4; *PW* 6:211.

는 악한 자가 소요를 그치며 거기서는 피곤한 자가 쉼을 얻을 것이다"(욥 3:17). "그들은 이 세상에서는 가질 수 없었던 수없이 많은 행복의 원천을 갖게 될 것이다. 거기서 그들은 '오래전 영광스럽게 죽었던 사람들', '모든 시대의 성도들'을 만날 것이며, 무엇보다 '그리스도를 만날 것이다.'"[235]

마지막 날 "'죽은 자들은 큰 자나 작은 자나 하나님의 보좌 앞에 서서 … 자기 행위를 따라 심판을 받을 것이다'(계 20:12). '그때에 임금이 그 오른편에 있는 자들에게 이르시되' (하나님은 당신에게 이렇게 말씀하시기를!) '내 아버지께 복 받을 자들이여 나아와 창세로부터 너희를 위하여 예비된 나라를 상속받으라'(마 25:34)."[236] "그리고 천사들은 수금을 들고 노래할 것이다. '문들아 너희 머리를 들지어다 영원한 문들아 들릴지어다 영광의 왕이 들어가시리로다'(시 24:7)."[237]

2. 얻을 것과 잃을 것

이성적인 존재에게는 선택권이 주어진다. 시간과 영원 중 무엇이 더 중요한가? 스스로를 위해 신중하게 계산해 보라. 여기서 웨슬리는 하나님의 존재에 관한 파스칼의 내기 논증(wager argument)과 안셀름의 존재론적 논증(ontological argument)을 조합한 것으로 보인다.

"자신의 영혼을 잃어버린 자의 몫은 이와 얼마나 다를 것인가! 그에게는 어떤 기뻐할 만한 판결도 내려지지 않고, 오직 말할 수 없는 공포로 그를 찌를 판결만 내려질 것이다(하나님 앞에 있는 여러분에게는 누구에게

---

235 "The Important Question," B 3:187; J VI:497, sec. 2. 5.
236 "The Important Question," B 3:187; J VI:497, sec. 2. 6.
237 같은 곳.

도 그런 판결이 내려지지 않기를!).”[238]

바로 이 사실을 생각할 때만 우리는 “사람이 만일 온 천하를 얻고도 제 목숨을 잃으면 무엇이 유익하리요”라는 질문의 의미를 가장 밝은 빛 속에서 이해할 수 있게 된다. 어떻게 “이성을 부여받은 피조물이 자발적으로 자신의 영혼을 잃어버리는 일을 선택할 수 있을까? (내가 선택이라는 용어를 쓴 것은, 하나님은 어떤 사람도 피할 수 없도록 멸망당하는 것을 강제하시지 않기 때문이다). 하나님과 함께할 수 있는 미래를 잃어버렸다면, 세상이 줄 수 있는 모든 것은 아무런 가치가 없다.”[239]

a. 거짓 종교와 참된 행복

거짓 종교의 이러한 비이성적인 대안을 선택하는 사람은 “신앙의 삶은 고통의 삶”이라고 거짓되게 추측할 수 있지만, 그럼으로써 그들은 신앙은 아무런 해를 끼치지 않는 것이라고 추정함으로써 신앙이 참으로 무엇인지에 대해 무지함을 스스로 입증한다. 그들에게서 신앙은 마음으로부터 하나님께서 값없이 베푸시는 용서의 선물을 받고 그 은혜에 응답하는 것이 아닌, 도덕적 행위와 종교적 의식으로 축소된다. 그러나 가장 종교적인 사람이 일평생 종교 행사에 참여하고도 “여전히 참된 신앙을 전혀 갖지 못할 수도 있다. 신앙은 어떤 외적인 종교 의식보다도 높고 깊은 것이다.”[240]

복음의 관점에서 본 참된 신앙은, 성자 속에서 성육신하신 성부 하나님의 사랑을 받아들임으로 “하나님을 사랑하고, 이웃 즉 하늘 아래 모든 사람을 사랑”하는 것이다. “삶 전체를 다스리고, 우리의 모든 성품과 열정

---

238 “The Important Question,” B 3:188; J VI:497, sec. 2. 7.
239 “The Important Question,” B 3:188; J VI:498, sec. 3.
240 “The Important Question,” B 3:189; J VI:498, sec. 3. 1.

188 존 웨슬리의 기독교 해설 3: 목회신학

을 생기 있게 만들며, 우리의 모든 생각과 말과 행동을 지도하는 이 사랑이 '순결하고 더럽혀지지 않은 신앙'이다."[241] 이 사랑이 가장 진정한 행복이다.[242] 심지어 사랑이 이 세상에서는 우리에게 불행을 초래할지라도 그것과는 비교할 수 없도록 크나큰 영원한 행복을 가능하게 하는 복이 된다.[243]

"하나님을 향한 사랑이 사람을 자연스럽게 경건의 일로 인도한다면, 이웃을 향한 사랑은 그 사랑을 가진 사람을 자연스럽게 자비의 일로 이끈다. 이 사랑은 우리로 배고픈 사람을 먹이고, 헐벗은 사람을 입히고, 병들었거나 옥에 갇힌 사람을 돌아보게 하며, 눈먼 자에게는 눈이 되어 주고, 저는 자에게는 발이 되어 주며, 과부에게는 남편이 되어 주고, 고아에게는 아버지가 되어 주게 만든다. 신앙이 요구하는 모든 것을 행하는 것은 우리의 행복을 감소시키지 않고 놀랍게 증가시킨다."[244]

> "종은 주인보다 크지 못하므로"(요 13:16; 15:20) 그리스도인은 정도의 차이만 있을 뿐 누구나 비난을 견뎌야 하지만, 그만큼 더 "영광의 영 곧 하나님의 영은 그 사람 위에 계신다"(벧전 4:14). 그렇다면 이 모든 고난은 우리의 행복을 가로막거나 감소시킬 수 없고, 오히려 증가시키는 데 매우 큰 도움을 주고, 참으로 그 행복을 구성하는 결코 사소하지 않은 요소가 된다. 따라서 그 본성을 고려하든 그 열매를 고려하든 진정한 신앙이 참되고 확고한 행복의 원천임을 안다면, 신앙의 삶은 불행하다는 가정만큼 거짓된 것은 없다.[245]

b. 자기 영혼을 잃는다면

당신의 행복을 계산해 보라. 온 세상을 얻기 위해 자신의 영혼을 잃어

---

241 "The Important Question," B 3:189; J VI:498, sec. 3. 2.
242 "The Important Question," B 3:189; J VI:499, sec. 3. 3.
243 "The Important Question," B 3:190; J VI:499, sec. 3. 4.
244 "The Important Question," B 3:191; J VI:500, sec. 3. 5.
245 "The Important Question," B 3:191-92; J VI:500-501, sec. 3. 6.

버린 사람은 "악한 삶이 행복한 삶"이라고 상상할지도 모른다. 그러나 "어떤 악한 사람도 행복하지 않다." 그는 "행복하기 위해 반드시 있어야 할 마음의 평안"을 가질 수 없기 때문이다.

성경이 가르치는 것을 이성은 확증한다. 무엇이 악한 자를 행복하게 할 수 있는지 물어보라. 세상을 얻는 것인가? 설령 그렇게 되더라도 그가 얻는 것은 무엇인가? "감각을 만족시키는 모든 것이다." 그러나 산해진미로 배부르더라도 "그는 많은 지루한 시간 속에서 신음하게 되지 않겠는가?" "자신의 시간을 온전히 바칠 만한 일을 발견하지 못한 채 자주 우울한 상태에 빠지지 않겠는가? 우울이라는 말은, 우울한 의사가 우울한 환자만큼도 그 뜻을 이해하지 못하는 의미가 매우 모호한 말이다." 자주 "신경 쇠약"이나 "우울증"으로 불리지만, 그 상태는 "우리가 있어야 할 자리에 있지 않고, 우리의 모습이 하나님이 원하시는 모습이 아니며, 우리가 올바른 중심에서 멀어져 있음에 대해 일종의 자각을 가지고 있다"는 사실을 암시하는 것일 수 있다.[246]

c. 일시적 행복과 영원한 행복을 견주어 보라

즐거움의 기간을 재어 보라. 당신을 위해 궁전과 황금과 정원을 구해 보라. 그러나 "그것들이 얼마나 오래 즐거움을 줄 수 있을까? 그것들이 새롭게 느껴질 동안만이다. 처음 느꼈던 새로움이 사라지면 즐거움도 사라지고 만다. 몇 개월 또는 몇 년간 그것들을 내려다본 후에는 그것들이 더는 만족을 주지 못한다. 자신의 영혼을 구원하는 사람은 바로 이 점에서

---

246 "The Important Question," B 3:192-93; J VI:501, sec. 3. 7.

그보다 유리하다."[247] 그에게 명예를 좇아다니도록 해보라. 그것이 그를 행복하게 만들 수 있을까? 생각해 보라. "그는 모두에게 박수갈채를 받을 수는 없다." 세상에서는 그런 일이 있었던 적이 없다. 일부는 그렇게 하더라도, 모두가 그렇게 하는 것은 아니다. "박수갈채를 좋아하는 사람은 많은 사람의 칭찬을 듣고 즐거움을 느끼기보다 한 사람의 비난에 더 큰 고통을 느낄 것이다."[248] 모든 악한 성품은 불행한 성품이다.

야망, 탐욕, 허영심, 과도한 애착, 악의, 복수심은 그 자체가 형벌이자, 그것을 지닌 사람 그 자신의 영혼에 앙갚음을 한다. "정욕, 어리석은 욕망, 질투, 악의, 분노는 이제 당신의 가슴을 찢어놓는다. 돈이나 칭찬을 사랑하는 것 또는 미움이나 복수심이 이제 당신의 불쌍한 영혼을 파먹는다. 그런 행복은 악한 것이다!"[249]

당신의 남은 생애가 얼마인지 세어보라. "당신은 60세까지는 살 것이라고 확신하는가? 1년은 더 살 것이라고 확신하는가? 1개월 더 살 수 있고, 1주일 더 살 수 있으며, 적어도 하루는 더 살 수 있을 것이라 확신하는가? 그 시간을 서둘러 살도록 하라! 오늘 밤 죽을지도 모르는 사람은 당연히 오늘을 살아야 한다."[250] 하나님께서 그의 피조물에게 권고하시는 더 나은 선택은 어떤 것인가? "당신은 지금 천국을 미리 맛보고 이후에도 영원히 맛볼 것인가? 아니면 지금 지옥을 미리 맛보고 이후에도 영원히 맛볼 것인가? 당신은 두 개의 지옥을 가질 것인가, 아니면 두 개의 천국을 가질 것인가?"[251] 이 결정은 매우 쉽다.

---

247 "The Important Question," B 3:193; J VI:502, sec. 3. 8.
248 "The Important Question," B 3:194; J VI:502, sec. 3. 9.
249 "The Important Question," B 3:194; J VI:502-3, sec. 3. 10.
250 "The Important Question," B 3:195; J VI:503, sec. 3. 11.
251 "The Important Question," B 3:197; J VI:505, sec. 3. 14.

d. 바른 결정을 내리라

웨슬리는 올바른 결정 내리기를 호소함으로 결말을 맺는다. "내가 하나님의 이름으로 여러분에게 묻는 것은 이것입니다. 당신은 지금과 나중에 행복하고 싶습니까? 지금은 이 세상에서, 나중에는 앞으로 올 세상에서. 그렇지 않으면 당신은 지금과 나중에, 시간 속에서와 영원 속에서 불행하기를 원합니까? 당신의 선택은 무엇입니까? 지체하지 말고, 바로 지금 양자택일하십시오. 오늘 나는 하늘과 땅으로 하여금 내가 당신 앞에 삶과 죽음, 축복과 저주를 두었음을 기록하게 했습니다. 삶을 택하십시오! … 영원히 빼앗기지 않을 더 좋은 것을 택하십시오."[252]

---

252 "The Important Question," B 3:197-98; J VI:505, sec. 3. 15.

더 깊은 이해를 위한 독서 자료

Glick, Dan. "The Pastoral Counseling of John Wesley through Written Correspondence: The Years 1777-1782," Dan Glick Wordpress. Danglick.wordpress.com/2009/05/05/the-pastoral-counseling-of-john-wesley-through-written-correspondence-the-years-1777-1782/.

Outler, Albert C. "Pastoral Care in the Wesleyan Spirit." In *The Wesleyan Theological Heritage: Essays of Albert C. Outler,* edited by Thomas C. Oden and Leicester R. Longden, 175-88. Grand Rapids: Zondervan, 1991.

Telford, John, ed. *Letters of John Wesley,* 8 vols. London: Epworth, 1931.

4장

가정 목회

4장 가정 목회

A. 가정의 행복

1. 가정의 행복에 관한 설교

가정의 행복과 상호 책임성에 관한 웨슬리의 가르침은 생각을 가다듬게 만드는 세 편의 설교에 집중되어 있는데, 이 설교들은 어느 부모라도 읽기 쉽게 되어 있다. 이 설교들은 신학자가 아니라 부모와 가정을 위해 쓴 것이다. 길이도 짧아 청소년들도 유익하게 읽을 수 있다. 이 설교들을 읽는 것은 가족 수련회나 홈스쿨링 과제로도 훌륭한 프로젝트가 될 수 있다.

이 세 설교 중 첫 번째는, 가족을 하나님께서 인간 사회가 행복한 삶을 살 수 있도록 질서를 부여하시기 위해 제공하신 수단으로 묘사한다. 설교 "가정의 신앙생활에 대하여"는 여호수아서에서 기억할 만한 구절인 "오직 나와 내 집은 여호와를 섬기겠노라"(24:15)라는 말씀에 기초한다.

두 번째인 설교 95번은 잠언의 "마땅히 행할 길을 아이에게 가르치라 그리하면 늙어도 그것을 떠나지 아니하리라"(22:6)라는 말씀에 기초해 어린 자녀의 양육에 관한 비전을 제시한다.

세 번째는 "자녀들아 모든 일에 부모에게 순종하라"(골 3:20)라는 골로새서의 말씀에 기초해 부모에게 순종해야 할 자녀의 책임을 가르친다.

이 세 설교는 가족이 함께 살아가는 일에서 가장 중요한 문제로 하나님 아래에서의 가정의 바른 질서, 부모의 자녀 양육의 의무, 부모에게 순종할 자녀의 의무를 다룬다. 이 설교들은 우리가 질서 있는 사랑을 평생 배워야 함을 가르친다. 또 자녀의 행복을 위해 삶을 질서 있게 만드는 하나님의 방식이 어떤 것인지를 보여준다. 이 세 편의 설교는 모든 평신도 신자, 부모, 사려 깊은 젊은이에게 가정의 신앙생활 및 자기 중심성과 자아도취를 제어함으로 가정의 행복을 증대시키는 방법에 관한 웨슬리의 가르침의 핵심을 알게 해줄 것이다.

이 세 편의 교육적 설교는, 생명력 있는 신앙생활은 가정에서의 삶과 분리될 수 없다는 웨슬리의 깊은 신념의 산물이다. 웨슬리 자신의 가정의 삶이 이러한 신념을 형성했다. 그는 엡워스(Epworth) 목사관에서 사랑이 많고 경건한 부모 아래 성장했다. 존 웨슬리는 사무엘(Samuel)과 수잔나(Susanna)의 15번째 아이였다(19명이 태어났으나 9명이 유아 때 죽었고, 성인이 될 때까지 살아남은 자녀는 단지 8명뿐이었다). 비록 웨슬리의 부모는 한때 정치에 관해 다른 의견을 가지기도 했지만, 그들은 경건한 자녀를 양육하고 경건한 가정을 이루는 데 온전히 헌신되어 있었다.

2. 가정의 신앙생활에 대하여

존 웨슬리는 가족 제도의 사회적 중요성을 높이 평가했다. 건강한 가정 없이는 사회가 건강할 수 없다. 예배 공동체는 하나님께서 부여하시고 또 성령께서 능력을 부어주시는, 어린이를 돌보는 시역에 대한 관심을 가지고 있다. 아이들은 가정 내에서 책임감을 배울 때 복되다. 이에 웨슬리는 하나의 체계를 이룬 가정의 하나 됨에 관해 글을 썼다. 그는 성경의 가르침에 바탕을 둔 살아있는 기독교적 자녀교육을 격려했고, 자녀를 영적, 정서적, 육체적으로 건강하게 교육하는 방법에 대한 지침을 제공했다.

설교 "가정의 신앙생활에 대하여"(On Family Religion)의 성경 본문은 여호수아 24:15, "오직 나와 내 집은 여호와를 섬기겠노라"라는 말씀이다 [설교 #94 (1783년 5월 26일), B 3:333-46; J #94, VII:78-86].

a. 모세부터 여호수아까지 성경적 견지에서 본 가족의 책임성

각 가정의 리더인 부모에게는 많은 책임이 맡겨져 있다. 그들은 가족 각 사람과 전체에 대단한 사역을 하도록 명령을 받았다.

가족에 대한 헌신의 성경적 원형은 모세 이후 세대인 여호수아에게서 드러난다. 하나님께서는 무(無)에서 이스라엘을 일으키시고 모세에게 율법을 계시하셨다. 모세가 하나님의 백성을 이끌고 광야를 지나는 동안 하나님께서는 초자연적으로 음식을 공급하심으로 그들이 생존할 수 있게 하셨다. 두 번째 세대에서 여호수아는 겨우 한 세대 전에 시작된 새로운 언약 공동체가 쇠퇴할 위험에 직면했다. 그들은 망각과 우상숭배에 빠질 수 있었기 때문이다. 여호수아의 딜레마는 어떻게 하나님의 계시에 대한 강력한 기억을 다음 세대에서도 유지할 수 있느냐 하는 것이었다.[1] 이것은 웨슬리 시대 및 오늘날의 교회도 동일하게 겪는 문제다.

b. 하나님은 인류를 가정별로 다루심

하나님은 인류를 가정별로 다루신다. 우리가 자신이 누구인지를 발견하는 것은 가정을 통해서다. 우리는 한 가족이 어떻게 하나님께 헌신하기로 결정하게 되는지 그 원형을 여호수아에게서 배운다. 그는 자신의 가정

---

1   "On Family Religion," B 3:334, J VII:76, 서문 1-2.

의 기운과 하나 됨, 영적 행복에 대해 책임감을 가졌다.

여호수아가 어떤 사람인지 드러나는 결정적 순간은, 그가 하나님과 언약을 맺은 모든 가족을 불러모아 서로에 대한 언약적 책임성에 헌신하게 만들었을 때다. 여호수아는 각 가정의 가장에게 자신의 배우자 및 한 남자와 한 여자 사이의 고유한 계약으로 태어난 각각의 자녀를 돌볼 책임을 받아들이기를 촉구했다. 이 책임성은 그 가장의 집 지붕 아래 살아가는 모든 식솔과 필요에 의해 그의 집에 머무는 모든 나그네에게도 확장되었다.[2]

여호수아는 자신이 책임지고있는 모든 가족을 불러모아 이렇게 말했다. "너희 조상들이 강 저쪽에서 섬기던 신들이든지 또는 너희가 거주하는 땅에 있는 아모리 족속의 신들이든지 너희가 섬길 자를 오늘 택하라 오직 나와 내 집은 여호와를 섬기겠노라"(수 24:15). 여호수아는 자기 집안을 하나님의 계명 아래 둠으로 하나님 백성을 위한 하나의 본을 세운 것이다.

이러한 결정을 내리면서 여호수아의 가족은, 장차 "주님의 은혜로우심을 맛보아 아는 모든 사람, 주님께서 이집트 땅, 즉 죄의 속박에서 이끌어내신 모든 사람, 특별히 그리스도인의 교제 속에서 하나로 연합된 모든 사람"이 갖게 될 믿음을 예감했다. 그는 언약 아래에 있는 모든 가정을 불러모아 자신의 가족의 본보기를 통해 "이 지혜로운 해결책을 받아들이라! 그러면 우리 땅에서 하나님의 일이 번성할 것이다"라며 촉구하고 있다.[3] 타락한 세상에서 자신의 자녀를 바르게 인도하는 것에 관심을 가진 사람이라면 여호수아의 말을 청종하는 것이 마땅하다. 지혜롭게 양육 받은 기독교 가정의 자녀들은 여호수아와 같이 "오직 나와 내 집은 여호와를 섬기겠노라"라고 말하면서 부모의 결정을 따를 것이다.

2 　같은 곳.
3 　같은 곳.

3. 언약 관계를 물려주라

a. 가정을 통해 대물림되는 죄와 은혜

어떻게 언약 관계가 할아버지에게서 손자 손녀 세대로 전해질 수 있는가? 짧게 답하면, 가정의 신앙생활에서 누려온 하나님의 은혜에 의해서다. 하나님은 각 시대의 위험 속에서 믿음과 사랑과 용기를 가진 사람들을 일으켜 연약한 가정들을 인도하게 하신다.[4]

웨슬리는 노년(1783년)에 메소디스트 부흥운동 첫 세대의 활력이 이후 세대에서 약해지는 문제로 깊은 고민에 빠졌다. 그는 첫 세대가 얻었던 모든 것을 그 다음 세대가 잃어버릴 수 있음을 깨닫고 충격에 빠졌다.

오늘날에도 동일한 딜레마의 표징이 도처에 만연해 있다. 젊은이들이 부모를 경멸하고, 부모들은 자녀를 양육할 책임을 저버린다. 가정은 해체되고 있다. 자유방임적인 부모는 가족 중에서 가장 취약한 구성원인 자신의 소중한 자녀에게 해서는 안 될 부당한 일을 행한다. 그 증거는 너무나 많다. 경건한 부모의 지도 아래 하나님과 인류에 대한 사랑에 뿌리 내리지 않은 가정은 너무나 취약하다.[5]

b. 마땅히 행할 길을 아이에게 가르치라

성경은 부모에게 "마땅히 행할 길을 아이에게 가르치라 그리하면 늙어도 그것을 떠나지 아니하리라"고 말씀한다.[6] 참된 신앙의 함양과 지속, 그 미래는 훌륭한 가정교육에 달려 있다.

---

4   "On Family Religion," B 3:335, J VII:77, 서문 3-4.
5   "On Family Religion," B 3:335, J VII:77, 서문 4.
6   같은 곳.

자라나는 세대에게 "현재의 부흥"의 유익을 전해주지 않는다면 그들은 그 유익을 맛보지 못할 것이다.[7] 그들과 그 후손은 "참된 기독교에는 전혀 문외한"이 되고 말 것이다. 웨슬리는 자녀의 범죄는 일반적으로 부모의 무관심에서 비롯된다는 격언을 상기시킨다.

사회의 미래의 건강 역시 훌륭한 가정교육에 좌우된다. 가정의 리더는 역사 속에서 일하시는 하나님에 대한 예배 공동체의 지식에 기초해 하나님을 믿는 신앙을 불러일으킬 책임이 있다. 성부 하나님은 성자 하나님을 통해 모든 인간을 찾아오셨다. 따라서 성자 하나님을 믿는 것이 바로 하나님을 믿는 것이며, 성령의 능력으로 성자를 통해 계시된 하나님의 말씀의 빛에서 보면, 이 신앙은 가족이 근거해 있는 토대와도 같이 매우 중요한 것이다. 기독교 신자에게 주님을 섬긴다는 것은, 영과 진리 안에서 주님을 예배하는 것이다. 이것은 우연히 되지 않고, 강한 의지 속에서 이루어진다.[8]

4. 가정의 사회적 중요성

a. 가정을 통한 하나님 사랑의 전파

믿음으로 주어진 새 삶은 가족의 삶으로 퍼져가고 세상의 삶을 더 행복하게 한다. 믿음은 사랑 안에서 열매를 맺는다. 이 사랑은 하나님께서 우리 마음에 부어주시는 무한히 큰 사랑에서 솟아나온다.[9]

공공 정책 과제들과 비교해 보면 가정은 교육이라는 측면에서 훨씬 큰

---

7   "On Family Religion," B 3:335, J VII:77, 서문 3.
8   "On Family Religion," B 3:336, J VII:77-78, sec. 1. 1.
9   "On Family Religion," B 3:335-36, J VII:77-78, sec. 1. 3.

장점을 갖는다.

아이들은 하나님을 믿을 수 있는 첫 번째 기회를 가정에서 갖는다. 우리가 친절하고 예의 바르며 용서하는 것을 배우는 곳도 가정이다. "우리가 사랑함은 그가 먼저 우리를 사랑하셨음이라"(요일 4:19)라는 말씀의 의미를 배우는 곳도 가정이다. 하나님의 사랑에 대한 첫 번째 증거는 공로 없는 자에게 주시는 하나님의 전적인 은혜로 "성령에 의해 우리 마음 속에 부어지는 … 용서하시는 하나님의 사랑"이다.[10] 하늘에서 임하는 은혜로 만지심을 받은 가정은 이웃을 향한 사랑을 품는다. 하나님을 사랑하는 사람은 하나님께서 모든 이를 사랑하셨듯 다른 사람 사랑하기를 배운다. 주님을 섬긴다는 것은 우리가 가장 가까운 관계를 맺고 사는 사람들 사랑하기를 배우는 것을 포함한다.[11]

나이가 얼마나 많든 또 얼마나 어리든 우리 믿는 자들은 우리가 의롭게 된 것이 가정의 규칙을 따름이 아니라 하나님의 은혜로 된 것임을 안다. 우리가 가정이라는 엄청난 유익을 누리는 것은 얼마나 큰 특권인가! 가정에서 우리는 하나님께서 주신 가정 고유의 질서를 가치 있게 여기기를 배우고 하나님의 칭의의 은혜를 받는다. 가정에서 우리는 가장 가까운 사람을 대상으로 사랑 실천하기를 먼저 연습함으로써, 나아가 더 먼 관계에 있는 다른 사람들을 사랑하는 법도 배우게 된다. "우리의 창조주를 향한 감사는 확실히 우리의 동료 피조물에 대한 자비로운 마음을 일으킬 것이다. 우리가 하나님을 사랑하면, 그리스도께서 우리를 사랑하셨듯 우리도 다른 사람을 사랑하지 않을 수 없다. 우리가 누군가에게 불만이 있다면, '하나님이 그리스도 안에서 우리를 용서하셨듯'(엡 4:32) 서로를 용서

---

10   "On Family Religion," B 3:336, J VII:78, sec. 1. 2.
11   "On Family Religion," B 3:336, J VII:78, sec. 1. 3.

함으로 … 사람의 모든 자녀를 향한 사랑 안에서 우리의 영혼이 확장됨을 느낀다."[12]

하나님의 선물에 감사하는 마음은 신자에게 하나님께서 금하신 것을 주의 깊게 피하고, 명령하신 것을 적극적으로 노력하게 한다. 하나님께서는 죄짓기 쉬운 피조물이 자신의 명령을 지켜 유익을 얻는 것을 지켜보심으로 기뻐하신다. 만약 가정이 주님을 바르게 섬기려 한다면, 가족 전체가 하나님께 순종하기를 배워야 한다. 순종은 하나님께서 명령하신 것을 마지 못해서가 아니라 기꺼이 즐겁게 행하는 것을 말한다.[13]

b. 신실한 가정에 대한 하나님의 약속

타인을 향한 사랑은 조금씩 배워가는 것이다. 타인에 대한 사랑을 배우려면, 사랑의 가정 안에서 늘 지켜오던 규칙이 풍성한 은혜에 기초해 있음을 깨닫고 그 은혜로운 규칙을 따라 살 필요가 있다. 하나님께 대한 순종, 가정의 리더에 대한 순종, 그리고 하나님께서 새겨주신 양심에 대한 순종은 가족이 함께 평화롭고 보람되게 살아가는 데 매우 중요하다.

여호수아는 다른 사람들은 어떻든 "오직 나와 내 집은 여호와를 섬기겠노라"(수 24:15)고 선언했다. 훌륭한 가정은 나쁜 문화를 거스를 수 있다. 주님을 섬기는 것은 가정생활의 훌륭한 질서를 세우기 위해 필요로 하는 모든 지침에 순종하는 것을 포함한다.

질서 있는 가정은 모두에게 유익을 주는 훌륭한 규율을 기뻐힌다. 가족 전체가 함께 "하나님의 계명을 부지런히 지키고, 그분이 금하신 것은

---

12 같은 곳.
13 "On Family Religion," B 3:337, J VII:78, sec. 1. 4.

주의 깊게 피하며, 명령하신 모든 것은 열심을 다해 행하기를" 배운다.[14] 가족에 대한 약속은 그 자손이 "하나님과 사람에 대하여 항상 거리낌이 없는 양심"(행 24:16)을 가지고 성인으로 성장해나갈 것이라는 것이다. 지혜로운 양육을 받으며 사랑하는 가족과 함께하면서 이런 방식으로 성장하는 복을 받은 사람은 그들이 살아가는 사회에 더 많은 유익을 끼치도록 준비된다.

가정의 언약은 하나님과 인간 사이의 언약을 반영한다. 하나님의 백성들의 가정을 향한 하나님의 약속은 "내가 이스라엘 모든 종족의 하나님이 되고 그들은 내 백성이 되리라"(렘 31:1)는 것이다. 하나님은 미래에 맺을 새 언약 아래서는 "내가 나의 법을 그들의 속에 두며 그들의 마음에 기록하여 나는 그들의 하나님이 되고 그들은 내 백성이 될 것이라"(렘 31:33)고 약속하신다.[15]

5. 집안 내 모든 사람 돌보기

하나님께서 이런 가족 체계에 방문객, 대가족, 문 앞에 서 있는 낯선 사람을 잠시 맡겨 그 가족의 지붕 아래 일정 기간 함께 살게 하실 수 있다. 하나님은 낯선 사람을 통해 가정을 축복하실지도 모른다. 각 사람은 어떤 필요를 가지고 오게 될 것이다. 그들은 장단점을 따지지 않고 환영받을 수 있어야 하겠지만, 동시에 같은 기준에 따라 그 집에 머무는 동안 그 가정의 규칙과 요구 사항을 지키고, 자신의 재능을 나눌 수 있어야 할 것이다.[16]

웨슬리는 가정의 가장들에게 "당신은 당신의 집에 머무는 영혼을 가진

---

14   같은 곳.

15   *WOF*, sec. 2. 1; "Of the Preparatives to Family Duties," in *SOSO*, 4, 1760 ed.

16   "On Family Religion," B 3:338, J VII:79, sec. 2. 3; 참고. "The Use of Money," 3. 3.

모든 사람을 돌보아야 합니다"라고 주장한다.[17] 그들이 집에 머무는 기간이 얼마든, 심지어 그들이 생물학적 가족이 아니더라도, 그들은 가족의 일부로 대접받아야 한다. 당신의 가정에 머물렀던 사람이라면 누구도 금보다 훨씬 가치있는 것, 즉 사람에 대한 존중과 사랑을 통해 표현된 하나님의 사랑을 받지 못하고 당신의 가정을 떠나서는 안 된다.[18]

B. 부모에게 주는 조언

웨슬리의 설교는 자녀의 신앙 교육에 관해 명쾌한 목회적 조언을 제공한다. 그는 신생아에서 청년, 또 성인이 되어 또 다른 생명의 순환을 만들어내고 지속시키기까지 발달의 모든 단계에서 일어나는 개인의 성숙에 관심을 기울였다.

1. 자녀 교육에 대한 생각

a. 자녀 교육 무엇이 문제인가?

웨슬리의 "자녀 교육 방법에 관하여"(A Thought on the Manner of Educating Children) [J XIII:476-77 (1783년 7월)]라는 소논문을 처음 읽었을 때, 나는 웨슬리가 나를 직접 비판하는 것처럼 느꼈다. 나는 "자녀를 너무 엄격하게 양육하는 것에 강하게 반대"하고, 또 "그들이 기꺼이 받아들일 수 있는 정도 이상으로 신앙을 교육"하는 것에 대해 조심하면서 그

---

17 "On Family Religion," B 3:338, J VII:79, sec. 2. 3.
18 같은 곳; 참고. William Law, *Treatise on Christian Perfection*, Works, 9 vols. (Hampshire, UK: J. Richardson, 1753-56), 3:223.

들이 자유로이 자신이 믿을 진리를 선택하기를 원했던 부모였기 때문이다.[19] 웨슬리는 방임적 자녀 교육에 반대해 적극적으로 싸웠다.

웨슬리는 이러한 방임적 관점이 "루소(Rousseau)가 『에밀』(*Emilius*)에서 주장한 것과 상당히 일치"한다는 사실을 잘 알고 있었다.[20] 루소의 교육 사상은 존 듀이(John Dewey), 모티머 아들러(Mortimer Adler), 윌리엄 허드 킬패트릭(William Heard Kilpatrick) 같은 근대의 가장 영향력 있는 많은 교육학자들을 사로잡았다. 웨슬리는 『에밀』에 대해 "자기 분수를 모르는 무신론자가 쓴 글 중 가장 무의미하고 어리석고 부적절한 작품"이라고 솔직하게 평가했다.[21] 나는 한때 루소에게 완전히 마음을 뺏긴 적이 있었기 때문에, 웨슬리의 글을 처음 읽을 때 장광설을 늘어놓을 것이라 생각하며 마음을 다잡았다. 그러나 지금 돌이켜 보면, 내가 교육에서 해온 많은 실수가 루소와 함께 바른 길에서 벗어난 것이며, 만약 웨슬리의 엄격한 사랑에 대한 가르침으로 그것에 대한 치료약을 처방 받았다면 내게 매우 유익했을 것이라 생각한다.

웨슬리는 루소와 동시대 사람이었다. 루소는 가족에게 버림받았고, 그도 자식을 버렸다. 웨슬리는 루소가 경멸했던 그런 엄격함으로 부모에게 양육 받았다. 웨슬리는 아이들을 격려하며 교육하는 교육자의 훌륭한 모범을 두눈으로 목격하는 특권을 가졌는데, 그 교육자는 바로 어머니 수잔나였다.[22] 웨슬리는 그 훌륭한 모범이 자기 집에서 어떻게 일하셨는지를 보았다. 그는 또한 나중에 존 플레처(John Fletcher)의 부인이 된 보즌켓(Bosanquet) 여사가 킹스우드(Kingswood) 학교에서 보여준 교육의 탁

19 "A Thought on the Manner of Educating Children," J XIII:474, sec. 1.
20 Emilius = Émile; "A Thought on the Manner of Educating Children," J XIII:475, secs. 1-3.
21 "A Thought on the Manner of Educating Children," J XIII:474, sec. 2.
22 B 19:286-91.

월한 모범을 보면서도 감탄했다.[23] 웨슬리는 아이들을 더 나빠지지 않고 좋아지게 하는 특별한 교육의 형태가 실제로 실행 가능함을 목격했다. 그는 그 아이들 중에는 "믿음에서 파선"하는 사람이 거의 없다는 사실도 알게 되었다. 그곳에서 교육받은 많은 학생이 "마음과 삶이 거룩해져" "그 학교에 다닐 수 있었던 것을 영원히" 하나님께 감사했다.[24]

웨슬리는 "일반적으로 기독교 교육으로 부르는 것이 유익을 주기보다 해를 끼치는 경우가 자주 있고", 어떤 사람에게는 오히려 "기독교에 적대감"을 갖게 하기도 한다고 주장했다.[25] 기독교를 가르치는 교사 중 너무나 많은 사람이 참된 기독교가 무엇인지 알지 못한다. 그들은 기독교 신앙을 단지 "남에게 해를 끼치지 않고, 행동으로 죄를 짓지 않으며", 교회에 가거나

일련의 바른 견해를 갖는 것이라고만 생각하면서, 그런 것들을 통칭해 신앙으로 부른다. 그러나 그런 일이 세상에서 아무리 흔하더라도, 이 모든 것은 중대하고 치명적인 잘못이다. 기독교 신앙의 주된 특징이 거룩한 성품, 하나님과 이웃 사랑, 겸손과 온유와 인내와 오래 참음과 어떤 상황에서도 자족하는 것임을 설명하지 않고, 또 그 모두를 요약해 하나님의 형상을 지니는 것이나 그리스도의 마음을 품는 것으로 설명해주지 않는다면, 그렇게 배운 사람이 다른 이들보다 나아지지 않고 나빠지는 것은 놀랄 일이 아니다. 그들은 확실히 기독교 신앙을 가지고 있지 않으면서도 스스로는 가지고 있다고 생각하기에, 다른 모든 악에 추가로 신앙적 교만까지 갖게 되기 때문이다.[26]

설령 그들이 기독교의 본질에 관해 좀 더 균형 잡힌 판단을 가지고 있

23 "A Thought on the Manner of Educating Children," J XIII:474, sec. 2.
24 "A Thought on the Manner of Educating Children," J XIII:475, sec. 3.
25 "A Thought on the Manner of Educating Children," J XIII:475, sec. 4.
26 "A Thought on the Manner of Educating Children," J XIII:476, sec. 5.

더라도 "그들은 여전히 그것을 아이들에게 주입시키는 방법에서 잘못을 범하고 있을 수 있다." 그들은 아이들을 바르게 인도하고자 하는 정신을 결여하고 있을지도 모르는데, "심지어 선한 사람조차도 그런 것에는 문외한일 수 있다. 또 그저 습관적으로 지나친 방임이나 엄격함으로 기울어질 수 있다. 만약 그들이 지나치게 아이들의 뜻대로 해주거나, 반대로 불필요할 정도로 까다롭게 그들을 통제하면, 또 아이들에게 아예 벌을 주지 않거나 필요한 정도 이상으로 지나치게 벌을 주면, 그런 극단이 그들의 모든 노력을 수포로 돌아가게 할지도 모른다."²⁷

b. 때에 맞는 훈련을 일찍 시작하는 비결

행복한 삶을 가르치는 것은, "성경과 이성과 경험을 통해 … '경계에 경계를 더하고 교훈에 교훈을 더하되'(사 28:13) 그 시점은 이성이 밝아오는 그 순간, 즉 그들이 이해할 수 있을 때부터 최대한 빨리", 최대한 일찍 시작해야 한다.²⁸ 성경과 이성과 경험은 함께 자연과 이성, 죄와 은혜, 하나님과 함께하는 삶에 관한 진리를 증거한다.

가장 훌륭한 교육은 타락한 인간의 자유에 관한 암울한 이야기 속에서 오랫동안 만연해온 비극적 불균형의 교정을 위해 고안된 교육이다. 성경과 이성과 경험을 통해 계시된 은혜는 죄의 역사 속에서 함양된 "자기 고집, 교만, 분노, 복수, 세상 사랑"과 같은 잘못을 물리치게 하고 "겸손, 온유, 하나님께 대한 사랑"으로 인도한다.²⁹ 혹 우리가 이 뿌리 깊은 왜곡을 완전히 근절할 수 없다면 적어도 더 자라지 못하게 제어할 수는 있다. 우리

---

27   "A Thought on the Manner of Educating Children," J XIII:476, sec. 6.
28   "A Thought on the Manner of Educating Children," J XIII:476, sec. 7.
29   같은 곳.

는 "상냥함, 부드러움, 온화함"으로 최대한 그렇게 해야 한다.[30]

자녀를 사랑하는 부모는 훈육에 주의를 기울인다.[31] 잠언은 이 점을 강조한다. "채찍과 꾸지람이 지혜를 주거늘 임의로 행하게 버려둔 자식은 어미를 욕되게 하느니라"(잠 29:15). "그러므로 아이를 키우는 모든 부모로 하여금, 아이들이 말을 시작하고 혼자 뛸 수 있을 때부터 하나님의 이름과 말씀의 권위로 그들이 마땅히 행할 바를 가르쳐 훈련시키게 하고, 최대한 부지런하게 그들의 본성의 타락을 막게 하며, 아이들의 자기 고집과 교만, 그외 모든 잘못된 성품을 고치기 위해 할 수 있는 모든 일을 하게 하라."[32]

2. 설교, "자녀 교육에 대하여"

a. 하나님의 계획 속에서의 인간의 의지

웨슬리가 작성한 자녀 교육에 관한 매우 중요한 설교[설교 #95, "자녀교육에 대하여"(On the Education of Children), B 3:347-60; J #95, VII:86-98 (1783년 7월 12일)]는 그 전에 쓴 "자녀 교육 방법에 관하여"에서 제시한 간단한 전제에 기초한 것이다. 설교 본문은 잠언 22:6의 "마땅히 행할 길을 아이에게 가르치라 그리하면 늙어도 그것을 떠나지 아니하리라"는 말씀이다.

아이들은 창조주께서 주신 그들 고유의 의지를 지니고 있다. 그러나 그들이 타락한 세상에서 자발적인 선택을 하면서 그 의지도 타락한다. 그러나 그 타락한 의지에 건전성을 회복시키는 기술이 있다. 그 기술은 부

---

30 "A Thought on the Manner of Educating Children," J XIII:477, sec. 7.
31 잠 13:24; 히 12:8; "A Thought on the Manner of Educating Children," J XIII:477, sec. 8.
32 "A Thought on the Manner of Educating Children," J XIII:477, sec. 8.

모와 교사가 간구하며 수용적인 자세를 취할 때 주어지는 특별한 은총에 의해 작용한다.

웨슬리는 왜 "가장 훌륭한 부모에게 최악의 자녀가 생기는지" 질문한다. 그것은 훌륭한 부모는 "성품이 너무 좋은 경우가 많기 때문이다."[33] 우리가 자녀 교육의 새로운 기반을 마련하려면, 지혜를 얻기 위해 선지자들과 사도들의 가르침에 주의를 기울여야 한다.[34]

b. 타락 이후 상태와 구분해야 할 본래의 이성적 인간

우리는 자녀 교육의 모든 국면에서, 현재 인간의 상태는 오랜 세월 무수한 세대에 걸쳐 전해내려온 잘못된 자발적 선택의 결과로, 처음 창조되었을 당시와 동일하지 않음을 기억해야 한다.

전통적 기독교 문헌은 '본성적'(natural)이라는 용어를 사용해 왔는데, 웨슬리는 창조된 인간의 본성은 타락한 본성과 다르다는 사실을 드러내기 위해 그 용어를 두 가지 다른 수준의 의미로 사용한다. 창조된 그대로의 인간 의지의 본성은, 타락 전 아담에게서 볼 수 있듯 하나님을 영화롭게 하려는 선한 의도를 가지고 창조주께 순종하는 의지를 가지고 있었다. 이 의지는 타락의 과정 및 그 후 아담에게서 나타나는 타락한 본성의 의지와는 구분되어야 한다. 타락한 의지는 창조주께 불순종하는 경향을 지닌다. 타락 이후 인간의 의지는 하나님의 영광에 저항하는 것에서 자신의 왜곡된 관심을 주장하는 것으로 변질되었다. 인간의 역사는 이런 타락과 구속의 이야기다.[35]

---

33 "On the Education of Children," B 3:347-48, J VII:86, sec. 1.
34 "On the Education of Children," B 3:348, J VII:87, sec. 2.
35 같은 곳.

자녀 교육에서 하나님께서 부모에게 주신 임무는 그들의 의지를 가능한 한 창조된 본성에 가깝도록 지켜내는 것이다. 그리고 그 의지가 타락한 본성의 의지로 이미 왜곡되었다면, 가능한 한 회복시켜 하나님을 사랑하고 영예롭게 하려는 본래의 자연적 욕망으로 회복하는 것이다.

교육의 목표는 타락한 세상의 뒤틀림 속에서도 하나님과 인간을 사랑하는 의지의 능력을 향상시키는 것이다. 이 싸움은 부모가 매일 감당해야 할 의무다.[36]

3. 교육의 목표

a. 올바른 의지 형성

현재의 역사 속에서 모든 사람은 타락을 향해 나아가도록 유혹하는 의지를 가지고 태어난다. 이 의지는 더 큰 유혹에 노출되어 너무나 빨리 "병적인 본성"이 되어간다. 교육의 목표는 "우리 본성에 있는 모든 올바른 것들은 강화하고, 모든 질병은 제거"하는 것이다.[37] 이런 의미에서 교육은 사람의 타락한 자기 고집 이전에 있었던, 창조 시 주어진 의지의 본래적인 온전함의 상실을 바로잡기 위한 것이다.[38]

신체적·육체적 치료가 몸의 자연적 질병과 싸우기 위한 것이듯, 교육역시 영혼의 질병과 싸우기 위한 것이다. 영혼의 주된 질병은 우상숭배, 자기 고집, 교만, 탐심, 분노 같은 것이다. 이런 질병은 진실을 말하는 것에서 벗어나 불의한 행동으로 나아가게 한다. 훌륭한 의사는 몸의 본래 상태나 정상적 상태로의 회복을 돕는다. 웨슬리는 신체의 건강을 회복시키는

---

36 같은 곳.
37 "On the Education of Children," B 3:349, J VII:88, sec. 3.
38 같은 곳.

기술을 "의술", 영혼의 건강을 회복시키는 기술을 "교육"이라고 칭했다.[39]

b. 온전한 인격 형성

교육은 하나님과 함께하는 삶에 적합하도록 지성과 정서적 안정, 좋은 성격과 내면적 성숙을 바르게 형성시키는 것을 포함한다. 교육은 이미 타락해 있는 의지를 하나님의 은혜로 가능한 한 회복시키기 위한 것이다. 오직 하나님만 타락한 의지를 가장 온전한 방법으로 회복시키실 수 있다. 하나님은 우리 영혼이 본래 창조된 대로의 본성을 회복하도록 양육하기를 목적하신다. 부모는 이러한 은혜를 자녀에게 심어주는 이 소중하고 특별한 단 한 번의 기회를 부여받았다.[40]

피타고라스에서 플라톤에 이르기까지 고전 교육은 "인간의 본성과 그 참된 목적, 인간이 가진 기능의 올바른 사용, 영혼의 불멸성 및 영혼과 신의 관계, 덕과 신적 본성의 적합성, 절제, 정의, 자비, 진리의 필요성, 애욕에 빠지는 것의 어리석음에 관한" 가르침으로 출발했다.[41] 웨슬리는 그 고전 교육 전통을 따른다.

4. 영혼의 무질서와의 싸움

a. 자녀의 영혼을 돌보라

만약 인류 역사가 하나님께서 아담과 하와 및 그 후손에게 의도하신 대로 진행되었다면, 역사 전체는 지금과 완전히 달랐을 것이다. 인간 본성의

---

39   "On the Education of Children," B 3:348, J VII:87, sec. 3.
40   같은 곳.
41   "On the Education of Children," B 3:348 – 49, J VII:87, sec. 3.

완전함은 선행하는 은혜의 도움으로 모든 사람에게 "충분한 자기 교사"가
되었을 것이다. "그러나 질병으로 약과 의사가 필요하게 된 것처럼, 우리
의 이성적 본성의 무질서로 교육과 교사가 필요하게 되었다. 의사의 유일
한 목표가 자연을 본래 상태로 회복시키는 것이듯, 교육의 유일한 목표도
우리의 이성적 본성을 올바른 상태로 회복시키는 것이다."[42]

기독교는 "만물의 새로운 상태를 소개하고, 인간의 본성 및 인간 창조
의 목적에 관해 충분한 지식을 주었다."[43] 구원의 역사는 고등 교육의 가능
성을 새롭게 열어놓았다. 그렇다면 우리는 "자연히 모든 기독교 국가에"
이런 교육을 추구하는 "학교가 많을 것이라고 생각할 수 있다." 그러나 실
제는 그렇지 않다. 웨슬리가 볼 때 신앙 교육은, 만물의 새로운 상태가 필
요로 하는 "삶의 과정에서 아이들을 양성하고 훈련하며 연습시키는 것"이
아닌, "몇 가지 교리문답"으로 축소되고 말았다.[44]

"사람이 아닌 하나님만이 영혼의 의사시다."[45] 오직 하나님만 인간의
오래된 질병을 고칠 치료약을 주신다. 우리가 스스로 죄로 더러워진 후로
"사람의 자녀는 누구도 '더러운 것에서 깨끗한 것을 줄 수 없다.'" 하나님
은 지금도 우리 안에서 일하심으로 우리로 "자기의 기쁘신 뜻을 소원하게
하시고 행하게 하신다"(빌 2:13). "하지만 하나님께서 일반적으로 기뻐하
시는 방법은 자신의 피조물을 통해 일하시는 것, 즉 사람을 통해 사람을 도
우시는 방법이다. 이 점에서 하나님은 사람을 '하나님과 함께 일하는 자'가
되게 하심으로 그들을 영화롭게 하신다. 하나님께서는 이런 방법으로 영

42　"On the Education of Children," B 3:348, J VII:87, sec. 3.
43　"On the Education of Children," B 3:349, J VII:88, sec. 3.
44　같은 곳.
45　"On the Education of Children," B 3:349, J VII:88, sec. 4.

광을 취하시면서도 우리에게는 상급을 주신다."[46]

우리는 아무 도움도 받지 못하는 상태에 있지 않다. 우리를 지키는 천사는 "지혜롭고 거룩한 것을 우리 마음에 떠오르게 하고, 우리가 내린 모든 잘못된 판단을 자각할 수 있게 도우며, 우리 마음의 모든 잘못된 격정을 억누르도록 돕는다."[47] 교사는 이런 하늘의 이성적 멘토를 본받아야 한다.

b. 우상숭배를 바로잡을 첫 번째 교사

죄의 역사로 인해 "여자에게서 난 모든 사람이 세상에 태어나면서부터 지닌" 타락한 상태를 가장 강하게 특징짓는 영적 질병은 무엇인가? 무엇보다 타락한 인간의 자유는 은혜가 없어도 하나님을 충분히 알 수 있다고 상상하는 침습성(invasive) 무신론이다. 이 무신론은 우리가 우리 자신을 고양시키면 온전한 사랑의 요구를 충족시킬 수 있다는 상상을 부추긴다.[48]

타락한 인간은 자기 자신을 신으로 삼도록 유혹받는 "자연적 무신론자"이다. 뿌리 깊은 무신론은 인간의 마음에 거주한다. "각 사람은 선천적으로 이를테면 자기 자신의 신이다. 사람은 자기 자신을 섬긴다. 사람은 자기 생각 속에서는 자기 자신의 완전한 주님이다." "자기 스스로 원하는 바가 사람의 유일한 법이다."[49] 사람은 교만 속에서 언제나 "마땅히 생각할 그 이상의 생각을 품기"(롬 12:3) 일쑤다. "모든 사람은 자기 자신을 제외한 모든 사람에게서 이 질병을 어느 정도 알아차릴 수 있다."[50] 우리는 고질적인 자기 중심성으로 인해 이 교만이라는 특징을 우리 자신에게서보다

---

46   같은 곳.
47   "On the Education of Children," B 3:349, J VII:88, sec. 3.
48   "On the Education of Children," B 3:350, J VII:89, sec. 5.
49   "On the Education of Children," B 3:350, J VII:89, sec. 6.
50   "On the Education of Children," B 3:350, J VII:89, sec. 7

다른 사람에게서 더 쉽게 알아차릴 수 있다.

이 근시안적 상태에 뒤따르는 것이 은밀하고 자기중심적인 "세상에 대한 사랑이다. 모든 사람은 선천적으로 창조자보다 피조물을 사랑하며, 하나님보다 모든 종류의 '쾌락을 더 사랑한다.'" 인간의 자유는 "'육체의 정욕과 안목의 정욕, 이생의 자랑'(요일 2:16)의 노예가 되었다. '육체의 정욕'은 외적인 감각을 만족시키는 데서 기쁨을 찾는 성향이다. '안목의 정욕'은 대단하거나 새로운 것, 또는 아름다운 것에 의해 내적 감각과 상상력을 만족시키는 데서 행복을 찾으려는 성향이다. '이생의 자랑'은 명예에 대한 감각을 만족시키는 데서 행복을 찾으려는 성향을 의미한다."[51]

육체의 정욕, 안목의 정욕, 이생의 자랑이라는 세 가지 과도한 광기는 영원의 관점에서 보면 "비록 짧지만 실제로 작용하는 광기다."[52] 이에 대한 치료약인 교육은 그 광기로 입는 피해를 영원의 빛에서 볼 수 있게 해, 우리로 용서와 능력 부으시는 은혜를 구하고 찾을 수 있게 한다.

이러한 속임의 결과는 역사적으로 볼 때 다음과 같은 것을 모두 포함한다. "모든 자연적 인간은 내밀한 유혹을 받을 때 진실에서 벗어나거나 진실을 가장한다. … 그들은 마음에 없는 행동을 하면서 자신과 다른 모습을 취하거나 자신의 진짜 모습을 감춘다. 따라서 하나님의 은혜가 그 본성을 변화시키기 전에는 어떤 사람에게도 '보라 이는 참으로 이스라엘 사람이라 그 속에 간사한 것이 없도다!'라고 말할 수 없다."[53] "모든 사람은 엄격한 정의가 허락하는 것 이상으로 자신의 유익이나 즐거움을 더 중시"하므로 "자연히 자기 자신에 대한 평가에서는 공정하지 못하다."[54] 이러한 것이 타

51   "On the Education of Children," B 3:350-51, J VII:89-90, sec. 8.
52   "On the Education of Children," B 3:351, J VII:90, sec. 9.
53   "On the Education of Children," B 3:351, J VII:90, sec. 10.
54   "On the Education of Children," B 3:352, J VII:90, sec. 11.

락한 인간 본성에 만연해 있는 질병이다.

이러한 속임을 한 겹 한 겹 돌파해나가는 것이 "교육의 원대한 목적"이다. "하나님께서 아이들의 교육을 맡기신 모든 사람"은 "우선 이런 질병 중어떤 것도 ··· 더 심해지지 않도록 최대한 돌보고, 다음으로는 모든 방법을동원해 그것을 고치는" 책무를 맡았다.[55]

c. 우상을 멀리하도록 가르치라

아이들의 도덕 교육은 가장 어릴 때부터 우상숭배, 즉 유한한 것의 가치를 절대적 가치로 높이는 잘못된 태도를 다루어야 한다. 하나님 아닌 것에 절하는 것이 우상숭배다. 우상숭배는 전능하신 하나님과, 그보다 훨씬못한 상상 속의 절대적 가치를 혼동하는 것이다. 아이들이라 해서 부모보다 우상숭배의 유혹을 덜 받는 것은 아니다. 우상숭배의 치료약은 하나님의 실재하심과 권능에 관한 감각을 심어주는 것이다.[56]

웨슬리는 다음과 같은 실천적 질문을 던진다. "어린 시절 자녀를 돌볼책임을 맡은 부모, 특별히 엄마는 모든 사람에게 자연스러운 무신론과 관련해 무엇을 할 수 있는가?" 가장 우선적으로 취해야 할 첫걸음은, 부모가"하나님의 창조 사역을 자연적인 것이나 우연으로 돌림으로써 자녀에게무신론"을 주입하기를 피하는 것이다.[57]

부모는 자녀의 질병을 내버려두어서는 안 된다. 그러나 치료하려면 무엇을 해야 하는가? 두 번째로 취해야 할 분명한 태도는, "자녀의 이성이 처음 밝아오는 순간부터" 부모가 다음을 지속적으로 각인시키는 것이다. 즉

---

55 "On the Education of Children," B 3:352, J VII:90, sec. 12.
56 "On the Education of Children," B 3:353, J VII:91, sec. 14.
57 "On the Education of Children," B 3:352, J VII:91, sec. 13.

"하나님은 이곳에 계시며 다른 모든 곳에도 동일하게 계신다. 하나님께서 너와 나, 지구와 태양과 달과 모든 것을 만드셨다. 하늘과 땅, 거기에 있는 모든 것이 하나님의 것이다. 하나님은 모든 것을 명령하신다. 그분은 태양이 빛나게 하시고, 바람이 불게 하시며, 나무들이 열매를 맺게 하신다. 하나님이 세상을 만드셨듯, 세상과 그 속에 있는 모든 것을 다스리신다."[58]

최악의 선택은 아이들이 자기 마음대로 하게 내버려두는 것이다. 아무런 지도도 하지 않고서 "아이들이 스스로 선택하게 내버려두는 것은 그들의 자기 고집을 칠 배나 더하는 확실한 방법이다. 아이들의 비위를 할 수 있는 한 맞춰주는 것은 그들의 질병을 불치병으로 만드는 것이다."[59]

5. 강한 자기 주장 깨뜨리기

a. 방임적 자녀 교육의 위험성

우상숭배는 자녀의 의지를 성경에서 "하나님께 대한 순종"이라고 부르는 하나님의 무한한 은혜에 대한 반응에 반하는 자기 고집으로 나아가도록 끊임없이 유인한다. 자기 고집은 아이의 삶에서 일찍부터 나타난다. 부모는 자기 고집이 나타날 때 그것을 알아보고 아이를 창조된 본래의 의지로 돌이키기를 힘써야 한다. 부모의 의지는 자녀의 삶에 하나님 의지를 실현해내는 첫 번째 돌파구와도 같다. 하나님께서 부모에게 주신 특별한 임무는 그 행동을 통해 하나님의 선하심을 반영해 자녀에게 마치 하나님과 같은 존재가 되는 것이다.[60]

58 "On the Education of Children," B 3:353, J VII:91, sec. 14.
59 "On the Education of Children," B 3:353-54, J VII:92, sec. 15.
60 같은 곳.

자녀가 경험할 수 있는 가장 끔찍한 재앙은 부모의 인도를 받지 못하는 것이다. 필요할 때조차 훈계하지 않는 것은 자녀의 나쁜 습관을 강화시키는 것이다. 거짓된 행동에 보상을 해주는 것은 자녀가 성장할 기회를 놓치게 하는 것이다. 우리가 자녀의 의지를 자기 중심적으로 기울어지게 하는 행동을 고취하면 불행을 더하게 하고 더 큰 함정을 파는 것이 된다.

> 지혜로운 부모는 자녀에게서 자기 고집이 나타나는 첫 순간부터 그것을 꺾어야 한다. 기독교 교육에서 이보다 중요한 것은 없다. 어린아이에게 부모의 뜻은 하나님의 뜻 같은 것이어야 한다. 자녀가 아직 어릴 때 부모의 뜻에 순종하도록 공들여 가르치면, 성인이 되었을 때 하나님의 뜻에도 순종할 수 있게 된다. 그것을 가능케 하기 위해서는 부모에게 굉장한 확고부동함과 결단력이 필요하다. 한번 시작하면 조금도 물러나지 말아야 하기 때문이다. 늘 한결같아야 하며 한시도 주의를 흐트러뜨리지 말아야 한다. 그렇지 않으면 헛수고가 될 것이다.[61]

웨슬리의 결혼생활은 그에게 자녀 양육의 기회를 주지 않았지만, 영적 훈련을 위한 메소디스트 연합체에는 그가 양육해야 할 많은 영혼이 있었다.

웨슬리는 자신의 어머니는 열 명의 자녀를 직접 돌보았지만 아이들 중 누구도 돌이 지난 후 소리내어 우는 것을 들은 적이 없었다는 점을 감사하면서 개인사를 언급했다.[62] 이런 경험을 기초로 웨슬리는 어머니의 양육 방식에서 비롯된 하나의 확고한 규칙을 제시한다. "어떤 이유로든 아이가 울면서 달라고 할 때는 절대 주지 말라. 아이가 울면서 달라고 하는 것을 주면 그의 울음에 값을 지불하는 것이 된다. 그러면 아이는 틀림없이 다시 울 것이다." 아이가 크게 소리내 울면 "그것을 효과적으로 제어할 수 있어

---

61   같은 곳.
62   같은 곳.

야 한다. 어떤 엄마도 아이가 돌이 지났는데도 큰 소리로 우는 일을 마냥 겪고만 있어서는 안 된다."[63] 하나님의 은혜는 자녀 교육에서 중심적인 역할을 한다. 웨슬리는 "그러나 나는 분별력을 지닌 어머니만 그 일에 성공할 수 있음을 인정한다"고 덧붙였다. 그 일은 "하나님의 은혜만이 줄 수 있는 그런 인내와 결단을 지닌 어머니"를 필요로 한다.[64]

b. 과도한 칭찬은 착각의 원인

아이가 잘할 때도 과도한 칭찬은 하지 않는 것이 좋다. "영광을 우리에게 돌리지 마소서"(non nobis)라고 노래한 시편과 함께 "영광을 우리에게 돌리지 마옵소서 우리에게 돌리지 마옵소서 … 주의 이름에만 영광을 돌리소서"(시 115:1)라고 말하는 것이 훨씬 유익하다.[65] 당신의 자녀가 매우 잘못된 행동을 했을 때조차도 언제나 더 많이 칭찬받을 것이라 기대하는 것이 습관이 되지 않게 하라. 단지 사실을 말해주라.

"우리 주님께서 자주 제자들을 칭찬하신 것처럼 자녀가 잘했을 때 부모가 기쁨을 표현하는 것은 좋은 일이다. 그러나 칭찬을 아껴 사용하라." 교만의 낌새가 보이면 그 뿌리를 뽑아버려야 한다. "할 수 있는 한 일찍 자녀를 가르쳐", 그들이 창조되었을 때는 "영광의 하나님의 형상"이었으나 "이제는 그들이 처음 창조되었을 때의 하나님의 영광스러운 형상에서 멀어져, 그들의 지금 모습이 그때와 같지 않음을 알게 해주라."[66]

웨슬리는 대부분의 부모가 과도한 칭찬으로 자녀의 고집과 교만을 강

---

63   "On the Education of Children," B 3:54-355, J VII:93, sec. 16.
64   "On the Education of Children," B 3:354-56, J VII:92-93, sec. 16.
65   시 115:1; "On the Education of Children," B 3:56, J VII:94, sec. 18.
66   "On the Education of Children," B 3:355-56, J VII:93-94, sec. 17.

화시키는 경향이 있다고 생각했다. 이런 습관은 아이들의 발에 덫을 놓는 것과도 같다. 아이들이 불순종을 택했을 때는 수모를 당하게 하라. 아이들이 자신의 교만함을 자각하게 해 겸손하게 만드는 일을 두려워하지 말라.

세상에 대한 과도한 사랑의 치료법은 아이들로 유한한 물질을 하나님보다 사랑하거나 하나님과의 관계 밖에서 추구하려는 유혹에 빠지지 않게 하는 것이다.[67] 세속적 관심에 대한 치료법은 하나님의 선하심과 그의 진리 안에서 즐거움을 추구하고 발견함으로 세상적 즐거움에 대한 갈망을 상대적인 것으로 만드는 것이다.[68]

자녀와 부모의 관계가 때때로 조부모나, 시모, 장모 앞에서 민감한 문제가 될 수 있다. 웨슬리는 부모에게 다음을 조언한다. "다른 모든 면에서는 어머니께 순종하십시오. 어머니 앞에서 자신의 의지를 꺾으십시오. 그러나 자녀를 다루는 문제에서는 자녀 통솔의 권한을 여러분이 단단히 붙들고 있어야 합니다."[69] 자녀에게 가능한 한 일찍 돈을 사랑하는 마음과 돈이 행복을 줄 수 있다는 위험한 생각을 혐오하도록 교육하라. "하나님이 모든 것에서 아이들의 목적이 되는 것이 습관이 되게 하라."[70] 부모는 자녀의 영혼을 돌보아야 한다.

c. 사소한 것의 중요성

웨슬리는 부모의 잘못된 자녀 보호에 대해 경고했다. "여러분이 자녀를 거짓된 방법으로 보호해 '내 아이가 아닌 고양이가 했다'고 핑계를 대

67   "On the Education of Children," B 3:350-51, J VII:89-90, sec. 8.
68   "On the Education of Children," B 3:57, J VII:95, sec. 19.
69   "On the Education of Children," B 3:358, J VII:95-96, sec. 20.
70   "On the Education of Children," B 3:358-59, J VII:96-97, sec. 21.

는 것은 얼마나 어리석은 행동입니까! 여러분은 자녀의 입에 거짓말을 넣어주고서도 아무런 가책을 느끼지 않습니까?"[71] "자녀에게 크든 작든, 장난으로든 진심으로든 '모든 거짓을 멀리하고' 마음에서 나오는 진실만 말하도록 가르치라. 모호한 말로 얼버무리는 것과 모든 교묘한 말, 가식적인 말을 혐오하도록 가르치라. 자녀에게 마음과 행동 모두에서 진리와 정직, 성실과 단순함, 솔직함에 대한 사랑을 심어줄 수 있도록 모든 방법을 강구하라."[72] 사소한 것이 중요하다. "백 원을 훔친 사람은 만 원을 훔치게 될 것이다."[73] 자녀가 "말이나 행동으로 형제나 자매를 성가시게 만들지" 못하게 하라.[74]

애완동물을 대하는 태도도 가르침의 기회로 삼으라. 훌륭한 부모는 아이가 생명을 지닌 어떤 것에도 해나 고통을 가하는 것을 허락하지 않을 것이다. 자녀에게 황금률을 가르치라. "남에게 대접을 받고자 하는 대로 너희도 남을 대접하라"(마 7:12).[75]

성경 말씀과 자녀의 양심, 부모의 지도는 함께 목소리를 발해 자녀의 영혼을 도덕적 질병과 영적 질병으로부터 막아주는 주요 방어책이 된다. "여러분의 자녀 모두에게 '그리스도께서 우리를 사랑하시고 우리를 위해 자신을 주심같이 사랑하도록'(엡 5:25) 강권하라."[76]

---

71 "On the Education of Children," B 3:359-60, J VII:97, sec. 23.
72 같은 곳.
73 "On the Education of Children," B 3:360, J VII:97-98, sec. 24.
74 "On the Education of Children," B 3:360, J VII:98, sec. 25.
75 같은 곳.
76 같은 곳.

C. 부모와 자녀의 의사소통

1. 부모에게 순종함에 대하여

부모는 들으라. 당신의 자녀를 사자의 이빨에서 구해내라. 당신의 아이를 적에게 내주지 말라. 이것이 자녀 교육에서 가장 중요한 것이다.[77] 자녀의 의지를 일찍 돌아서게 해 그 영혼이 하나님을 향해 살아있게 하라. 당신이 그 일에서 하나님의 뜻을 행하면 하나님은 당신에게 영원히 복을 주실 것이다.

웨슬리는 설교 96번 "부모에게 순종함에 대하여"(On Obedience to Parents)에서 왜 성경은 자녀에게 "모든 일에서 부모에게 순종"할 것을 요구하는지 설명한다. 모든 일에서? 그렇다. 성경 본문은 골로새서 3:20의 "자녀들아 모든 일에 부모에게 순종하라 이는 주 안에서 기쁘게 하는 것이니라"는 말씀이다 [설교 #96, B 3:361-72; J VII:98-108 (1784년 9-10월)].

a. 부모에게 마땅히 해야 할 공경

골로새서는 모든 문화에서 발견되는 본질적으로 항구적이고 보편적인 원리를 언급한다. 그 원리는 어떤 이성적인 관찰자라도 알 수 있는 것으로, 인간 사회의 정의롭고 행복한 질서의 토대는 부모를 영예롭게 하고 존경하는 데 달려 있다는 것이다. 웨슬리는 자신의 여러 타 문화 경험과 인류학적 연구에 기초해, 이 원리가 발견되지 않는 문화는 어디서도 찾아볼 수 없고, 심지어 아메리카 원주민 중에서도 그렇다고 주장했다.[78]

---

77 "On Obedience to Parents," B 3:367, J VII:102-3, sec. 1. 9.
78 "On Obedience to Parents," B 3:361-62, J VII:98-99, 서문 1.

그와 유사하게 바울도 에베소 교회에 "자녀들아 주 안에서 너희 부모에게 순종하라 이것이 옳으니라 네 아버지와 어머니를 공경하라 이것은 약속이 있는 첫 계명이니 이로써 네가 잘되고 땅에서 장수하리라"라고 편지했다. 그리고 에베소 교회에 보낸 내용을 골로새 교회에는 더 분명히 명시해 "자녀들아 모든 일에 부모에게 순종하라"(골 3:20)고 적어 보냈다.[79]

b. 명령과 약속

부모에게 순종하라는 명령은 올바르고 유익한 명령이다. 이 명령은 또한 형통한 삶과 장수라는 복된 약속을 포함하는 첫 번째 계명이다. 우리는 그 유익을 합리적으로 조사해볼 수 있고, 성경에서 확인할 수 있다. 하나님께서는 솔로몬 왕에게 "네가 만일 네 아버지 다윗이 행함같이 내 길로 행하며 내 법도와 명령을 지키면 내가 또 네 날을 길게 하리라"(왕상 3:14)고 말씀하셨다. 하나님께 순종하며 사는 사람은 이 세상에서 충분한 생명의 연한을 보장받아 영원한 생명을 위해 준비할 수 있게 된다(잠 10:27). 우리를 그러한 생명으로 인도하는 첫 인도자는 부모다.

우리 모두는 부모에게 순종해야 함을 직감적으로 안다. 심지어 순종하기 힘들다고 느낄 때도 우리는 그들의 권위를 부인하지 않는다. 부모가 우리를 세상에 태어나게 했기 때문이다.[80] 이성은 성경과 함께 이 도덕적 명령을 내리는 데 힘을 더한다. 부모에게 순종하는 것은 의의 본성 및 우리가 의무로 알고 있는 것과 본질적으로 조화를 이룬다. 이것이 하나님을 기쁘시게 하는 것으로 성경이 반복적으로 가르치는 가족관계의 질서다. 옛

---

79   "On Obedience to Parents," B 3:362, J VII:99, 서문 2.
80   "On Obedience to Parents," B 3:361 – 62, J VII:98-99, 서문 1.

언약과 새 언약 모두에서 하나님께서 인간의 유익을 위해 창조하신 가정에 대한 계획은 명백히 드러나 있다.[81]

가정을 향한 하나님의 명령은 그 속에 놀라운 땅의 약속을 숨겨두었다. 즉 "네가 잘될 것"(엡 6:3)이라는 약속이다. 이 약속이 유익한 결과를 가져와 생명이 더욱 힘있게 되어 주 하나님께서 주신 땅에서 당신의 날이 길 것이다.

c. 창조 때부터 "우리 마음에 새겨진" 명령

아이들은 창조 때부터 그들 영혼에 새겨진 선천적인 도덕적 개념을 가지고 있는가? 사람의 마음이 어떤 선천적 원리를 가지고 있는가 하는 것은 지금도 논쟁의 주제가 되고 있다. "그러나 만약 사람의 영혼에 자연적으로 새겨져 있는 어떤 실천적 원리가 존재한다면, 다른 어떤 것보다 '우리가 부모를 공경해야 한다'는 것이 바로 그 원리일 것이라는 데 모두가 동의할 것이다."[82] 이 도덕적 격언은 세계 역사에서 모든 대륙, 모든 문화에서 발견된다.

바울은 율법 없는 이방인이 "본성으로 율법의 일을 행할 때에는 이 사람은 율법이 없어도 자기가 자기에게 율법이 되나니 이런 이들은 그 양심이 증거가 되어 그 생각들이 서로 혹은 고발하며 혹은 변명하여 그 마음에 새긴 율법의 행위를 나타내느니라"(롬 2:14-15)라고 분명히 말씀한다.[83]

우리 마음에 새겨져 있는 것이 무엇인지는 하나님께서 계시하신 사랑의 역사를 통해 더 명백해졌다. 부모와 자녀 관계의 질서는 하나님께서 계

---

81 같은 곳.

82 "On Obedience to Parents," B 3:362, J VII:99, 서문 1-2.

83 "On Obedience to Parents," B 3:361-62, J VII:98-99, 서문 1.

시하신 내용의 한 부분이다. 부모에 대한 순종은 "우리 주님께서 폐하기 위해서가 아니라 완전하게 하기 위해 오신 율법의 명령이다."[84]

2. 부모를 대하는 합당한 태도

a. 네 부모를 공경하라

따라서 "네 부모에게 순종하라"는 것은 성경의 명령일 뿐 아니라, 인간관계를 통해 오는 내면에 새겨진 자아 의식으로서 양심의 명령이기도 하다. 이것은 또한 가정생활을 학문적으로 분석하려는 연구자의 검증에도 열려 있는 이성적 과제이기도 하다. 왜 이 명령이 명백히 합리적인가? 이 명령은 하나님 자신의 공의와 자비를 반영하는 방식으로 공의와 자비를 특별하고도 분명하게 연결 짓기 때문이다.

부모에게 순종하는 것이 마땅한 것은, "우리가 그들에게서 존재를 받아 우리의 존재 자체를 빚지고 있기" 때문이다.[85] 자녀는 스스로 생명을 선택한 것이 아니다. 생명은 하나님의 선물로서 부모를 통해 주어졌다.

부모에게 순종하라는 명령은 자비로운 것이다. 그 명령을 따르는 사람에게는 장수의 복을 약속하기 때문이다. 이 명령은 십계명 중 "네가 잘될 것이라는 특별한 약속이 주어진" 첫 번째 명령이다.[86] 약속된 장수와 형통을 누리는 것은 하나님의 자비를 드러낸다. 따라서 "네 부모를 공경"하는 것은 당신에게 좋은 것이다. "그리하면 네 하나님 여호와가 네게 준 땅에서 네 생명이 길리라"(출 20:120)라고 하셨기 때문이다.[87] 웨슬리는 성경

---

84 "On Obedience to Parents," B 3:362, J VII:99, 서문 2.
85 "On Obedience to Parents," B 3:363, J VII:99, 서문 3.
86 같은 곳.
87 같은 곳.

과 인간의 경험은 말씀에 순종한 유익한 결과에 대해 "셀수없이 많은 증거"를 제공한다고 생각했다.

b. 부모에 대한 순종의 의무

부모에게 순종하는 것은 의무인가? "아이들은 간혹 두려움 때문에 부모에게 순종하거나 자연스런 애정 때문에 순종하기도 한다. 그러나 하나님께 대한 의무감으로 인해 부모에게 순종하는 아이를 얼마나 찾을 수 있겠는가?"[88] 아이는 아버지와 어머니 모두에게 동등하게 순종해야 하는가? "사도는 '부모'라는 말로 아버지와 어머니 모두를 의미했다."[89] 부모는 동등한 책임을 지니고, 자녀는 아버지와 어머니 모두에게 동등하게 순종할 책임이 있다. 이러한 관계는 부모가 자녀 양육에서 합심하고 서로를 향한 언약에 일평생 충실함으로 굳건히 살아가야 할 필요가 있음을 보여준다.

우리가 육신의 부모를 "공경하고 순종하는 것은 모든 사람과 천사의 가장 크신 아버지를 특별히 기쁘시게 한다." 이 명령은 나이 어린 자녀들에게 일반적으로 주신 것이 아니라, 모든 특정한 부모 아래 있는 특정한 자녀에게 각각 주신 것이다.

> 내 아들아 네 아비의 훈계를 들으며 네 어미의 법을 떠나지 말라
> 이는 네 머리의 아름다운 관이요 네 목의 금 사슬이니라(잠 1:8-9).

c. 한 가지 예외 조항

"모든 일"은 크고 작은 일 모두를 포함한다. "순종에서 첫 번째로 중요한 것은 크든 작든 부모가 금지하는 어떤 것도 하지 않는 것이다." 그러나

---

88   "On Obedience to Parents," B 3:363, J VII:100, sec. 1. 1.
89   "On Obedience to Parents," B 3:363, J VII:100, sec. 1. 2.

한 가지 예외는 "부모가 금지한 그 일이, 하나님께서 명령하신 일"이 아니어야 한다는 것이다.[90] "확실히, 부모가 허락하지 않을 것이라고 생각하는 일은 어떤 것도 하지 않는 것이 더 훌륭한 방법이다."[91] 그와 마찬가지로 아들딸들은 그것이 "크든 작든 부모가 명하신 것이면 무엇이든 순종해야 한다. 그러나 이 순종 역시 부모에게 순종하는 것이 하나님의 명령을 거스리는 것이 되어서는 안 된다는 것을 전제로 한다."[92]

그러나 우리는 얼마나 오래 부모를 공경으로 대해야 하는가? "얼마나 오래 부모에게 순종해야 하는가? 아이가 스스로 뛸 수 있을 때까지만인가? 학교 갈 때까지만인가? 스스로 읽고 쓸 수 있을 때까지만인가? 키가 부모만큼 될 때까지만인가?"[93] 부모를 공경하는 특권은 자녀의 삶 전체에 적용된다.

"성인이 된 남자나 결혼한 여자도 계속 부모에게 순종할 의무가 있는가?" 결혼에서는 "남자가 부모를 떠나 아내에게, 여자도 부모를 떠나 남편에게 충실해야 한다는 것이 사실이다."[94] "부부 관계의 의무가 자식으로서의 의무를 대신"해야 하는 경우가 있다. 그러나 부부가 몇 년을 함께 살았다는 것이 부모에게 순종할 의무를 취소시키거나 감소시키지는 않는다.[95] 웨슬리는 "나는 사오십 세가 되어서도 어릴 때 하던 것처럼 합법적인 모든 일에서 어머니께 순종할 의무가 있다고 판단했다"고 말했다.[96]

---

90 "On Obedience to Parents," B 3:365, J VII:101, sec. 1. 5.
91 "On Obedience to Parents," B 3:364-65, J VII:101, sec. 1.5.
92 "On Obedience to Parents," B 3:364-65, J VII:101, sec. 1. 5-6.
93 "On Obedience to Parents," B 3:363, J VII:100, sec. 1. 3.
94 "On Obedience to Parents," B 3:364, J VII:101, sec. 1. 4.
95 같은 곳.
96 같은 곳.

3. 하나님께서 주신 자녀 양육의 능력

웨슬리는 집안일에서 부모는, 정치적인 일의 영역에서 최고 통치자가 갖는 것보다 더 큰 실질적 힘을 가지고 있다고 생각했다. "하나님께서는 심지어 세상의 군주에게도 없는 힘을 부모에게 주셨다."[97] "백성에게 왕의 뜻은 곧 법이 아니지만, 자녀에게 부모의 뜻은 곧 법이기 때문이다." 이 말의 의미는 비록 하나님께서 사람의 마음에 법을 새기셨으므로 법을 주는 존재는 최종적으로는 부모가 아니지만, 자녀는 부모를 경험할 때 시민이 나라의 법을 경험할 때보다 훨씬 더 직접적인 법 제정자로 경험하게 된다는 것이다.

자녀 양육의 과제는 각 자녀가 성장 단계마다 인류를 사랑함으로 하나님께 영광을 돌리도록 이끌어주는 것이다. 성장의 단계마다 아이는 하나님의 뜻을 행하고 악을 피하도록 준비되는 것이다. "이성이 처음 깨어나는 순간부터 그들의 의지를 굴복시키라. 자녀로 부모의 의지에 순종하는 것이 습관이 되게 함으로 그들이 하늘에 계신 아버지의 뜻에 순종할 수 있도록 준비시키라."[98] "부모의 능력은 부족한 자녀의 능력을 채워준다." 부모의 이해력은 부족한 자녀의 이해력을 채워준다. "자녀가 자신의 지혜와 경험으로 살 수 있을 때까지 부모의 의지는 자녀를 이끌어야 한다."[99]

자녀는 부모의 선한 뜻에 굴복하기를 배우면서 점차 하나님께도 굴복하기를 배울 것이다.[100] 가정에 은혜로운 질서가 존재하는 이유는 자녀가 그것을 이성적으로 이해하기 훨씬 전에도 교훈과 실례를 통해 가르칠 수

---

97   "On Obedience to Parents," B 3:365, J VII:101, sec. 1. 6.
98   "On Obedience to Parents," B 3:366, J VII:103, sec. 1. 7.
99   같은 곳.
100   "On Obedience to Parents," B 3:366, J VII:102, sec. 1. 8.

있다. "바울은 모든 부모에게 자녀를 '오직 주의 교훈과 훈계로'(엡 6:4) 양육하라고 가르친다."[101] 불신자뿐 아니라 신자의 가정도 이 교훈을 소홀히 여기고 있다는 사실에 대해서는 충분한 증거가 있다. 당신도 그 증거를 당신의 눈으로 보아왔을 것이다.[102]

a. 질서 있는 가정

웨슬리는 자신의 신앙 공동체에 아이작 암브로우스(Isaac Ambrose)가 쓴 『질서 있는 가정』(*The Well-Ordered Family*) 읽기를 추천했다. 그는 이 책을 「기독교총서」(The Christian Library) 시리즈 중 한 권으로도 출판했다. 이 도덕적 해설서에는 "부모에 대한 자녀의 의무"(The Duties of Children to Parents)라는 제목의 글이 수록되어 있다.[103] 글의 기본 전제는 "자녀는 그 실체를 부모에게서 물려받았다. 따라서 자녀는 부모에게 사랑과 두려움의 의무를 다해야 한다"는 것이다.[104] 이 글에서 암브로우스는 부모에 대한 자녀의 사랑을 "마치 설탕과도 같이 두려움을 애정 어린 것이 되게 만드는 것", 그리고 부모를 두려워하는 마음을 "마치 소금과도 같이 사랑에 풍미를 더하게 하는 것"에 비유한다.[105] 부모와 자녀의 관계에서는 사랑과 두려움이 함께 섞여 있다. 자녀가 가진 두려움은 종이 가진 두려움과는 다르다. 그것은 사랑에 뿌리를 내린 존경의 마음이다.[106] 자녀는 부모가 대리하는 하나님의 권위로 인해 부모를 존경하고 "부모의 명령과

---

101 "On Obedience to Parents," B 3:366, J VII:103, sec. 1. 7; 참고. 엡 6:4.
102 "On Obedience to Parents," B 3:366, J VII:102, sec. 1. 8.
103 *WOF*, sec. 7.
104 *WOF*, sec. 7.1; CL 8:72-85.
105 *WOF*, sec. 7.1.
106 *WOF*, sec. 7.2-2b; CL 8:72-85.

지도, 꾸지람과 징계"에 순종해야 한다.[107] "자녀는 자신이 부모에게 무엇을 하든 그것이 하나님께 하는 것임을 기억해야 한다. 자녀가 불순종할 때는 하나님께 불순종하는 것이다. 부모를 기쁘시게 할 때는 하나님을 기쁘시게 하는 것이다. 부모가 정당한 이유로 자녀에게 화를 낼 때는 하나님께서도 분노하신다. 그런 자녀는 '주님 안에서' 부모에게 순종하고 복종함으로 자신을 부모에게 굴복시키기 전에는 … 하나님의 사랑을 회복할 수 없다."[108] 이러한 영예가 부모에게 합당한 것은 부모가 자녀를 신체적으로 존재하게 했기 때문만이 아니라, "그렇게 하는 것이 부모가 자녀에게 베푼 친절과 돌봄, 희생에 감사하는 방식이기도 하기 때문이다. 부모가 병들면 자녀는 돌아보아야 하고, 궁핍하면 필요를 채워드려야 하며, 위험하면 보호해드려야 한다."[109]

b. 타락한 의지 바로잡기

자녀를 양육할 때 부모는 그들의 자기 고집이라는 타락한 본성을 깨뜨리는 한 가지 책무에 충실해야 한다. 이는 자녀가 양심의 소리를 인식하고 추론하며 귀 기울이는 능력과 더불어 의지의 성숙을 이루어가는 다양한 성장 발달 단계에서 부모가 반드시 행해야 할 책무다. 부모의 모범은 말보다 훨씬 큰 효과가 있다. 결혼을 하든, 할아버지 할머니가 관여를 하든 이 책무를 중단하거나 부적절한 것으로 여겨서는 안 된다. 이 책무를 감당하기 위해 부모는 할아버지 할머니가 아이를 마음대로 행동하도록 내버려두는 경향에 반대해야 하는 일이 생길 수도 있다. 그러나 자녀의 나이가

---

107 엡 6:1; 잠 1:8-9; *WOF*, sec. 7. 2; CL 8:72-85.
108 엡 6:1, 3; *WOF*, sec. 7. 2b; CL 8:72-85.
109 *WOF*, sec. 2 .2b; CL 8:72-85.

얼마가 되었든 부모의 책무는 유효하다. 이 책무를 위해 부모는 자녀의 성숙과 함께 달라지는 여러 상황에 주의를 기울여야 한다. 부모는 신중히 판단해가며 변화하는 상황에 맞게 책무를 수행해야 한다.[110]

웨슬리는 의지의 형성 과정을 매우 중요하게 생각했다. "자녀의 이해력을 형성하는 일은 시간을 요하는 일이며 서서히 진행되어야 한다. 그러나 의지를 굴복시키는 일은 당장 해야 할 일이며 빠를수록 좋다."[111]

"어느 누구도 그렇게 하는 것이 잔인한 일이라고 당신을 설득하지 못하게 하라. 그렇게 하지 않는 것이 잔인한 일이다."[112] 자기 고집은 모든 죄와 불행의 뿌리이기에, 아이가 자기 고집을 품게 만드는 것이 무엇이든 그것은 확실히 아이가 언젠가는 불행해지게 만드는 원인이 된다. 자기 고집을 제어하고 극복하게 하는 것은 아이의 미래의 행복을 증진시킨다.[113]

부모가 제때 바로잡아주지 못하면, 아이들의 완고한 고집은 습관화될 수 있다.[114] 자기 고집의 교정은 "신앙 교육의 유일한 토대다. 이것이 온전히 이루어지면 아이는 그 자신의 이해가 성숙해질 때까지 부모의 판단력에 의해 다스림을 받을 수 있게 된다."[115] "신앙이란 다른 것이 아니라 우리 자신의 뜻대로 행하지 않고 하나님의 뜻대로 행하는 것이다."[116] "많은 신앙의 부모 밑에서 전혀 신앙이 없는 자녀가 생겨나는 주된 원인은, 자녀의 자기 고집을 꺾는 교육을 하지 않았기 때문이다."[117]

---

110 "On Obedience to Parents," B 3:365-66, J VII:102-3, sec. 1. 6-7.
111 "On Obedience to Parents," B 3:367-68, J VII:104, sec. 1. 10.
112 같은 곳.
113 같은 곳.
114 같은 곳.
115 같은 곳.
116 같은 곳.
117 "On Obedience to Parents," B 3:368, J VII:104, sec. 1. 11.

c. 과도한 사랑 및 자녀를 방치한 결과

모든 부모는 과도한 사랑과 맞서 싸워야 한다.[118] 부모는 심지어 사회의 문화나 자신의 본성적 욕구를 저항해가면서까지도 자녀를 바르게 교육해야 한다. 아이들의 저항 때문에 위축되지 말라. 당신의 책무는 아이들의 의지를 바로잡아 몸과 영이 건강한 상태로 자라도록 양육하는 것이다. "사랑의 수고를 하다 결코 지치지 말라. 당신의 수고는 헛되지 않을 것이다."[119] 자녀의 불순종에는 어떤 보상도 해주지 말라. 그런 행동은 자녀에게 불순종을 가르치는 것이다.[120]

왜 부모가 자녀의 의지를 바로잡아줄 책임을 회피하는가? 웨슬리의 솔직한 답변은 현대의 많은 부모를 놀라게 만들지도 모른다. "그것은 당신이 겁쟁이고 결단력이 부족하기 때문이다. 그 일을 시작하고 끝까지 밀고 나가기 위해 대단한 결단력이 필요한 것은 틀림없는 사실이다."[121]

d. 자녀 교육을 위해 필요한 끈기

자녀 교육을 지속할 힘은 어디서 나오는가? 부모 자신이나 본성이 아니라 은혜에서 나온다. 자녀 교육은 "본성으로 할 수 있는 것 이상의 대단한 인내를 필요로 한다. 하나님의 은혜는 당신에게 결단력뿐 아니라 근면함을 충분히 주실 수 있다. 많은 수고 없이 그 과정을 이겨낼 수는 없기 때문이다. 게으른 손으로는 어떤 일도 이룰 수 없다. '당신에게 힘 주시는 그

---

118 "On Obedience to Parents," B 3:369, J VII:105, sec. 2. 3.
119 "On Obedience to Parents," B 3:368–69, J VII:104, sec. 2. 1.
120 "On Obedience to Parents," B 3:369, J VII:105, sec. 2. 2.
121 같은 곳.

리스도로 말미암아 당신은 모든 것을 할 수 있다.'"[122]

　게으름은 소심함만큼 자녀 교육에 큰 장애물이 될 수 있다. "결코 지치지 말고 경계에 경계를 더하며 인내로 온전히 이룰 때까지 계속 노력하라."[123] 소심함이나 맹목적 사랑이 자녀 사랑에 장애물이 되지 않게 하라. 자녀 사랑은 부드럽게 인내하면서도 강한 정신력으로 훈련하는 것을 필요로 한다.[124] 훈육을 효과적으로 하기 위해 더 오래 기다리기만 하면 훈육은 더 어려워질 수 있다. 부모는 자신의 행동으로 겸손하면서도 정직하게 말하는 단순한 삶의 본을 보여주어야 한다.

　웨슬리는 할아버지와 할머니들에게도 "절대로 아이의 부모에 반대해 아이 편을 들지 말라"고 충고한다.[125]

　사회에 만연한 자녀 훈육에 대한 무관심은 누구의 잘못인가? "왜 당신은 자녀의 고집을 유아기 때부터 꺾지 않는가?" 그러다 적절한 시기를 놓치면 어떻게 할 것인가? "최소한 지금부터라도 시작하라. 늦게라도 하는 것이 전혀 하지 않는 것보다 낫다. 아이의 훈육은 두 돌이 되기 전부터 이루어져야 한다. 물론 여덟 살이나 열 살이 되어서도 할 수 있지만, 그때는 훨씬 어려움이 많을 것이다. 그렇더라도 지금 시작하라. 그리고 현재에 겪는 어려움은 과거에 자녀 훈육을 소홀히 한 것의 정당한 대가라는 사실을 받아들이라."[126]

122　빌 4:13; "On Obedience to Parents," B 3:369, J VII:105, sec. 2. 2.
123　"On Obedience to Parents," B 3:369, J VII:105, sec. 2. 2.
124　"On Obedience to Parents," B 3:369, J VII:105, sec. 2. 3.
125　"On Obedience to Parents," B 3:370, J VII:106, sec. 2. 5.
126　같은 곳.

4. 충분히 이해할 만큼 성장한 자녀에게 주는 조언

웨슬리는 충분히 이해할 만큼 성장한 어린이와 청소년에게 다음과 같이 조언함으로 글을 마무리한다. "집에 돌아와 집 안에 발을 디디는 순간부터 완전히 새롭게 행동하기를 시작하라. 아버지와 어머니를 새로운 눈으로 바라보라. 그들을 하늘에 계신 아버지를 대리하시는 분으로 바라보라. 모든 일에서 부모를 기쁘게 하고 도우며 순종하기를 노력하고 연구하며 즐거워하라."[127]

"자녀들아 모든 일에 부모에게 순종하라"는 하나님의 명령을 깊이 숙고하라.[128] 당신이 참으로 하나님을 기쁘시게 해드리려는 소원을 가졌다면, 하나님께서 인도하시는 방법을 이해하기 원할 것이다. "자신의 영혼을 진실하게 대하라."[129] "현재 당신의 양심은 깨끗한가? 또 양심이 허락하는 한, 부모가 싫어하는 모든 행위를 삼가고 있는가?" 당신은 "할 수 있는 한 부모님의 삶을 걱정 없고 즐겁게 해드리기 위해" 연구하는가?[130] 만약 그렇다면 "네 부모를 공경하라 그리하면 네 하나님 여호와가 네게 준 땅에서 네 생명이 길리라"(출 20:12)는 약속은 당신에게 주신 것이다. 더 어린 아이도 "단지 자식의 권리만을 주장하는 것이 아니라 그리스도로 인하여 부모를 섬기는 자로서 행하기를" 배울 수 있다.[131]

만약 당신이 신앙의 부모를 가졌다면 그에 대한 감사를 표현하라. 그리고 당신의 행동에서 그 감사가 나타나게 하라. 하나님께서 당신의 부모를 통해 주시는 은혜를 받으려 하지 않는다면, 어떻게 하나님에게서 오는

---

127 "On Obedience to Parents," B 3:372, J VII:107-8, sec. 2. 8.
128 "On Obedience to Parents," B 3:371, J VII:106-7, sec. 2. 6.
129 "On Obedience to Parents," B 3:371, J VII:107, sec. 2. 6.
130 같은 곳.
131 "On Obedience to Parents," B 3:372, J VII:107, sec. 2. 8.

은혜를 기대할 수 있겠는가?[132] "그러나 대단한 기적과도 같은 하나님의 자비로 당신이 하나님의 용서하시는 사랑을 맛보았다고 해보자. 비록 당신이 의와 하나님의 온전한 사랑에 주리고 목마르더라도, 당신이 알고 있는 하나님의 율법을 의도적으로 위반해 부모에게 불순종하며 살고 있으면서도 … 그 의와 온전한 사랑을 이룰 수 있을 것이라 기대할 수 있겠는가?"[133] 만약 당신이 부모에게 순종하면, "하나님께서 전에는 미처 알지 못했던 방식으로 당신은 부모에게 복이 되게 하시고, 또 부모는 당신에게 복이 되게 하신다는 사실"을 깨닫게 될 것이다.[134]

우리는 지금까지 가정과 부모, 자녀를 위한 하나님의 은혜와 계획, 소명에 관한 세 편의 중요한 교육적 설교의 핵심적 주장을 살펴보았다. 다음으로는 웨슬리의 가르침에 들어 있는 심미적 측면을 살펴보고자 한다. 이러한 가르침은 초기 웨슬리안 미적 정서 연구로 불러도 될 만한 원리를 제시한다.

D. 음악이 가진 힘

1. 음악이 가진 힘에 대하여

a. 영혼을 고양시키는 힘

음악은 "듣는 이에게 영향을 끼치고, 사람의 마음에 다양한 열정을 불러일으키며 … 사랑이나 미움, 기쁨이나 슬픔, 희망이나 두려움, 용기, 분노, 또는 절망을 고취시키고 … 다양한 변화를 통해 사람의 감정을 바꾸

---

132 "On Obedience to Parents," B 3:371, J VII:107, sec. 2. 8.
133 "On Obedience to Parents," B 3:372, J VII:107-8, sec. 2. 8.
134 같은 곳.

는” 힘이 있다.[135] 웨슬리는 왜 “현대 음악은 고대 음악보다 그런 힘이 적은가” 하는 질문에 깊은 관심을 가졌다 [“음악의 힘에 대하여”(Thoughts on the Power of Music), J:XIII 470-74 (1779년 6월 9일, 스코틀랜드 인버네스); 참고. *JJW* 6:238]. 여기서 ‘현대’는 1780년대를 의미한다.

웨슬리는 비록 많은 장점을 가졌지만 당대의 음악이 영혼을 고양시키는 힘을 많이 잃었다고 생각했다.[136] 왜 그런가? 악기와 기술은 향상되었는데 왜 음악의 힘은 약화되었는가?[137]

고대 음악의 힘은 기원전 324년 이후부터 알렉산드리아의 도성 수사(Susa)에서 격찬을 받아왔는데, 이곳은 고대 그리스 악사 티모테우스(Timotheus)의 영향력이 황홀경 경험을 가져다 주던 곳이었다. 티모테우스는 “하프 하나의 힘만으로도 사람의 혼이 나가게” 만들 수 있었다.[138] 웨슬리는 이런 음악의 힘이 “드라이든(Dryden)의 ‘성 세실리아의 축일을 위한 오드’에서 가장 아름답게 표현되었다”고 생각했다.

b. 오늘날 쇠퇴한 음악의 힘

티모테우스에서 18세기 영국까지 이어지면서 음악에는 무슨 일이 일어난 것일까? “현대 음악에는 그런 효과가 전혀 따르지 않는다.”[139] 웨슬리는 당대 음악이 단순한 선율에 담긴 힘을 잃어버렸다고 생각했다. 그는 동생 찰스 웨슬리의 도움을 받아 모두가 함께 부를 수 있는 단순한 곡조를 되찾고자 했다.

---

135 "Thoughts on the Power of Music," J XIII:470, sec. 1.
136 "Thoughts on the Power of Music," J XIII:470, secs. 1-2.
137 "Thoughts on the Power of Music," J XIII:470, sec. 2.
138 "Thoughts on the Power of Music," J XIII:470, sec. 3.
139 "Thoughts on the Power of Music," J XIII:471, sec. 3.

웨슬리 시대에 일어난 일은 영혼을 고양시키기보다는 사람을 놀라게 하기 위해 고안된 공상적이고 인위적인 화음과 진행의 경박한 바로크풍의 음악적 시도였다. 웨슬리는 "대위법이 창안된 후로는 … 음악의 거대한 체계를 크게 변형시켜 음악이 주는 감동을 거의 파괴해버렸다"고 생각했다.[140] 그는 고대와 현대의 음악을 대조하기를, "우리는 고대 음악의 많은 훌륭한 작품을 가지고 있다"고 말하면서도, 현대 음악은 "호기심 어린 실험가들의 손"에 넘어가고 말았다고 생각했다.[141] 현대 음악은 영혼을 고양시키는 데 전념하지 않고 "그것과 매우 다른 정신적 기능에 전념하며, 우리가 느끼는 기쁨이나 소망, 두려움이 아니라 단지 귀와 공상과 내적 감각"에 전념한다.[142] 새로운 것을 창작하는 데만 전적으로 집착한다.

많은 현대 음악은 "판단력과 이해력, 상식"을 향상시키지 못하는 "매우 인공적인 소리"로 구성된다. 음악이 "의미 없는 소리"로 축소되었다![143] 합창 음악은 심금을 울리는 노래가 아니라 공연으로 축소되었다. 음악의 목적은 사람을 교화하는 것이 아니라 놀라게 하는 것이 되었다. 웨슬리 형제는 함께 부르는 성가로 메소디스트 부흥운동을 훈련해나가기 시작했다. 이런 성가들은 현재도 전 세계에서 여전히 불리고 있다.

c. 영혼을 고양시키는 소리

웨슬리는 당대의 음악풍을 교정하기 위해 "스코틀랜드나 아일랜드 곡조"의 단순성을 추천했다. 그런 음악은 기교가 아닌 자연의 힘에 감동받

---

140 "Thoughts on the Power of Music," J XIII:470, sec. 5.
141 "Thoughts on the Power of Music," J XIII:470, sec. 6.
142 "Thoughts on the Power of Music," J XIII:470, sec. 7.
143 "Thoughts on the Power of Music," J XIII:470, sec. 8.

아 작곡된 것으로, 가장 단순하면서도 선율은 매우 풍부하다. "만약 우리가 고대 음악의 선율과 단순함으로 돌아간다면, 그 결과 우리 음악이 주는 감동은 고대 사람이 만든 음악처럼 놀라울 것이다. 그뿐 아니라 현대 악기가 고대보다 뛰어나기 때문에, 아마도 우리 음악이 훨씬 더 훌륭할 것이다."[144]

2. 메소디스트 찬송집

웨슬리 형제는 시와 찬송 쓰는 것을 복음 사역의 중심적인 일로 보았다. 찰스는 오천 편 이상의 찬송을 작곡했고, 존도 많은 찬송을 작곡, 편집, 출판했다. 엄청난 양의 찬송 중 많은 것이 저녁에 기도와 성경 읽기, 찬양을 위해 모이는 가정 예배를 위한 것이다. 메소디스트 전통의 이러한 특징은 어린 시절 경기 침체와 전쟁 속에서 우리 가족이 저녁에 모여 웨슬리안 찬송을 불렀던 1930-40년대까지도 남아있었다.

E. 기독교 교육의 미묘한 요소: 기호, 재능, 기억력

웨슬리는 젊은 사람들의 교육에 관해 숙고하면서 기호, 음악, 재능, 기억에 관한 네 편의 짧은 글을 썼는데, 모두 1780년대에 출판되었다. 그 글들은 교육과 자녀 양육의 의무와 관련되기에 나는 앞에서 언급한 더 긴 세 편의 교육적 설교 외에도 그 글들을 여기서 다루고자 한다. 그 글들도 가정생활의 바른 질서와 훌륭한 자녀 교육에서 다해야 할 교육의 책무를 다룬다.

---

144 "Thoughts on the Power of Music," J XIII:473, sec. 12.

1. 기호(taste)에 대하여

a. 기독교 미학에서 기호의 정의

웨슬리는 1780년에 알렉산더 제라드(Alexander Gerard)의 "기호에 관하여"(Essay on Taste)[145]를 읽고, 그 주장 중 많은 것이 "상당히 논란의 여지가 있음"을 발견했다. 당시 '기호'라는 말은 분명한 정의가 없었기 때문에 그는 "기호에 대하여"(Thoughts upon Taste)라는 짧은 글에서 정의를 내리고자 했다 [J XIII:465-70 (1780)].

'기호'라는 말은 수수께끼 같은 말이다. 그 의미는 단지 창의력이나 훌륭함 이상까지 확장된다. 이 용어는 동의어가 별로 없고 의도적으로 모호한 정의를 갖는다. 극히 소수의 사람만 그것을 정의하려 시도했다. 웨슬리는 "기호를 가진 사람이란 천재나 지각 있는 사람, 판단력 있는 사람과 유사한 의미로 쓰이지만, 그중 어느 것도 정확히 같은 의미는 아니다"[146]라고 말했다. 조지프 애디슨(Joseph Addison)은 기호란 "글 속에 가장 깊이 숨겨져 있는 잘못과 가장 멋진 완벽함을 구별해내는 지성적 기능을 표현하는" 비유라고 주장했다.[147]

b. 좋은 것을 즐김에 대한 비유

웨슬리는 애디슨에게 부분적으로 동의했으나, 그의 정의가 너무 협소하다고 생각했다. 기호는 글을 넘어 다른 재능과도 관계가 있기 때문이다.

---

145 Alexander Gerard, "Essay on Taste," Edinburgh and London: J . Bell, W. Creech, and T. Cadell, London, 1780.
146 "Thoughts upon Taste," J XIII:466, sec. 4.
147 *The Spectator*, no . 409, 1712년 6월 19일 목요일.

그는 애디슨이 기호를 "작가의 아름다움을 발견할 때는 즐거워하고, 그의 부족함을 발견할 때는 싫어하는 영혼의 기능"으로 묘사한 것에는 동의했다. 그러나 이것을 기호의 정의로 여기기는 어려운데, 기호는 언어의 사용 외에도 많은 것에 적용할 수 있는 정신의 기능이기 때문이다.[148]

기호라는 비유는 먹고 냄새 맡은 친숙한 경험에서 비롯되었다. 그러나 바르게 이해하면 기호는 외적 • 내적 의미를 모두 갖는다. "우리는 외적 감각으로는 다양한 음식을 즐기면서도, 음식 각각을 구별해낸다. 내적 감각으로는 우리의 마음에 제공되는 다양한 음식을 즐기고, 그 각각의 차이를 구별해낸다. 따라서 기호는 적절한 대상을 즐기고 구별해내는 내적 감각이다."[149] 기호가 생물학적 개념으로 축소되어서는 안 된다. 기호가 생기려면 외적인 경험에 사람의 마음과 영혼이 내적으로 반응해야 한다.

기호는 좋은 것을 즐기는 행위다. 누구도 악하거나 열등한 것을 즐기지는 않는다. 웨슬리는 "즐긴다(relish)는 말은 즐겁게 인식하는 것을 의미한다. 우리는 일반적으로 불쾌한 대상에 기호가 있다고 말하지 않고 좋아하는 대상에 한해 그 용어를 사용하기 때문이다. 그리고 그 대상이 다양한 만큼 기호의 종류 역시 다양하다"[150]라고 말한다. 우리가 "매우 아름다운 이론이군" 또는 "참으로 절묘한 비율이네"라고 말할 때처럼, 기호 역시 음악이나 시, 건축 양식, 심지어 수학이나 물리학에까지 사용할 수 있는 비유다.

우리가 누군가에 대해 "그가 수학을 좋아한다"고 말하면 그것은 "그가 수학을 이해할 능력이 있을 뿐 아니라, 수학을 공부하는 데서 달콤한 즐거

---

148 "Thoughts upon Taste," J XIII:466, sec. 5.
149 "Thoughts upon Taste," J XIII:466, sec. 6.
150 같은 곳.

움을 느낀다는 의미다."151 아름다움에 대한 기호는 자연과 예술, "꽃과 초원과 들판과 숲 … 그림이나 시"의 아름다움 등 많은 종류가 있다.152 기호의 종류는 "상상력을 만족시키는 대상이 무엇인가"와 관련된다.153

2. 거룩함에 대한 기호

a. 선한 것에 대한 즐거움

기호라는 비유는 도덕적 삶에도 적용 가능하다. 기호 중에는 그 대상이 무엇인가를 초월하는 전혀 다른 형태의 기호가 있다. 그것은 "일종의 내적 감각으로 우리는 이를 통해 우리 자신이나 친척, 친구, 이웃의 이익뿐 아니라 우리와 시공간적으로 멀리 떨어져 있는 다른 피조물들의 이익과 복지, 행복을 즐거워한다. 가장 관대한 마음을 가진 사람들이 인류의 행복과 관련된 이러한 기호를 가장 많이 가지고 있다."154 이런 형태의 기호는 우리가 즐겁게 여길 만한 무엇에서만 즐거움을 찾지 않고, 우리의 개인적 유익을 초월해 감각으로 인식할 수 있든 그렇지 않든 그 자체의 아름다움을 즐긴다.

우리는 "덕과 감사, 사심 없는 선행의 아름다움"을 즐거워한다. 많은 사람은 이런 아름다움을 어디서 발견하든 그것을 알아보고 즐거워한다. 그들은 도덕적 탁월함에 끌리는 기호를 가진 것이다. "그것이 사람의 마음이 느낄 수 있는 가장 우아한 즐거움을 주지 않는가? 이러한 기호는 상

---

151 "Thoughts upon Taste," J XIII:467-68, sec. 7.
152 "Thoughts upon Taste," J XIII:467, sec. 8.
153 같은 곳.
154 "Thoughts upon Taste," J XIII:467, sec. 9.

상력이 주는 어떤 즐거움보다 무한히 더 큰 가치를 지니고 있지 않은가? 그리고 이것이 가장 훌륭한 음악이나 시, 그림이 줄 수 있는 어떤 즐거움보다 무한히 고상하지 않은가?"[155] 도덕적 탁월함에 대한 기호는 세상의 어떤 다른 것에 대한 취향보다 더 큰 즐거움을 줄 수 있다. 그 기호는 눈에 보이는 것이 아무리 아름답더라도 그런 즐거움을 능가한다. 도덕적 탁월함은 그 자체로서 아름답기 때문이다. 도덕적 아름다움에 대한 기호는 누구든 가질 수 있고, 대부분의 사람은 어떤 형태로든 이미 가지고 있다.[156]

b. 도덕적 선에 대한 저급한 기호와 고상한 기호

따라서 기호는 저급하거나 고상한 여러 형태를 지닐 수 있다. 건축이든 시든 음악이든 어떤 영역에서든 "둔감한 기호는 적절히 표현하면 그 대상을 적극적으로 인식하지 못하는 희미하고 활기 없는 기호다."[157] 둔감한 기호를 가진 사람은 부족한 상상력으로 만들어진 음악이나 시, 조잡하고 가치없는 그림처럼 별로 좋지 않은 무엇인가를 즐긴다. 그러나 이것은 마치 사람이 "서투른 표지판을 보고 매우 즐거워"하는 것과도 같아서 "더 적절히 말하면 나쁜 취향이다." 누군가 "탁월하지 않은 것을 탁월하다고 생각"한다면 그것은 나쁜 기호다.[158] 현대의 음악은 높은 데시벨과 강한 비트, 선정적 가사를 사용하고 폭력을 미화하면서 감정을 고조시키는데, 이런 경향은 현대 예술의 다른 장르에서도 매우 일반적이다. 이런 사례에서 볼 수 있듯 현대 사회가 더 조악해져 가고 현대인의 기호가 더 타락해 가

---

155 "Thoughts upon Taste," J XIII:467, sec. 10.
156 "Thoughts upon Taste," J XIII:468, sec. 11.
157 "Thoughts upon Taste," J XIII:468, sec. 12.
158 같은 곳.

는 가운데 우리가 우리 문화에서 경험하는 것들을, 웨슬리는 당대에 이미 어느 정도 경험하고 있었다. 당시 사회에서 웨슬리가 예를 든 사례는 나쁜 시("우스꽝스런 시"), "조잡하고 가치 없는 그림", 감탄할 만한 아름다움 을 없애버린 백파이프 소리같이 시끄럽고 날카로운 음악 같은 것들이다.

좋지 못한 기호는 좋지 못한 것에서 즐거움을 찾는다. 훌륭한 기호는 훌륭한 것에서 즐거움을 찾는다. 사람들은 "참으로 탁월한 종류"의 대상 을 발견하고 즐거워할 때 훌륭한 기호를 갖게 된다.[159]

왜 예배 공동체는 음악, 미술, 문학, 철학, 도덕적 삶에서 좋은 기호를 함양하는 데 관심을 가져왔는가? 이런 기호는 "죄된 것이 아닐 뿐 아니라 유익을 주는 것으로 인생의 즐거움을 크게 더하게" 하므로 "매우 바람직 하다. 이런 기호는 우리가 다른 피조물에게 훨씬 큰 유익을 줄 수 있는 능 력을 갖추게 한다. 특히 직업상 많은 사람과 대화해야 하는 사람에게는 그 런 기호를 갖는 것이 특히 더 바람직한데, 이는 그런 기호가 타인에게 더 공감할 수 있게 해 대화하는 데 더 큰 유익을 주기 때문이다."[160] 좋은 기호 를 함양하는 것은 연습 없이는 이루어지지 않는다.

c. 선현의 지혜로 기호 점검하기

내가 좋은 기호를 가졌는지 어떻게 알 수 있는가? 애디슨은 정확히 답 을 안다. "고대의 유명한 책을 읽어보라." 거기서 우리는 풍부한 경험을 지 닌 사람이 습득하는 기호에 관해 알게 된다. 또 오랜 시간과 다양한 문화 의 검증을 거쳐 형성된 기준을 볼 수 있다. "그런 글을 정독하고서도 특별

---

159 "Thoughts upon Taste," J XIII:468, sec. 13.
160 "Thoughts upon Taste," J XIII:469, sec. 14.

한 기쁨을 느끼지 못한다면, 또는 그런 저자가 쓴 훌륭한 문구들을 읽고
도 여전히 생각이 냉랭하거나 무관심하다면, 그것은 (아무런 기호를 갖지
못한 독자 대부분에게서 일반적으로 나타나는 현상처럼) 저자의 글이 감
탄할 만큼 훌륭하지 못해서가 아니라, 독자가 훌륭한 글을 분별할 능력을
결여하고 있기 때문이라고 결론지어야 한다."[161] 만약 당신이 플라톤만 읽
으면 잠에 빠진다면, 잘못은 플라톤이 아니라 당신에게 있다. 당신은 그
내용이 무엇인지 알기 위해, 그 사상과 어조에 관해 좋은 기호를 갖기 위
해 힘쓰고, 선물이 주어질 때는 그것을 붙잡을 준비가 되어 있어야 한다.

"최상의 작가의 글에 친숙해져" 세월의 검증을 거친 소리를 듣다 보면
이런 인식은 마음의 습득 능력이 된다.[162] 위대한 지성과의 대화는 "우리
의 자연적 기호를 개선하는 수단"으로, "우리가 전에 주의를 기울이지 않
던 것에 대해 새롭게 알게" 해주고 우리의 감각을 새롭게 일깨워 준다.[163]

기호를 좋게 발전시키는 것은 하나의 사회적 경험이다. 그런 일은 우
리가 좋은 기호를 가진 사람들과 소통할 때 일어난다. 그들이 우리의 영
혼의 창을 열어주기 때문이다. 때가 되면 "우리는 우리 기호 중 아직 좋지
못한 것이 무엇이든 그것을 고칠 수 있게 될 것이다."[164] 좋은 기호는 우리
중 가장 못난 사람도 "모든 사람을 교화해 유익하게 함으로 그들을 즐겁게
하는 영예로운 목적"으로 이끌어준다.[165] 바울은 로마서에서 "우리 각 사
람이 이웃을 기쁘게 하되 선을 이루고 덕을 세우도록 할지니라"(롬 15:2)
라고 적었다. 진실하고 좋은 것에 대한 기호는 주위 사람을 교화시킨다.

---

161 "Thoughts upon Taste," J XIII:469, sec. 15.
162 "Thoughts upon Taste," J XIII:465-70, sec. 16.
163 같은 곳.
164 "Thoughts upon Taste," J XIII:469-70, sec. 17.
165 같은 곳.

3. 특별한 재능(Genius)에 대하여

a. 특별한 재능에 대한 정의

어떤 부모는 자신의 자녀가 생각이나 상상력, 이해력이나 운동 능력에서 특별한 재능을 가진 것을 보고 매우 놀란다. 장애를 가진 자녀에게는 그의 성장에 적합한 형태의 교육이 이루어져야 하는 것처럼, 대단한 재능을 가진 자녀 역시 그러하다. 열심히 찾아보았음에도 웨슬리는 당대의 문헌에서 '특별한 재능'(genius)에 대한 "적합한 정의를 단 하나도" 발견하지 못했다. 그 용어는 널리 사용되어 왔음에도 바르게 이해되지 못했다. 따라서 그는 큰 재능을 가진 사람들을 격려하기 위해 쉬운 말로 글을 썼다 ["특별한 재능에 대하여"(Thoughts on Genius), J XIII:477-79, 1787년 11월 8일, 잉글랜드 램버스] .

웨슬리는 *genius*를 "철학, 웅변술, 시, 다른 어떤 예술이나 과학에서의 특별한 능력이자 강한 이해력, 활발한 상상력, 본질적 속성, 적절한 기호를 형성하는 요소"로 정의하기를 제안했다.[166] 이 '특별한 재능'이 지닌 힘을 이해하기 위해서는 더 많은 정의가 필요했다.

웨슬리는 '특별한 재능'의 의미를 "인간 지성의 우수함"이라는 의미와 "그런 우수함을 부여받은 사람"이라는 두 가지로 구분해 설명했다. 이 두 가지 의미의 차이는, 우리가 "그가 천재성을 지녔다"고 할 때와 "그는 천재다"라고 구별해 말할 때 잘 드러난다. 웨슬리가 주로 관심을 가진 것은 전자의 의미, 즉 우리가 보통 천재성으로 말하는 지성의 우수함이다.[167]

---

166 "Thoughts on Genius," J XIII:479, sec. 9.
167 "Thoughts on Genius," J XIII:477, sec. 3.

b. 천재성의 필수 자질

천재성을 지닌 사람에게서 우리가 즉시 알아볼 수 있는 특별한 자질은 상상력이다. 그러나 독창성, 특별한 감각, 기억력, 여러 생각을 융합하는 능력과 같은 말 중 어느 하나만 따로 떼내어 생각하면 그것으로는 천재성을 충분히 설명하지 못한다. 천재성은 그 각각이라기보다는 "지성의 특별한 능력"이나 "비상한 재능"이라 할 수 있다.[168]

우리가 '천재성'(genius)이라 부르는 지성의 특별한 자질은 "많은 것을 모두 잘하는 대단한 능력"이라는 일반적 형태나, "한 가지 특정한 일을 특별히 잘하는 비상한 능력"이라는 특정한 형태를 지닐 수 있다. 예를 들어, 천재성의 특별한 형태로 호머(Homer)는 시, 아르키메데스(Archimedes)는 기하학, 아이작 뉴턴(Isaac Newton)은 자연 철학에 비범한 능력이 있었다. 그러나 아리스토텔레스(Aristotle)와 프란시스 베이컨(Francis Bacon)은 "그들이 무슨 일을 맡든 뛰어나게 해내는 비범한 능력인 만능의 천재성을 지닌" 소수의 본보기였다.[169] 철학과 시와 웅변술에서의 천재성은 몹시 넓고 활기찬 상상력과 연결된 강하고 분명한 이해력을 지녔음을 의미한다. 이런 재능은 "기술로 얻는 것이 아니라" 어느 정도는 "선천적으로" 타고 난다. 그러나 "기술은 선천적으로 타고난 능력을 훨씬 더 발전시킬 수 있다."[170] 선천적으로 타고난 것이 처음부터 주어진 것이라면, 웨슬리가 '기술'(art)이라 부른 것은 기호를 발전시킬 때 획득된다.

웨슬리는 천재성의 본질적 특성을 묘사하기 위해 다시 기호라는 비유를 사용했다. "여기서 기호라는 말은, 우리가 음식의 종류를 분별해내고

---

168 "Thoughts on Genius," J XIII:478, secs. 3-4.
169 "Thoughts on Genius," J XIII:478, sec. 4.
170 "Thoughts on Genius," J XIII:479, sec. 6.

맛을 즐기는 미각에서 차용한 비유적 용어다. 그처럼 지적인 기호 역시 지식의 종류를 판단하고 그것을 즐기는 두 가지 일을 한다. 전자는 이해력과 관련된다면, 후자는 상상력과 관련된다.[171] 재능 있는 자녀를 가진 부모는 이런 재능 중 선천적 요소와 후천적으로 획득한 요소 모두를 인지하고 격려해야 한다.

4. 기억력에 대하여

배움의 과정은 훌륭한 기억력의 역할을 포함하고 있기 때문에 웨슬리는 기억력이 정확히 무엇인지를 설명하고자 노력했다. 1756년에 웨슬리는 목회 사역에서 좋은 기억력의 중요성을 주장했다 ["목회자를 향한 권면"(An Address to the Clergy), J X:481-82; 참고. 설교, "선한 청지기", B 2:290-94; "시험에 대하여", B 3:156-68, J VI:479-80, sec. 1. 7]. 노년기였던 1789년에는 "기억력에 대하여"(Thoughts on Memory)라는 짧은 글을 추가했다 [J XIII:480 (1789년 10월 21일, 영국 야머스)]. 이 글은 영혼을 가르치는 일에서 차지하는 기억력의 중요성에 대한 찬가로 끝난다.

웨슬리는 "기억력(memory), 회상(reminiscence), 상기(recollection)" 사이의 밀접한 관련성을 인정한다. "그러나 차이점은 무엇인가?" 기억력은 "어떤 때는 단지 기억함으로, 다른 때는 회상하고 상기함으로 활동한다." 이것들은 엄밀히 말해 같은 것이 아니다. "정신은 과거의 것을 회상하고 상기할 때 능동적으로 활동하는 것으로 보인다." 나아가 "상기하는 것은 단지 회상하는 것 이상의 것으로, 과거에 있었던 일이지만 어느 정도 기억에서 벗어나 버린 대화나 일처리에 관한 모든 세세한 정보를 열심히 모

---

171 "Thoughts on Genius," J XIII:479, secs. 8-9.

으고 취합하는 것을 포함하는 듯하다."[172]

그러나 가장 혼란스러운 기억의 형태는 "마치 메아리처럼 조금도 변동이 없이 동일한 말뿐 아니라 정확히 동일한 억양과 목소리를 반복하는 … 일종의 내적인 음성"이 들렸을 때 발생한다. "당신이 배운 어떤 노래의 곡조에서도 그처럼 조금도 변동이 없는 동일한 메아리가 반복된다."[173] 이러한 형태의 기억과 관계된 것이 성령의 은사인데, 웨슬리는 이 주제를 다른 글들에서 광범위하게 다룬다. 하나님의 은혜는 시간이 흘러도 두고두고 기억될 어떤 "내적인 음성"을 우리가 의식할 수 있게 만든다. 당신은 한 행이나 절을 말하고 나면 "당신이 말하거나 들은 내용을 입을 움직이거나 소리를 내지 않고도 마음속에서 반복할 수 있다. 어떻게 그것이 가능한가?" 그 과정을 완전히 이해하기는 쉽지 않다. 그러나 웨슬리는 이런 종류의 기억이 존재한다는 "사실 그 자체는" 그 자신이 지금 살아있음을 확신하는 것만큼이나 "확실하다"고 말한다. 그는 이처럼 시간을 뛰어넘는 기억의 형태를 자주 경험했기에, 그것을 인간의 의식이 지니는 정보 그 자체이자 경험적 실재로 인정할 수 있었다.

"그러나 누가 그것을 설명할 수 있는가? 기억력이 정신적 기능인지 육체적 기능인지, 둘 모두인지는 알 수 없다." 웨슬리는 단지 "우리가 우리 자신도 알 수 없는데 어떻게 영원히 복되신 하나님을 알 수 있겠습니까!" 라고 외칠 수밖에 없었다.[174] 이 모든 것을 알아 우리로 하나님을 찬양하게 만드는 것이 기억력이다.

---

172 "Thoughts on Memory," J XIII:480.
173 같은 곳.
174 같은 곳.

더 깊은 이해를 위한 독서 자료

Coe, Bufford W. *John Wesley and Marriage*. Cranbury, NJ: Lehigh University Press, 1996.

Dallimore, Arnold A. *Susanna Wesley: The Mother of John and Charles Wesley*. Grand Rapids: Baker, 1993.

Edwards, Maldwyn. *Family Circle: A Study of the Epworth Household in Relation to John and Charles Wesley*. London: Epworth, 1961.

Headley, Anthony J. *Family Crucible: The Influence of Family Dynamics in the Life and Ministry of John Wesley*. Eugene, OR: Wipf & Stock, 2010.

5장

인생 주기별 가정 목회

5장 인생 주기별 가정 목회

영적인 목자는 독신에서 결혼까지의 시기, 자녀 양육 시기, 성숙한 성년기, 죽음을 맞이하는 시기에 이르기까지 양들 각각의 인생 주기에 특별한 관심을 가져야 한다. 웨슬리는 다섯 단계의 인생 주기를 모두 중요하게 다룬다.

A. 하나님과의 언약 관계

1. 독신 생활에 대하여

지금부터 우리는 웨슬리가 결혼과 신앙적 자녀 교육을 얼마나 중요하게 여겼는지 살펴볼 것이다. 그러나 그 전에 우리는 웨슬리가 독신 생활을 강하게 긍정한 사실에 주목할 것이다.

1743년에 웨슬리는 "독신 생활에 대하여"(Thoughts on a Single Life)라는 제목의 짧은 논문을 출판했다. 이 논문은 1784년에 재출판되었다 ("Thoughts on a Single Life," J XI:457-63). 웨슬리는 독신 생활을 수반하는 거룩한 삶의 특정한 형태를 애정 어린 마음으로 설명했다.

성경은 우리가 독신 생활에서든 결혼 생활에서든 거룩할 수 있다고 가르친다.[1] 하나님께서 부여하신 성별과 관련해 거룩함의 요구는 결혼 상태나 독신 상태 모두에 동일한 정도로 적용된다. 그러나 결혼하지 않은 사람은 자신의 삶 전체를 하나님께 드리는 일에서 현저히 자유롭다. 결혼한 사람은 배우자를 즐겁게 하고 자녀 양육과 관련된 모든 일을 행하는 등 가족의 필요를 공급할 책임을 지고 있음을 너무나 잘 안다.

웨슬리는 결혼의 가치가 폄하되는 것을 원하지 않았다. 그래서 "모든 사람은 결혼을 귀히 여기고 침소를 더럽히지 않게 하라"(히 13:4)는 말씀을 분명히 설명함으로 논문을 시작한다.[2] 그러나 이 논문에서 그가 초점을 둔 것은 결혼 생활보다 더 큰 자유를 누릴 수 있는 독신 생활이다.

웨슬리는 고린도전서 7장에서 새로운 신자, 특히 결혼하지 않은 자와 과부에 대한 바울의 조언을 면밀히 살펴보았다. 바울은 그들에게 "나와 같이 그냥 지내는 것이 좋으니라 만일 절제할 수 없거든 결혼하라 정욕이 불같이 타는 것보다 결혼하는 것이 나으니라"(8-9절)라고 말씀한다. 만약 결혼하더라도 그것이 죄를 짓는 것은 아니다. 그러나 그들은 배우자와 가족을 둠으로 그에 수반되는 부가적 책임을 지게 될 것이다(고전 7:28).

a. 흐트러짐 없는 삶

바울은 새로 믿은 신자가 불필요한 세상적 걱정으로 가득하지 않기를 바랐다. 그는 그중 어떤 이들이 "흐트러짐이 없이 주를 섬기기를"(고전 7:8, 28, 32-35)를 택하라는 소명을 느끼기를 바랐다.[3] 거룩한 삶이라는 선물은 우리가 처음 의롭다 하심을 받을 때 가장 강력하게 주어진다. 그때가

---

1   "Thoughts on a Single Life," J XI:457, sec. 1.
2   "Thoughts on a Single Life," J XI:457, sec. 4.
3   "Thoughts on a Single Life," J XI:457, sec. 3; 눅 10:38-42.

결혼할 것인지 독신으로 살 것인지 진지하게 숙고하기에 가장 좋은 때다.[4]

독신 생활을 자유로이 택한 사람은 "결혼 생활로 인해 말할 수 없는 시험을 수없이 당하는 것"을 면한다.[5] 그들은 "모든 속박 중 가장 큰 속박, 한 사람을 다른 모든 사람보다 사랑하는 속박에서 자유하다."[6] 이를 근거로 웨슬리는 "우리의 자연적 욕구는 충족시키기보다 완전히 정복하는 것"이 더 쉬울 것이라고 주장해, 현대에 보편적인 것이 되어버린 모든 자기 중심주의적 가정에 반대했다.[7]

바울은 고린도 교회에서 기독교 성 윤리를 가르쳐 달라는 부탁을 받았다. 그는 편지로 "남자가 여자를 가까이 아니함이 좋으나 음행을 피하기 위하여 남자마다 자기 아내를 두고 여자마다 자기 남편을 두라 남편은 그 아내에 대한 의무를 다하고 아내도 그 남편에게 그렇게 할지라"(고전 7:1-3)라고 답했다. 한 남자가 한 여자와 지속적인 육체적 관계에 들어가려면 두 사람 각각 그에 따르는 결과를 책임지기 위해 미리 신중하게 숙고해야 한다.

그러나 모든 사람이 결혼생활의 의무에 매이도록 요구받지는 않는다. 결혼하느냐 마느냐는 하나님의 부르심에 관한 문제다. "각각 하나님께 받은 자기의 은사가 있으니 이 사람은 이러하고 저 사람은 저러하니라"(고전 7:7). 거룩한 삶을 살기 위해 결혼이 반드시 필요한 것은 아니다. 영원한 행복을 지향하며 살아가는 모든 사람은 독신 생활이나 결혼 생활에 관해 자신만의 부르심을 분별하기 위해 기도해야 한다. 독신 생활은 모든 사람을 위한 것이 아니라, 독신의 은사를 받은 사람만을 위한 것이다. 예

---

4   "Thoughts on a Single Life," J XI:458, sec. 5.
5   "Thoughts on a Single Life," J XI:458, sec. 6.
6   "Thoughts on a Single Life," J XI:459, sec. 6.
7   "Thoughts on a Single Life," J XI:459, sec. 5.

수님께서는 거룩한 독신 생활에 관해 "사람마다 이 말을 받지 못하고 오직 타고난 자라야 할지니라"(마 19:11)라고 말씀하셨다. 독신 생활이라는 영광스러운 은사를 받도록 하나님의 부르심과 능력을 받은 사람은 그 은사를 받아들이라.

2. 독신 생활이 주는 특별한 자유

독신 생활에서 당신은 혼란스럽게 하는 많은 것이 아닌 오직 한 가지만 신경 쓸 자유를 누릴 수 있다. 당신은 성적인 의무 및 그로 인한 셀 수 없이 많은 결과와 함께 염려와 죄의식에서 자유를 얻는 특별한 기쁨을 얻을 수 있다. 어떤 사람은 다른 존재가 마음의 너무나도 큰 부분을 차지하고 있어서 온 마음을 하나님께 드리는 것이 굉장히 어려울 수 있다.[8]

독신자는 세상적 물질과 시간, 자원, 은사와 재능 등 모든 것을 하나님께 드리는 것에서 더 자유롭다. 독신자는 배우자의 동의를 받을 필요가 없기 때문에 방해받지 않고 더 많이 기도하고 헌신할 수 있다.[9]

a. 오직 은혜로만

그러나 당신은 스스로의 힘만으로 독신 생활을 할 수는 없다. 오직 하나님의 은혜로만 이 신적 은사가 가능하기에,[10] 그 은혜를 간절히 구할 때 당신은 필요한 힘을 얻을 수 있다. 타락한 인간에게는 불가능한 것도 하나님의 지속적인 도움과 동행으로는 가능하게 된다. 유사한 방법으로 하나님께 헌신하는 독신자 공동체에서 삶을 함께하는 것은 하나님의 도우

8　"Thoughts on a Single Life," J XI:459-60, secs. 7-11.
9　"Thoughts on a Single Life," J XI:459, sec. 7.
10　"Thoughts on a Single Life," J XI:460, sec. 10.

심을 받는 방법일 수 있다.[11] 만약 그런 삶을 살아간다면 "마음을 활짝 열어놓으라."[12]

하나님의 은혜로 당신은 "모든 지킬 만한 것 중에 더욱 마음을 지킬"(잠 4:23) 수 있게 된다. 유혹이 처음 찾아올 때 즉시 저항하라. 헛된 생각이 마음에 발을 디디지 못하게 하라. 하나님께서 모든 생각을 사로잡아 그리스도께 복종시켜주시기를 기도하라.[13] 게으름과 나태함의 유혹에 저항하라. 당신의 행복을 세상 즐거움이 아닌 하나님 안에서 찾으라. 위안과 당장의 행복, 욕구와 욕망을 채우는 안이한 생활에 지속적이고 지나치게 관심을 갖는 사람은 "하나님의 나라를 유업으로 받을 수 없다"(고전 6:9-10).[14]

웨슬리는 하나님께서 "우리에게 모든 것을 후히 주사 누리게 하신다"(딤전 6:17)는 이유를 들어 우리가 모든 즐거움을 피해야 한다는 파스칼의 지나친 주장[15]을 주의 깊게 반대했다.[16] 육체는 하나님께서 우리가 사랑을 최고로 표현할 수 있도록 하기 위해 주신 것인데, 우리가 이 "육체를 없애버리지" 않고서는 즐거움을 완전히 피할 수 없다.[17] 따라서 "우리가 피해야 할 즐거움은 우리로 하나님을 향유하지 못하도록 어떤 식으로든 방해하는 그런 종류의 즐거움이다."[18]

육체의 속박에서 자유롭게 살면서 "당신의 모든 여유로운 시간을 충

11 "Thoughts on a Single Life," J XI:460, sec. 11.
12 "Thoughts on a Single Life," J XI:460, sec. 10.
13 "Thoughts on a Single Life," J XI:461, sec. 12.
14 "Thoughts on a Single Life," J XI:461, sec. 13.
15 같은 곳.
16 같은 곳.
17 같은 곳.
18 "Thoughts on a Single Life," J XI:462, sec. 13.

분히 활용하라."[19] 독신을 선택한다는 것은 자신에게서 기쁨을 제거해버리겠다는 뜻이 아니다. 우리에게 가장 큰 기쁨을 주시는 영원하신 하나님을 향유하면서 모든 것을 누리라. 하나님 안에서의 행복을 방해하는 어떤 즐거움도 당신의 행복이 될 수 없다. 만약 당신이 자기 십자가를 진다면, 당신을 위해 십자가를 지신 성자께서 당신에게 그것을 감당할 능력을 주실 것이다. 하나님의 뜻을 행하라. 그러면 당신 자신의 뜻 역시 행복하게 이루어질 것이다.[20]

B. 가정을 이루려는 선택

1. 남편과 아내 되기

a. 최우선적이고 가장 세심해야 할 책무

기독교 가정으로서 "우리 가정"은 질서를 필요로 한다. 그 질서는 성의 차이 및 성별의 본질 자체에서 시작된다. 한 남자와 여자는 그 모든 차이를 가지고 성적인 사랑의 관계를 맺음으로 자녀를 갖게 된다. 사랑으로 가정이 창조되는 것이다. 가정에 속해 있다는 것은, 자신의 삶을 배우자와 사랑하는 자녀를 돌보는 데 바칠 정도로 서로를 충분히 사랑하는 두 사람이 함께 확립한 질서 안에서 성숙해가는 것을 필요로 한다는 것이다.[21]

남편의 "최우선적이고 세심한 관심"은 누구에게 향해야 하는가? 웨슬리는 "의심할 바 없이 당신의 아내입니다"라고 답한다. 남편은 "아내 사랑하기를 그리스도께서 교회를 사랑하시고 그 교회를 위하여 자신을 주심

---

19 "Thoughts on a Single Life," J XI:462, sec. 14.
20 "Thoughts on a Single Life," J XI:463, sec. 15.
21 "On Family Religion," B 3:337, J VII:78-79, secs. 1. 4-2. 1.

같이" 해야 하고,[22] "사랑 안에서 어떤 점도 없고 흠도 없이 행하도록 모든 가능한 방법으로 아내를 도와야 한다."[23]

아내의 "최우선적이고 세심한 관심"은 누구에게로 향해야 하는가? 의심할 바 없이 남편에게 향해야 한다. 아내는 남편이 사랑 안에서 흠 없이 행할 수 있도록 모든 가능한 방법을 사용해야 한다. 목표는 둘 사이의 차이점이 상대방의 불완전함을 보완해 각 사람이 상대방 안에서 온전해지는 데 있다. 부모는 모두 자녀를 지도하지만, 그들 각각은 창조 시 부여받은 재능에 따라 서로 다른 방법으로 자녀를 인도한다. 당신의 배우자 사랑하기를, 그리스도께서 교회를 사랑하신 것처럼 하라.[24] 아내가 남편을 위해 희생하듯, 남편도 아내를 위해 희생해야 한다.

b. 하나님의 창조세계와 성적 질서

가정의 질서는 남자와 여자의 차이점에서 제기되는 필요를 충족시키기 위해 설계되어 있다. 만약 남자와 여자가 똑같이 창조되었다면, 가정도 자녀도 성도 없을 것이다. 그러나 남자와 여자는 매우 다르게 창조되었다. 이 차이는 성과 사랑을 창조하신 하나님께서 주신 것이다. 남성은 여성을, 여성은 남성을 각각 보완한다. 육체적 차이라는 명백한 질서 속에서 상대방을 보완하는 서로 다른 의무가 생겨난다. 아이를 낳거나 젖을 물릴 수 없는 남자가 아내와 자녀를 보호하고 위험에서 지켜주면 자녀에겐 더 나은 환경이 제공된다. 이것은 사회적 관습이 아니라, 하나님께서 사람을 남자와 여자로 창조하신 것에 내포된 질서를 보여주는 기본적 사실이다.

---

22   "On Family Religion," B 3:338, J VII:78-79, sec. 2. 1.
23   같은 곳.
24   같은 곳.

각 배우자는 자신의 가정이 사랑 안에서 행할 수 있도록 자신의 배우자에게 어떤 흠도 없도록 하는 것을 목표로 삼아야 한다. 또 상대 배우자가 방해받지 않고 하나님의 은혜와 사랑 안에서 온전한 성숙에 이르기까지 성장해 가기를 바라야 한다.[25]

바로 이런 남편과 아내에게 하나님은 그 자녀의 영혼을 맡기길 원하신다. 자녀는 "하나님께서 당분간 당신이 돌보도록 맡기신 불멸하는 영혼으로, 당신은 그들을 모든 거룩함으로 훈련해 영원히 하나님을 향유하기에 적합하게 만들 수 있다. 한 영혼은 온 세상보다 더 큰 가치를 지니기에, 영혼을 돌보는 일은 영광스럽고도 중요한 의무다." 한 아이의 영혼의 가치를 모든 세상적 쾌락의 가치와 비교해보라. 웨슬리는 비교 자체가 불가능하다고 생각했다. 만약 당신이 "내 아이는 내 피와 살"같이 가장 소중하다고 말한다면, 당신은 부모로서의 기회와 도전이 무엇을 의미하는지를 헤아리고 있는 것이다. "그러므로 여러분은 자녀 한 사람 한 사람을 최대한의 관심으로 돌보아, 모든 영혼을 창조하신 아버지 앞에 그들에 대해 직고할 때 슬픔이 아닌 기쁨으로 할 수 있게 하십시오."[26]

2. 성적 보완을 통한 하나님의 뜻

자녀는 남자와 여자의 성적 차이를 통해 태어난다. 태어난 각각의 아이는 다른 어떤 유한한 가치와도 비교할 수 없는 무한한 가치를 지닌다. 그들은 하나님께서 불어넣으신 영혼을 가지고 태어나며, 특별히 남자나 여자로서 하나님께서 주신 차이를 통해 태어나기 때문이다. 성령 하나님은

---

25 "On Family Religion," B 3:337-38, J VII:78-79, sec. 2. 1-3.
26 "On Family Religion," B 3:339, J VII:79, sec. 2. 2.

정자와 난자가 수정될 때 영혼을 아이에게 불어넣으신다. 성의 신비는 하나님께서 성을 통해 역사하셔서 생명을 낳는 기쁨과 남녀의 결합에 의해 육체를 입은 영혼을 창조하신다는 것이다.[27]

모든 부모가 잘 알 듯, 각 영혼은 유일무이하다. 각 영혼은 선이나 악으로 나아갈 결정을 감행할 자유를 가지고 있다. 그러므로 영혼의 양육은 시작부터 위험으로 가득하고 모험적인 것이다. 아이는 하나님의 선한 창조물이지만, 죄의 역사 속으로 태어난다. 그 역사에 대한 책임은 아이에게 있지 않다. 그러나 부모의 지도를 통해 아이는 언제나 무질서와 속임수로 유혹하는 죄의 역사 속에서도 가능한 선에서 최대 수준의 책임성을 갖게 된다.[28]

부모는 자신들이 내리는 결정을 통해 가정의 지도자의 역할을 감당한다. 부모가 하나님의 은혜로 낳은 자녀를 사랑하면 자녀는 자신을 존재하게 한 그 사랑의 기운 속에서 성장할 수 있게 된다. 부모의 책임은 관심으로 아이들을 보살피고, 사랑으로 역사하는 믿음이 빚어내는 거룩한 삶으로 그들을 이끄는 것이다.[29]

C. 자녀 함께 양육하기

1. 경건한 부모의 경건한 자녀 양육법

웨슬리는 이 모든 것을 고려해 건강한 가정을 유지하기 위해 필요한 것이 무엇인지 현실적 판단을 내린다. 우리는 건강한 가정을 만들어가는 것

---

27 "On Family Religion," B 3:338-39, J VII:79, sec. 2. 2-3; 참고 B 4:22-25.
28 "On Family Religion," B 3:337-38, J VII:78 – 79, sec. 2.1-3.
29 "On Family Religion," B 3:338-39, J VII:79, sec. 2. 2-3; "On a Single Eye," B 126-30.

이 쉬울 것이라고 상상해서는 안 되지만, 하나님의 은혜로 좋은 결과를 가져올 수 있게 하시는 은사는 모든 어려움을 능가할 것이다.

웨슬리의 설교 "가정의 신앙생활에 대하여"(On Family Religion)는 매일의 품행에서 자녀의 의지를 하나님께 영광을 돌리는 방향으로 바꾸어 나가는 과정에 초점을 맞춘다. 부모는 어떻게 이 일을 해낼 수 있는가?

웨슬리는 현대의 자유방임적 자녀 양육의 씨앗이 되는 사상에 분명한 반대를 표했다. 그의 가르침의 기저를 이루는 것은 탄탄한 성경적 · 신학적 전제로, 하나님께서는 본래 어린이의 의지를 선하게 창조하셨으나, 인류 타락의 역사에서 아이는 자신 스스로도 잘못된 선택의 결과로 점점 타락해 간다는 것이다. 사람이 유혹에 자발적으로 굴복하는 이러한 경향은 타락한 세상에서 인간의 자유의지가 스스로 결정을 내리는 어떤 곳에서든 보편적으로 발견된다. 사람은 죄에 대한 이런 취약성에 강하게, 일찍이, 그리고 단호히 저항해야 한다. 어린아이의 타락한 의지는 그가 스스로 무엇인가를 결정할 수 있을 때부터 설득과 올바른 판단력에 의해 억제되어야 한다.[30]

2. 자녀의 신앙 지도: 출산 결정의 함의

부모에게는 자녀를 신앙으로 지도할 책임이 있다. 어느 누구도 그 일을 대신할 수 없다. 신앙적 지도는 아이가 가장 단순하더라도 스스로 무엇인가 결정할 수 있을 때부터 시작해야 한다. 이후에 이루어지는 모든 신앙 교육은 시기적으로 매우 늦은 것이다. 만약 부모가 이 중대한 의무를 행하지 않는다면, 아이에게는 하나님을 영화롭게 하고 그분을 영원히 향유하

---

30 "On Family Religion," B 3:339-40, J VII:80-81, sec. 3. 4.

는 일을 방해하는 잘못된 태도가 생겨난다. 아이의 타락한 의지가 부모의 품행에서 바르게 체현된 의의 모범에 의해 효과적으로 도전을 받으면, 아이는 한 걸음씩 하나님의 권위 앞에 나아가 하나님의 말씀 자체에서 순종을 배울 준비를 더 제대로 갖추게 된다. 그들은 오직 하나님의 율법을 배움으로 인간의 의지를 변화시키는 복음의 유익을 이해할 수 있게 된다.[31]

하나님께서는 부모에게 그 일을 할 수 있도록 은혜를 부어주시지만, 부모 스스로가 가진 잘못된 습관은 자주 젊은 부모에게 주시는 은혜의 특별한 풍성함을 유익하게 활용하지 못하도록 방해한다.

결혼이라는 유대는 어떤 것과도 비교할 수 없는 하나님의 영속적 선물이다. 어떤 배우자도 자신의 성적 선택의 결과를 멈출 수 없다. 또 어떤 배우자도 가정을 버릴 정당한 권리는 없다. 그러나 가정에서 일어나는 어떤 악도 언제나 선을 행함으로 극복될 수 있다. 그리고 선을 행하는 것이 아무 열매를 맺지 못하는 것처럼 보일 때조차도, 유혹이나 시련을 멈추거나 축복으로 바꾸어주시기를 간절히 기도할 수 있다.[32]

3. 온전히 책임을 감당하려면

웨슬리는 당시에 잘 읽지 않던 비국교파 청교도 목사 아이작 암브로스(Isaac Ambrose, 1604-64)의 저술을 추천했다. 그는 남편과 아내의 관계에 관한 암브로스 목사의 작품이 충분한 가치를 지닌다고 생각해, 그것을 영적 훈련을 위한 연합체 전체를 위한 기독교 고전으로 출판했다. 그 책의 제목은 "질서 있는 가정: 다양한 가족 구성원의 의무에 관한 해

---

31   "On Family Religion," B 3:338 – 39, J VII:79-81, sec. 3. 1-3.
32   "On Family Religion," B 3:338, J VII:79-80, sec. 3. 2.

설과 권면"(*The Well-Ordered Family: Wherein the Duties of Its Various Members Are Described and Urged*)이다.[33] 웨슬리가 추천한 책이므로 그 내용을 살펴보고자 한다.

D. 주님 안에서의 결혼

가정이 행복하려면 남편과 아내는 공통의 가치를 함께 공유해야 한다. 바울은 고린도교회 신자에게 다음과 같이 권면한다.

"너희는 믿지 않는 자와 멍에를 함께 메지 말라 의와 불법이 어찌 함께 하며 빛과 어둠이 어찌 사귀며 그리스도와 벨리알이 어찌 조화되며 믿는 자와 믿지 않는 자가 어찌 상관하며 하나님의 성전과 우상이 어찌 일치가 되리요 우리는 살아 계신 하나님의 성전이라 이와 같이 하나님께서 이르시되 내가 그들 가운데 거하며 두루 행하여 나는 그들의 하나님이 되고 그들은 나의 백성이 되리라"(고후 6:14-16).

1. 단순한 규칙

그리스도인 부모가 "거룩한 씨를 잉태하기 위해서는 주님 안에서 결혼할 뿐 아니라, 그 후에도 정숙하게 살아가야 한다."[34] "주님 안에서 결혼" 하지 않고 결혼생활에서 정숙하지 않는 사람은 거룩한 사랑의 결과인 복된 가정을 기대할 수 없다. 남편과 아내가 서로에게 행해야 할 일반적 의무는, 사랑 안에서 언약에 충실한 가운데 정절을 지키고, 서로에 대한 풍

---

33 *WOF.*
34 *WOF*, sec. 6.2; CL, 2nd ed. 1819-27, 8:72-85.

성한 애정을 유지하며, 한 사람이 다른 사람을 신중히 보살피는 것이다.[35]

　남편과 아내의 관계의 주된 특징은 "서로의 가슴에 매우 소중한 것으로 스며드는 마음에서 흘러나오는 사랑과 애정"이다. "이처럼 서로의 마음을 감동시키는 것은 … 결혼생활을 매우 즐겁고 아름답게 만든다."[36] 이러한 내용이 청교도 목사가 서로를 사랑하는 부부의 훌륭한 성적인 삶에 관해 가르친 것이다. 칸티클(Canticles, 성경의 내용으로 부르는 찬송-역주)에서는 이처럼 서로에게 감동을 주는 성경적 사랑의 모범을 복된 것으로 노래한다. "나의 어여쁜 자, 나의 사랑, 나의 사랑하는 그대, 나의 완전한 자, 사랑하는 내 아내, 많은 사람 중 가장 아름다운 이"(아 5:2, 10). 모든 결혼한 부부는 이처럼 강하고도 순결한 사랑을 본받아야 한다.[37] "결혼이라는 매듭이 만들어지면 모든 남편은 자기 아내가 이 세상에서 자신을 위해 가장 적합한 사람이라고 생각하고, 모든 아내는 자기 남편이 자신을 위해 가장 적합한 사람이라고 생각해야 한다."[38]

2. 동등한 관계의 동반자

　부부의 관계에 관해 두 개의 성경 본문이 상호 보완적으로 말씀한다. 에베소서 5:25에서 하나님의 명령은 "남편들아 아내를 사랑하라"는 것이다. 그와 균형을 맞추는 하나님의 명령은 디도서 2:4의 "아내들아 남편을 사랑하라"는 것이다. 한 구절을 빼고 한 구절만 주신 것으로 상상하지 말라. "누구든지 언제나 자기 육체를 미워하지 않고 오직 양육하여 보호하기

35　*WOF*, sec. 6. 1.
36　같은 곳.
37　같은 곳.
38　*WOF*, sec. 6. 1; *CL*. 8.

를 그리스도께서 교회에게 함과 같이 하나니"(엡 5:29)라는 말씀에 의하면, 남편과 아내 모두는 언약의 동반자로서 서로에 대해 "한 사람이 다른 사람을 신중히 보살피되, 그 보살핌은 육체에까지 확장되어야 한다." 남편은 아내의 육체를 돌보고, 아내는 남편의 육체를 돌보아야 한다.

남편의 첫 번째 의무는 큰 애정을 가지고 "가슴에 품은 아내를 사랑함으로, 아내의 마음 역시 자신의 가슴 속에 있는 그 마음과 같아야 함을 보여주는 것"이다. 남편은 아내를 어느 때든, 어떤 일에서든 사랑해야 한다. 사랑이 아내를 향한 남편의 말과 태도, 행동의 풍미를 결정짓고 감미로움을 더하게 해야 한다. 남편의 통솔, 책망, 권고, 지도, 권위 및 아내와의 친밀도에서 언제나 사랑이 드러나야 한다. 아내는 남편과 함께 하나님 나라를 상속받을 자다. 아내는 남편에게 자녀를 낳아준다. 이 요소들 중 어느 하나라도 부족하면 "결혼이라는 낙원은 지옥이 되어버릴" 수도 있다.[39]

3. "그리스도께서 교회를 사랑하신 것같이"

만약 남편이 아내를 그리스도께서 교회를 사랑하신 것같이 사랑한다면, 그 관계는 어떤 모습으로 보일까? 교회를 향한 그리스도의 사랑은 "모든 면에서 자유로웠다." 그리스도의 사랑은 "교회가 그분을 사랑하기 전부터 시작되었다." 그리스도의 희생적 사랑의 방식은 남편이 그 아내를 사랑함에서 솔선수범하게 한다.[40] "그리스도께서는 자기 사람들을 사랑하시되 끝까지 사랑하셨다"(요 13:1). 그의 사랑은 "어떤 도발로도 결코 변질시킬 수 없는" 사랑이었다. 하나님께서 가정을 이루게 하신 사실과 "결코 깨

---

39 *WOF*, sec. 2. 2; CL 8.
40 *WOF*, sec. 2. 2; CL 8:72-85.

뜨릴 수 없는 결단"에 기초해, 그리스도의 사랑과도 같이 확고하고도 깨뜨릴 수 없는 사랑이 남편의 사랑이어야 한다.[41] 이 결단에 동반되는 것이 아내의 필요를 채워주고, 아내를 인생의 동반자와 삶의 멍에를 함께 메는 자로 대하면서 애정을 가지고 존중하는 삶이다.

아내는 "남편의 기쁨이자 눈으로 바라보기 원하는 대상"이 되어야 한다. 그럴 때 남편 역시 아내를 모질게 대하지 않고 "화난 상태로 잠들게 하지 않을 것이다." 그들은 서로에게 해가 지도록 분을 품지 않게 될 것이다.[42]

때때로 그렇듯 만약 좋지 않은 감정이 일어나면, 남편은 "말하기 적당한 시간이 올 때까지 기다려야 한다." 그런 후에 "온유함과 사랑의 영으로" 조용히 아내에게 말을 걸어야 한다. 만약 아내가 여전히 완고하다면, 남편은 "아내가 더 심하게 행동하지 않도록 온화한 태도로 인내해야 한다"(*WOF*, sec. 2. 3b; CL 8). 남편은 "아내에게 활기와 쾌활함과 아무 걱정 없이 편안한 마음을 얻는 원천과도 같아야 한다. 아내는 남편을 위해 모든 것을 버렸으므로, 즐겁게 살아갈 수 있게 하는 영향력을 남편에게서 지속적으로 공급받아야 한다."[43] 이 같은 것이 아내를 향한 남편의 의무다.

이와 마찬가지로 아내는 "일평생 남편의 조력자"로서 남편의 말을 경청해야 한다. "비록 가시와 만나더라도 부드럽고 상냥하며 친절해야 하고", "온유하고 온화하고 유순해야" 한다. 만약 남편이 그리스도에 반하는 무엇을 요구한다면, "사람이 아닌 하나님을 선택해야 한다." 아내는 "신실한 아내는 땅에서의 남편만이 아니라 하늘의 남편이 있다"는 생각으로 위

---

41   *WOF*, sec. 2. 4; CL 8.
42   같은 곳.
43   *WOF*, sec. 2. 2b; CL 8.

로받는다.[44] 또 아내는 남편이 아플 때든 건강할 때든, 역경에 처하든 번성하든, 젊든 나이가 들었든 주의 깊게 그의 인격을 존중함으로 "가정과 무엇보다 두 사람의 마음에 그리스도의 영광스러운 나라를 세울 수 있도록 남편을 도와야 한다." 이러한 특징이 없다면 "그 가정은 단지 사탄의 신학교이자 지옥에 보내기 위한 보육원에 불과하다."[45]

지금까지 웨슬리가 자신의 영적 공동체에 적극 추천한 책에서 질서 있는 가정에 대한 가르침을 살펴보았다. 이제는 가정의 신앙생활에 대한 웨슬리 자신의 글로 돌아가고자 한다.

E. 변화하는 가정에서의 엄격한 사랑

1. 자녀 가르치기

웨슬리는 가족 구성원 중 누군가가 죄의 유혹을 피하도록 돕는 것은 가족이라는 체계에 속해 있는 모든 사람의 책임이라고 믿었다.[46] 가족이 이러한 책임을 공유하는 것은 가정의 화합에 유익한데, 이는 각 구성원 모두가 건강한 가정을 이루는 일과 관련이 있기 때문이다.

a. 일찍 그리고 자주 가르치라

부모는 단지 강압적으로가 아니라 언제나 이성적 주장을 통해 자녀를 "일찍 그리고 자주" 가르쳐야 한다. 변화는 온화한 설득으로 이루어진다.

---

44 *WOF*, sec. 2. 2c; CL 8.
45 *WOF*, sec. 2. 2d; CL 8.
46 "On Family Religion," B 3:338, J VII:79-80, sec. 3. 1.

"자녀를 일찍 가르치십시오. 우리가 생각하는 시점보다 훨씬 일찍 … 아이의 이성이 깨어나는 첫 시점부터 가르치십시오." 부모는 "자녀의 이해력이 처음으로 열리는 시점"을 살펴, "그들의 영혼의 눈을 선한 쪽으로 향하게" 해 영혼에 "적합한 것을 조금씩 제공"해야 한다. "그때부터 자녀가 받아들일 수 있는 진리를 조금씩 가르칠 어떤 기회도 놓쳐서는 안 된다."[47]

자녀의 지적·영적 성장 과정을 적극적으로 지도하라. "자녀가 날마다 일정 시간을 말씀을 읽고 묵상하며 기도하는 데 사용할 수 있도록 주의를 기울이라." 하루도 "가족이 함께 모여 진지하고도 엄숙하게 기도하는 시간을 갖지 않은 채" 지나치지 않도록 하라.[48]

b. 온화한 설득을 통한 징계

부모는 자녀가 이성적으로 생각하기 시작하는 가장 초기 단계부터 자녀를 지도할 책임이 있다.[49] "자녀가 어릴 때는 부모가 조언과 설득, 꾸지람뿐 아니라 징계를 통해 악을 제어할 수 있다. 단지 징계라는 방법은 최후에 사용해야 함을 기억하라."[50]

모든 교정은 온화한 설득이 가장 효과적이다. 회초리는 마지막 수단으로만 사용되어야 하며, 그조차도 홧김에 촉발되어서는 안 된다.[51] "아이들의 욕망을 만족시키고, 다른 사람의 필요는 거들떠보지 않고, 맹목적 충성에 동조하며, 하나님 안에서 살아가는 중요한 일을 하찮게 만들어, 아이들이 좋지 못한 본을 따르게 하지 말라. 부모가 부정한 행동을 한다면, 아이

---

47   "On Family Religion," B 3:340, J VII:81, sec. 3. 6.
48   "On Family Religion," B 3:340, J VII:81, sec. 3. 5.
49   같은 곳.
50   "On Family Religion," B 3:339, J VII:80, sec. 3. 3.
51   "On Family Religion," B 3:339, J VII:80, sec. 3. 3-4.

는 분명 그것을 따라 할 것이다."[52]

설득은 강제보다 낫다. 효과적인 훈육은 설득으로 이루어진다. 집안일에 협력하지 않으려는 가정부에게는, 그가 살아갈 다른 집을 찾아주는 것이 모두의 최고 관심사임을 깨닫게 해주어야 한다.[53] 부모는 가정의 구성원이 시험에 빠지는 것을 억제하기 위해 정당한 힘을 행사해야 한다. 이러한 억제는 그리스도인의 분별력과 양심에 따르되 온화한 설득에 의할 때 가장 효과적이다.[54]

어떤 사람은 "아이는 전혀 교정받지 않아도 된다"고 생각한다. 웨슬리는 "당신이 스스로를 솔로몬보다 더 지혜롭다고 생각하지 않는다면 … 아이를 일찍부터 교정해 주라. 아직 희망이 있을 때 자녀를 훈육하라. 자녀의 죽음에 원인을 제공하는 사람이 되지 말라."[55]

2. 당당하게 가르치기

a. 일찍, 평이하게, 자주, 인내함으로 가르치라

자녀를 어떻게 신앙적으로 가르쳐야 하는지에 관해서는 일찍, 평이하게, 자주, 인내함으로라는 네 가지 핵심 부사가 중요하다.[56] 일찍 시작하라. 아이들이 이해할 수 있도록 평이하게 말하라. 그들의 이해를 열어주시기를 하나님께 간구하라. 아이에게 자주 말해주라. 육체를 먹이는 것만큼 자주 영혼을 먹이라. 가르치는 의무를 다하기 위해 인내하라. 가르침의 결

---

52 "On Family Religion," B 3:340, J VII:81, sec. 3. 5.
53 "On Family Religion," B 3:338, J VII:79-80, sec. 3. 1.
54 같은 곳.
55 참고. 잠 19:18; "On Family Religion," B 3:339-40, J VII:80 – 81, sec. 3. 4.
56 "On Family Religion," B 3:338, J VII:81-82, sec. 3 .6-10.

과가 열매로 나타나기 전에 그만두지 말라. 열매가 없을 때는 인내를 위해 계속 기도하라. 하나님의 무한하신 인내를 반영하는 방법이 아니고서는 당신이 진정으로 인내할 수 없음을 기억하라.[57]

"자녀에게 평이하게 말하라." 어린아이가 이해할 수 있는, 그들이 사용하는 용어를 사용하라.[58] 웨슬리는 한 가지 실례를 다음과 같이 제시한다.

> 아이에게 위를 쳐다보게 하고 "무엇이 보이니?"라고 물어보라. "해요." "얼마나 밝은지 볼래? 얼마나 따뜻하게 너의 손을 비추는지 느껴 보렴! 해가 어떻게 풀과 꽃을 자라게 하고, 나무와 모든 것을 초록색이 되게 하는지 보렴! 하나님은 네 눈에는 보이지 않지만 하늘 위에 계시고 저 해보다 훨씬 밝으시단다! 해를 만드시고, 너와 나, 모든 것을 만드신 분이 바로 하나님이셔. 풀과 꽃이 자라게 하시고, 나무를 푸르게 하시고, 나무에서 열매가 나게 하시는 분도 하나님이셔! 하나님이 너를 사랑하신단다. 하나님은 너에게 좋은 것 주시기를 기뻐하셔. 하나님은 너를 행복하게 만들어주는 것을 기뻐하신단다. 그렇다면 너도 그분을 사랑해야 하지 않겠니? 네가 나를 사랑하는 것은 내가 너를 사랑하고 너를 위해 좋은 일을 하기 때문이지? 그런데 내가 너를 사랑하도록 만드신 분은 하나님이셔. 그렇기 때문에 너도 하나님을 사랑해야 해. 그러면 네가 하나님을 어떻게 사랑해야하는지 하나님께서 가르쳐 주실 거야."[59]

b. 성령의 주도하심

오직 하나님만이 "부모의 가르침을 자녀의 마음에 적용하실 수 있다. 그분이 없이는 부모의 모든 노력은 헛된 것이 되고 만다. 그러나 성령께

---

57   "On Family Religion," B 3:339, J VII:81-82, sec. 3.7-10.
58   "On Family Religion," B 3:341, J VII:82, sec. 3.7.
59   같은 곳.

서 가르치시면 배움은 전혀 지체되지 않는다."[60] 온 가족은 주일에 공예배의 가르침에서 유익을 얻어야 한다. 하나님께서 제정하신 규례들은 반드시 참여하라. "자녀가 날마다 일정 시간을 말씀을 읽고 묵상하며 기도하는 데 사용할 수 있도록 주의를 기울이라." "가족이 함께 모여 진지하고도 엄숙하게 기도하는 시간을 갖지 않은 채" 하루도 지나치지 않도록 하라.[61]

당신이 노력의 열매를 조금도 얻지 못한다고 해보자. 그렇더라도 "당신은 열매가 전혀 없을 것이라고 결론지어서는 안 된다. 아마도 '당신이 물 위에 던진 떡을 여러 날 후에 도로 찾을 것이다'(전 11:1)."[62] 당신이 이처럼 행한다면, "자녀는 나이가 더해지는 것과 비례해 은혜에서 자라게 될 것이다."[63]

현대의 부모들이, 걷잡을 수 없는 불순종과 세대 차이, 많은 위험을 지닌 사회적이고 성적인 실험이 난무하는 현재의 사회적 상황에서 어떻게 웨슬리의 가르침을 따를 수 있는지 질문하는 것은 매우 합리적이다. 그 질문에 답하려는 것은, 어떤 과장이나 희석도 없이 웨슬리가 가르친 것이 정확히 무엇인지 진술하려는 이 책 시리즈의 목적에서 많이 벗어날 수밖에 없을 것이다. 현재의 사회적 문제들이 꼭 웨슬리 시대보다 더 골치 아픈 것만은 아니다. 참으로 오늘날의 부모는 웨슬리 시대에는 없던 교육과 기술의 많은 이점을 누리고 있다. 사회적 질병이 현대의 것이라 해서 꼭 현대의 부모들이 웨슬리의 가르침을 현대의 사회적 맥락에서 적용하지 말아야 하는 것은 아니다.

---

60 "On Family Religion," B 3:341, J VII:82, sec. 3. 8.
61 "On Family Religion," B 3:340, J VII:81, sec. 3. 5.
62 "On Family Religion," B 3:342, J VII:83, sec. 3. 11.
63 "On Family Religion," B 3:342, J VII:83, sec. 3. 12.

3. 자녀 교육 방법의 선택

신앙의 가정의 자녀가 성장하면, 부모는 그들의 학교 교육에 주의 깊게 관심을 가져야 한다. 부모는 '우리는 무슨 목적으로 자녀를 학교에 보내는가?'라는 근본적인 질문을 던져볼 필요가 있다. 만약 그 대답이 이 세상에서의 사회적 신분 상승이라면, 자녀 교육에서 하나님의 목적은 이미 상실된 것이다. 더 중요한 질문은 '그 목적이 이 세상을 위해서인가 내세를 위해서인가?'다. "(내가 솔직히 말하는 것을 양해해주시기 바란다.) 만약 내세를 위한 것이 아니라면, 자녀를 학교에 보내는 것은 그들을 마귀에게 보내는 것과 다를 바 없다." 웨슬리는 대체로 홈스쿨링으로 교육을 받으며 성장했다. 그는 경건한 교사가 가르치는 작은 학교가 하나님을 두려워하지 않는 큰 학교보다 더 좋다는 사실을 굳게 믿었다.[64]

당신의 딸들을 어디로 보내야 하는가? 부모인 당신이 직접 양육하라. 웨슬리는, 그러나 "당신이 (일곱 명의 딸을 성년이 될 때까지 직접 양육한 내 어머니처럼) 자녀를 직접 양육할 수 없다면, 그들을 참으로 하나님을 두려워하고, 그 삶이 학생들의 모범이 되며, 맡겨진 학생 각각을 하나님 앞에서 책임져야할 대상으로 충분히 돌볼 수 있을 정도의 인원만 가르치는 여교사에게 보내라"고 말한다. 학생 수가 너무 많은 교실과 오직 세상적 출세를 위한 교육은 피해야 한다. 딸들을 위해서는 "교만, 허영심, 자랑, 음모, 술수 등 요컨대 그리스도인 여성이 배우지 말아야 할 모든 것"을 가르치는 학교를 피해야 한다.[65]

이와 마찬가지로, 아들들을 위해서는 어떻게 그들이 사회적 신분 상

---

64   "On Family Religion," B 3:342, J VII:83, sec. 3. 13.
65   "On Family Religion," B 3:343-44, J VII:84, sec. 3. 14-15.

승을 이룰 수 있는지에 대해서만 알고자 하지 말라. "내 아들이 천국에 보화를 쌓으려면 어떤 직업을 갖는 것이 가장 유익할까?"를 묻는 것이 더 낫다. "어떻게 하면 아들이 돈을 가장 많이 벌 수 있을까?"가 아니라 "어떻게 하는 것이 그가 온전한 거룩함에 이르는 데 가장 도움이 될까?"를 고민하라.[66] 부모가 자녀의 교육을 감독하는 것은 단지 이 세상만이 아니라 영원을 위한 것이기도 하다.

4. 자녀의 배우자 선택에 관한 조언

언젠가 웨슬리는 이렇게 말했다.

> 당신의 아들이나 딸이 결혼할 나이가 되어 그 문제에 관해 당신이 조언해주기를 원한다고 해보자. 당신은 세상이 '훌륭한 배우자감'이라고 부르는 사람은 돈을 많이 버는 사람인 것을 알고 있다. 그러나 이 세상에서든 다가올 세상에서든 돈은 행복을 줄 수 없다. 당신이 지혜롭다면, 당신은 자녀가 결혼을 통해 부자가 되게 하기 위해 애쓰지 않을 것이다. 당신의 관심은 오직 이 한 가지에 향해야 한다. 단지 하나님의 영광과 당신의 자녀가 시간과 영원 모두에서 참으로 행복하기만을 목적 삼으라.

당신은 곧 "지옥을 '좋은 셋방'으로, 마귀를 '좋은 주인'으로 부르는" 딜레마에 빠지게 될지도 모른다.[67] 그럴 때가 당신이 "위로부터 난 지혜"를 절실히 필요한 때다.[68] 부가 행복을 주는 경우는 거의 없다. 결혼의 또 다른 목적은 자녀의 인성 속에서 빛을 발하는 하나님의 영광을 보는 것이다.

---

66 "On Family Religion," B 3:344, J VII:84, sec. 3. 16.
67 "On Family Religion," B 3:345, J VII:85, sec. 3. 17.
68 같은 곳.

가족의 성숙을 위해 이러한 가르침을 따르는 사람은 풍성한 보상을 받게 될 것이다. 젊은 사람이 성숙해 결혼에 이르게 되면 그리스도인 부모는 그들의 궁극적 행복을 위해 하나의 관심과 목표를 가져야 한다.[69] "다른 사람은 어떻든 당신과 당신의 집은 '주님 섬기기'를 택하라(수 24:15)."[70]

F. 죽음에 관한 목회

1. 죽음 직면하기

a. 죽음과 구원

웨슬리는 사역을 시작할 때부터 영혼을 돌보는 일을 중시했다. 죽음을 어떻게 직면할 것인가 하는 것은 신앙을 형성하는 일과 모든 형태의 영적 돌봄에서 핵심적 질문이다. 어떤 사람은 좀 더 일찍, 다른 사람은 좀 더 나중에라는 차이만 있을 뿐 모든 사람이 죽음에 직면한다. 신자도 불신자와 다를 바 없다. 죽음은 우리의 변덕스러운 의지를 확고한 신앙과 순종으로 이끄시는 하나님의 섭리적 계획의 본질적 요소다.[71] 죽음은 우리를 가르치는 교사다. 죽음은 무엇을 우리에게 가르쳐주는가?[72] 이것이 웨슬리의 첫 번째 설교의 주제다.

---

69   같은 곳.
70   "On Family Religion," B 3:345-46, J VII:86, sec. 3. 18.
71   On physical death, 참고. B 2:287-88 .
72   이 시리즈 제2권『그리스도와 구원』11장에서는 사후 영혼에 관해 다루었다. 설교 #132, "On Faith," 히 11:1, B 4:189, sec. 2; 참고. B:3:531-32; 4:386-88. 지금 다루는 내용은 신자가 죽음에 직면하는 태도에 관한 것이다.

b. 희망에 초점 두기

웨슬리는 1725년 9월 19일에 부제 안수를 받았다. 그가 처음 작성한 설교는 "죽음과 구원"(Death and Deliverance)이다[설교 #133 (1725년 잉글랜드 버킹엄셔), B 4:206-14]. 이 설교는 그가 죽음과 영원의 관계에 대해 얼마나 깊이 생각했는지 보여준다.

웨슬리는 사역의 초기부터 목회자이자 교사로서의 자질을 보여준다. 이 설교에서 그는 신자들이 하나님께서 은혜로 부어주시는 소망을 가지고 죽음을 맞이할 것을 권면한다. 이 설교는 웨슬리가 죽음의 기술(*ars moriendi*), 죽음에 대한 준비, 그리고 영생을 위한 준비로서 영성 형성을 가르친 중세 전통에 깊은 영향을 받았음을 보여주는 징후들을 보인다.

설교의 초점은 죽음 이후 신자를 기다리는 영원한 행복에 있다. 쏜살같이 날아가는 이 세상에서의 삶은 영원을 위한 준비 기간이다. 죽음을 통해 우리는 "죄라는 폭군에서 자유를 얻는다."[73]

설교 본문은 욥기 3:17이다. 죽음을 통해 얻는 위로는 "악한 자가 악을 그친다"는 데 있다. 인생이 문제로 가득한 것을 알게 된 사람은 인생이 끝날 때 피곤한 자에게 주어질 영원한 안식을 깊이 생각하도록 권유받는다.

모든 사람이 인생은 감당하기 힘든 무거운 짐이라고 불평하지만 "그 짐을 내려놓기 원하는 사람은 거의 없다." 죽음에 가까워질수록 우리는 그로 인해 더 진지하게 생각하게 된다. "당면한 죽음의 문제를 생각하면 우리가 가진 모든 수완은 아무 소용 없는 것이 된다."[74]

---

73 "Death and Deliverance," B 4:212, sec. 14.
74 "Death and Deliverance," B 4:207, sec. 4.

c. 결코 쇠하지 않을 행복

죽음은 두려워할 대상도, 갈망할 대상도 아니다. 신자는 죽음을 하나님과 함께 하는 상상할 수 있는 가장 충만한 삶으로 인도하는 입구로 이해한다. 이 죽음이라는 두 세상의 연결고리에서 하나님의 백성은 "앞으로 그들이 상속하게 될 유업에 대해 생각하면서 말할 수 없는 영광스러운 즐거움으로 즐거워하게 된다." 그들은 이제 그것을 더는 "거울로 보는 것 같이 희미하게"(고전 13:12) 바라보지 않을 것이다.[75]

신자의 삶은 "이미 부분적으로 행복을 누리는 상태"지만, 그럼에도 현재 누리는 행복은 단지 "더 온전하고 충만한 행복"을 미리 맛보는 것일 뿐이다.[76] 그날에는 "모든 악이 제거되고, 무한한 지혜와 능력의 하나님께서 주실 수 있는 모든 좋은 것이 주어질 것이다."[77] 하나님께서는 신자로 "주님의 오른편에서 영원히 충만한 기쁨을 누리게 하시고, 새 예루살렘에서 즐거움의 강물을 마시도록" 허락하실 것이다.[78]

영원한 생명은 "이 세상에서 다다를 수 있는 어떤 행복보다 무한히 뛰어나다."[79] 죽은 신자는 "이 일시적인 생명에 머무는 동안 피할 수 없는 그들의 몫인 모든 근심과 고난, 위험, 고통, 염려에서 구원을 받는다."[80] 그들은 이제 주리거나 목마르지 않을 것이다. 그들은 완전히 "슬픔과 궁핍과 질병, 앞으로 겪게 될지도 모를 모든 역경을 면하고", 모든 수고에서 벗어나 온전한 고요와 쉼을 즐길 것이다. "하나님께서는 모든 눈물을 그 눈에

---

75   "Death and Deliverance," B 4:212, sec. 15.
76   "Death and Deliverance," B 4:212-13, sec. 15.
77   "Death and Deliverance," B 4:213, sec. 16.
78   같은 곳.
79   같은 곳.
80   "Death and Deliverance," B 4:212, sec. 14.

서 닦아주실 것이다"(계 21:4). 신자는 "썩지 않고 더럽지 않고 쇠하지 아니하는 유업"(벧전 1:4)을 얻을 것이다.[81]

d. 죽음을 두려워 말라

우리는 신앙이 깊어질수록 우리가 경험하는 모든 시련은 우리를 위한 것으로, 선을 행하고자 하는 의지를 강하게 하고 또 하나님과 함께하는 삶을 준비시킨다는 사실을 알게 된다. 나아가 "우리의 순종에는 온전한 행복이라는 약속이 주어져 있음"을 알게 된다. 현재의 이러한 자각은 우리로 더욱 더 "모든 것에서 거룩하고 경건한 삶"을 살아갈 것을 요구한다. 이 같은 영원한 비전은 우리로 인내로써 "모든 현세의 고통을 감내"하게 한다.[82]

역설적으로 웨슬리는 우리가 현재 얼마나 연약한지 더 많이 깨달을수록 우리는 그 연약함에서 구원받기를 더 소망하게 된다고 주장한다. 선한 사람이 "자신이 이 생에서 시작한 선한 일들이" 내세에서 온전히 성취될 수 있음을 깨닫는다면 그 만족은 얼마나 클 것인가! 그는 "자신의 영혼을 가꾸기 위해 노력함으로 행하게 된 그리스도인의 덕행 하나하나가 최대한으로 향상되고 확대되는 것을" 보게 될 것이다.[83]

오직 우리 삶의 매우 작은 부분에서만 우리는 참되고 지속적인 행복을 말할 수 있다.[84] 지혜로운 사람마저도 영원한 지혜를 갖지 못하면 불행할 수밖에 없다. "그것이 자연적 지식이 지불해야 할 값이다." 이런 경험을 바탕으로 전도서에서 설교자는 "지혜가 많으면 번뇌도 많으니 지식을 더하

---

81 "Death and Deliverance," B 4:213, sec. 16.
82 "Death and Deliverance," B 4:213, sec. 17.
83 "Death and Deliverance," B 4:212, sec. 14.
84 "Death and Deliverance," B 4:207, sec. 3.

는 자는 근심을 더하느니라"(전 1:18)라며 신음한다.[85]

죽음은 자연적 인간에게만 끔찍한 것이다. "우리는 이 모든 것이 합력하여 선을 이룬다는 것을 확신하기에" 죽음을 두려워하지 않는다. "사람들이 우리를 비난하고 욕하고 악의로 대할 때도 스스로 위로받을 수 있는 이유는, 악인이 우리를 해할 수 없는 그곳에서 우리가 곧 쉼을 얻을 것이라는 굳은 신념이 있기 때문이다."[86]

이것은 피할 수 없는 취약한 육체로 인해 고통 당하는 사람에게 특별히 기쁜 소식이다. 이러한 취약함은 곧 고침받을 것이다. 하나님은 그가 정하신 선한 때에 우리를 자신과 다시 화해시키실 것이다. "이 썩을 것이 썩지 아니함을 입고 이 죽을 것이 죽지 아니함을 입게 될 것이다"(고전 15:54).[87]

e. 세상적 가치의 우상 버리기

우리가 이 세상을 우상으로 섬기는 상태에 매여 있는 한 "우리가 가진 기능들은 이 점에서 매우 불편한 것이 될 수밖에 없다. 모든 감각은 육체적 고통의 유입 경로가 되고, 모든 지성의 능력은 영혼의 고통의 유입 경로가 되어, 많은 기능을 가질수록 훨씬 더 많은 고통의 가능성을 가진 것이 되기 때문이다." 만약 우리 몸의 어떤 일부라도 장애를 입게 되면, 그것이 우리 몸 전체를 불편하게 하고, 거기에 불안한 상상력이 더해지다 보면 장애는 세상 전체에 불편을 주는 것처럼 느껴진다.[88]

사도 바울이 "죽는 것도 유익하다"(빌 1:21)고 말한 것은, 그가 자연적

---

85   같은 곳.
86   "Death and Deliverance," B 4:213, sec. 17.
87   같은 곳.
88   "Death and Deliverance," B 4:206, sec. 2.

죽음을 간절히 원했다는 것이 아니다. 그보다는 그가 죽음 너머 그리스도의 부활에 참여하는 새로운 생명을 내다보고 있었다는 것이다. 기독교는 죽음을 새로운 삶의 시작으로 본다. 이런 의미에서 죽음은 "안전하고 조용한 안식처, 두려움이 아닌 소망의 대상으로, 거기서 우리는 닥쳐올 모든 불행과 위험, 질풍 같은 욕망과 원한과 질투의 격정에서 안전해진다. 이것들은 우리가 이 세상에서 요동하는 동안 우리를 계속해서 괴롭혔던 것들이다.[89]

f. 괴로움은 끝난다

"우리는 성경에서 죽음은 안식처일 뿐 아니라 훨씬 좋은 나라, 즉 이 땅의 가나안과 같이 젖과 꿀이 흐르는 것이 아니라, 중단도 없고 끝도 없이 기쁨이 넘쳐흐르는 땅으로 들어가는 관문임을 배운다." 이 사실이 신자로 "현재의 악의 공격과 앞으로 닥쳐올 악에 대한 두려움을 견디게" 한다. 이 모든 고난에 끝이 있다는 것은 기쁜 소식이다. 불행은 그림자처럼 지나간다. 하나님께서는 신자를 위해 "슬픔과 고통이 없는" 영원한 처소를 예비하셨다. 거기서는 "악한 자가 소요를 그치고 피곤한 자가 쉼을 얻을 것이다"(욥 3:17).[90]

죽음의 이편 세상에서 우리는 가장 본보기가 될 만한 덕행도 악용되고 왜곡될 수 있음을 발견한다.[91] "악은 언제나 쉽게 퍼지는 성격을 가지고 있고, 그 전파 과정은 눈에 띄지 않을 때 더 확실하게 진행된다. 악인은 아무런 맛이 없더라도 불법을 물처럼 들이킨다."[92] "악인은 동료를 겁박해 두

---

89 "Death and Deliverance," B 4:207, sec. 4.
90 "Death and Deliverance," B 4:206, sec. 4.
91 "Death and Deliverance," B 4:206, sec. 6.
92 "Death and Deliverance," B 4:206, sec. 7.

려움을 갖게 하거나, 감언이설로 유혹하고, 정직함을 무거운 짐이라고 주장해 그가 일어서는 것을 더욱 어렵게 만들려 한다. 삶에서 경험하는 대부분의 악이 악한 사람에 의한 것이라는 사실은 이성과 경험 모두를 통해 증명할 수 있다."[93]

속이려는 의도를 가진 사람들은 이 일시적인 세상에서 문제 일으키기를 그치지 않을 것이다. 그러나 그들은 죽어서는 문제를 일으키지 않는다. 죽음은 그들의 뒤틀린 의도와 위선적 미덕을 끝낸다.[94] 악인이 일시 목적을 이루는 듯 보이더라도 신자가 받을 유업을 도둑질할 수는 없다. "이 악의 원천에서 비롯되는 불행은 셀 수가 없고, 그로 인해 우리는 '악한 자가 소요를 그치고 피곤한 자가 쉼을 얻는' 그 복된 안식에 참여하는 자가 되기까지는 이 세상에서 끊임없이 투쟁할 수밖에 없다."[95]

2. 가족을 잃은 사람을 위한 목회

a. 죽은 자를 위한 애도에 대하여

웨슬리는 존 로빈 그리피스(John Robin Griffiths)라는 옥스퍼드 대학교 학생의 장례식 설교에서, 과도한 슬픔은 하나님께서 신자로 소망을 가지고 죽음을 직면하도록 도전하시며 주시는 은혜를 붙들지 못하도록 방해할 수 있다고 주장했다[설교 #133, "죽은 자를 위한 애도에 대하여"(On Mourning for the Dead, 1726년 또는 1727년 1월 15일, 우스터 셔), B 4:236-43]. 슬픔에서 우리는 무엇을 배워야 하는가?

---

93   "Death and Deliverance," B 4:206, sec. 6.
94   "Death and Deliverance," B 4:206, sec. 8.
95   "Death and Deliverance," B 4:206, sec. 9.

설교 본문인 사무엘하 12:23의 배경은, 다윗이 우리아를 죽인 죄의 형벌로 자신의 아들이 죽는 슬픔을 겪은 사건이다. 웨슬리는 다윗의 슬픔을 죽음을 직면하는 두 가지 다른 상황에 들어맞도록 서로 다른 방식으로 배열했다. 그는 다윗이 "사랑하는 아들의 죽음으로 영혼의 비통함을 경험한 후에는 다시 이성적인 태도와 미덕을 회복했음"을 관찰한다. "다윗은 '금식하며 울었고', 또 '밤이 새도록 땅에 엎드려 있었다'"(참고. 삼하 12:16-22). 그는 위로받기를 거절했다. 그러나 그런 후에는 "집으로 돌아가 평상시의 평정과 밝은 모습으로 행동했다"(참고. 20절). 웨슬리는 "다윗의 행동의 토대가 된 원리"를 밝힘으로 "그의 행동에서 나타난 기이한 변화"를 설명했다. 다윗은 "지금은 죽었으니 내가 어찌 금식하랴 내가 다시 돌아오게 할 수 있느냐 나는 그에게로 가려니와 그는 내게로 돌아오지 아니하리라"(삼하 12:23)라고 말한다.[96] 다윗은 어떻게 울고 어떻게 울음을 그쳐야 하는지 알았다.

하나님께서는 악에서 어떻게 선을 이끌어내는지를 아신다. 그리고 어떻게 솔직하고 진실하게 죽음을 직면하는 것이 덕과 행복을 증대시키는 일의 시작이 될 수 있는지 우리에게 가르쳐주신다. 죽음에 직면하는 것은 "우리의 결함 많은 이성에 큰 도움을 준다."[97] 신앙은 우리 자신의 죽음을 두려워할 필요가 없고, 하늘의 처소로 먼저 간 신앙의 친구에 대해서도 통탄할 필요가 없음을 가르쳐준다.

거룩한 연대가 죽음으로 산산히 흩어진다. 그러나 이 연대는 영원 속에서 다시 연합할 것이기에 영원히 깨어진 상태로 있지는 않을 것이다.[98]

---

96 "On Mourning for the Dead," B 4:238, sec. 2.
97 "On Mourning for the Dead," B 4:239, sec. 6.
98 "On Mourning for the Dead," B 4:242, sec. 16.

고통을 참기 힘든 사람은 슬퍼할 것이지만, 그 슬픔이 자신의 생명을 앗아가게 해서는 안 된다. 한동안 눈물 흘리는 것은 적절하지만, 눈물 흘리는 고통을 사랑하는 것은 적절하지 않다.[99] 우리는 슬픔이 "우리 육체의 건강을 해치고 우리 마음의 용기를 잃게 만드는 것을" 허락하지 않도록 주의해야 한다.[100]

하나님은 사람 속에 있는 생각을 아신다. 성자 하나님께서는 우리처럼 시험을 받으셨다. 하나님께서는 우리가 겪는 일시적 상실의 아픔을 아신다.[101] 그 아픔을 하나님의 손에 맡겨드리라. 주님을 사랑하는 사람에게는 모든 것이 합력하여 선을 이룬다.[102] "눈물을 흘리며 씨를 뿌리는 자는 기쁨으로 거두리로다"(시 126:5).

바울은 다음의 말씀으로 경고한다. "형제들아 자는 자들에 관하여는 너희가 알지 못함을 우리가 원하지 아니하노니 이는 소망 없는 다른 이와 같이 슬퍼하지 않게 하려 함이라 우리가 예수께서 죽으셨다가 다시 살아나심을 믿을진대 이와 같이 예수 안에서 자는 자들도 하나님이 그와 함께 데리고 오시리라 … 이러한 말로 서로 위로하라"(살전 4:13-14, 18).

죽음으로 인해 "지친 나그네는 드디어 그가 갈망하던 집으로 돌아간다."[103] "왜 우리가 지금 큰 행복을 누리고 있을 그 영혼이 나에게로, 그리고 이 죄 많은 곳으로 돌아오기를 바랄 정도로 비합리적이고 몰인정해야 하는가?"[104] 지금은 죽은 자와 산 자 사이에 거대한 구렁이 놓여있으나, 언

---

99   "On Mourning for the Dead," B 4:239, sec. 8.
100   "On Mourning for the Dead," B 4:240, sec. 9.
101   "On Mourning for the Dead," B 4:240, sec. 11.
102   "On Mourning for the Dead," B 4:239, sec. 7.
103   "On Mourning for the Dead," B 4:240, sec. 10.
104   "On Mourning for the Dead," B 4:240-41, sec. 12.

젠가 그 구렁이 메워질 때가 올 것이다.[105] 아담이 타락하기 전에는 죽음이 없었다. 만약 인간 본성이 죄로 타락하기 전에는 죽음이 존재하지 않았다면, 인간 본성이 원래의 그 완전함으로 회복된 후에는 죽음은 존재하지 않게 될 것이다.[106]

사랑하는 사람이 떠나갔기에 눈물 흘리는 것을 누가 비난할 수 있겠는가? "이제 날아가 다시는 돌아오지 않을 많은 행복한 순간을 생각하며, 그간 나눈 정으로 인해 애간장 녹아내리는 마음을 생각하면, 어느 정도 슬퍼하는 것은 당연하다."[107] 자식을 잃은 부모나 둘도 없는 친구를 잃은 사람의 감정과 영혼의 내면적 동요는 무엇으로도 표현할 방법이 없다.[108] 어떤 훌륭한 표현도 그것을 제대로 묘사할 수 없다. 만약 죽은 사람이 하나님께 칭찬 받고 자신의 양심으로도 확증을 받은 사람이라면, 사람의 어떤 훌륭한 말도 그에게 도움이 되지 않는다.[109] "자기 자신의 말, 항상 해오던 가장 자기 자신다운 말로, 몇 마디 분명하게 마음을 담은" 말을 하는 것이 낫다.[110] 이때는 자연스럽게 "하나님께서 다음으로 불러가실 사람은 우리 자신일 수도 있다. 죽음은 예외 없이 '모든 사람에게' 찾아오므로, 지금이 바로 '살아있는 사람이 죽음에 관해 진지하게 생각할 때다'"라고 생각하게 된다.[111]

위로하고자 하는 사람은 슬픔을 배가시켜서는 안 된다. "내 눈물이나 우는 소리가 그녀의 낡고 버려진 집으로 그 영혼을 돌아오게 할 능력이 있는가? 혹 그런 능력이 있더라도 이 염려와 고통과 불행의 땅으로 돌아오기

---

105 "On Mourning for the Dead," B 4:241, sec. 12.
106 "On Mourning for the Dead," B 4:239, sec. 5.
107 "On Mourning for the Dead," B 4:242, sec. 16.
108 같은 곳.
109 "On Mourning for the Dead," B 4:241, sec. 13.
110 "On Mourning for the Dead," B 4:236-43, sec. 15.
111 "On Mourning for the Dead," B 4:242, sec. 18.

위해 그가 지금 얻은 그 행복한 나라를 버릴 수 있겠는가? 이 얼마나 헛된 생각인가! 그는 절대로 나에게 돌아올 수 없고, 결코 돌아오려 하지도 않을 것이다. 슬픔이 나를 무겁게 짓누를 때는, 나도 머지 않아 속히 그에게로 갈 것이라는 사실을 견고한 위로로 삼아야 한다!"[112]

"나는 그를 다시 만날 것이다. 그리고 부모의 마음조차도 알 수 없는 완전한 사랑, 진실하고도 숭고한 마음으로 그를 바라볼 것이다! 주 하나님께서 내 눈에서 눈물을 닦아주실 그 때 그가 존재하지 않는다는 슬픔이 날아가버리는 것은, 내가 누릴 행복 중 가장 작은 일부에 불과할 것이다!"[113] 지나치게 슬퍼하는 것은 유익하지 않다.[114] 하나님은 과도한 슬픔을 주시는 분이 아니시다.[115] "그 일의 밝은 측면을 보고, 우리의 날도 그림자처럼 지나갈 것임을 즐거움과 감사함으로 깊이 생각하라." 머지 않아 "이 썩을 것이 반드시 썩지 아니할 것을 입겠고 이 죽을 것이 죽지 아니함을 입을 것이다. 그때에 우리는 사람들과 천사들과 함께 '사망아 너의 승리가 어디 있느냐? 사망아 네가 쏘는 것이 어디 있느냐?'라며 노래할 것이다."[116]

112 "On Mourning for the Dead," B 4:238, sec. 3.
113 같은 곳.
114 "On Mourning for the Dead," B 4:238, sec. 4.
115 "On Mourning for the Dead," B 4:238-39, sec. 5.
116 "On Mourning for the Dead," B 4:243, sec. 19.

더 깊은 이해를 위한 독서 자료

Byrne, Herbert W. *John Wesley and Learning*. Salem, OH: Schmul, 1997.

Dunnam, Maxie D. *The Christian Way: A Wesleyan View of Spiritual Journey*. Grand Rapids: Zondervan, 1984.

Hynson, Leon O. *Through Faith to Understanding: Wesleyan Essays on Vital Christianity*. Lexington, KY: Emeth, 2005.

Johnson, Susanne. *Christian Spiritual Formation in the Church and Classroom*. Nashville: Abingdon, 1989.

6장

교회와 말씀 목회

6장 교회와 말씀 목회

A. 교회

1. 교회에 대하여

교회란 무엇인가? 웨슬리는 설교 74번 "교회에 대하여"(Of the Church)에서 이 질문에 답한다[B 3:45-67; J VI:392-410 (1785년 9월 28일, 잉글랜드 브리스톨)]. 설교 본문은 에베소서 4:1-6의 "내가 너희를 권하노니 너희가 부르심을 받은 일에 합당하게 행하여 모든 겸손과 온유로 하고 오래 참음으로 사랑 가운데서 서로 용납하고 평안의 매는 줄로 성령이 하나 되게 하신 것을 힘써 지키라 몸이 하나요 성령도 한 분이시니 이와 같이 너희가 부르심의 한 소망 안에서 부르심을 받았느니라 주도 한 분이시요 믿음도 하나요 세례도 하나요 하나님도 한 분이시니 곧 만유의 아버지시라 만유 위에 계시고 만유를 통일하시고 만유 가운데 계시도다"라는 말씀이다.

이 설교는 웨슬리 교회론의 요약본이다.[1] 웨슬리는 자신의 교회론이 영국 국교회 신조의 제19조와 "정확히 일치"한다고 확고히 주장한다. 그는 노년인 1784년에도 다시금 "40년 전과 마찬가지로 영국 국교회에서 분리되고자 하는 생각이 전혀 없음"을 명확히 밝힌다.[2]

———

1 JWO, 서문, B 3:45.
2 JJW, 1785년 9월 4-30일.

목회신학에서는 교회가 무엇인지를 이해하는 것이 우선되어야 한다. 교회론의 성경적 전제는 교회가 한 성령 안에서 한 소망으로 부르심을 받은 하나의 몸이라는 것이다. 교회는 부활하신 주님께서 현존하셔서 함께 하시는 사람들 속에 존재한다. 그분은 모든 것 위에 계시고 모든 것 가운데 계신 성부 하나님께서 보내신 우리 모두의 주님이시다.

2. 교회는 건물이 아님

우리는 일상 대화에서 교회를 자주 건물로 생각한다. 이는 그리스도의 살아있는 몸으로서 교회의 본질에 대한 이해가 얼마나 얕은지 보여준다.[3]

우리는 '교회'라는 용어를 한편으로는 교회당 건물, 다른 한편으로는 하나님을 섬기기 위해 하나로 연합된 무리를 지칭하는 것으로 모호하게 사용한다. 웨슬리는 "두세 신자가 함께 모인 곳에 교회가 있다"(참고. 마 18:20)고 기록한 마태복음의 평이한 말로 교회 설명하기를 선호했다.

그리스도의 이름으로 모이는 사람은 그리스도께서 함께 계심을 발견한다. 오직 거기에 교회가 있다. 바울은 빌레몬서에서 "네 집에 있는 교회"(몬 1:2)를 가리킨다. "기독교 가정도 교회로 부를 수 있다"는 것이다.[4]

교회는 동네에 있든 다른 지역에 있든 모두 동일하게 교회다. "(원래 교회라는 용어의 적절한 의미 그대로) 하나님께서 세상에서 불러내어 하나로 연합되게 하신 무리 중 여러 무리는, 예루살렘 교회 즉 하나님께서 불러내신 예루살렘에 있는 모든 사람들처럼 더 큰 교회를 형성했다."[5]

---

3 "Of the Church," B 3:46, J VI:392, 서문 1-2.
4 "Of the Church," B 3:46-47, J VI:392, 서문 2.
5 "Of the Church," B 3:47, J VI:392, 서문 3.

3. 그리스도의 몸에 참여함

오순절이 이르자 예수님을 따르던 사람은 다 같이 한 곳에 모였다(행 2:1). 베드로가 모든 무리에게 복음을 전하자 삼천 명이 그가 전한 말씀을 받아들였다(행 2:41-47). 누가는 그다음 일어난 일을 다음과 같이 전한다.

> 그들이 사도의 가르침을 받아 서로 교제하고 떡을 떼며 오로지 기도하기를 힘 쓰니라 사람마다 두려워하는데 사도들로 말미암아 기사와 표적이 많이 나타나 니 믿는 사람이 다 함께 있어 모든 물건을 서로 통용하고 또 재산과 소유를 팔아 각 사람의 필요를 따라 나눠 주며 날마다 마음을 같이하여 성전에 모이기를 힘 쓰고 집에서 떡을 떼며 기쁨과 순전한 마음으로 음식을 먹고 하나님을 찬미하 며 또 온 백성에게 칭송을 받으니 주께서 구원받는 사람을 날마다 더하게 하시 니라(행 2:42-47)

얼마 지나지 않아 한 곳에 모이기에는 사람이 너무 많아졌다. 그러나 비록 다른 장소에서 모임을 가졌어도 그들은 여전히 교회 안에 있었다.[6]

콘스탄티누스 황제가 집권하기 전 로마 제국 대부분 지역에서 그리스 도의 몸인 교회는, 아무리 작은 건물이라도 교회 건물을 공적으로 소유하 거나 짓는 것이 허락되지 않았다. 지역 교회는 전 세계에 있는 그리스도의 몸 전체와 연합되어 있었다. 그들은 각각 달리 모임을 가지면서도, 살아계 시며 현존하시는 주님 안에서 하나로 연합된 교회로 모였다. 바울이 편지 에 "로마에서 … 성도로 부르심을 받은 모든 자에게"(롬 1:7)라고 쓴 것은, 주님의 부르심을 듣고 믿음의 삶을 살게 된 로마에 있는 모든 신자에게 쓴 것임을 뜻한다. 따라서 교회를 건물로 축소해 이해하는 것은 잘못이다. 분 명한 것은 신자는 그리스도의 이름으로 모이도록 함께 부르심을 받았고,

---

6   "Of the Church," B 3:46-47, J VI:392-93, 서문 3.

그 모임에서 모든 시대와 전 세계의 신자와 연합하게 하시는 그리스도의 임재를 경험한다는 것이다.[7]

a. '고린도에 있는' 지역 교회와 '전 세계'의 보편 교회

바울은 고린도 교회에 보내는 첫 번째 편지를 "고린도에 있는 하나님의 교회 곧 그리스도 예수 안에서 거룩하여지고 성도라 부르심을 받은 자들과 또 각처에서 우리의 주 곧 그들과 우리의 주 되신 예수 그리스도의 이름을 부르는 모든 자들"(고전 1:2)에게 보냈다. "우리의 주 되신 예수 그리스도의 이름을 부르는" 모든 자는 모든 곳에 있는 신자의 무리 전체를 말하고, 이 구절에서는 특별히 고린도에 있는 신자의 무리를 말한다. 교회란 "그리스도 예수 안에서 거룩하여지고 … (바울의 편지는 회람용이었기에 고린도 교회만이 아니라) 각처에서 우리의 주 곧 그들과 우리의 주 되신 예수 그리스도의 이름을 부르는 모든 자"를 말한다.[8] 신자의 몸은 "성도로 부르심을 받았다."

교회는 한 집이나 가정에도 있을 수 있고, "한 도시나 지역, 국가"로서의 무리 안에도 있을 수 있다.[9] "바울이 여기서 한몸으로 여긴 것은 가톨릭 교회든 공교회든 관계없이 보편적 교회다."[10]

바울은 고린도 교회에 보내는 두 번째 편지에서 '에클레시아'(ecclesia)의 용례를 다양하게 해 의미를 더 분명히 한다. "바울은 '고린도에 있는 하나님의 교회와 또 온 아가야에 있는 모든 성도에게'라는 표현에 그 지역 전체의 모든 교회 또는 모든 그리스도인의 모임을 분명히 포함시킨다"(고후

---

7   "Of the Church," B 3:47, J VI:392, 서문 3.
8   "Of the Church," B 3:47-48, J VI:392, 서문 4.
9   "Of the Church," B 3:46, J VI:392, sec. 1. 7.
10   같은 곳.; 엡 4:1-6.

1:1; 참고. 갈 1:2).[11] "나라 전체에 흩어져 있는 그리스도인의 모임"의 수는 많으나, 그 모든 모임을 포함하는 그리스도의 몸은 하나다.[12] 에클레시아는 건물이 아니라 사람, 즉 함께 모여 부활하신 그리스도를 만나는 사람들을 말한다.[13]

교회는 때로 광범위하게 "지구상 모든 그리스도인의 모임"을 말한다.[14] 우리는 "세상에서 분투하는 그리스도의 교회 전체"를 위해 기도한다.[15] "여기서 교회란 분명히 보편 교회나 공교회, 즉 하늘 아래 모든 그리스도인을 의미한다."[16] 모든 구성원은 "부르심을 받는 소명에 합당하도록 행해야" 한다.[17]

b. 교회의 정의

목회는 교회에 대한 봉사로서 교회 없이는 존재할 수 없다. 그러므로 목회의 현장인 교회를 이해하는 것은 교회의 모든 사역에 필수적이다.

교회는 예배 공동체다. 이 공동체에서 그리스도는 신자를 사랑으로 역사하는 믿음을 통해 거룩한 삶으로 부르신다. "사도가 설명하듯 '에베소 교회'란 에베소에 살면서 성부 하나님과 그 아들 예수 그리스도를 예배하기 위해 함께 모이는 '성도' 즉 거룩한 자들을 의미한다"(참고. 엡 1:1).[18]

이 공동체에 잘 연합된 사람은 "하나님의 교회에 속한 모든 살아있는

---

11 "Of the Church," B 3:47-48, J VI:392, 서문 4.
12 "Of the Church," B 3:48, J VI:392, 서문 5.
13 "Of the Church," B 3:47-48, J VI:392, 서문 5.
14 같은 곳.
15 BCP.
16 Acts 20:28; "Of the Church," B 3:48, J VI:392, 서문 5.
17 "Of the Church," B 3:48, J VI:392, 서문 6.
18 "Of the Church," B 3:46, J VI:392, sec. 1. 7.

구성원"에게 생명을 불어넣으시는 "한 성령" 안에서 살아간다.[19] 그들은 성령으로 "한 소망, 불멸의 충만한 소망"을 받았다. "그들은 죽는 것이 잃는 것이 아님을 알았으며, 죽음 그 너머를 바라보았다."[20] "그의 많으신 긍휼대로 예수 그리스도를 죽은 자 가운데서 부활하게 하심으로 말미암아 우리를 거듭나게 하사 산 소망이 있게 하시며 썩지 않고 더럽지 않고 쇠하지 아니하는 유업을 잇게 하시나니 곧 너희를 위하여 하늘에 간직하신 것이라 너희는 말세에 나타내기로 예비하신 구원을 얻기 위하여 믿음으로 말미암아 하나님의 능력으로 보호하심을 받았느니라"(벧전 1:3-5).

한 주님께서 "그들의 마음에 주님의 나라를 세우셨고, 이 소망에 참여하는 모든 사람을 다스리신다. 주님께 순종하고 그분의 계명을 따라 행하는 것은 그들의 영광이자 기쁨이다."[21]

c. 한 성령, 한 소망, 한 믿음, 하나의 교회, 하나의 세례

교회가 공동으로 가지는 하나의 믿음은 "하나님께서 값없이 주시는 선물로, 그들의 소망의 기초다."[22] 이 값없이 주시는 선물이 신자로 바울과 함께 "이제 내가 육체 가운데 사는 것은 나를 사랑하사 나를 위하여 자기 자신을 버리신 하나님의 아들을 믿는 믿음 안에서 사는 것이라"(갈 2:20)라고 담대히 고백할 수 있게 한다.

교회에는 "'하나의 세례가 있는데', 이는 한 분 주님께서 교회에 지속적으로 주시는 내적이고 영적인 은혜의 외적 표징으로 주신 것이다."[23] 성

19   "Of the Church," B 3:49, J VI:392, sec. 1. 8.
20   "Of the Church," B 3:49, J VI:392, sec. 1. 9.
21   "Of the Church," B 3:49, J VI:392, sec. 1. 10.
22   "Of the Church," B 3:49, J VI:392, sec. 1. 11.
23   "Of the Church," B 3:49-50, J VI:392, sec. 1. 12.

령께서는 우리 영과 더불어 끊임없이 우리가 "만유 위에 계시고 만유를 통일하시고 만유 가운데 계신"(엡 4:6) 하나님의 자녀임을 증거하시다(롬 8:16). 이 내적 증거는 "우리 영혼을 그분의 사랑하시는 거처로 만드셔서" 그 한 몸에 속한 각 사람에게 특별한 방식으로 주어진다.[24] 이것이 교회다.

d. 특정 지역 모임에의 참여

우리는 사도의 말씀에서 유추해 웨슬리가 속한 영국 신앙 공동체가 던진 '교회란 무엇인가?'라는 질문에 쉽게 답할 수 있다. "영국 국교회란 무엇인가? 공교회의 일부이자 회원으로 영국에 사는 사람들"로서 그 속에 "한 성령, 한 소망, 한 주님, 한 믿음이 있는 사람들"이다.[25] "공교회라는 큰 몸의 일부로서 특정한 지역이나 나라에 사는 사람을 우리는 적절한 용어로 국가 교회" 또는 도시 교회, 지역 교회라 부른다. "두세 사람의 그리스도인이 모인 모임은 가장 좁은 의미의 교회다. 빌레몬의 집에서 모인 교회가 그런 교회였다." 그 수가 크든 적든 "그들은 한 몸이고 한 성령, 한 주님, 한 소망, 한 믿음, 한 세례, 모든 이의 아버지이신 한 하나님을 가지고 있다."[26] 이런 성경의 설명은 "영국 국교회 신조 제19조와 정확히 일치한다."[27]

"신자의 모임"(*coetus credentium*)으로서 교회는 쉽게 말해 "살아있는 신앙을 부여받은" 사람들의 공동체를 의미한다.[28] 이 신자의 모임은 "전체 교회와 그것을 이루는 여러 특정한 교회 모두"에 참여하기 위한 목적으로

---

24   "Of the Church," B 3:50, J VI:392, sec. 1. 13.
25   "Of the Church," B 3:52, J VI:392, sec. 1. 17.
26   "Of the Church," B 3:51, J VI:392, sec. 1. 15.
27   "Of the Church," B 3:51, J VI:392, sec. 1. 16.
28   같은 곳.

형성된 것이다.[29] 우리가 눈으로 보아 인식해 교회임을 알 수 있게 하는 가시적 행위는 분명하다. 즉 교회는 "하나님의 순수한 말씀이 선포되고, 성례가 바르게 행해지는" 공동체다.[30]

전통적 기독교의 이러한 교회의 정의는 교회의 모든 특징을 포괄하지는 않으나 핵심 요소를 잘 드러낸다. 이 정의는 부활하신 주님이 함께하신다면 때때로 비성경적 교리가 선포되고 성례가 잘못 행해지는 가톨릭교회 회중조차 교회에서 배제하지 않는다. 웨슬리는 "중요하지 않은 의견"에는 관용을 호소했다. "나는 그들이 잘못된 견해를 갖는 것과 미신적인 방식으로 예배하는 것은 수월하게 감내할 수 있다. 이 문제에 관해 나는 그들을 보편 교회의 범위에 포함시키는 것을 주저하지 않을 것이다."[31]

4. 부르신 소명에 합당한 삶

우리에게 주신 은사는 우리가 감당해야 할 임무가 있음을 의미한다. 우리는 그리스도 안에서 부르심에 합당하게 행해야 한다. 성경에서 '행한다'는 말은 "우리의 내적이고 외적인 모든 움직임, 우리의 모든 생각과 말과 행동을 포함한다." 이 용어는 우리가 행하는 모든 것뿐 아니라 생각하고 말하는 모든 것을 포괄한다. 따라서 성경적 의미로 "합당하게 행한다"는 것은 결코 사소한 것이 아니다.[32] 그리스도와 함께함으로 우리는 겸손, 온유, 인내, 관용, 화평, 거룩함, 사랑을 배운다.

부르신 소명에 "합당하게 행한다"는 것은 먼저 "'모든 겸손으로' 행하

---

29 "Of the Church," B 3:51, J VI:16.
30 "Of the Church," B 3:52, J VI:392, sec. 1. 18.
31 같은 곳.
32 "Of the Church," B 3:53, J VI:392, sec. 2. 20.

고, 그리스도 예수의 마음을 가지며, 우리가 마땅히 생각할 그 이상의 것을 생각하지 않는 것"을 의미한다. 또한 "우리의 마음을 아시는 주님께서 우리를 아시는 것같이 우리 자신을 알고, 우리 자신의 자격 없음을 깊이 자각하며", 우리의 영적 질병을 인식하고, 하나님 은혜가 없이는 "죄로 죽은" 자임을 아는 것을 의미한다.[33] 심지어 우리가 거듭나 죽어 있던 우리에게 새 생명이 주어졌어도, 우리는 "우리의 마음이 여전히 살아계신 하나님에게서 멀어지기가 얼마나 쉬운지와, 비록 과거의 죄를 용서받았더라도 우리 마음에 죄로 향하는 경향이 남아 있다는 사실을" 기억해야 한다.[34] 설령 하나님께서 "우리 마음을 온전히 깨끗케 하시고, 죄의 마지막 남은 것까지 내쫓아버리셨다" 하더라도, "우리가 매 시간, 매 순간 위로부터 능력을 덧입지 않는다면 어떻게 우리 자신의 무력함과, 모든 선을 행하는 일에서 전적으로 무능함을 충분히 깨달을 수 있겠는가! 만약 그렇지 않다면, 우리는 우리가 받은 것으로 영광을 삼아 마치 하나님께 아무것도 받은 것이 없는 양 하나님의 영광을 도둑질할 끊임없는 위험에 빠져 있을 것이다."[35]

부르신 소명에 "합당하게 행한다"는 것은 또한 다음을 의미한다. "우리의 모든 행위가 이 근원에서 나오고 모든 말이 이 영에서 비롯되게 함으로, 모든 사람이 우리가 예수님과 함께하며 그에게서 겸손을 배운 것을 알게 하는 것이다."[36] 이와 같이 행함으로 우리는 "모든 온유함으로 행할 수 있도록" 얼마나 온전히 능력을 부여받고 있는지 알게 된다. '온유함'은 "분노뿐 아니라 모든 극단적이고 격변하는 감정을 다스리는 능력을 의미한다. 또한 모든 감정을 적절하게 조정해 그 중 어느 것도 너무 강하거나 약

---

33   같은 곳.
34   "Of the Church," B 3:53, J VI:392, sec. 2. 21.
35   "Of the Church," B 3:53-54, J VI:392, sec. 2. 22.
36   "Of the Church," B 3:54, J VI:392, sec. 2. 23.

하지 않도록 모든 감정이 다른 감정과 적절하게 균형을 이루게 하고, 모든 감정은 이성의 다스림을 받으며, 이성은 하나님의 성령으로 지도받는 것을 의미한다."[37]

우리는 겸손과 온유를 통해 '인내'를 배운다. 이 인내를 통해 "영혼을 다스리는 방법"[38]을 배우면 우리는 "오래 참음으로 행할 수 있도록"[39] 준비된다. 이 오래 참고 견딤을 통해 우리는 "모든 반대를 인내로 이겨내고, 모든 풍파에도 흔들리지 않으며 … '악에게 지지 않고 선으로 악을 이김'으로 … 모든 격변하는 감정을 이기고 이미 얻은 승리"를 계속 지켜나간다.[40] 부르신 소명에 합당하게 행하는 것은 "사랑 안에서 서로 용납하고 … 스스로 원수를 갚지 않으며 … 서로의 짐을 지고, 우리가 할 수 있는 모든 방법으로 그들의 짐을 덜어주는 것"을 의미한다.[41] 이러한 일이 일어나는 곳에 교회가 있다.

5. 하나 되게 하신 것을 지키라

그리스도의 교회에 속한 사람은 모든 근면함으로 "평안의 매는 줄로 성령이 하나 되게 하신 것을 힘써 지키기" 위해 애쓴다. "모두를 하나로 연결하고 결합시키는 것은 마음에 가득한 하나님의 평안이라는 거룩한 끈이다. 이 방법으로 우리는 그리스도의 몸인 교회의 살아있는 일원이 되고, 또 그 안에 계속 머물 수 있다."[42]

---

37 같은 곳.
38 "Of the Church," B 3:54, J VI:392, sec. 2. 24.
39 "Of the Church," B 3:54, J VI:392, sec. 2. 25.
40 같은 곳.
41 "Of the Church," B 3:54, J VI:392, sec. 2. 26.
42 "Of the Church," B 3:55, J VI:392, sec. 3. 27.

이것이 초기 교회의 신경에서 우리가 "거룩한 공(catholic) 교회"를 고백하는 이유다. 교회가 거룩하다는 것은, 그 규례의 목적이 거룩함을 진전시키기 위해 계획되었을 뿐 아니라, 우리가 우리의 행동에서 하나님의 거룩하심을 반영하려 노력하는 것에서 알 수 있듯 "우리 주님께서 교회의 모든 일원이 거룩하게 되어야 함을 말씀하셨기" 때문이다. 교회에 속한 사람은 "비록 정도는 다르더라도" 모두가 거룩해야 하며, 또 하나님께서 거룩하게 살아갈 능력을 부어주셨으로 어느 정도 거룩한 삶을 살아야 한다.[43] 그러므로 "참으로 교회의 일원인 사람은 … 세상의 빛과 … 산 위에 있는 동네로서 … 모든 일에 거룩하고 흠 없이 행해야 한다."[44] "당신의 모든 말과 행위로 당신에게 생기를 불어넣으시는 그 영이 누구신지를 증거하라! 무엇보다 사랑이 충만하도록 하라. 사랑이 모든 사람에게 미치게 하고, 모든 하나님의 자녀에게 흘러가게 하라. '서로 사랑함'으로써 모든 사람이 여러분이 예수님의 제자임을 알게 하라"(참고. 요 13:35).[45]

B. 메소디스트 신앙고백 제13조, 교회에 대하여

웨슬리는 1784년 미국 메소디스트들을 위해 영국 국교회 39개 신조를 개정했다. 영국 국교회 39개 신조 중 교회에 관한 제19조는 실질적 수정 없이 웨슬리가 작성한 메소디스트 24개 신조 중 제13조가 되었다. 교회에 관한 메소디스트 신조는 초기 기독교를 계승한 종교개혁부터 웨슬리의 핵심적 가르침에 이르기까지 교회론 문헌들에서 드러나는 역사적 연속성의 직접적 산물이다.

---

43   "Of the Church," B 3:55, J VI:400, sec. 3. 27.
44   "Of the Church," B 3:576, J VI:400-401, sec. 3. 30.
45   같은 곳..

1. 아우크스부르크 신앙고백 및 영국 국교회 39개 신조와의 연관성: 루터교 • 영국 국교회 • 메소디스트 교회론

교회에 대한 가르침에서 루터교 • 영국 국교회 • 메소디스트 전통은 매우 밀접하게 연결된다. 세 전통은 그들의 공동 유산에서 분명한 연관성을 보여주는데, 그 연관성은 초기 기독교에서 일치를 이루었던 사도적 전승에 기초해 있다. 세 전통의 공통적인 특징을 정리하면 다음과 같다.

루터교 아우크스부르크 신앙고백 (1530년)	영국 국교회 39개 신조 (1563년)	미국 메소디스트 25개 신조 (1784년)
제8조 교회란 무엇인가? 교회란 성도와 참된 신자의 모임이다. **제5조 사역에 대하여** 우리로 이 신앙을 갖게 하기 위해 복음을 가르치는 사역과 성례의 집행이 제정되었다. **제14조 교회 질서에 대하여** 루터란은 정식으로 성직을 받지 않은 사람은 공적으로 가르치거나 성례를 행할 수 없다고 가르친다.	**제19조. 교회에 대하여** 그리스도의 가시적 교회는 신자의 모임으로, 그 속에서 하나님의 순수한 말씀이 선포되고, 그리스도께서 필요에 의해 제정하신 성례가 바르게 행해진다. 예루살렘과 알렉산드리아, 안디옥 교회가 오류를 범했듯, 로마 교회도 행위와 예배 의식의 방법뿐 아니라 신앙의 내용에서도 오류를 범했다.	**제13조 교회에 대하여** 그리스도의 가시적 교회는 신자의 모임으로, 그 속에서 하나님의 순수한 말씀이 선포되고, 그리스도께서 필요에 의해 제정하신 성례가 바르게 행해진다.

웨슬리는 영국 국교회 신조 제19조의 어떤 내용도 사도의 증거나 에큐메니컬 공의회의 결정, 관료후원적 개신교 신앙고백과 불일치하지 않는다고 생각했다.

2. 웨슬리는 왜 초기 기독교 일부 요소를 비판한 영국 국교회 신조의 문구를 삭제했나?

웨슬리는 영국 국교회 신조 제19조의 "예루살렘과 알렉산드리아, 안디옥 교회가 오류를 범했듯, 로마 교회도 행위와 예배 의식의 방법뿐 아니라 신앙의 내용에서도 오류를 범했다"라는 문구를 삭제했다. 왜 그렇게 했는지에 대해 두 개의 그럴듯한 가설이 있다. 첫째는 그의 편집의 목적은 자신이 전수받은 종교개혁 신앙고백을, 요점을 벗어난 말이 없도록 가장 핵심적이고 논쟁의 여지가 없는 문구로 간추리는 데 있었다는 것이다.

두 번째는 웨슬리가 자신의 멘토로 삼은 교사들이 활동했던 안디옥의 초대 교회와 수십 년 동안 중요한 신학적 토론의 대상이었던 로마 교회의 신앙고백을 비난하고 싶어 하지 않았다는 것이다. 웨슬리는 영국 국교회 신조 제19조의 마지막 문장을 부인하지는 않았다. 그는 특히 "교회에 대하여"의 제16항에서 "아마도 그 문장은 (초기의 동서방 교회) 모두를 수용하기 위한 의도에서, 세계 교회를 정의할 때 그것을 구성하는 여러 특정한 교회가 있음을 볼 수 있게 하기 위해 작성했을 것이다"라고 설명하기 때문이다.[46] 내 입장은 두 가설 모두가 적합하다는 것이다.

웨슬리는 "그 속에서 하나님의 순수한 말씀이 선포되고, 그리스도께서 필요에 의해 제정하신 성례가 바르게 행해진다"(제19조)라는 중요한 문구를 주의 깊게 해석하기 원했다. 어떤 사람은 교리를 이유로든 성례전에 관한 실천을 이유로든 영국의 비국교도와 가톨릭 교도들을 보편 교회에서 배제시키기 위해 이 문구를 사용하려 했다. 그러나 웨슬리는 그 문구를 좀 더 포용적으로 해석했다. 웨슬리는 그 의미를, 참으로 믿는 비국교

---

46 "Of the Church," B 3:52, J VI:396, sec. 1.16.

도와 로마 가톨릭 교회 회원 모두는 그리스도의 한 몸의 일원이라는 전제
와 일치하도록 해석했다.[47] 웨슬리는 일평생 영국 국교회의 일원이자 영국
국교회 목사의 아들이었다. 그는 영국 국교회에서 받은 자신의 세례나 안
수를 비판하지 않았고, 참된 신자라면 "비국교도든 가톨릭교도든" 교회에
서 배제하지 않았다.[48]

C. 복음적인 목사

1. 예언자와 제사장

a. 목회에 통합된 두 직분에 관한 성경적 지침

복음전도자로서 목사에 관한 웨슬리의 가장 중요한 가르침은 잭슨
판 웨슬리 전집에 수록된 "목회적인 직분"이라는 제목의 확고한 설교에
서 찾을 수 있다. 이 설교는 최근의 200주년 기념판 전집에는 "예언자와
제사장"(Prophets and Priests)이라는 제목으로 수록되어 있다 [설교
#121 (1789년 5월 4일, 아일랜드 코크), B 4:72-84; J #115, "목회적인 직
분"(The Ministerial Office), VII:273-81]. 설교의 초점은 사역자들로 예
배 공동체에 신실하게 복음을 선포하도록 요청하는 데 있다. 설교 본문은
히브리서 5:4의 "이 존귀는 아무도 스스로 취하지 못하고 오직 아론과 같
이 하나님의 부르심을 받은 자라야 할 것이니라"라는 말씀이다.

이 설교는 그 배경을 이해하는 것이 중요하다. 웨슬리는 자신의 설교
로 형성된 특별한 형태의 예배 공동체를 보호하기 위해 분투하고 있었다.
영국 국교회 목회자들은 옥외에서 광부들에게 설교하는 그의 새롭고 "특

---

47 "Of the Church," B 3:51, J VI:392, sec. 1. 16.
48 "Of the Church," B 3:45, secs. 17-19, J VI:396, sec. 16.

별한 사역"을 꺼림칙하게 생각하고 있었다.

웨슬리는 구약의 아론에서 시작해 신약의 사도들과 니케아 공의회 시기를 거쳐 자신이 영국에서 이끌었던 복음적 부흥운동기에 이르기까지, 목회 사역 중 예언자 직분과 제사장 직분 사이의 관계를 설명하기 위해 성경으로 돌아갔다. 웨슬리는 자신이 조직한 반회와 복음적 신도회들이 영국 국교회를 떠나는 것을 원하지 않았다. 그는 영국 국교회를 떠나지 않고 거기 남아 그 내부에서 교회를 갱신하고자 노력했다.

b. 특별 사역의 정의

1789년까지 점점 성장해가던 메소디스트 신도회와 영국 국교회 사이에는 긴장이 고조되고 있었다. 웨슬리는 메소디스트 평신도 설교자들에게 "여러분의 영역 안에서 스스로 절제하십시오"라는 말로 그들의 목회적 사역을 남용하지 말라고 경고했는데, 이는 안수받은 목회자들의 지도 아래에서 교회법으로 정해진 사역의 경계를 허물지 말라는 의미이다. "복음을 설교하는 것으로 만족하라. '복음전도자로서 일하라.'"[49] 그는 영국에서 사역하는 메소디스트 사역자들에게 단순하고 용감하게 복음을 설교하는 것으로 만족하기를 열심히 권했다.

메소디스트 평신도 설교자들은 웨슬리에게서 스스로를 더 넓은 교회에 속해 있는 특별한 사역자로 여겨야 한다고 배웠다. 즉, 자신을 영국 국교회에 속해 있는 '특별한' 복음전도자로 여겨야 한다고 배웠다. 웨슬리는 이 새롭고 실험적인 '특별한 사역'에 대한 성경적 근거를 제시하기 위해, 구약과 신약 성경에서의 목회 사역 직분의 형태가 18세기 복음적 부흥운동에 이르기까지 역사적으로 어떻게 발전해 왔는지를 면밀히 조사했다.

49　"Prophets and Priests," B 4:82, J VII:280, sec. 18.

c. 서로 다른 영국과 미국 교회의 상황

메소디스트 순회 설교자들은 처음부터 교구 사제가 아닌 순회 설교자로 임명받았다. 미국 독립전쟁과 그 후 특별한 딜레마가 생겨났는데, 그것은 많은 영국 국교회 사제들이 메소디스트 부흥운동과 미국 독립전쟁 모두가 빠르게 확장되고 있던 미국 동부 해안을 떠나버린 것이다. 많은 영국 국교회 사제가 미국 독립전쟁에 직접적으로 연루되지 않고 영국 국교회와 영국 국왕에 충성하는 경향을 나타냈다.

그러는 동안 메소디스트 설교자들은 새로운 나라를 세우기 위해 전쟁에 점점 더 많은 수가 참여하고 있었던 미국 개척민들과 차츰 더 밀접한 관계를 형성해가고 있었다. 영국 국교회 성직자들이 캐나다나 영국으로 떠나고 군사적 충돌을 피해 안전한 피난처를 찾아 떠나자, 성례를 집행할 수 있는 안수받은 목회자의 수는 점점 줄어들었다. 메소디스트 설교자들과 메소디스트 반회 및 신도회 지도자들은, 영국 국교회 사제의 도움을 받을 수 없는 생소한 상황에 처한 외딴 지역 마을들에 성례를 제공해야 한다는 부담을 더 크게 느끼고 있었다.

영국에서 웨슬리는 메소디스트 신도회가 메소디스트 예배당 소유권을 법적으로 확보할 수 있도록 조치를 취했다. 그러나 그렇게 하면서도 메소디스트들이 영국 국교회를 완전히 떠나는 것을 원하지 않았다.

미국 상황은 영국과 전혀 달랐다. 리처드 와코트(Richard Whatcoat)와 토머스 베이시(Thomas Vasey)는 첫 장로로, 토머스 코크(Thomas Coke)와 프란시스 애즈베리(Francis Asbury)는 첫 감독으로 "구별"되었다. 미국의 메소디스트들은 "메소디스트 감독 교회"(the Methodist Episcopal Church)로 알려지게 되었다. 그들은 말씀의 선포와 성례의 집행이, 영국에서는 그렇지 않았으나 미국에는 존재했던 특별한 상황에 부합하도록, 목회 직제와 통합되기를 바랐다.

d. 사역의 다양한 형태

웨슬리는 영국 국교회에 머물러 있기를 강하게 열망했음에도, 영국과 미국의 많은 메소디스트들이 "(사제와 성례를 가진) 영국 국교회 내에 존재하는 (평신도 설교자를 가진) 신도회로 남도록" 설득하지 못했다.[50] 영국 국교회와의 분리 문제는 일찍이 1756년부터 논의가 이루어졌으나, 1784년에는 국교회로부터 가시적 분리를 원했던 아일랜드 메소디스트의 교단 설립과 함께 논의의 쟁점이 되었다. 웨슬리는 1789년에 더블린(Dublin) 메소디스트들에게 "우리의 본래 계획은 … 분리된 단체가 되는 것이 아니라, 모든 교단 … 특히 우리가 본래 소속되었던 영국 국교회를 각성시키는 것입니다. 나는 이를 처음부터 지금까지 50년 동안 변함없이 주장해왔고, 국교회 교리에서 조금도 벗어나지 않았습니다"[51]라고 설명했다.

이 골치 아픈 충돌은 결국 웨슬리로 '사역의 등급'에 관한 최종적 견해를 출판하게 했고, 이 글이 설교 121번[52]이 되었다. 웨슬리는 이 설교를 '분리에 반대하는 최종적 발언'으로 생각했다. 그러나 분리를 위한 메소디스트들의 노력은 가속도가 붙어 사실상 돌이킬 수 없을 정도가 되었다. 분리를 반대하는 확고한 입장은 웨슬리가 일생 견지한 확신이었다. 이 확신은 예언자와 제사장을 구분하는 오랜 성경적 증거에 기초해 있다. 웨슬리는 이 성경적 구분을 역사적으로 설명했다.

---

50 "Prophets and Priests," B 4:72, JWO, 서문.
51 같은 곳.
52 B 4:72-84; AM, May and June 1790.

2. 성경에서의 예언자와 제사장 구분

a. 신약은 어떻게 구약의 예언을 성취하는가?

제사장과 예언자 직분의 구분은 구약시대부터 이루어졌다. 아담 때부터 노아에 이르기까지 모든 가정의 맏이는 제사장이었다. 그러나 이것이 그에게 예언자나 설교자가 될 권한을 주지는 않았다. 하나님께서 스스로 보낼 자를 택하셨다.[53]

웨슬리에게 본능처럼 내재된 영국 국교회주의는 리처드 후커(Richard Hooker)의 가르침에서 발견되는 전통적 구분, 즉 예언자는 설교와 가르침을 위해 부르심을 받았고, 제사장은 성례를 집례할 책무를 지닌다는 구분을 웨슬리에게 가르쳐주었다. 아론은 설교하지 않았다. 그의 직분은 기도하고 희생제사를 드리는 것이었다. (나단, 이사야, 예레미야, 아모스 등 성령께서 임하셔서 특별한 능력을 부어주신) 예언자는 하나님께 부르심을 받고 예언의 은사를 받은 사람들이다. 그렇지 않은 경우 예언자는 예언자 학교에서 정규 훈련을 받고, 이후 회당에 등장해 사람들에게 율법을 가르친 사람들이다.[54]

신약은 구약의 사역 유형을 많이 따르지만, 하나님의 아들이신 그리스도를 우리의 유일한 대제사장으로 계시한다는 결정적 차이가 있다.[55] 예수님과 사도들은 교회의 목회적 직분을 구상할 때 대체로 예언자와 제사장 사이를 구분한 유대인들의 유형을 따르셨다. 그리스도께서는 복음 전도자들을 부르시고 능력을 부어주셔서 복음을 선포하게 하셨다. 그들

---

53 "Prophets and Priests," B 4:75, J VII:274, sec. 2.
54 "Prophets and Priests," B 4:75, J VII:282, sec. 2.
55 "Prophets and Priests," B 4:77-78, J VII:274-75, secs. 3-6.

은 지역 교회의 양떼를 돌보고 성례를 집행하는 장로들을 관할하는 교회 지도자들(*episcopoi*)아래에서 봉사했다.[56] 대제사장께서는 "사도와 복음전도자를 보내 온 세상에 기쁜 소식을 전하게 하셨고, 다음으로는 목사와 설교자와 교사를 보내 발견한 회중들을 신앙 안에서 세워나가게 하셨다. 그러나 나는 복음전도자의 직분이 자주 주교로 불리기도 했던 목사의 직분과 같았다는 사실은 발견하지 못했다. 목사가 양떼를 통솔하고 성례를 집례했다면, 복음전도자는 목사를 돕고 하나나 그 이상의 회중에게 말씀을 선포했다."[57] 웨슬리는 성경에서도, 사도적 전통에서도 "복음전도자의 직분이 누군가에게 목사나 주교로서 행할 권한을 부여한" 선례를 찾지 못했다.[58] "설교자로 임명한 것이 성례를 행할 권한을 부여한 것으로 이해된 적은 결코 없다."[59] 웨슬리는 이러한 성경적 전제 위에서 영국 국교회에서 분리되지 않고 그 안에서 복음전도자가 활동할 수 있다는 자신의 주장을 피력했다.

b. 니케아 이후 복음전도자와 예언자 직분

니케아 공의회 이후 목사와 사제, 그리고 복음전도자와 예언자라는 서로 다른 직분이 하나로 결합되어 한 사람에게 귀속되었으나, 그런 외면적 통합에도 여전히 두 직분 간 구분은 지속되었다.[60] 콘스탄틴 황제가 그리스도인들에게 부와 명예를 쏟아부어 주었을 때, 각 교회의 회중은 주교의 관할 아래 책임을 맡은 목사가 있었다. 그때부터 "동일한 한 사람이 사제

---

56 "Prophets and Priests," B 4:77, J VII:275, sec. 7.
57 같은 곳.
58 같은 곳.
59 "Prophets and Priests," B 4:77, J VII:276, sec. 8.
60 참고. FA 3.3.9; *ENOT* 2:957.

와 예언자로, 목사와 복음전도자로 행동했다. 그리고 이것이 점점 기독교 교회 전체에 널리 퍼지게 되었다."[61] 오늘날까지 "동일한 한 사람이 주로 두 직분을 모두 수행하고 있지만, 그럼에도 복음전도자나 교사의 직분이 성례를 행하는 권한을 지닌 목사의 직분까지 포함하는 것은 아니다."[62]

3. 특별 사역에 관한 지침

a. 메소디스트 연합체 내에서의 예언자와 제사장

"영국 국교회 교회당만이 아니라 '큰 대로변'과 사실상 죄인들이 들을 수 있는 모든 곳에서" 하나님의 말씀의 씨앗을 뿌리기 시작했을 때 존 웨슬리와 찰스 웨슬리 모두는 열정을 지닌 영국 국교회 사제였다.[63] 영국 국교회의 회원이었던 그들은 "국교회에서 분리되려는 의도가 전혀 없었다. 또 영국 국교회 교인은 메소디스트 신도회에 참여하더라도 국교회를 떠나지 말 것을 당부했다."[64] 따라서 메소디스트 신도회에 속한 장로교인, 재세례파 교도, 퀘이커 교도 등은 "자신들의 신앙적 견해를 그대로 지속하고, 자신들의 모임에 계속 참여할 수 있었다."[65] 메소디스트 신도회에 참여하기 위해 요구된 유일한 조건은 "다가올 진노를 피하고자 하는 참된 열망"뿐이었다.[66] 그런 중에 "제사장이 아닌 예언자 직분으로" 섬기기를 원해서 받아들여진 사람들이 토머스 맥스필드(Thomas Maxfield)와 다른 평신도 설교자들이었다. 웨슬리는, 그들이 부여받은 권한은 "오직 설교하

---

61 "Prophets and Priests," B 4:77, J VII:276, sec. 8.
62 같은 곳.
63 "Prophets and Priests," B 4:79, J VII:277, sec. 10.
64 "Prophets and Priests," B 4:75, J VII:282, sec. 9.
65 같은 곳.
66 같은 곳.

는 것이지, 성례를 집행하는 것이 아니었으며 … 예언자와 제사장 직분이 서로 분리할 수 없도록 연결되어 있다고 생각하는 사람들은 기독교뿐 아니라 유대교 전체의 조직 구조에 대해 전혀 모르는 것이다"라고 말한다.[67]

영국 국교회에서 초기 메소디스트 평신도 사역자들은 자신의 교구 목사 겸 제사장이 집례하는 성례에 참여했기 때문에, 메소디스트 신도회에서 별도로 성례를 행할 필요가 없었다. 그 대신 그들이 특별히 부르심을 받은 사역은 설교하고 제자 삼는 사역이었다. 메소디스트 설교자의 목적은 성직자와 평신도 모두의 신앙을 각성시키는 "특별한 메신저"로 섬기는 것이었다.[68] 웨슬리는 메소디스트 중에는 전에는 교회에 전혀 다니지 않았으나 지금은 제대로 다니는 사람이 많음을 알고 있었다.[69]

18세기로 더 깊이 들어가보면 웨슬리의 이러한 생각은 점점 더 많은 메소디스트 설교자의 반대에 직면했다.[70] 아우틀러는 메소디스트 설교자들의 경향에 반대한 웨슬리의 고집을 "웨슬리의 흥미로운 실패"로 부른다.[71]

b. 분리에 관한 갈등

웨슬리는 자신의 뜻에 반대하는 견해가 늘어나고 있음을 재차 언급했다. 처음에는 사제가 아닌 설교자로 임명되었던 다수의 메소디스트 설교자가 자신들의 권한을 확대시키기를 원했고, 세례를 줄 권한이 있다고 생각했다. 1744년의 첫 메소디스트 연회에서 웨슬리는 그들이 임명받은 목

---

67 "Prophets and Priests," B 4:79, J VII:277, sec. 10.
68 "Prophets and Priests," B 4:77, J VII:276, sec. 8.
69 "Prophets and Priests," B 4:82, J VII:279, sec. 17.
70 *LWM* 2:339-40; Richard Denny Urlin, *Churchman's Life of Wesley*, 2nd ed. 1880, appendix X; *JWCE* passim.
71 "Prophets and Priests," B 4:74, J VII:282, sec. 9.

적인 설교에 집중할 것을 가르쳤다.[72]

웨슬리는, 코크와 애즈베리가 책임을 지고 중요한 일을 결정하던 미국 현지 상황으로 인해 자신의 뜻대로 되지 않을 가능성이 있었음에도, 기회가 있을 때마다 자신의 의도를 반복해서 말했다. 그는 영국의 메소디스트 설교자들은 영국 국교회 회원 자격을 유지면서 영국 국교회나 다른 곳에서 가능한 한 자주 성찬에 참여하기를 원했다. 그리고 자체적으로 성례를 집례한다는 생각은 "결코 우리 계획에 없다"고도 말했다.[73] 성경 시대와 같이 하나님께서는 지금도 사람들을 복음을 전하는 '특별한' 사역자가 되게 부르신다는 것이다.

4. "이 존귀는 스스로 취하지 못하고"

설교 "목회적인 직분"의 주제는 이것이다. "이 존귀는 아무도 스스로 취하지 못하고 오직 아론과 같이 하나님의 부르심을 받은 자라야 할 것이니라"(히 5:4). 메소디스트 설교자에게 이 말씀의 의미는 성례 베푸는 직분을 스스로 취하지 말고 복음을 설교하는 일에 집중해야 한다는 것이다.

a. 하나 됨을 위한 일관된 호소

이러한 노력을 통해 웨슬리는 미국 설교자들에게는 어쩔 수 없이 어느 정도 예외적 허락을 했더라도 자신은 영국 국교회에서 분리되기를 원하지 않음을 밝히고자 주의를 기울였다. 그는 영국 국교회의 전통적 교리와 규율을 고수했다. "나는 기회 있을 때마다 영국 국교회 예배에 참여하고

---

72 "Prophets and Priests," B 4:79, J VII:277, sec. 11.
73 같은 곳.

또 우리 메소디스트 신도회 회원에게도 그렇게 할 것을 권고한다."[74]

웨슬리는 메소디스트 설교자들이 하나님께서 주신 본래의 소명을 굳게 지키는 한 영국 국교회에서 분리될 필요가 없다고 생각했다. 그는 "나는 영국 국교회가 가르치는 모든 교리를 믿고 그 예전을 사랑합니다. 나는 국교회의 훈련 계획을 찬성하고 그 계획이 실현되기를 바랍니다. 또 꼭 필요하다고 생각되는 예외적인 경우만 제외하면 영국 국교회의 규율 중 어떤 것도 의도적으로 어기지는 않습니다"라며 자신의 입장을 설명했다.[75]

웨슬리는 몇몇 예외적인 결정에 관해 모호한 점이 있음을 솔직히 인정했다. 그것은 옥외 설교, 즉흥적으로 드리는 기도, 서로를 신뢰할 수 있는 소규모 모임에서의 더 깊은 영적 훈련을 독려하기 위해 영국 국교회 내에 메소디스트 신도회를 만든 것, 평신도 설교자의 조력을 받은 것 등이다.[76] 그러나 이 중 어떤 것도 "국교회에서의 분리"를 의미하지 않는다. 이 모든 일은 웨슬리가 국교회 상급자에게 아무것도 숨기지 않고 50년 동안 해온 것이다. 그는 이런 일들에서 일관성을 지켰다.[77]

b. 메소디스트의 특징으로서 분리 거부

종교개혁 이후 교회사를 살펴보면, 교회에서 시작된 새로운 운동은 너무나 자주 모교회에서의 분리로 귀착되는 경향이 있어왔다. "그러나 메소디스트들은 그렇지 않다. 그들은 처음 소속되어 있던 신앙 공동체에서 분리되지 않는다."[78] 웨슬리는 이런 하나 됨은 교회사 전체를 보더라도 "세

---

74   "Prophets and Priests," B 4:80-81, J VII:278, sec. 15.
75   같은 곳.
76   "Prophets and Priests," B 4:80, J VII:278, sec. 15; 참고. *JJW*, 1789년 3월 30일, 4월 12일.
77   "Prophets and Priests," B 4:81, J VII:278, sec. 15.
78   "Prophets and Priests," B 4:90, J VII:278, sec. 14.

계에서 새로운 일"이라고 말하면서 "메소디스트의 특별한 영광"으로 여겼다.[79] "우리는 당신들보다 거룩하니 갈라서자!"라고 말하는 분리주의자들은 메소디스트 사역에서는 그 보금자리를 찾을 수 없었다.

웨슬리는, 메소디스트는 "종파나 분파가 아니며, 원래 속했던 신앙 공동체에서 분리되지 않는다. 여전히 영국 국교회의 일원이며, 그렇게 살고 죽기를 원한다"는 것을 분명히 했다. 나아가 그는 "하나님께서 내 삶을 이렇게 길게 연장시켜주신 이유 중 하나는, 메소디스트들이 그들의 현재 목적대로 영국 국교회에서 분리되지 말아야 함을 확실히 하게 하기 위함이라고 믿습니다"라고 통렬하게 공언하기까지 했다.[80] 이처럼 영국 국교회를 갱신하고자 했던 복음적 메소디스트들과, 국교회에 반대하고 분리된 교회 사이에는 결정적인 차이가 있었다.

교회와 사회에서 분리되지 않고 내부에서 갱신을 이루어나간 것은 메소디스트들이 누린 특별한 영광이다. 웨슬리는 알곡과 가라지 모두를 포함하는 더 큰 교회 속에서 메소디스트에게 주신 특별한 위치에 감사해야 함을 강조했다. "복음을 설교하는 것으로 만족하십시오. 복음전도자의 일을 하십시오."[81] 메소디스트가 존재하는 것은 영국 국교회를 무너뜨리는 것이 아니라 세우기 위해서다.[82] 웨슬리는 "우리는 처음 시작할 때처럼 영국 국교회 회원으로 머물러 있지만, 하나님을 사랑하는 모든 교회의 모든 사람을 형제와 자매, 어머니로 받아들입니다"[83]라고 말한다.

---

79 같은 곳.
80 같은 곳.
81 딤후 4:5; "Prophets and Priests," B 4:82, J VII:279, sec. 17.
82 "Prophets and Priests," B 4:83, J VII:279, sec. 21.
83 "Prophets and Priests," B 4:82, J VII:281, sec. 21.

c. 모든 교회의 친구

웨슬리는 하나 됨에 대한 열정적 호소로 설교를 마쳤는데, 그의 말은 오늘날 분열된 범웨슬리안 교단 전체에 여전히 울림을 준다. "여러분은 있어야 할 곳을 떠나지 마십시오. 여러분의 자리를 지키십시오."[84] 메소디스트 연합체는 "영국 국교회의 일원으로" 남아 있었다. 웨슬리는, 그들은 "'일반적인 메신저'를 대신하기 위해서가 아니라 '시기하게 하기 위해' 생겨났기에, 하나님의 이름으로 교회 내에 머물러 있어야 한다"고 말한다.[85]

웨슬리의 열정적 탄원은 다음과 같이 이어진다. "여러분이 어떤 종파나 분파가 아니라 모든 교회의 친구인 것은 이 세상에서 새로운 현상입니다. 하나님께서 여러분에게 주신 특별한 영광을 내던져 하나님께서 여러분을 일으키신 바로 그 목적인 하나님의 계획을 좌절시키지 마십시오."[86] 웨슬리의 이 탄원은 여전히 메소디스트 교회론의 본보기를 제시한다. 웨슬리안 전통에서 사역은 당파심이 아닌 복음 전도에 초점 맞추어져 있다.

D. 자격 없는 목사

1. 교회의 예배 참여에 대하여

a. 자격 없는 목사의 문제

정식으로 안수를 받았으나 영적인 은사는 갖지 못한 자격 없는 목사는 어떻게 해야 하는가? 이것은 복음적 부흥운동이 초기에 직면했던 심각한

---

84   "Prophets and Priests," B 4:82, J VII:279, sec. 17.
85   "Prophets and Priests," B 4:82, J VII:280, sec. 18.
86   "Prophets and Priests," B 4:83, J VII:282, sec. 19.

문제였다. 신자는 타락한 교회와 부패한 성직자를 멀리해야 할까?

웨슬리가 끈질기게 주장한 것은, 자격 없는 목사도 가치 있는 기도를 드릴 수 있다는 것이다. 거룩하지 않은 목사도 거룩한 세례와 성만찬을 베풀 수 있다. 하나님의 약속은 인간의 한계를 극복한다. 그리스도의 몸의 하나 됨은 독선적인 사람이 표출하는 분노보다 회복하는 힘이 더 강하다.

b. 자격 없는 목사가 집례하는 성찬 참여

1787년 10월 7일, 웨슬리는 "교회의 예배 참여에 대하여"(On Attending the Church Service)라는 설교에서 메소디스트는 신앙에 문제가 있는 목사의 교회 예배에 참여해야 하는가 하는 문제를 다루었다(설교 #104, B 3:464-78; J #104, VII:174-85). 설교 본문은 사무엘상 2:17의 "이 소년들의 죄가 여호와 앞에 심히 큼은 그들이 여호와의 제사를 멸시함이었더라"이다. 어떤 소년을 말하는가? "여호와의 제사를 멸시한" 소년들이다.

이 구절의 배경은 엘리 제사장과 어린 사무엘의 사역이다. 그들의 사역 중에 엘리의 아들들은 하나님의 제사를 멸시하고 있었다. 그들은 "회막 문에서 수종 드는 여인들과 동침"하는 죄를 범하고 있었다(삼상 2:22).

이런 일이 엘리가 여호와께 제사를 드리는 봉사의 자격을 박탈했는가? 그렇지 않다. 엘리의 도덕적 결함은 그가 선택받아 집례한 하나님의 규례들을 무효로 하지 않았다.[87] 교회의 거룩함은 특정한 목사나 모든 목사의 거룩함이 아니라, 하나님의 약속과 명령의 거룩함에 의존한다. 하나님께서는 그러한 규례를 통해 당신을 구원하기를 멈추지 않으시므로, 하나님께서 제정하신 규례에 참여하기를 그치지 말라. 그리스도인의 규례는 목

---

87 삼상 2; "On Attending the Church Service," B 3:467-69, J VII:176-77, secs. 7-11.

욕과 식사(세례와 성만찬), 경전(성경) 읽기, 그리고 공동체 예배를 포함한다. 예배 참여는 그리스도인을 향한 변함없는 하나님의 명령이다.[88]

c. 알곡과 가라지

마태복음 13장에 나오는 예수님의 알곡과 가라지 비유에서, 주인은 좋은 씨앗을 심었지만 그의 원수가 알곡 가운데 가라지를 심었기 때문에 가라지가 같이 자라난다. 주인의 종들이 가라지를 뽑아야 하는지 묻자 주인은 "가만 두라 가라지를 뽑다가 곡식까지 뽑을까 염려하노라 둘 다 추수 때까지 함께 자라게 두라 추수 때에 내가 추수꾼들에게 말하기를 가라지는 먼저 거두어 불사르게 단으로 묶고 곡식은 모아 내 곳간에 넣으라"(마 13:29-30)라고 말한다. 이것이 하나님 나라의 특징이다. 하나님께서는 알곡을 심으시고, 원수는 가라지를 심는다. 추수할 때, 즉 최후의 심판이 오기까지 역사 속에서 하나님의 구원 사역은 이와 같이 계속될 것이다.

그리스도께서 가르치신 그대로, 우리는 오늘도 여전히 교회가 알곡과 가라지로 이루어져 있음을 발견한다. 하나님께서 온전히 아시는 것을 우리는 온전히 알지 못한다. 가라지도 그 외양은 알곡과 비슷하기 때문에 우리는 알곡과 가라지를 구별해낼 만큼 충분히 지혜롭지 못하다. 만약 우리가 전지하신 하나님의 지혜가 없는데도 알곡과 가라지를 구별하려고 한다면 알곡을 뽑아버릴 위험이 있다. 그렇기에 알곡과 가라지의 구별은 최후의 심판 때 하나님이 하실 일로 맡기는 것이 더 낫다. 웨슬리는 메소디스트 내에서 분리주의자들의 성향이, 인내와 관대함으로 그리스도의 몸의 하나 됨을 나타내려 애쓰는 신자들을 눌러 이기지 않기를 바랐다.[89]

---

88 "On Attending the Church Service," B 3:467-68, J VII:176, secs. 7-9.
89 "On Attending the Church Service," B 3:467-68, J VII:176-77, secs. 7-11.

엘리 제사장의 경우 사람들은 성전에 가기를 멈추지 않았고, 사무엘도 멈추라고 말하지 않았다(삼상 2장). 구약의 역사를 보면 심지어 악한 제사장들도 하나님께 적합한 희생제사를 드릴 수 있었기에 예언자들은 타락한 제사장들에 대한 기대를 포기하지 않았다. 하나님께서 종국에는 악한 제사장들을 마땅히 심판하실 것이다. 비록 제사장이 부패했더라도 이스라엘 백성은 하나님의 규례를 존중해야 했다. 성경이 분명히 말씀하는 것은, 하나님은 악한 자를 통해서도 일하실 수 있으며, 지금도 그렇게 하신다는 것이다.[90]

2. 목사에게 은사가 부족할 때

웨슬리 당시 영국 국교회의 많은 사람처럼, 정식으로 안수는 받았지만 영적 은사가 부족한 자격 없는 목사는 어떻게 해야 하는가? 이는 메소디스트 부흥운동이 직면한 심각한 문제이기도 했다. 신자들은 타락한 교회와 성직자를 멀리해야 하는가? 그것은 비국교도의 일반적인 관습이었다. 그것이 아니라면 교회에 남아 교회를 갱신해야 하는가? 웨슬리의 대답은 전형적 영국 국교도적인 것으로, 교회의 잘못에 항의해온 비국교도의 고결한 전통과 달리 교회의 가르침에 동의하는 전통에 서 있다. 그는 메소디스트 설교자들에게 복음을 설교하는 것으로 만족하고, 복음전도자의 일을 하라고 당부한다(딤후 4:5). 그는 "여러분이 있어야 할 곳을 떠나지 마십시오. 여러분의 자리를 지키십시오"[91]라고 말한다.

웨슬리는 갑작스럽게 또는 적의를 가지고 영국 국교회에서 분리되어

---

90 같은 곳.
91 "Prophets and Priests," B 4:82, J VII:279, sec. 17.

서는 안 되는 사려 깊은 이유를 제시했다. 비록 부분적으로 제 기능을 하지 못하는 사역이더라도, 하나님의 은혜는 그것을 통해 우리가 예기치 못한 방법으로 역사하실 수 있음을 믿으면, 효력이 나타날 수 있다. "거룩하지 못한 사람의 사역이라도 하나님께서 능력으로 함께 하신다면, 우리는 계속 참여해야 한다."[92] 그런 목사는 사람의 손이 아니라 하나님의 손에 심판받게 될 것이다. 판단의 기준은 하나님께서 그 사역에 함께 하시느냐이지, 사람이 어떻게 일하느냐가 아니다. 웨슬리는 영국 국교회에서 거룩하지 못한 사람들의 사역이 교회의 갱신에 심각한 장애물임에도 하나님은 여전히 그 사역을 통해 일하실 수 있음을 확신했다.

웨슬리의 사역은 양심의 거리낌 없이 영국 국교회의 말씀과 성례 목회와 공존할 수 있었다. 웨슬리는 메소디스트 신도회 회원들에게 영국 국교회든 비국교회 교회든 교회가 행하는 하나님의 규례에 꾸준히 참여할 것을 촉구했다. 교회로 가라. 성찬을 받으라. 그것이 말씀을 선포하고 성례를 베푸는 사역자의 부도덕한 습성 때문에 망설이는 것보다 더 중요하다.

메소디스트라 불린 사람들은 속회뿐 아니라 지역 교회의 주일 예배에 참여해야 했다.[93] 어떤 목사들은 정말로 성직을 맡을 자격이 없다. 그러나 그것이 공적 예배 자체를 거부해야 할 충분한 이유가 될 수는 없다.

a. 참담한 교회 분열의 역사

기독교는 오랫동안 교회 분열의 참담한 역사를 경험해 왔다. 우리는 교회 분열을 고린도 교회에서 볼 수 있고, 그 후 교회 개혁가들과 금욕주

---

92 "On Attending the Church Service," B 3:465-66, J VII:174-75, secs. 1-5.
93 같은곳.

의 운동의 역사에서 분열이 더 심화되어가는 것을 본다. 일찍이 2세기부터 "다른 사람의 죄에 동참하기를 두려워했던 사람들은 그들에게서 멀어지는 것이 자신들이 해야 할 일이라고 생각했다."[94] 종교개혁자들이 수도 생활의 많은 요소를 거부한 후에도, 세상을 벗어나 은둔하는 삶의 장점에 대해 지나친 환상에 빠지는 시험은 언제나 있어왔다.[95]

그런 분리가 원래 목적했던 순결을 달성하지 못한다는 사실은 역사가 증명한다. "자격 없는 사람의 사역에서는 선한 것을 기대할 수 없다"고 생각한 신자들은 어리석게도 분리를 선택했다.[96] 그들의 생각에는 거짓된 희망이 뒤섞여 있었다. 웨슬리는 자격 없는 목사들 때문에 교회에 다니지 않는 것이 당연하다는 생각이 정당한지를 검토해 보았다. 설교 "교회의 예배 참여에 대하여"의 주제는, "하나님께서 악한 사람들의 사역에 함께하신 적이 있는지, 그리고 하나님은 지금도 그렇게 하시는지 냉정하게 생각해 보라"는 것이다.[97]

b. 하나님께서 그 사역에 함께하신다면 분리되지 말라

웨슬리가 사역을 끝맺을 즈음에 가르친 확고한 규칙은 그가 처음 사역을 시작할 때 가르쳤던 규칙과 전혀 다르지 않았다. "만약 하나님께서 영국 국교회의 사역에 전혀(never) 함께하시지 않는다면, 우리는 국교회를 떠나야 합니다. 교회의 목사가 악한 사람이라고 믿을 만한 이유가 있더라도, 하나님께서 그 교회와 함께하신 때가 있었고(ever) 또 지금도 함께하

---

94 "On Attending the Church Service," B 3:465, J VII:174, sec. 1.
95 "On Attending the Church Service," B 3:465-66, J VII:175, secs . 2-3.
96 "On Attending the Church Service," B 3:466, J VII:175, sec. 3.
97 "On Attending the Church Service," B 3:466, J VII:175, sec. 5.

고 계신다면 우리는 그 교회를 떠나지 말아야 합니다."[98] '전혀 없다'(never)와 '그럴 때가 있다'(ever)는 말은 중요한 의미를 지닌다.

　하나님이 "전혀"(never) 함께하시지 않는다면 교회를 떠나라. 하나님이 함께하시는 "때가 있다"(ever)면 교회를 떠나지 말라. 하나님께서 참으로 그 사역에 전혀 함께하시지 않는다면, 그런 교회는 떠나도 무방하다. 그러나 아무리 사소하고 간접적이더라도 하나님께서 그 교회나 사역에 함께하시는 증거가 있다면, 교회를 떠날 생각을 하지 말아야 한다.

　영국 국교회에서의 분리는 결코 메소디스트의 사명이 아니었다. 그들의 사명은 영국 국교회 내에서 교회를 개혁하는 것이었다. 분리는 아예 생각조차 해서는 안 될 일이었다. 메소디스트 신도회의 모든 회원은 영국 국교회 예배에 출석하고, 거기서 제공되는 은혜의 방편에 참여하도록 권고받았다.[99]

3. 끊이지 않는 논쟁

a. 엘리 제사장에서 시프리안까지

　메소디스트 부흥운동은 영국 국교회와의 분리 문제를 거듭 다루었다. "20년이 넘는 오랜 기간 영국 국교회와의 분리는 메소디스트로 불리는 사람들의 생각에 결코 존재한 적이 없다."[100] "처음 시작할 때부터 우리 모두는 확고한 소속감을 가진 영국 국교회 회원이었다."[101] 리즈(Leeds) 연회 연회록은 메소디스트의 표준 규율이 되었는데, 거기에는 "그 대체적인 이

98　같은 곳.
99　"On Attending the Church Service," B 3:466, J VII:175, secs. 4 – 5.
100　"On Attending the Church Service," B 3:467, J VII:175, sec. 6.
101　"On Attending the Church Service," B 3:466, J VII:175, sec. 4.

유가 기록되어 있고, 그 이유는 지금도 동일하게 유효하다."[102] 적극적으로 비국교도 전통에서 활동하던 사람들의 메소디스트 신도회 가입이 두드러지면서 분리에 대한 논의가 더 빈번해진 것은 훨씬 이후의 일이다. "비국교도로 자란 사람들이 점점 더 우리와 함께하게 되자, 그들이 영국 국교회에 대한 좋지 못한 편견을 점점 더 초래하게 되었다."[103]

웨슬리는 "가능한 모든 논란을 해결"하려는 결심으로 이 설교를 통해 "교회 속에서 하나님께서 어떻게 일해 오셨으며, 아주 이른 시기부터 어떻게 일하셨는지" 밝히기 위해, 성경에서 "심각할 정도로 악을 저지른" 엘리 제사장의 아들의 사례를 들었다.[104] "이스라엘 백성 중 많은 사람이 그들의 성적 범죄로 크게 마음이 상했다. 그들은 희생제사를 중요하게 여겼지만 제사장들을 혐오했기에, 공적인 예배를 완전히 그치지는 않았으나 예배를 드리면서도 큰 고통을 받았다."[105] 제사장의 가족들이 엘리의 아들들처럼 "심각할 정도로 악을 저질렀다" 하더라도, 제사장이 드린 희생제사는 존중되어야 했다.

예레미야부터 말라기까지 "이스라엘 백성과 제사장들은 모든 죄악 속에서 뒹굴었다." 그러나 그것이 하나님께서 명령하신 규례 자체를 폐한 것은 아니다.[106] 제사장 직분의 오용은 하나님의 아들이 오실 때까지 계속되었다. 오순절은 하나님의 은혜로 거룩함을 일으키는 성령 충만한 사역의 새로운 시작을 가져왔다. 그러나 이러한 일도 곧 왜곡되고 타락하고 말았다. 웨슬리는 "너희는 그들 중에서 나와서 따로 있고 부정한 것을 만지

---

102 "On Attending the Church Service," B 3:467, J VII:175, sec. 6.
103 같은 곳.
104 "On Attending the Church Service," B 3:467, J VII:176, sec. 7.
105 "On Attending the Church Service," B 3:468, J VII:176, sec. 9.
106 "On Attending the Church Service," B 3:468, J VII:176, sec. 11.

지 말라"(고후 6:17)는 바울의 말을 잘못 인용해 분리를 정당화하는 태도를 경고했다. 바울이 분리되라고 한 것은 마귀와 그 백성이지, 목사가 아니다.[107]

교회 지도자들에게 불법의 비밀은 교회사 전체를 통틀어 계속돼 왔다.

> 요한이 죽은 지 100-150년이 지난 후 성 시프리안이 주변의 성직자들과 평신도들의 정신과 태도를 묘사한 것을 보면, 마치 오늘날 유럽의 성직자와 평신도를 묘사하는 것처럼 느껴진다. 2세기와 3세기에 조금씩 교회에 영향을 끼쳐온 타락은, 4세기가 시작되어 콘스탄틴이 자신이 기독교인이 되었음을 공언하자 밀물처럼 교회로 쏟아져 들어왔고, 그 후로 교회는 부패로 가득하게 되었다. 성직자들은 평신도보다 조금도 깨끗하지 않았다.[108]

하나님의 구원사에서 가라지는 알곡에 기생하는 고질적인 것이 되고 말았다. 우리는 우리 자신이 아닌 하나님께서 심판자가 되시도록 해야 한다.

b. 도나투스주의와 어거스틴

어거스틴은 기독교 세계 전체가 보편적 합의를 이룬 회개 의식을 반대한 도나투스주의자들로 인해 같은 문제에 직면했다. 어거스틴은 회개에 관한 보편적 합의에 담긴 지혜는 누미디아(Numidia) 지역의 작고 성급한 급진주의자들의 무리보다 더 믿을 만하다는 사실을 알았다. 그는 도나투스주의자들의 오류와 싸웠으나, 그들이 왜곡한 성례 자체를 반대하지는 않았다.

---

107 "On Attending the Church Service," B 3:474, J VII:177, sec. 11.
108 "On Attending the Church Service," B 3:469 – 70, J VII:178, sec. 14.

전통적 기독교 가르침에서 교회는 본질적으로 하나이며, 거룩하고 보편적이며 사도적인 것이다. 교회가 나누어진다면 그리스도의 몸을 구현하는 것이 아니다. 하나님께서는 불필요하게 나누어진 교회에는 복을 주시지 않는다.

웨슬리는 메소디스트 부흥운동 내부의 분리주의 경향이, 인내하고 관용하면서 그리스도의 몸의 하나 됨을 드러내기 위해 애쓰는 사람들을 변질시키지 않기를 바랐다. 그는 성령께서 신자를 하나님의 은혜에 온전히 반응하게 하실 수 있음을 매우 강조하는 교리를 가르칠 뿐 아니라, 온전한 사랑의 삶을 추구하는 사람들이 예배 공동체, 즉 그리스도께 온전히 헌신된 삶을 살아가는 사람들의 공동체 내에서 그렇게 행하기를 바랐다.[109]

c. 종교개혁에서 메소디스트 부흥운동까지

사도 이후 시대부터 종교개혁에 이르기까지 많은 사람이 은둔의 종교나 실패를 허용하지 않는 절대적 완전주의를 추구하는 데서 피난처를 찾고자 했다. 수도사들로부터 분파주의적 분리주의자들에 이르기까지 그들은 순결과 완전을 추구했다. 그러나 그 결과는 주로 어떤 것이었나? 어떤 때는 타락보다 더 나쁜 것이었다. 그 결과 교회 공동체에서 떨어져 나간 사람들의 빛은 말 아래 감추어지고 말았다. 의로운 사람들이 교회에서 떠나면, 그것은 교회가 더 심하게 부패하는 것을 내버려두는 결과를 초래했다.

그러나 루터와 칼빈도 중세 가톨릭 교회를 의도적으로 떠나지 않았는가? 그렇지 않다. 웨슬리는 그들이 스스로 역사적 교회를 떠난 것이 아니라고 주장한다. 그들은 쫓겨나고 파문 교서로 괴롭힘을 당했으며 사냥의

---

109 같은 곳.

표적이 되었다. 상황 개선을 요청해도 묵살당했다. 그들이 분리를 택한 것이 아니다.[110]

웨슬리는 부당한 대우를 받으면서도 영국 국교회를 떠나지 않은 충실한 국교회 사제였다. 그는 인내하며 좋은 관계를 유지했다. "나는 내 형제들의 결점을 나쁘게 말하거나 과장하려 하지 않았다. 내가 대우받은 대로 그들을 대하거나 악을 악으로, 폭언을 폭언으로 갚을 마음이 추호도 없었다."[111]

목회자들의 결함은 여전했다. "지난 40-50년 동안 영국과 아일랜드 대부분 지역 목회자들을 만나 대화하는 것은 내가 감당해야 할 사역의 일부였다. 성직으로 임명받았음에도 그중 대부분 또는 많은 사람이 지식이나 경건에서 뛰어나지 못했다." 그러나 웨슬리는 그것을 하나님께서 모든 복음 사역자에게 명령하신 규례인 세례와 성찬에 참여하지 않을 변명거리로 삼지 않았다. 많은 목회자의 이 모든 결함에도 웨슬리는 "영국 국교회 성직자 중에는 외적인 죄에서 자유할 뿐 아니라 뛰어난 학문성을 지니고, 무엇보다 하나님과 깊이 교제하는 사람이 많다"고 주장했다. 그러나 대부분은 그렇지 않다. 안타깝게도 그중 대다수는 "거룩한 사람도 아니고, 하나님께 헌신되지도 않으며, 하나님도, 자신도 잘 알지 못한다."[112]

웨슬리는 다음으로 메소디스트 평신도 지도자들에 대한 대중의 부정적 인식에 반대해 그들을 옹호한다. 그는 메소디스트 평신도 지도자들이 "재단사나 제화공 같은 저소득층 사람들 중에서 발탁"되어, 어떤 사람들은 그들을 단지 "어리석고 무식한 사람들이어서 오른쪽 왼쪽도 구분하지

---

110 "On Attending the Church Service," B 3:469 – 70, J VII:178, secs. 14 – 15, 참고. sec. 25.
111 "On Attending the Church Service," B 3:471, J VII:179, sec. 17.
112 "On Attending the Church Service," B 3:471, J VII:179, sec. 18.

못하는 사람들"로 여긴다는 사실을 인정했다. 그러면서도 웨슬리는 메소디스트 모임에서 준비되지 않은 사람이 설교하게 하기보다는 차라리 자신의 손목을 자르고 싶다는 말로 응수했다. 그는 추천받은 사람이 "대학이든 다른 어느 곳에서든 내가 대화를 나눈 성직자들 중 열의 아홉보다 성경에 대해 더 많이 알고 자기 자신을 더 잘 알며, 하나님과 하나님의 일에 대해 더 깊이 알고 있다"는 합리적 증거 없이는 그들을 메소디스트 설교자가 되는 것을 허락하지 않았을 것이라고 주장한다.[113]

4. 거룩하지 못한 목사와 성례

웨슬리가 다룬 문제의 핵심은 "하나님의 자녀는 거룩하지 않은 목사가 집례하는 성례에 참여하지 말아야 하는가? 하나님을 알지 못하는 그들의 사역을 통해 은혜를 받는 것이 가능한가?" 하는 것이다.[114] 예언자들은 이에 대해 신뢰할 만한 지침을 제공한다. 그들은 이스라엘 백성에게 어떤 사람이나 실천이 그들을 타락시킬 것이기 때문에 하나님의 규례에 참여하는 것을 멈추라고 명령한 적이 없다. "이사야나 예언자 중 누가 그런 이유로 하나님의 규례에 참여하기를 중지하라고 권고했는가?" "말라기나 예레미야, 그외 어떤 예언자도 그런 불경건한 사람들을 완전히 떠나라고 권고"하지는 않았다.[115]

예수님이 "교만, 정욕, 질투, 탐욕, 모든 불경건과 불의로 가득한 사람들이 집례하는 공적 예배에 참여하지 않으셨는가? 또 사도들에게도 그렇게 하라고 지시하셨는가? 그렇지 않다. 그와 정반대로 행하셨다. 예수님

---

113 "On Attending the Church Service," B 3:471, J VII:179, sec. 17.
114 "On Attending the Church Service," B 3:472, J VII:180, sec. 19.
115 같은 곳.

자신도 변함없이 공적 예배에 참여하셨고, 제자들 역시 그러했다."[116] 예수님은 하나님께서 옛 언약을 통해 세우신 은혜의 방편을 경시하거나 무시하지 않으셨다. 또 성전 지도자들이 타락했음을 잘 알고 계셨음에도 성전을 버리거나 다른 사람에게 그렇게 하라고 가르치지 않으셨다.

예수님은 율법이나 제사장직을 폐하지 않으셨고, 장차 올 하나님 나라에서 그것이 성취될 것이라고 가르치셨다. 주님은 심지어 가룟 유다 같은 사람도, 하나님께서 어떤 방법으로 악한 사람을 교회의 사역에 포함시켜 표면적으로 보이는 것보다 더 큰 선을 이루기 위해 사용하시는지를 보여주는 사례로 보았다. 사실상 하나님은 구원의 은혜를 수용하지 않는 사람을 통해서도 구원을 베푸실 수 있고, 또 그렇게 행하심을 보여주는 징표로 유다를 보내셨다. 성령께서는 심지어 우리가 그분의 사역을 방해할 때조차도 그 장애물을 극복하고 건강하게 성장할 수 있도록 우리를 이끄신다.[117]

a. 하나님은 구원받지 않은 자도 구원의 도구로 사용하신다

웨슬리의 역설적 결론은 하나님께서는 "구원을 받아들이지 않는 사람"을 통해서도 사람들을 구원하신다는 것이다.[118] 예수님께서는 직분을 오용한 서기관들을 호되게 질책하셨지만, 여전히 사람들에게 "그들이 행하는 사역에는 참여"할 것을 명령하셨다. 그들이 남용한다 해서 직분 자체가 폐기되어야 하거나 가치를 상실하는 것은 아니다. 우리는 이 문제에

---

116 같은 곳.
117 "On Attending the Church Service," B 3:473, J VII:181, sec. 21.
118 같은 곳.

서 주님보다 더 지혜롭다고 생각해서는 안 된다.[119] 하나님의 은혜를 받지 않은 사람은 다른 사람에게 은혜를 전달할 수 없는 것처럼 보이지만, 하나님께서 악인을 사용해 선한 목적을 이루신 성경적 사례는 많이 있다.

분리를 통해 교회가 나누어지게 만드는 사람들은 흔히 공의나 사랑으로써 역사하는 믿음에서 더 성장하지 못하게 된다. "그들 대다수는 자신이 용납할 수 없는 특정한 견해나 예배 방식 때문에 교회에서 분리되었다. 그중 일부는 성직자나 평신도의 부도덕함을 이유로 분리되었다. 그러나 분리된 후 그들의 상태는 자신들이 분리되어 나올 수밖에 없었던 그 사람들보다 조금도 더 나아 보이지 않았다."[120] 어거스틴이 발견한 것처럼, 회개에 관한 사도의 의도는 이 세상에서 완벽한 교회를 이루겠다는 망상을 품은 작은 모임보다 더 신뢰할 만했다. 완벽한 교회에 대한 망상은, 인간의 자유가 하나님의 구원의 의지를 이행하지 못하거나 하나님의 은혜가 인간의 불이행을 극복할 여지를 전혀 남겨놓지 않았다.

목사들의 제한된 자격 없음이, 그들이 집행하는 성례에 관한 제한되지 않은 약속을 축소시키지 않는다. 성례의 효력은 그것을 집행하는 목사의 도덕적 자격이 아닌 하나님의 은혜로 발생한다. 따라서 나쁜 목사가 사역한다는 것이, 신실한 성도들의 찬양이 울려퍼지는 좋은 교회를 떠나야 할 충분한 이유가 될 수는 없다.

---

119 "On Attending the Church Service," B 3:471-73, J VII:179-81, secs. 17-23.
120 "On Attending the Church Service," B 3:475, J VII:182, sec. 26.

b. 자격 없는 목사가 성례의 효력을 무효화하지 않음

"많은 사람이 목사가 거룩하지 않음을 분리의 중대한 이유로 드는 것
은, 악한 사람의 목회는 선한 일을 이룰 수 없고 … 하나님의 은혜를 받아
들이지 않는 사람은 다른 사람에게 그 은혜를 전달할 수 없다는 주장에 기
초해 있다. 그렇다면 우리는 마귀의 종의 사역을 통해서는 하나님의 축복
받기를 전혀 기대할 수 없을 것이다."[121] 이런 주장은 그럴듯하게 들리지
만, 분리가 가져오는 의도하지 않은 결과를 무시한 것이다. 웨슬리는 "복
된 주님의 때에 행해진 규례가 참여한 사람들에게 전혀 은혜를 전달하지
못했는가? 만약 그랬다면 성령께서는 그 규례대로 행한 것으로 인해 사가
랴와 엘리사벳을 칭찬하시지 않으셨을 것이다!"라고 답한다.[122]

"서기관들과 바리새인들이 모세의 자리에 앉았으니 그러므로 무엇이
든지 그들이 말하는 바는 행하고 지키되 그들이 하는 행위는 본받지 말라
그들은 말만 하고 행하지 아니하며"(마 23:2-3)라는 예수님의 말씀이 마음
에 확고히 자리 잡게 하라.[123] 만약 신자의 거룩함이 성직자의 거룩함에 의
존한다면, 양심적인 사람은 세상의 어떤 확립된 교회나 오랜 시대에 걸쳐
사역해온 교회의 일원도 될 수 없을 것이다.[124] "우리는 거룩하지 못한 목
사가 말하더라도 주님의 말씀은 묶이지 않고, 집례하는 자가 거룩하든 그
렇지 않든 성례는 메마른 마음으로 끝나지 않는다는 사실을, 우리 자신과
다른 많은 사람의 은혜로운 경험을 통해 잘 알고 있다."[125]

교회사의 유구한 시간 동안 많은 그리스도인이 심히 악한 목사들을 견

---

121 "On Attending the Church Service," B 3:476 – 77, J VII:183, sec. 27.
122 "On Attending the Church Service," B 3:476, J VII:183, sec. 29.
123 "On Attending the Church Service," B 3:476 – 77, J VII:184, sec. 30.
124 "On Attending the Church Service," B 3:477, J VII:184 – 85, sec. 31.
125 "On Attending the Church Service," B 3:478, J VII:185, sec. 33.

녀내야 했다. 이 점은 전혀 새롭지 않다. 신자는 거듭해서 "목사의 자격 없음이 하나님의 규례의 효력을 방해하지 않음"을 재발견할 뿐이다. "그 이유는 분명한데, 성례의 효력은 집례자가 아닌 그것을 명령하신 분에게서 비롯되기 때문이다. 하나님께서는 은혜의 전달자가 은혜를 받지 않았더라도 그로 인해 그분의 은혜가 가로막히지 않게 하시며, 앞으로도 막히지 않게 하실 것이다."[126]

웨슬리는 모두에게 온화한 평화의 복음을 전파하고, 분리주의의 유혹에 사로잡히지 말 것을 촉구했다. "우리의 다양한 위치에서 모든 불경건함과 불의에 대적해 신실하게 살아가며, 온 힘을 다해 내적·외적인 '거룩함이 없이는 아무도 주를 보지 못한다'(히 12:14)는 사실을 알려주어야 합니다!"[127]

분리 문제는 결코 사라지지 않았다. 웨슬리는 그 후로도 "중요한 질문에 대한 고찰"(Some Thoughts upon an Important Question, 1781), "진리를 반대하는 목사에 대하여"(On Ministers Who Oppose the Truth, 1782), "교회에 다니는 것에 대하여"(Of Attending the Church, 1782)라는 세 개의 짧은 논문을 써 자신의 입장을 다시 옹호했다.

5. 중요한 질문에 대한 고찰

메소디스트 공동체의 대부분의 사람은 웨슬리가, 누구든 메소디스트 평신도라면 그가 과거 영국 국교회 신자였든 비국교회 신자였든 자신이 예전부터 참석하던 교회 예배에 계속 참석하기를 권고한 것을 알았다. 그

---

126 같은 곳.
127 같은 곳.

러나 어떤 사람들은 여전히 혼란스러운 교리를 듣는 것이 "끊임없이 '오늘 설교를 어떻게 생각하나요?'라고 묻는 사람에게서 받는 시험을 자초하는것이 아닌지" 의문을 가졌다. 그 점에서는 우리도 그렇지 않다고 말할 수 없다. 그들은 성경에 반하는 교리를 "지속적으로 가르치는" 교회에 계속 다녀야 하는지 궁금해한다.[128] "거리낌 없는 양심을 갖기를 원하는 많은 사람"을 돕기 위해 웨슬리는 그들에게 협조적인 답신을 보냈다["Some Thoughts upon an Important Question," J XIII:244-45 (1781년 11월 19일)] .

웨슬리는 그런 교회에 계속 머물러 혼란스러운 교리를 들어야 하는지는 "중요하고도 민감한" 문제임을 인정하면서, "어떤 일반적인 규칙을 정할 수는" 없다고 신중하게 말한다. "내가 지금 말할 수 있는 것은, 그것이 당신에게 해가 되지 않는다면 계속 들어도 무방하나, 해가 된다면 교회를 떠나라는 것입니다. 자신의 양심에 따라 결정해야 합니다. 특정한 행동을 할 때는 모든 사람이 '자기 마음에 충분히 납득이 되는 방향으로' 결정해야 합니다."[129]

a. 진리에 반대하는 목사의 설교를 듣는 일에 대하여

웨슬리의 공동체에 속한 사람들은, 비록 성령께서 기꺼이 신자들이 삶에서 모든 형태의 죄를 극복하도록 돕기 원하신다는 사실을 확신했음에도, 자신이 다니는 교회 목사가 하나님의 은혜조차 모든 죄를 극복하게 할 능력은 없다고 설교할 때 자신들이 어떻게 반응해야 하는지를 깊이 고민

---

128 "Some Thoughts upon an Important Question," J XIII:244.
129 같은 곳.

했다. 그들은 "우리는 이 세상에서는 죄에서 구원받을 수 없고, 영원에 들어가기 전에는 사랑 안에서 온전하게 되기를 기대해서는 안 된다"는 주장을 끊임없이 들어야 했다. 웨슬리는, 타락한 인간 본성은 우리로 "이런 주장을 쉽게 받아들이게 한다. 따라서 그런 주장은" 성령께서 사람들의 삶에 행하실 수 있는 일을 제한하므로 "우리에게 해를 끼칠 가능성이 매우 크다"고 기록했다. "따라서 우리는 우리의 영혼을 연약하게 만든다는 사실을 경험적으로 알 수 있는 그런 설교를 계속 들어야 하는지 의문을 갖는다" ["On Hearing Ministers Who Oppose the Truth," J XIII:245-46 (1782년 1월 9일, 잉글랜드 루이섬)].

노년의 웨슬리는 1782년에 메소디스트 설교자들이 모인 연회에서 이 문제를 제기했다. 그들은 심지어 성경이 분별 없이 해석되는 때가 있더라도 "메소디스트 신도회에서 양육받는 모든 메소디스트들이 가능한 한 자주 영국 국교회 예배에 참여하는 것이 매우 유익하다는 데 만장일치로 동의했다." 그러나 만약 목사가 사람을 변화시키는 하나님의 은혜의 능력을 조롱할 때는 어떻게 해야 하는가? 웨슬리는 "그 순간에는 조용히 교회를 떠나, 다음 기회에 또다시 참석해야 한다"고 조언했다.[130] 그리고 "다만 나는 그들이 비난하는 자세가 되어서는 안 되며, 한 단어나 문장 때문에 사람을 범죄자로 만들어서는 안 된다는 점을 진지하게 경고합니다"라는 말을 덧붙였다.[131]

---

130 "On Hearing Ministers Who Oppose the Truth," J XIII:246, sec. 3.
131 "On Hearing Ministers Who Oppose the Truth," J XIII:246, sec. 4.

6. 교회의 예배 참여에 대하여

같은 해 웨슬리는 자신의 조언을 듣기 원했던 한 아르미니우스주의 신자에게서 세 가지 질문을 받았다. 첫째, "메소디스트라 불리는 사람들이 영국 국교회에서 완전히 분리되는 것을 바라십니까?" ["Of Attending the Church," J XIII:246-47 (1782년 2월 13일)]. 예전과 같이 웨슬리는 바라지 않는다고 대답했다.

두 번째 질문은 "메소디스트는 얼마나 자주 기존 교회에 가야 합니까?"였다. 웨슬리는 복음을 설교하는 곳이면 어떤 교회라도 다녀야 한다고 답했다.

마지막 질문은 "그들이 살고 있는 교구 교회에서 성경을 잘못 가르치면 어떻게 해야 합니까? 당신 생각에는 그럴 때라도 메소디스트는 그것을 들어야 합니까, 아니면 스스로 판단해 그만두어도 됩니까?" 웨슬리는 "나는 메소디스트가 꼭 특정한 교회에만 나가야 한다고 생각하지는 않습니다"라고 답했다. 그들이 "그렇게 가르치는 사람을 비난할" 자유가 있는지를 묻는 질문에는 "아닙니다. 절대 그렇지 않습니다"라고 답했다.[132]

E. 복음적인 예배

1. 말씀과 성례 사역

a. 예배 공동체의 목사

복음은 예배 공동체를 일으킨다. 또 그 공동체로 기쁜 소식을 선포하

---

[132] "Of Attending the Church," J XIII:246.

고 계시된 하나님을 찬양하게 한다. 이러한 예배 공동체의 모범은 사도행전 2:41-47에 나타난다.

- 베드로의 설교를 받아들인 사람들이 세례를 받았다.
- 많은 사람이 믿었고, 공동체는 빠르게 성장해갔다.
- 그들은 사도의 가르침을 전심을 다해 들었다.
- 그들은 믿음 안에서 교제를 즐거워했다.
- 그들은 함께 떡을 뗐다.
- 부활하신 주님께서 그들의 교제에 함께하셨다.
- 그들은 함께 기도하고 예배했다.
- 그들은 많은 표적과 기사를 보고 두려워했다.
- 그들은 가진 모든 것을 함께 통용했다.
- 그들의 수는 기하급수적으로 늘어났다.

사도행전 2장의 이 순서처럼 웨슬리 시대와 오늘날에도 신자의 예배 공동체는 그리스도인의 선포로 생겨난다. 예배 공동체는 복음적인 삶의 본질적 요소이자 목회의 본질적 요소기도 하다. 복음을 아는 사람은 주일과 교회력, 절기 전체를 통해 복음이 선포되고 널리 알려지기를 바란다.

웨슬리의 목회신학은 예배 공동체의 삶의 모든 과정을 탐구한다. 예배 공동체를 성숙시키는 것은 신자들을 찬양과 예배 속에서 하나가 되게 함으로 이루어진다. 따라서 규칙적 예배 참여는 이 교제의 본질적 요소이다. 목사는 찬양하고, 기도하고 말씀을 연구하고, 예배를 중시하는 예배 공동체를 섬기는 복음전도자다.

b. 은혜의 방편을 통해 그리스도인의 삶 이루어가기

예배 공동체를 인도하는 목회자는 교회의 전통적 교리와 실천적 훈련 방법에 따라 예배 공동체의 삶의 체계를 세워나가기로 동의한 사람이다. 그리스도께서 부르신 공동체의 삶의 중심은 성례전적 삶이다. 성례가 없다면 교회와 그리스도인의 삶은 주님께서 지시하시고 제공하시는 신앙을 반복적으로 깨우쳐줄 수단을 상실할 것이다. 성례는 우리의 신앙을 북돋우고 일깨우고 자극하기 위한 것이다. 웨슬리의 가르침에 따르면 성례는 네 가지 특징을 지니고 있어야 한다. 웨슬리가 만든 메소디스트 신조 제16조에 의하면, "성례는 은혜와 우리를 향한 하나님의 선한 의지의 확실한 징표다. 하나님께서는 이를 통해 우리 안에서 보이지 않게 역사하셔서 그분을 믿는 우리의 신앙을 일으킬 뿐 아니라 강화시키고 확증하신다." 이것은 가장 근본적인 메소디스트 교리다. 그 내용은 루터란과 영국 국교회의 종교개혁적 가르침을 반영한 것이다. 성례를 주관적 신앙의 상징이나 그리스도인의 신앙고백의 증표 정도로만 여기는 것은 그리스도의 가르침에 미치지 못한다.

c. 주님께서 제정하심

성례는 주님께서 제정하시고 명령하신 것이다. 개신교인은 세례와 성만찬 두 가지 성례만을 주님께서 제정하시고 명령하신 것으로 여긴다. 주님께서 제정하신 성례로 인정받으려면 다음을 충족시켜야 한다.

- 주님이 제정하신 것이어야 함
- 확실하고 믿을 만한 은혜의 징표여야 함

- 우리를 향한 하나님의 선한 의지의 증표를 나타내야 함
- 신자에게 보이지 않게 역사해야 함
- 신앙을 일으켜야 함
- 신앙을 강화시켜야 함
- 신앙을 확증해야 함

d. 그 외 다섯 가지 중세 성사들: 견진 성사, 고해 성사, 신품 성사, 혼례 성사, 종부 성사

중세 후기 가톨릭 전통에서는 "일반적으로 성례로 부르는" 다섯 가지 의식이 더해졌으나, 이것들은 은혜의 지속적인 증표가 되도록 주님께서 특별히 제정하신 것이 아니다.

웨슬리가 볼 때 교리 문답, 신앙고백, 성직 안수, 결혼에 대한 축복, 임종 사역은 모두 신약성경이 복된 것으로 말씀하는 매우 중요한 복음 사역이다. 앞 장들에서 우리는 이런 사역 모두가 목회자의 직분에 포함된 기본적 요소임을 살펴보았다. 그러나 성경이나 영국 국교회, 메소디스트, 개혁주의 전통 모두는 그런 사역을, 교회가 항상 견지해 왔고 예배 공동체의 성격에도 절대적으로 필수적인 주님의 명령으로 여기지 않는다. 엄밀히 말하면 그것들은 주님께서 지정하신 거룩한 성례가 아니다.

그러나 이 다섯 가지의 실천이 영국 국교회나 웨슬리 공동체의 목회에서 완전히 배제된 것은 아니다. 성경은 그런 실천을 장려하고 격려한다. 성경은 세례를 성례로 확증하지만, 세례와 구별된 또 하나의 성례(견진 성사)를 만들라고 하지는 않는다. 성경은 우리에게 죄를 회개하라고 말씀하지만, 고해 성사라는 또 하나의 성례를 만들라고 하지는 않는다. 우리는 주님께서 제정하신 사역으로 나아가는 적절한 과정을 존중해야 하지만,

그런 것에 세례와 동등할 정도의 지위를 부여해서는 안 된다. 성경은 거룩한 결혼식을 축복하지만, 결혼식이 주님께서 제정하신 성례는 아니다. 성경은 신자로 죽어가는 사람을 돌보고, 하나님께서 그들에게 기름 부어주시기를 기도하라고 말씀하지만, 종부 성사라는 성례를 만들라고 하지는 않는다. 중세 가톨릭 교회의 타락의 역사는 그들이 만든 의식들을 교회의 유익을 위해 본질적인 세례와 성찬식과 같은 정도로 모든 신자에게 필요한 것처럼 다루어서는 안 된다는 사실을 시사한다.

2. 메소디스트 신조 제16조, 성례에 대하여

a. 아우크스부르크 신앙고백 및 영국 국교회 신조와의 연속성

웨슬리는 1784년에 미국 메소디스트들을 위해 영국 국교회 39개 신조를 개정했다. 성례에 관한 영국 국교회 신조 제25조는 최소한의 수정을 거쳐 메소디스트 신조 제16조가 되었다. 그 최소한의 수정으로, '저주'(damnation)를 '정죄'(condemnation)로 바꾸고, '분명하고 확실한 증거이자 효과적인 징표'라는 문구를 '은혜의 분명한 징표'로 간소화했으며, '세례와 같은 성례의 성격을 지니고 있지 않다'는 문구는, 그 의미는 변경하지 않고 더 간결하게 '세례와 같은 성격'으로 편집했다.

그리스도께서 특별히 제정하신 성례는 세례와 주의 만찬 두 가지다. 성례에 관한 메소디스트 신조는 초대교회에서 직접적으로 유래해 거의 변경 없이 루터란과 영국 국교회, 메소디스트 예배 전통에까지 전해진 것이다. 다음의 도표는 세 전통의 유사한 가르침을 정리한 것이다.

루터교 아우크스부르크 신앙고백 (1530년)	영국 국교회 39개 신조 (1563년)	미국 메소디스트 25개 신조 (1784년)
제13조 성례전 사용에 대하여	**제25조 성사에 대하여**	**제16조 성례에 대하여**
성례전 사용에 대하여 우리는 다음을 가르친다. 성례전은 사람들 중에서 신앙고백의 표가 되게 할 뿐 아니라 우리를 향한 하나님의 뜻의 징표와 증거가 되게 하기 위해 제정되었다. 이는 성례전을 사용하는 사람의 신앙을 일깨우고 확증하기 위한 것이다. 그런 이유로 우리는 성례전을 통해 제공되고 제시되는 약속을 믿는 믿음이 더해지도록 성례전을 바르게 사용해야 한다. 그러므로 우리는 성례의 외적 행위가 의롭게 한다고 가르치면서, 성례전을 사용할 때 죄 용서를 믿는 믿음이 필요하다고 가르치지 않는 사람들을 배격한다.	그리스도께서 제정하신 성사는 그리스도인의 신앙고백의 징표와 표식일 뿐 아니라 분명하고 확실한 증거이자, 은혜와 우리를 향한 하나님의 선한 의지와 은혜의 효과적인 징표다. 하나님께서는 이를 통해 우리 안에서 보이지 않게 역사하셔서 그분을 믿는 우리의 신앙을 일으킬 뿐 아니라 강화시키고 확증하신다. 복음서에서 그리스도 우리 주님께서 제정하신 성사는 두 가지인데, 세례와 주의 만찬이 그것이다. 일반적으로 성사로 불리는 그 외 다섯 가지, 즉 견진 성사, 고해 성사, 신품 성사, 혼례 성사, 종부 성사는 복음서가 말씀하는 성사에 해당되지 않는다. 그것들은 부분적으로는 사도들을 그릇되게 모방한 것에서, 부분적으로는 성경이 허용하는 생활 의식에서 비롯되었다. 그러나 그것들은 하나님께서 제정하신 가시적 징표나 의식을 포함하지 않기에 주의 만찬이나 세례와 같은 성사의 성격을 지니고 있지 않다. 그리스도께서 제정하신 성사는 조배하거나 들고 다니기 위한 것이 아니라 바르게 사용하기 위한 것이다. 사도 바울이 말씀한 대로, 성사는 가치 있게 받아들인 사람에게는 유익한 효력을 나타내지만, 무가치하게 받아들이는 사람은 스스로 저주를 초래한다.	그리스도께서 제정하신 성례는 그리스도인의 신앙고백의 징표와 표식일 뿐 아니라 우리를 향한 하나님의 선한 의지와 은혜의 분명한 징표다. 하나님께서는 이를 통해 우리 안에서 보이지 않게 역사하셔서 그분을 믿는 우리의 신앙을 일으킬 뿐 아니라 강화시키고 확증하신다. 복음서에서 그리스도 우리 주님께서 제정하신 성사는 두 가지인데, 세례와 주의 만찬이 그것이다. 일반적으로 성례로 불리는 그 외 다섯 가지, 즉 견진 성사, 고해 성사, 신품 성사, 혼례 성사, 종부 성사는 복음서가 말씀하는 성례에 해당되지 않는다. 그것들은 부분적으로는 사도들을 그릇되게 모방한 것에서, 부분적으로는 성경이 허용하는 생활 의식에서 비롯되었다. 그러나 그것들은 하나님께서 제정하신 가시적 징표나 의식을 포함하지 않기에 주의 만찬이나 세례와 같은 성격을 지니고 있지 않다. 그리스도께서 제정하신 성례는 조배하거나 들고 다니기 위한 것이 아니라 바르게 사용하기 위한 것이다. 사도 바울이 말씀한 대로, 성례는 가치 있게 받아들인 사람에게는 유익한 효력을 나타내지만, 무가치하게 받아들이는 사람은 스스로 정죄를 초래한다.

3. 은혜의 방편의 오용과 바른 수용

메소디스트 신조 제16조에 따르면, 성례를 행할 때는 여러 오용을 삼가야 한다. 성찬 탁자의 물질적 요소(떡과 잔)는 조배(바라봄)하거나 전시용으로 들고 다니기 위한 것이 아니다. 그 자체를 마치 신앙의 대상인 양 높이 받들거나 숭배해서는 안 된다. 그것들은 은혜의 방편으로 주어졌고, 그렇게 여기도록 의도한 것이다.

주의 만찬을 가치 있게 받아들이게 하는 것은 무엇인가? 주의 만찬이 신자를 온전하게 하는 유익한 효력을 나타내게 하려면 주님의 지시와 의도에 따라 그것을 받아야 한다. 무가치하게 성찬을 받는 사람은 스스로 심판을 초래한다(고전 11:29, "주의 몸을 분별하지 못하고 먹고 마시는 자는 자기의 죄를 먹고 마시는 것이니라"). 어떤 사람이 믿음 없이, 또는 그리스도의 죽음과 부활에 참여함 없이, 성찬 탁자에서 자신이 살아계신 주님 앞에 있다는 의식 없이 성찬을 받는다면 그것이 성찬을 무가치하게 받는 것이다. 영국 국교회 신조 중 웨슬리가 최소한으로 수정한 메소디스트 신조 제16조에는 이러한 점들이 모두 포함되어 언급되었다.

더 깊은 이해를 위한 독서 자료

교회와 말씀 사역

Baker, Frank. *John Wesley and the Church of England*. Nashville: Abingdon, 1970.

Bence, Clarence Luther. "Salvation and the Church: The Ecclesiology of John Wesley." In *The Church*, edited by Melvin Dieter and Daniel Berg, 297-317. Anderson, IN: Warner, 1984.

Harnish, John E., ed. *The Orders of Ministry in the United Methodist Church*. Nashville: Abingdon, 2000.

Kimbrough, S. T. Jr. *Orthodox and Wesleyan Ecclesiology*. Crestwood, NY: St. Vladimir's Seminary Press, 2007.

Kirkpatrick, Dow, ed. *The Doctrine of the Church*. Nashville: Abingdon, 1964.

Kissack, Reginald. *Church or No Church? A Study of the Development of the Concept of Church in British Methodism*. London: Epworth, 1964.

Outler, Albert C. "Do Methodists Have a Doctrine of the Church?" In *The Doctrine of the Church*, edited by Dow Kirkpatrick, 11-28. New York: Abingdon, 1964.

성례전

Borgen, Ole E. *John Wesley on the Sacraments*. Grand Rapids: Zondervan, 1985.

Felton, Gayle C. *This Gift of Water: The Practice and Theology of Baptism among Methodists in America*. Nashville: Abingdon, 1992.

Flew, R. Newton. "Methodism and the Catholic Tradition." In *Northern Catholicism*, edited by N. Williams, 515-30. New York: Macmillan, 1933.

찬송

Berger, Teresa. *Theologie in Hymnen: Zum Verhaltnis von Theologie und Doxologie am Beispel des "Collection of Hymns for the Use of the People Called Methodists."* Altenberge, Germany: Telos Verlag, 1989.

Bishop, John. *Methodist Worship in Relation to Free Church Worship*. New York: Scholars Studies, 1975.

Watson, J. Richard. "Charles Wesley's Hymns and the Book of Common Prayer." In *Crammer: A Living Influence for 500 Years*, edited by Margot Johnson, 204-28. Durham, UK: Turnstone Ventures, 1990.

기도 생활

Demaray, Donald E. *Devotions and Prayers of John Wesley*. Grand Rapids: Baker, 1957.

Gill, Frederick Cyril. "Introduction." In *John Wesley's Prayers*, edited by Fredrick Cyril Gill, 9-17. London: Epworth, 1951.

Wesley, John. "A Collection of Forms of Prayer for Every Day in the Week." In *The Works of John Wesley*, edited by Thomas Jackson, 11:203-59. Grand Rapids: Baker, 1978.

_____."A Collection of Prayers for Families." In *The Works of John Wesley*, edited by Thomas Jackson, 11:237-59. Grand Rapids: Baker, 1978.

복음적 예배

Harnish, John E., ed. *The Orders of Ministry in the United Methodist Church*. Nashville: Abingdon, 2000.

Wesley, John. "A Scheme of Self-Examination Used by the First Methodists in Oxford." In *The Works of John Wesley*, edited by Thomas Jackson, 11:521-23. Grand Rapids: Baker, 1978.

White, James Floyd. "Introduction." In *John Wesley's Sunday Service of the Methodists in North America*, edited by James Floyd White, 9-21. Nashville: United Methodist Publishing House and United Methodist Board of Higher Education and Ministry, 1984.

7장

세례 목회

7장 세례 목회

A. 세례에 대한 전통적 기독교의 가르침

6장에서 우리는 성례에 관한 신조를 다루었다. 이제 우리는 성례 중 하나로 그리스도의 몸에 가입하는 의식인 세례에 관해 살펴볼 것이다. 8장에서는 그리스도의 몸을 유지하는 성례인 주의 만찬을 다룰 것이다.

1. 메소디스트 신조 제17조, 세례에 대하여

a. 세례에 대한 메소디스트 신조

메소디스트 25개 신조를 수록한 웨슬리 본래의 글은 『북미 메소디스트들을 위한 주일 예배서』(The Sunday Service of the Methodists in North America, with Other Occasional Services, 1784)다. 1784년 웨슬리가 미국 메소디스트들을 위해 영국 국교회 39개 신조를 개정할 때, 국교회 신조 제27조가 메소디스트 신조 제17조가 되었다. 그는 세례에 관한 조항을 사실상 거의 수정하지 않았다[약간의 수정사항에 관해서는 내 책 『웨슬리안 전통의 교리적 표준』(Doctrinal Standards in the Wesleyan Tradition)에서 양자를 비교해 놓았다].[1]

세례의 성례는 신자에게 비가시적으로 역사해 신앙과 거룩한 삶을 일

---

1   Thomas C. Oden, *Doctrinal Standards in the Wesleyan Tradition* (Grand Rapids: Zondervan, 1988).

으키는 은혜 및 우리를 향한 하나님의 선한 의지의 징표로 그리스도께서 제정하신 것이다. 이 세례는 주관적 신앙이나 그리스도인의 신앙고백의 상징으로 축소되어서는 안 된다. 세례는 우리 마음에 은혜를 주고 일깨우시기 위해 주님께서 제정하셨고, 이를 통해 더 큰 은혜가 주어진다(영국 국교회 39개 신조 중 제27조, 메소디스트 25개 신조 중 제17조).

2. 아우크스부르크 신앙고백 및 영국 국교회 신조와 연속성을 지닌 메소디스트 세례관

세례에 관한 메소디스트 신조는 관료후원적 종교개혁에서 직접 유래되고 이후 영국 국교회 종교개혁을 거쳐 메소디스트 예배 전통에 이르기까지 거의 변화 없이 전수되었다. 세 개의 서로 다른 개신교 전통의 세례 이해 사이에 분명한 연속성이 있음을 보여주는 핵심 문구는 다음과 같다.

루터교 아우크스부르크 신앙고백 (1530년)	영국 국교회 39개 신조 (1563년)	미국 메소디스트 25개 신조 (1784년)
제9조 세례에 관하여 우리는 세례가 구원을 위해 필요하며, 세례를 통해 하나님의 은혜가 인간에게 주어짐을 믿는다. 그리고 아이들도 세례를 받아야 하며, 세례를 통해 하나님께 바쳐진 아이들은 하나님의 은혜에 참여함을 믿는다.	제27조 세례에 관하여 세례는 신앙고백의 징표 및 신자와 불신자를 구별하는 표시일 뿐 아니라, 중생과 신생의 징표다. 그러한 수단이 되는 세례를 올바르게 받는 사람은 교회에 결합되며, 죄 용서와 성령에 의해 우리를 하나님의 자녀로 받아들이신다는 약속이 가시적으로 표현되고 인쳐진다. 그리고 하나님께 드리는 기도를 통해 신앙은 굳어지며 은총이 더해진다. 유아 세례는 그리스도께서 제정하신 뜻과 가장 합치되므로 반드시 교회에서 유지되어야 한다.	제17조 세례에 관하여 세례는 신앙고백의 징표 및 신자와 불신자를 구별하는 표시일 뿐 아니라, 중생과 신생의 징표다. 유아 세례는 반드시 교회에서 유지되어야 한다.

성례와 관련된 일반적인 조항에 관해서는 앞에서 이미 논의했으므로, 이제는 웨슬리가 세례에 관한 조항을 어떻게 수정했는지 더 자세히 살펴보자. 그는 세례에 관한 조항의 의미를 희석하지 않고 강화하는 방향으로 약간 수정했다. 그는 '세례를 베푼다'는 용어를 'christened'에서 'baptized'로 바꾸고 신자와 불신자를 '구분한다'는 용어를 'discerned'에서 'distinguished'로 바꾸었다. '신생'(new birth)에는 정관사 'the'를 붙여 'the new birth'로 고친 후 나머지 설명은 삭제했다. 그러나 이런 수정이, 웨슬리가 그 삭제한 내용에 동의하지 않았음을 의미하지는 않는다.[2] 그런 주장은 모호한 침묵 논법에 근거한 것이다. 만약 그가 삭제한 내용에 동의하지 않았다면, 그는 죄 용서와 하나님의 자녀로 받아들이신다는 약속이자 교회에 결합되는 징표로서 자신이 받은 영국 국교회 세례에 동의하지 않은 것이 된다. 그러나 그는 그 모두를 분명히 인정했다.

B. 세례 의식

1. 세례의 직무

a. 메소디스트 세례 의식

웨슬리는 미국 메소디스트들을 위해 세례를 포함하는 예전을 마련했는데, 영국 국교회와 대체로 유사했다. 웨슬리가 그것을 메소디스트들을 위한 규범적 전례로 승인했다는 점에서 그 주요 특징을 살펴보는 것이 좋다. 웨슬리가 미국 메소디스트들의 세례를 위해 그들에게 보낸 세례 의식

2　*DSWT* 121.

에 관한 전문은『북미 메소디스트들을 위한 주일 예배서』에 들어 있다.[3]

이 표준 문서는 미국 메소디즘이 시작되는 결정적 시기에 미합중국에서 점차 성장해가던 메소디스트 신도회들에 보내졌다. 이 문서는 영국 국교회『공동기도서』(The Book of Common Prayer)에 대한 웨슬리의 절제 있는 편집을 보여준다. 그는 그 문서가 북미 메소디스트 교회가 될 단체의 예배의 질서를 위한 지침이 되게 하고자 했다. 그 문서에는 웨슬리가 영국 국교회 39개 신조를 수정한 메소디스트 신조가 처음으로 수록되었는데, 이 신조는 사실상 미국 메소디스트 교회의 설립 규약 중에서도 가장 중요한 변경 불가능한 교리적 표준이 되었다.[4]

제임스 F. 화이트(James F. White)는『존 웨슬리의 공동기도서』(John Wesley's Prayer Book)에서 이 표준 문서의 가장 온전한 원문과 그것을 이해하기 위한 지침을 제공한다.[5] 이 책에는 한 해의 모든 주일을 위한 본기도(collects), 성서일과, 웨슬리의 찬송집(A Collection of Psalms and Hymns) 등이 수록되어 있다.[6] 웨슬리는 1784년에 미국 메소디스트 교회를 위해 영국 국교회 공동기도서를 개정할 때 1662년의 세례 예식법을 대체로 유지했다. 웨슬리가 세례에 관해 가르친 대부분의 내용은 영국 국교회 세례 예식에 깊이 뿌리 박힌 것으로, 그는 그것을 미국 메소디스트들이 사용하도록 권고한 것이다.

3　The Sunday Service of the Methodists of North America, with Other Occasional Services (London: W. Strahan, 1784).

4　DSWT 29-43.

5　John Wesley's Prayer Book: The Sunday Service of the Methodists in North America, ed. James F. White (Maryville, TN: OSL Publications, 1991).

6　Edward C. Hobbs, The Wesley Orders of Common Prayer (Nashville: National Methodist Student Movement, 1957); Karen Westerfield Tucker, American Methodist Worship (New York: Oxford University Press, 2011).

웨슬리안 세례 의식은 "모든 사람이 죄 속에서 잉태되고 태어난다"는 사실을 알고 참회하며 하나님 앞에 나아오도록 회중을 기도로 초청함으로 시작한다. 세례식은 요한복음 3:5의 "사람이 물과 성령으로 나지 아니하면 하나님의 나라에 들어갈 수 없느니라"는 말씀과 함께 시작한다.[7]

b. 물: 하나님의 씻고 성화시키며 구원하시는 행위

세례에서 물은 하나님의 깨끗하게 씻으시는 능력을 의미한다. 세례 의식은 성부 하나님께서 성자를 통해 세례 받는 자가 "선천적으로 가질 수 없는 것"을 주시도록 간구할 것을 요구한다.[8] 만약 모든 아이가 선천적으로 아담에게서 난 진노의 자식이기에 하나님 앞에 나아가기에 적당하지 않다면, 이 문제는 세례에서 해결된다. 세례 시 교회는 세례를 받는 사람이 "그리스도의 거룩한 교회로 받아들여져 그리스도의 몸의 살아있는 지체가 되도록" 기도한다. 그리고 세례를 예시하는 자비로운 구원에 관한 세 가지의 성경 이야기를 사용해 수세자를 인도해주실 것을 기도한다. (1) 하나님께서는 "방주 안에 있는 노아와 그 가족을" 구원하셨다. (2) 하나님께서는 이스라엘 자손으로 "홍해를 건너가게" 하심으로 거룩한 세례의 표상이 되게 하셨다. (3) 다음으로 하나님은 그 "사랑하시는 독생자 예수 그리스도께서 요단강에서" 세례 받게 하심으로 "물을 거룩하게" 하셨다.[9] 세례 시 기도는 하나님께서 세례 받는 사람을 바라보시고 "성령으로 그를 씻고 성화시키심으로 그가 하나님의 진노에서 건짐을 받아 그리스도의 교회라

---

7   *Sunday Service of the Methodists in North America* (1784), 139.

8   같은 곳.

9   같은 곳.

는 방주 안으로 받아들여지기를" 간구한다.[10] 교회는 이 사람이 죄의 바다에서 건짐받아 구원의 방주에 태워지기를 기도한다.

세례에서는 오직 은혜, 즉 우리 편에서의 아무런 공로 없이 받는 하나님의 자비로 씻음과 성화와 구원 모두가 이루어진다. 그들이 신자에 의해 받아들여지는 것은 언약 공동체 속으로 받아들여지는 것이다. 교회는 세례 받은 사람이 "믿음 안에 굳게 서서 소망 중에 즐거워하며 사랑 안에 뿌리를 내림으로 이 혼란스런 세상의 파도를 넘어 마침내 영생의 나라에 들어가게 되기를" 기도한다.[11] 세례 의식은 세례를 받는 사람의 일생과 그 이후에 이르기까지 믿음, 소망, 사랑 안에서 그 의미가 자발적이고도 확고부동하게 성취되기를 기대한다.

2. 신생을 위한 기도

a. 성령을 간구하는 기도

세례 의식에는 웨슬리가 매우 중시했던 신생에 대한 가르침이 이미 내재되어 있다. 이 의식에 "세례를 받는 이가 거룩한 세례로 나아와 죄 용서를 받고 영적으로 거듭나도록" 신생(new birth)을 구하는 간절한 기도가 포함되어 있다는 사실은 분명하다.[12]

이것은 가족 내 유아를 포함해 언약 관계를 맺은 가족이 드리는 기도다. 이런 기도를 드린다는 것은 세례 시 유아가 하나님의 은혜에 의해 영적으로 거듭난다는 의미인가? 교회가 전능하신 하나님께 "오 주님, 당신

---

10 같은 곳, 140.
11 같은 곳.
12 같은 곳.

의 사랑하시는 아들을 통해 약속하신 대로 이 아이를 받아주소서"라고 기도하면서 기대하는 것이 바로 그 신앙이다.[13] 주님께서 우리에게 "구하라 그리하면 너희에게 주실 것이요 찾으라 그리하면 찾아낼 것이요 문을 두드리라 그리하면 너희에게 열릴 것이니"(마 7:7)라고 명령하신 것은 바로 그것을 위해서다.

미국 메소디스트들을 위해 만든 웨슬리의 세례 의식에서는 영국 국교회 예배에서처럼 마가복음 10:13-16이 낭독된다.

사람들이 예수께서 만져 주심을 바라고 어린아이들을 데리고 오매 제자들이 꾸짖거늘 예수께서 보시고 노하시어 이르시되 어린아이들이 내게 오는 것을 용납하고 금하지 말라 하나님의 나라가 이런 자의 것이니라 내가 진실로 너희에게 이르노니 누구든지 하나님의 나라를 어린아이와 같이 받들지 않는 자는 결단코 그곳에 들어가지 못하리라 하시고 그 어린아이들을 안고 그들 위에 안수하시고 축복하시니라

목사는 교회를 대표해 세례에 관한 이러한 믿음이 "우리에게 영원히 확고해지기를" 기도한다. 교회가 "당신의 성령을 이 유아에게 주셔서 그가 거듭나게 해주옵소서"라고 기도하는 것은, 그 순간에 그 아이가 거듭난다는 의미인가, 아니면 적당한 때에 그가 거듭날 수 있게 해주시기를 간구하는 것인가?[14] 세례와 거듭남의 관계에 관해 논쟁이 계속되는 것은 그러한 모호한 점 때문이다. 웨슬리의 의도는, 아이가 법적으로는 거듭났을 것으로 기대할 수 있더라도, 적절한 때에 그 아이 스스로가 은혜를 충만히 받아 실제로 거듭나게 되도록 교회가 기도하는 것이다.

---

13 같은 곳, 141.
14 같은 곳.

b. 옛 아담의 죽음과 새 아담의 살아남

세례 의식에서의 주된 기도는 세례와 거듭남의 관계와 동일한 발전적 전제에 기초해 있다. 교회는 "이 아이 속에 있는 옛 아담은 완전히 장사지낸바 되고 그의 내면에 새 사람이 살아나기를" 기도한다.[15] 그 일은 지금 일어나는가, 나중에 일어나는가? 그렇지 않다면 지금과 나중 둘 다인가? 의식 자체는 이 정도까지 설명하지 않는다. 세례 의식서는 예배서이지 교리 해설서가 아니다. 다음으로 교회는 "성령께서 그 아이 속에서 사시고 더 성장하시기를" 기도한다. 이 성장은 어느 한순간에 시작된 지속적 과정을 의미하며, 성장하지 않을 경우 소멸될 위험도 함께 지닌다. 생존해 있는 사람은 임신과 출산으로 그 존재가 시작되듯, 그 성장은 세례에서 시작된다. 모든 시대를 통틀어 모든 교회는 세례 받은 사람이 과거나 현재나 미래에도 "마귀와 세상과 육체와 싸워 이길" 능력을 갖게 되기를 기도한다. 그다음 이 성장 과정을 인도하는 일은 그에게 "하늘의 덕을 불어넣기 위해" 양육하는 교회와 가정의 사역으로 넘어간다.[16]

우리 죄를 용서하시기 위해 피 흘리신 하나님의 아들은 우리에게 "가서 모든 민족을 제자로 삼아 아버지와 아들과 성령의 이름으로 세례를 베풀라"(마 28:19)고 명령하셨다. 세례식에서 예배 공동체는 하나님께서 "이 물을 거룩하게 하사 신비로운 죄 씻음이 이루어지게 하시고, 지금 세례를 받는 이 아이가 하나님의 은혜를 충만히 받게 해주시기를" 기도함으로 예수님께서 몸소 내리신 명령에 순종한다.[17]

---

15 같은 곳.
16 같은 곳, 142.
17 같은 곳.

3. 세례시 주어지는 세례명

주일 예배의 세례 의식에서는 신생을 위해 기도한 후 아이의 세례명을 짓는다. 세례명을 짓는 것은 언약에 참여하는 자로서 개인의 정체성을 확고히 하기 위한 것이다. 영국 국교회 예배에서는 그다음 목사가 아이를 그리스도의 양떼로 받아들이고, 또 아이가 나중에 그리스도를 믿는 신앙을 고백하는 것을 부끄러워하지 않게 해주시기를 기도하면서 그 상징으로 아이의 이마에 십자가를 긋는다. 그리고 교회는 하나님께서 이 아이를 "그분의 양자로 받아들여 그분의 거룩한 교회에 소속되게" 하셨음을 감사하면서, "합심"하여 "이 아이가 이러한 첫 시작과 부합하도록 남은 인생도 살아가게 해주시기를" 기도한 그대로, "아이가 그리스도의 몸 된 교회에 연결된 것으로" 가정한다.[18]

C. 세례와 신생

1. 언약 공동체에서의 새 삶의 시작

거듭남에 관한 설교를 세례에 관한 논문과 조화시키려던 웨슬리의 노력은 많은 사람에게 혼동을 일으켰다. 혼동을 해결하려면 설교 "종의 영과 양자의 영"(1746), "세례에 관한 논문"(A Treatise on Baptism, 1756년 수정), 그리고 설교 "신생"(1760)의 세 주요 문서를 조화롭게 살펴보아야 한다. 이 세 문서 중 어느 하나라도 다른 것과 분리해 그것에만 초점을 두는 사람은, 웨슬리의 섬세한 변증법을 지나치게 단순화시켜 자신이 이미 가지고 있던 편견에 따라 편향된 주장으로 나아가기 쉽다.

---

18   같은 곳.

성경적 세례에 동반되는 신생은 그 후로도 계속 선택하고 재확인하며 살아가야 할 새로운 삶의 시작이다. 새 삶의 지속은 먼저 그리고 항상, 자격없는 자에게 베푸시는 하나님의 은혜에 의존하며, 세례 받은 하나님의 백성으로서 우리 역시 응답적 삶을 통해 은혜에 협력하는지의 여부에도 달려있다. 세례 시의 물이나 목회자의 선언은, 은혜를 수용하는 편에서의 동의 없이 그 자체만으로 구원하지는 않는다. 그 동의와 관련된 것은 교회 공동체와 부모의 약속, 그리고 암묵적으로는 세례 받은 자의 소기의 반응이다. 어떤 사람은 웨슬리가 일찍이 세례의 효력에 관해 영국 국교회적 강조점을 가졌으나, 이후에는 세례의 갱신으로서의 신생에 대해 좀 더 복음주의적 강조점을 지니게 되었다는 점을 들어, 웨슬리가 생각을 바꾸었다고 주장한다. 이는 그의 교리에 점진적 발전이나 본질적 변화가 있었다는 것이다. 나는 점진적인 발전은 있었으나 본질적 변화는 없었다고 본다.

2. 중생의 징표와 인으로서 세례

그러나 설교 "신생"(1760)이 "세례에 관한 논문"(1756년 수정)을 능가하고 또 부인한다고 주장하는 사람들은, 왜 웨슬리가 "세례에 관한 논문"을 거듭 재출판하면서 한 번도 그것을 부인한 적이 없었는지 설명하지 못해 곤란을 겪는다. 웨슬리의 신생에 관한 가르침이, 세례 시 참된 은혜가 주어지므로 세례를 중생하게 하는 사역으로 설명하는 "세례에 관한 논문"에 대한 부인이라고 보는 주장에 대해서는 결코 의견의 일치가 이루어진 적이 없다. 유아들의 경우 세례는 지각이 있는 나이가 될 때까지 참으로 실질적으로 거듭나게 하는 은혜를 제공한다. 하나님의 선물은 이후 자발적으로 그 은혜에 응답함으로 다시금 확증된다. 나는 웨슬리의 세례 신학에서 본질적 변화는 없었다고 본다. 그러나 그가 중생과 세례에 관해 동일하고 확고한 복음적 • 영국 국교회적 교리로 서로 다른 시기의 서로 다른 도전에 응답한 사실은 분명하다.

　제임스 해리슨 리그(James Harrison Rigg)는, 웨슬리가 메소디스트 주일 예배서에서 세례가 중생을 일으킨다는 일부 언급을 삭제한 것은, 그가 자발적 선택에 의한 신생과 별도로 세례가 중생을 일으킨다는 고정 관념을 더는 고집하지 않기로 결정했음을 의미한다고 주장한다.[19] 내가 보기에는 웨슬리가, 성장한 이후 자발적 동의를 필요로 하는, 세례 시 중생에 관한 초기 견해를 거부했다는 증거는 없다. 신생아 세례는 자라나는 아이에게 개인적 결단이 가능하게 되었을 때 그를 점차 그리스도를 믿는 개인적 신앙의 결단으로 인도하는 은밀한 은혜의 사역을 신뢰한다. 웨슬리가 세례 의식에서 구했던 실제적 구원의 능력이 앞으로 언제라도 "죄로 무효화될" 수 있다고 생각한 것은 분명하다. 그는 일기에 자신이 어린 시절 죄를 지어 세례로 인한 혜택을 잃어버렸다고 적어 자신에 관해서도 이를 증언했다.

　웨슬리는 영국 국교회 전도자의 표본적 인물이다. 고교회주의 영국 국교회주의자로서 세례에 대한 그의 생각과 신생을 강조하는 열정적인 복음적 설교 사이에 미묘한 긴장이 있다는 사실은 인정할 만하다. 그러나 웨슬리는 오랜 후 미국의 웨슬리 해설자들보다 그 미묘한 긴장에 관해 덜 염려한 것 같다. 그는 신앙으로 임하는 세례와 그 결과로서의 태도 모두에서 은혜가 일하는 것을 보기 원했다.

－－－－－

19　James H. Rigg, *The Churchmanship of John Wesley and the Relations of Wesleyan Methodism to the Church of England* (1878), digital ed., General Books LLC; 참고. *A Comparative View of Church Organizations, Primitive and Protestant: With a Supplement on Methodist Secessions and Methodist Union*, 3rd ed. (London: Charles H. Kelly, 1897); 참고. *LW* and *JWTT*, 120.

웨슬리는 대부분 이미 세례를 받았던 청중에게, 비록 그들이 세례에 의해 하나님의 자녀가 되었더라도 그것이 꼭 세례 받은 모든 개인이 실제적으로나 실천적으로 여전히 하나님의 자녀로 살고 있음을 의미하지는 않는다는 것을 지적했다. 사람은 탐식, 거짓말, 험담, 의도적 악행으로 자신이 받은 세례의 상태에서 타락할 수 있다. 또 자신의 세례를 부정하고 세례 신앙조차 부인함으로 의도적으로 세례를 무효화해 아무 열매가 없게 만들 수도 있다. 영국 국교회와 웨슬리가 가르친 실천방식에 따르면 그런 사람은 새로운 세례를 필요로 하지 않는다. 그런 일은 4세기 이후 전통적 교회법으로 분명히 금지되어 왔다. 넘어진 신자는 자신이 전에 성삼위 일체의 이름으로 받은 세례의 효력이 갱신되어 그 은혜를 다시 누리게 해주시기를 기도할 뿐이다.

한 번 세례를 받았다는 이유만으로 자신은 구원받았다며 독선적으로 주장하는 사람에게 웨슬리는 다음과 같이 경고했다. "당신이 세례 시 거듭났다는 부러진 갈대 지팡이를 의지하지 마십시오. 당신이 그 때 하나님의 자녀로 하늘나라의 상속자가 되었음을 누가 부인하겠습니까? 그러나 지금 당신은 마귀의 자녀입니다. 그러므로 당신은 거듭나야 합니다."[20] 그들의 현재 행동은, 그들이 세례를 받을 당시에는 세례 그 자체로 효력이 있었으나, 그 후 나쁜 결정을 내리는 일에 그들이 스스로 동의했고 그런 일이 축적됨으로 인해 그 효력이 의문에 놓이게 되었음을 드러낸다. 세례에서 강력하고 효과적으로 주어진 내적 은혜는 그리스도의 죽음과 부활을 체현하는 끊임없는 과정을 통해 점점 더해질 수 있다. 이 생명은 살아있는 포도나무와의 생명력 있는 관계를 통해 자라고 성숙한다.

---

20 "Marks of the New Birth," B 1:320, J V:222, sec. 4. 5.

웨슬리의 복음적 설교의 초점은, 성례로서 세례의 효과를 감소시키지 않으면서도, 세례에서 처음 표현된 거듭나고 성장하는 사람이 주님과 갖는 인격적 관계를 분명히 강조했다. 웨슬리는 구원의 은혜를 믿는 신앙 없이도 세례의 물 그 자체에 구원의 능력이 있다고 상상하는 희석된 영국 국교회 가르침의 형태에 동의하지 않았다.

3. 세례에서 신생이 시작되어 성장함

올 E. 보겐(Ole E. Borgen) 감독은 우리가 (세례 시 중생 교리를 온건하게 인정하는) "세례에 관한 논문"을, 장성한 사람의 의식적 중생의 경험으로서의 회심을 매우 강조하는 설교 "신생"과 비교해 볼 것을 제안한다. 그의 요점은 웨슬리가 두 교리 모두를 붙들었다는 사실이다. 복음적 부흥운동에서 웨슬리가 다룬 대상은 대부분 이미 세례를 받았음에도 자신의 세례를 파기하거나 무시해버린 성인들이었다.[21]

설교 "신생"에서 웨슬리는 세례와 중생이라는 서로 연결된 두 교리를 주의 깊게 구분했다. "세례는 신생이 아니며, 그 둘은 하나거나 같은 것이 아닙니다. 많은 사람이 그 둘을 똑같은 것으로 상상하는 것 같습니다. 그러나 세례는 외적 사역이라면 신생은 내적 사역이라는 사실만큼 분명한 것이 무엇입니까?" 세례는 공적이고 가시적이라면, 중생은 성령의 내적 사역이다.[22] "하나는 가시적이라면 다른 하나는 비가시적이기에 서로 완전히 다릅니다. … 하나는 몸을 정결하게 하는 사람의 행위라면 다른 하나는 하나님께서 영혼에 행하시는 변화입니다. 영혼이 몸과 구분되고 물이

---

21   Ole Borgen, *John Wesley on the Sacraments* (Grand Rapids: Zondervan, 1986), 165.
22   "The New Birth," B 2:196, J V:73-74, sec. 4. 1.

성령과 구분되는 것과 마찬가지로, 전자는 후자와 구분됩니다."[23] "사람은 '물로 났더라도' 여전히 '성령으로 나지는' 않을 수 있습니다. 때때로 내적 은혜가 없어도 외적 표징이 있을 수 있습니다."[24] 세례의 영역은 인간의 죄와 자유가 활동하는 중에도 하나님 은혜의 신비가 활동하는 곳이다. 세례 의식에서 주어지는 내적 은혜는 그 후로 신생을 필요로 하게 될 정도로 무시될 수 있다. 웨슬리 전문가들은 세례와 신생 사이의 긴장에 대해 견해를 제시해 왔다. 루퍼트 E. 데이비스(Rupert E. Davies)와 고든 럽(Gordon Rupp)은, 웨슬리는 "한 번 세례 받은 아이는 원죄가 씻어지므로, 만약 자범죄를 짓기 전 죽으면 천국에 갈 것이라고 믿었다. 그러나 죽지 않고 살아 자범죄를 범한 모든 아이는 두 번째로 다시 태어날 필요가 있다"[25]고 적었다. 버나드 G. 홀랜드(Bernard G. Holland)는, 웨슬리가 유아 세례를 유아의 중생의 수단으로 보았으나, 시간이 흘러 짓게 된 자범죄는 이전에 받았던 유아 세례의 유익을 전적으로 지워버리므로 "회심을 통한 또 한 번의 중생을 필요로 한다"고 주장했다.[26] 웨슬리 자신은 일지에 "나는 '열 살 무렵이 될 때까지는' 세례 시에 내게 주어진 '성령의 씻음을 자범죄를 지어 무효화하지 않았다'고 생각한다"고 썼다.[27] 만약 죄로 인해 세례 시 주어진 중생의 은혜가 희석되거나 상실될 수 있다면, 성인은 유아 때 세례를 받았더라도 그 사이에 지은 죄로 인해 신생을 필요로 할 수 있다는 것이 된다.[28]

23   같은 곳.
24   "The New Birth," B 2:196, J V:74, sec. 4. 1.
25   Rupert E. Davies and Gordon Rupp, *A History of the Methodist Church in Great Britain*, vol. 1 (London: Epworth, 1963), 161.
26   Bernard G. Holland, *Baptism in Early Methodism* (London: Epworth, 1970), 72.
27   *BEM*, 43.
28   참고. B 19:32.

4. 세례의 능력을 입증하는 태도의 변화

믿음, 소망, 사랑은 신자가 거듭남으로 하나님과 성령에게서 나서 하나님의 자녀가 되었음을 확신할 수 있게 만드는 태도로서의 증거다. "하나님의 값없이 주시는 자비에 의한" 이 은혜는 "일반적으로 세례 시에 주어지는데", 요한복음 3:5은 이를 "물과 성령으로 나는"[29] 것으로 묘사한다. 그러나 웨슬리는 "여러분은 마음으로 나는 과거에 세례를 받았기 때문에 지금도 하나님의 자녀라고 말하지 마십시오"라고 경고했다. 세례에서 주어지는 은혜에 대한 반응적 태도를 무시할 정도까지 세례 의식을 신생과 동일시해서는 안 된다.

세례의 능력은 물이라는 물질적 수단을 통해, 그리고 그것을 초월해 일하시는 성령의 능력이다. 세례 의식은 우리의 의지를 초월해 은혜의 능력을 제공한다. 은혜가 우리의 의지보다 선행한다. 그러나 세례에서 전제된 것은, 세례 받는 사람은 그리스도 안에서 제공된 은혜에 대해 신앙으로 반응을 보여야 한다는 것이다. 동시에 그 반응조차도 성령께서 행하시는 은혜의 사역이라는 것이다. 징표(signum)와 그것이 의미하는 것(res) 사이의 조화는 하나님께서 은혜를 부으심으로 성령께서 가능케 하시는 신비다. 세례에 필연적으로 동반되어야 할 내적인 요소는 은혜에 반응하는 신앙이다. 세례에 필연적으로 동반되어야 할 외적 요소는 정식으로 안수 받은 사람이 주님의 명령에 따라 가시적인 물질인 물을 이용해 성삼위 하나님의 이름으로 바르게 집례하는 것이다.[30]

세례는 하나님께서 제공하시는 은총의 수단에 의해 그리스도의 공로

---

29 "Marks of the New Birth," B 1:420, J V:222, sec. 4. 5.
30 "The New Birth," B 2:196-200.

로 영혼을 씻어 인간 마음의 부패를 깨끗이 함으로 중생의 은혜를 제공한다. 세례는 인간 영혼에서 원죄로 인한 부패를 씻을 뿐 아니라 하나님의 도덕적 형상을 회복시킨다.[31] 중생은 세례가 의미하는 내용이라면, 세례는 중생의 표징이다.[32] 영국 국교회 신조는 세례를 중생의 표징으로 여긴다.[33] 세례는 그것이 의미하는바 하나님의 은혜로 우리 마음에 주어진 신생을 가리킨다.[34]

D. 세례의 의미

1. 세례에 관한 논문

"세례에 관한 논문"의 주장은 영국 국교회 신조 제27조 "세례에 관하여" ("A Treatise on Baptism," in JWO, 319-32; J X:188-200, sec. 1. 1. 사무엘 웨슬리의 글을 수정함)의 기본적 주장을 중심으로 구성되어 있다.

a. 신생의 가시적 징표로서 언약 공동체 가입의 조건

세례는 신앙고백의 징표이자 신자와 불신자를 구별하는 표시지만, 신생의 표징이기도 하다. 신앙고백의 내용은 "예수 그리스도께서 주님이시다"이다. 신자와 불신자를 구별하는 표시는 자연적 삶과 복음적 삶 사이의 경계다. 세례는 신생, 즉 우리 옛 사람의 타락한 본성을 초월하는 그리스도 안에서의 새 생명의 표징이다. 그러나 그것이 세례라는 종교 의식과

---

31 "The New Birth," J VI:65-69.
32 FA, J VIII:48-49; B 1:143, 415, 428-30; 2:196-200.
33 B 2:196-200; 1:428-30; FA 11:107; 참고. 11:253; JWO 321-25.
34 이 시리즈 2권에서 신생에 관한 내용 참고.

신생이라는 경험이 동일하다는 의미는 아니다. 그보다 세례라는 수단으로 우리가 그리스도의 몸에 결합되고, 하나님의 은혜와 양자 삼으심에 의해 우리가 하나님의 자녀가 되었음을 의미한다.

신생을 나타내기 위해 그리스도께서 선택하신 수단이 세례다. 세례의 행위에 의해 우리는 하나님의 가족으로 받아들여져, 우리를 "중생하도록 또는 거듭나도록" 돕기 위해 예비된 공동체에 들어갈 수 있게 된다. "따라서 사도는 세례를 '중생의 씻음'(딛 3:5)으로 언급했다. 이는 우리 주님께서 하신 분명한 말씀, '사람이 물과 성령으로 나지 아니하면 하나님의 나라에 들어갈 수 없느니라'(요 3:5)라는 말씀을 토대로 한 것이다."[35]

그런 것이 "세례에서 전달되는 측량할 수 없는 유익이다. 즉 원죄의 죄책을 씻고, 우리로 주님의 교회의 일원이 되게 함으로 복음의 모든 축복을 누릴 자격을 부여해 그리스도께 접붙이는 것이다."[36]

b. 웨슬리를 통해 전수된 영국 국교회 전통

존 웨슬리는 죽을 때까지 평생 영국 국교회의 충성된 사제로서 국교회 교리를 믿었고, 양심이 허락하는 한 최대한 그 규율에 복종했다. 세례는 그가 이의를 제기하지 않았던 영국 국교회 가르침에 이미 정착되어 있었기에, 웨슬리는 세례에 관해 긴 글을 쓰지 않았다. 그리고 세례에 관해 글을 쓸 때는 성경의 가르침을 반복하면서 필요할 때만 합의를 이룬 영국 국교회 자료인 교리 문답과 영국 국교회 신조를 언급했다.

그가 더 많이 의존한 자료는, 목회 경험이 풍부한 영국 국교회 목사이자 자신의 부친인 사무엘이 1700년에 쓴 "경건한 성체배령자의 올바

---

35 요 3:5; "A Treatise on Baptism," JWO 320; J X:192, sec. 1. 1.
36 "A Treatise on Baptism," JWO 328; J X:197-98, sec. 4. 9.

른 준비 방법 및 세례에 관한 교훈"(The Pious Communicant Rightly Prepared … to Which Is Added a Short Discourse of Baptism)이라는 제목의 논문이었다. 이 논문은 길이가 그리 짧지 않고, 존 웨슬리가 메소디스트 공동체 전체를 위해 사용하기에 충분하다고 여길 정도로 세례를 충분하고 적절하게 다루었다. 웨슬리는 메소디스트 신도회들이 그 축약본을 회람하게 했다.

이 논문을 보면 존 웨슬리가 세례를 가볍게 다루었다는 암시를 전혀 찾을 수 없다. 웨슬리는 영국 국교회 성례 교리에 대해 대대적인 개혁을 하려 하기보다 단지 그 영적 수용과 복음적 의미의 중요성을 강조하고자 했다. 그는 그리스도인이 일상의 삶에서 자신이 받은 세례에 부합하도록 적극적으로 살아가게 하는 일에 초점을 맞추었다. 정형화된 세례 교리를 만드는 것은 그의 열정의 중심이 아니었다. 자신은 죽고 그리스도로 사는 삶이 그의 모든 것이었다.[37] 그는 모든 기독교 교리의 핵심 주제로서, 세례에 관한 가르침에 담긴 삶을 변혁하는 의미에 집중했다. 그리스도인의 삶에서 세례가 참으로 뜻하는바를 실현하는 것보다 중요한 것은 없다.

c. 세례와 신자의 하나 됨

세례는 교리적 논쟁과 분열의 반복적 원인이 되어 왔기에, 웨슬리가 세례를 그리스도인을 하나로 묶는 중요한 의식으로 제시한 것은 모순적으로 보일 수 있다. 이러한 분열은 특히 세례의 형식을 두고 미국 개척지에서 매우 심하게 나타났다. 그러나 미국에서 극심해진 경색국면은 웨슬리 시대에도 모두 있었다.

---

37 FA, B 11:107-8.

어떤 사람은 세례에 임하는 은혜에 관한 다양한 해석에 찬성하거나 반대하는 주장을 펼쳤다. 다른 사람은 세례 받기에 합당한 특정한 연령이나 세례의 형식에 관해 찬반 논쟁을 펼쳤다. 세례에 관한 다양한 관점은 웨슬리 사후에도 오랫동안 서로 경쟁하는 성경 해석의 문제로 계속 남아 있을 문제들이었다. 웨슬리의 입장에서 보면, 다양한 형식 속에서 모든 시대와 장소의 기독교 신자 전체를 하나로 묶는 것이 세례라는 더 포용적 관점에서 볼 때, 세례에 관한 다양한 의견을 가장 잘 이해할 수 있다.

비록 세례에 대한 견해 차이가 미국에서는 더 쓰라린 결과를 낳았음에도, 웨슬리 형제는 사도들이 증거한 "하나의 세례"를 통해 교회를 하나로 묶는 성령님에 대해 설교하고 찬양했다. 그리스도인이 비록 서로 다른 문화에서 살아가더라도 자신이 받은 세례를 통해 모든 다른 시대와 장소의 신자들과 공동으로 함께하는 언약적 삶을 더 가깝게 인식할 수 있다. 참된 신자는 주님께 신앙을 고백하는 다른 모든 사람과의 일체감을 즉각적으로 깊이 인식한다.[38]

전통적인 영국 국교회적 세례관은 웨슬리 목회신학의 중심적 요소였고, 지금도 중심적 요소로 남아 있다. 신자가 세례를 받는 것은 우연히 된 것이 아니다. 세례라는 은혜를 전달하는 것이 목사의 의무가 된 것도 우발적인 것이 아니다. 세례라는 수단으로 신자는 그리스도의 살아있는 몸에 참여할 뿐 아니라, 그리스도의 죽음과 부활에 참여한다. 이 점에서 우리는 웨슬리를, 평신도에게 자신이 받은 세례를 단지 사색하는 것이 아니라, 실천적으로 살아내는 순전하고 정직한 방식으로 날마다 갱신하도록 가르친 평신도를 위한 목사로 보게 된다.[39]

---

38 "The Marks of the New Birth," B 5:212-23.
39 JWO 319-32.

d. 부친의 세례에 관한 논문을 수정한 웨슬리

앞에서 언급한 대로 웨슬리의 부친 사무엘은 웨슬리가 태어나기 3년 전 "경건한 성체배령자의 올바른 준비 방법 및 세례에 관한 교훈"이라는 논문을 출판했다. 이 논문은 견진 성사를 위한 의식서로 쓰였다. 웨슬리는 이 논문을 절반 이하의 분량으로 요약해『혼란스런 종교적 주장에 대한 예방책』(*A Preservative against Unsettled Notions in Religion*)이라는 책의 제6장으로 출판했다.[40] 웨슬리가 1756년에 출판한 "세례에 관한 논문"은 부친이 쓴 논문을 부분적으로 수정하고 요약해 출판한 수정판으로 보아도 무방하다. 웨슬리가 메소디스트 신도회 전체를 위해 그것을 출판하고 추천한 것을 보면, 그는 자신의 부친이 이미 메소디스트라 불리는 사람들이 듣고 붙들어야 할 세례에 관한 가르침을 쉽게 설명해 놓았다고 생각한 것이 분명하다. 그 글은 1756년 설교자 연회에 처음 제출되었고, 1758년에 재출판되었다.[41] 또 소책자로도 만들어져『혼란스런 종교적 주장에 대한 예방책』이라는 다른 제목의 교육용 회람 문서로 제공되었으나, 일반적으로는 "세례에 관한 논문"(On Treatise on Baptism)으로 알려져 있다. 잭슨판에서는 제10권 188-201페이지에 수록되었고, 아우틀러가 편집한『존 웨슬리』(*John Wesley*)에도 수록되었다.[42]

아우틀러는 "세례에 관한 논문"에 관해 "그 중요성은 영국 국교회의 중심이 되는 성례 신학의 기본적 내용을 면밀히 요약한 것과 모든 반대를 다루는 데서 보인 불굴의 인내심에 있다"[43]고 평가했다. 웨슬리는 그 책의 가

---

40 JWO 316.
41 Vivien V. Green, *The Young Mr. Wesley: A Study of John Wesley and Oxford* (New York: St. Martin's, 1961).
42 JWO 319-32.
43 JWO 317.

르침을 분명히 믿었고, 그 주장들에 대해 전적인 소유권을 가졌으며, 메소디스트 전체를 위해 그 출판을 주도했기에, 그 내용을 사실상 존 웨슬리 자신의 견해로 다루는 것은 온당한 일이다. 아우틀러는 이 글을 자신의 웨슬리 글 모음에 포함시킴으로 올바르게 이러한 관점을 취했다. 존 웨슬리의 세례에 대한 가르침을 그 아버지 사무엘의 것과 대조하기 원하는 사람은 왜 그가 아버지의 책을 편집·출판하고, 훌륭하게 평가하고 재출판했는지 설명하기 어렵다. 존 웨슬리가 사무엘 웨슬리의 세례에 관한 논문을 수정한 내용이 존 웨슬리 자신의 견해와 일치하는지에 관해 학자들 사이에 비교적 덜 가열된 논쟁이 발생하기도 했다. 세례에 관해 전통적 합의에 이른 웨슬리의 가르침은 논쟁의 역사가 그리 길지 않았기 때문에 그는 부친의 논문을 통해 자신의 견해를 대신 표명하는 것으로 만족했다. 그렇더라도 나는 존 웨슬리의 세례관을 제시하는 일에 사무엘 웨슬리의 글만 의존하는 것이 마음에 내키지 않는다. 따라서 나는 사무엘 웨슬리의 글의 주된 주장과 관련지어 분명하고 논란의 여지가 없는 존 웨슬리 자신의 글을 상세히 언급해 그 증거를 제시하고자 한다.

2. 세례의 의미

a. 세례의 은혜

세례에 관해 웨슬리는 사실상 전통적 영국 국교회 가르침과 전적으로 일치하지만 한 가지 사항에서는 주목할 만한 강조점의 변화를 보이는데, 그것은 마음으로 세례의 은혜를 수용하는 태도의 중요성에 대한 복음적 강조다.[44] 앞으로 살펴보겠지만 웨슬리는 성경과 일치하도록 세례와 중생을 적절한 상호 관계 속에 두고자 했다. "세례에 관한 논문"은 우리를 예배 공동체에 가입시키기 위한 그리스도의 명령을 이해하는 토대가 되는 네 가지 질문을 던진다. (1) 세례란 무엇인가? (2) 세례의 유익은 무엇인가? (3) 그리스도께서는 세례가 교회의 영원한 제도가 되도록 의도하셨는가? (4) 아이들이 세례를 받아야 하는가? 목회와 영혼을 돌보는 직무를 끊임없이 감당하는 모든 복음적 목사는, 웨슬리에게 동의하든 그렇지 않든 세례와 관련된 이 중대한 질문의 해답을 성경에서 추론할 수 있어야 한다.

b. 세례란 무엇인가?

세례는 "우리로 하나님과의 언약 관계로 들어가게 하는 입회의 성례"[45]로 정의할 수 있다. 이는 구약의 할례에 상응하는 것으로 새 언약 아래에서 그리스도께서 직접 제정하신 것이다.

율법의 옛 시대에는 할례가 "하나님의 언약의 징표와 인"이었듯, 새 언약 아래에서는 세례가 그러하다. 세례는 "은혜의 징표, 인, 보증, 수단으로서 모든 그리스도인이 행해야 할 영속적 의무"다.[46] 오직 그리스도만이 "올바른 성례를 제정할 권한이 있으시다." 성례는 교회 지도자들이 연회에서 입법 투표로 결정할 수 있는 사항이 아니다. 성례는 주님 자신이 결정하셔서 성경에서 확증된 것이다.[47]

---

44 "The Means of Grace," J X:187-88.
45 "A Treatise on Baptism," JWO 319; J X:188, sec. 1. 1.
46 같은 곳.
47 같은 곳.

3. 내적 은혜의 외적 표징

세례는 내적 은혜(용서)를 의미하는 외적 표징(물)으로 이루어진다. 외적 표징은 성부 하나님께서 그 주권적 지혜로 우리를 그분의 나라로 이끄시기 위해 거룩하게 지정하신 수단이다. 하나님은 이 수단으로 성자의 용서하시는 은혜를 내적으로 수용할 수 있도록 은혜를 제공하시며, 성령의 능력은 그 은혜가 사람의 마음에 들어가게 하신다.[48] 이것이 삼위일체 하나님, 즉 성부 하나님, 성자 하나님, 성령 하나님의 이름으로 세례를 베푸는 이유다. 주님은 신자에게 "너희는 가서 모든 민족을 제자로 삼아 아버지와 아들과 성령의 이름으로 세례를 베풀라"(마 28:19)고 분명히 명령하셨다.

a. 세례의 외적 표징이자 물질적 수단인 물

주님께서 신생을 가능하게 하시고 복 주시기 위해 선택하신 물질적이고 가시적인 수단은 모든 물질적 창조 대상 중 조금도 허세를 부리지 않는 물이다. 물은 생명이 존재하는 모든 곳에 있다. 물의 깨끗하게 하는 자연적 능력은 죄를 씻어내고 악함을 씻어 없애는 은혜의 초자연적 능력의 가시적 징표다.[49] 물은 주님께서 세례의 성례의 유일한 물질 또는 가시적 요소로 지정하신 것이다.[50]

단지 물질적 실체로만 보면 물 자체에는 영혼에 영적 변화를 일으킬 어떤 능력도 없다. 그리스도의 피를 통해 영혼을 깨끗하게 하시는 분은 성령

---

48 "The New Birth," B 2:196-200.
49 "A Treatise on Baptism," JWO 319; J X:188, sec. 1. 2.
50 "The New Birth," J VI:73.

이시다.[51] "세례는 성부와 성자와 성령의 이름으로 세례 받는 사람을 씻거나 담그거나 물을 뿌림으로 이루어진다."[52]

b. 세례의 필수 요소

"세례에 관한 논문"은 영국 국교회의 간소한 실천을 따라 (1) 사도적 전통에 서 있는 자격 있는 주교, (2) 물의 사용, (3) 성삼위일체의 이름으로의 집례, "이 세 가지가 기독교 세례의 필수 요소임"을 가르쳤다.[53]

c. 물만으로 또는 물 없이는 베풀 수 없음

우리는 물 같은 것으로 구원받을 수 없지만, 동시에 중생의 내적 은혜를 상징하는 세례의 물 없이 구원받지도 않는다. 물은 교회에 가입시키는 은혜를 주시기 위해 하나님께서 직접 선택하신 수단이다. 그러나 이 수단은 은혜 없이는 작용하지 않는다. 우리는 모든 수단을 수단으로 활용해야 한다. 그것들은 성례의 도구이지 목적 자체가 아니다. 그러한 수단은 "수단 그 자체를 위해서가 아니라, 의와 참된 거룩함으로 당신의 영혼을 새롭게 하기 위해" 제정된 것이다.[54]

웨슬리는 한 특별한 방법으로 자신을 중세 스콜라주의의 성례 교리와 분리시킨다. "은혜는 단지 *ex opere operato*에서 비롯되는 것이 아니다." 즉 단지 무엇인가를 말하고 행하는 그 자체가 은혜를 일으키지는 않는다. 은혜는 단순한 요소나 선포하는 말이 아니라, 약속을 받기에 합당한 자에

---

51   "A Treatise on Baptism," JWO 319; J X:188, sec. 1. 2.
52   같은 곳.
53   "A Treatise on Baptism," JWO 318; J X:188, 서문.
54   "The Means of Grace," B 1:376 – 98, J V:185 – 202.

게 하나님께서 약속하신 축복에서 비롯된다" ["교황주의에 대한 진중한
고찰"(Popery Calmly Considered), J X:149]. 은혜는 성령의 내적이고
외적인 사역 모두에서 비롯된다. 웨슬리는 세례에 대한 복음적 가르침을
중세 성례관과 구분 지었다.

4. 대안적 세례 방식에 대한 성경의 설명

a. 침례

신약성경에 나타난 충분히 다양성을 지닌 세례에 관한 설명은 세례를
행하는 다양한 방식이 허용된다는 결론을 허락한다. 세례의 실행 방식이
세례가 전달하고 의미하는 은혜만큼 중요하지는 않다.

침례를 주장하는 입장을 대신해 웨슬리는 골로새서 2:12의 "너희가 세
례로 그리스도와 함께 장사되고"라는 문구에 대해 주석했다. 그는 "히브
리서 10:22에서는 물을 뿌리거나 붓는 또 다른 세례 방식이 암시되어 있
는 것처럼, 이 문구에는 침례로 세례를 주던 초대교회의 방식이 분명히 암
시돼 있다"[55]고 주장했다.

성경은 어느 하나의 방식을 절대적이라고 주장하지 않으면서 물에 잠
그거나 또는 물을 붓거나 뿌리는 세례 방식에 대해 모두 전한다. 웨슬리는
초대교회에서는 이 세 가지 방식의 세례를 모두 행했을 가능성이 있다고
생각했다. 그는 골로새서 2장과 마태복음 3장, 히브리서 10:22에 대한 주
의 깊은 해설에서 이러한 생각을 드러낸다.[56] 물을 뿌려 깨끗케 하는 방식
은 히브리서의 "우리가 마음에 뿌림을 받아 악한 양심으로부터 벗어나고

---

55 *ENNT* 고후 2:12; 참고. 롬 6.
56 "A Treatise on Baptism," JWO 319; J X:190, sec. 1. 2.

몸은 맑은 물로 씻음을 받았으니"(히 10:22)라는 표현에 함축되어 있다.

물에 잠그는 것이 그리스도와 함께 죽고 사는 것(롬 6장)을 상징한다면, 물을 붓고 뿌리는 것은 오순절 성령의 부으심을 상징한다.[57] 이러한 것은 서로 대립하지 않으며, 세례에 뒤따르는 당연한 결과를 비유한 것이다.

> 냉정한 판단을 내리는 사람은 누구나 세례의 방식에 관한 명시적 가르침이 없다는 사실을 인정한다. 결정적인 사례 역시 없다. 요한의 세례는 그리스도의 세례와 어떤 면에서는 같고, 어떤 면에서는 달랐다. 그러나 요한의 세례조차도 침례였다는 것이 성경으로 명확히 입증되지는 않는다. 그가 '살렘 가까운 애논'에서 세례를 베풀었고, 그곳에 '물이 많았다'는 것은 사실이다(요 3:23). 그러나 좁은 장소에서는 많은 사람을 감당할 수 없기 때문에, 이 말은 물의 깊이보다는 넓이를 언급한 것일 수 있다. 우리 구주께서 베푸신 세례나 제자들이 베푼 세례가 침례였다는 것도 증명할 수 없다. 빌립에게 세례를 받은 내시에 관해서도, 그들이 '둘 다 물에 내려간' 것은 사실이지만 그가 침례를 받았는지 입증하는 것은 불가능하다. '내려가'라는 용어는 수레에서 내린 것을 의미할 수 있고, 물의 깊이에 관해서는 전혀 확실히 말하지 않기 때문이다.[58]

b. 큰 군중에게 다양한 방식으로 세례를 준 사도들

웨슬리는 "사도들은 침례보다 씻거나 물을 뿌리거나 붓는 방식으로 매우 많은 사람에게 세례를 베풀었을" 가능성이 매우 높다고 생각했다. 그런 방식도 "세례가 상징하는 죄 씻음"을 의미했고, "사용된 물의 양이 중요하지는 않았기 때문이다." "예루살렘에서 어떤 때는 하루에 삼천 명, 어떤 때는 오천 명이나 되는 사람이 회심해 베드로에게 세례를 받았다. 그러나 그

---

57 "A Treatise on Baptism," J X:190, sec. 1. 2.
58 "A Treatise on Baptism," J X:188-89, sec. 1. 3.

곳에는 실로암못의 얕은 물밖에 없었다."[59]

웨슬리는 『신약성서주해』에서 요한이 요단강에서 세례를 베풀었다는 마태복음 3:6 말씀을 다음과 같이 설명한다.

> 그렇게 많은 사람이 몸 전체를 물에 담그는 방식으로 세례를 받는 것은 거의 불가능했을 것이다. 또 그들에게 갈아입을 여벌의 옷이 제공되었을 것이라고도 생각하기 힘들다. 그렇게 많은 사람에게 그런 일을 하는 것은 불가능하기 때문이다. 그들은 겸손하게 옷을 벗고 물에 잠길 수도 없었고, 안전하게 옷을 그대로 입은 채 물에 잠길 수도 없었다. 그렇다면 아마도 요한은 사람들이 강가에 줄을 서 있으면 그들 앞을 지나가며 그들의 머리나 얼굴에 물을 끼얹는 방식으로 하루에 수천 명에게 세례를 줄 수 있었을 것이다. 그리고 이 방식은, 요한이 말하고 또 물로 세례를 베풀어 미리 예시했으며, 성령께서 불의 혀나 불꽃의 모양으로 제자들 위에 임했을 때 현저히 성취된 그대로, 그리스도께서 '성령과 불로 세례를 베푸시는 사건을 가장 자연스럽게 표현한다.[60]

충성스런 영국 국교회 사제였던 웨슬리는 영국 국교회가 전통적으로 선호한 방식이었던 물을 뿌리는 세례 방법을 따랐는데, 이는 오순절 직후 여러 날 동안 매우 많은 사람이 세례를 받았고, 그들이 세례를 받은 곳에 충분한 물이 없어 사도들이 물을 뿌리는 방식으로 세례를 베풀었을 가능성에 기초해 있다. 대부분의 영국 국교회주의자들처럼 웨슬리는 신약성경이 오직 침례를 통한 성인 세례만을 가르친다는 주장을 믿을 수 없었다.[61] 그러나 세례의 유익에 비하면 그 방식은 부차적인 것이다.

---

59 "A Treatise on Baptism," JWO 320; J X:192, sec. 1. 1.

60 *ENNT* 1; 마 3:6 .

61 "A Treatise on Baptism," JWO 319-20; J X:191-92, sec. 1. 3-5.

E. 세례의 유익

웨슬리는 세례를 통해 얻는 다섯 가지 확실한 유익을 언급한다. (1) 세례를 통해 그리스도의 죽으심의 공로가 우리와 우리 죄에 개인적으로 적용된다. (2) 세례를 통해 우리는 새 언약 공동체 안으로 받아들여진다. (3) 세례를 통해 우리는 그리스도의 몸의 일원이 된다. (4) 세례를 통해 우리는 그리스도의 몸으로 접붙임받아 하나님의 자녀가 된다. (5) 세례를 통해 우리는 하나님의 새로운 다스리심을 받는 상속자들이 된다.

1. 첫째 유익: 그리스도의 죽으심의 공로가 죄인에게 적용됨

a. 죄책을 씻음

세례의 첫 번째 유익은 "그리스도의 공로를 적용해 원죄의 죄책을 씻는" 것이다.[62] 세례를 통해 그리스도의 죽음의 공로가 우리에게 적용된다. 세례는 하나님께서 우리에게 죄 용서의 은혜를 전달하시는 방법이다. 아담의 죄는 안타깝게도 나머지 인류 역사에서 연쇄 반응을 일으켰다. 아담의 경우와 같이 인간이 자유의지로 행하는 모든 행위는 인간 자신의 의지로 결코 지울 수 없는 결과를 초래한다.

아담이 하나님께 불순종하기로 선택한 것은 그 후 모든 인간이 내려온 선택의 전형과도 같은 것이다. 죄는 모든 인류 전체에 퍼졌다. 각 세대는 인류의 죄의 역사에 자신들의 죄까지 더해왔다. 아담을 뒤따르는 모든 사람은 부패하고 더럽혀져 영적으로 깨끗이 씻겨야 할 필요가 있다.

따라서 인류 역사의 모든 사람은 하나님만이 주실 수 있는 은혜, 즉 "그

---

62 "A Treatise on Baptism," JWO 321; J X:190, sec. 2. 1.

리스도의 죽으심의 공로를 적용"해 하나님 앞에서 원죄의 모든 죄책이 씻겨나가는 새로운 시작을 필요로 한다.[63] 세례 의식은 세례 받는 사람에게 적용되는 그 씻음의 표징이다.

의롭게 하시는 것은 하나님께서 우리를 위해 십자가 위에서 행하신 사역에 기초한다. 그 사역은 우리와 하나님의 관계의 객관적 변화를 이루는 사역이자, 우리 편에서의 온전한 반응을 일으켜 하나님의 선물을 자유로이 수용하게 한다. 그 선물은 우리의 결단 여하에 달린 것은 아니지만 우리의 결단을 요구한다. 하나님의 선물은 공로 없이 주어진다. 즉 우리가 하는 어떤 일도 그것을 좌우할 수 없다(이 시리즈 제2권, 칭의와 은혜에 관한 장 참고).

b. 하나님과의 관계 회복이 내면의 참된 변화를 일으킴

하나님과의 관계 회복은 우리 개인의 역사에 새로운 출발점을 가져오고, 우리가 하나님과 새로운 관계를 시작하면 하나님의 구원의 선물에 대한 응답으로 우리의 삶의 방식이 바뀌기 시작한다.

복음은 그리스도 안에서의 새 삶을 말하기 위해 새로운 용어를 필요로 한다. 웨슬리는 죄인을 칭의시키시는 하나님의 용서를 '관계적 변화'로 설명한다. 칭의는 우리와 하나님의 관계가 객관적으로 바뀌었음을 의미한다. 따라서 칭의는 관계적 변화[또는 18세기 용어로 '상대적' 변화]다. 칭의 후 신생 및 은혜 안에서의 성장 과정에서는 참되고 본질적인 행동의 변화를 필요로 한다.[64] 웨슬리는 "칭의와 신생은 시간적으로는 서로 분리할 수 없음을 인정하더라도, 그 둘은 쉽게 구분될 수 있는데, 그 이유는 그 둘

---

63 같은 곳.
64 "The Great Privilege," B 1:431-43, J V:223-33.

은 같지 않고 그 본성에서 큰 차이가 있기 때문"이라고 적었다.[65]

하나님께서는 용서의 선물로 사람과 새로운 관계를 창조하시는데, 우리는 이 변화를 우리에게 일어난 참된 변화인 신생 속에서 수용해야 한다.

> 하나님께서 우리를 칭의시키실 때는 우리를 위해 일하시지만, 우리를 다시 태어나게 하실 때는 우리 속에서 일하신다. 칭의가 우리와 하나님의 외적 관계를 변화시켜 하나님의 원수였던 우리를 하나님의 자녀가 되게 한다면, 중생은 우리 내면의 영혼을 변화시켜 죄인이 성도가 되게 한다. 칭의는 우리를 하나님의 사랑으로, 중생은 우리를 하나님의 형상으로 회복시킨다. 칭의는 죄의 책임을 제거한다면, 중생은 죄의 능력을 제거한다. 칭의와 중생은 시간적으로 동시에 이루어지지만, 그 둘은 전혀 다른 성격의 것이다.[66]

목회자가 각 사람에게 해줄 수 있는 권고는 그리스도의 십자가를 통해 우리와 하나님의 관계가 변화되었다는 기쁜 소식을 끊임없이 전하는 것이다. 우리의 내적 삶은 이 기쁜 소식을 듣고 또 듣는 반복을 통해 변화된다. 십자가는 우리를 하나님의 사랑으로 회복시킨다. 세례에서 시작된 신생은 우리로 하나님의 형상을 반영하는 선택을 하도록 요구한다. 값없이 주시는 칭의의 은혜는 죄의 책임을 제거한다. 값없이 주시는 성화의 은혜는 죄의 능력을 제거한다.[67]

신자가 받은 세례의 목적은 인간의 죄의 역사를 변화시켜 인간과 새로운 관계를 맺으시려는 하나님의 뜻에 따라 참된 변화를 우리에게 일으키는 것이다. 그리스도의 죽음과 부활로 죄인과 하나님의 새로운 관계가 가능케 된다. 이 새로운 관계에서는 정죄가 없다. 용서하시는 하나님의 현

---

65 같은 곳.
66 "The Great Privilege," B 1:431-43, J V:223, 서문 2.
67 "A Treatise on Baptism," JWO 321; J X:190, sec. 2. 1.

존으로 인한 관계적 변화는 또한 신자의 개인적 삶에서 행동의 참된 변화를 요구한다.[68]

2. 둘째 유익: 새 언약 공동체로 받아들여짐

웨슬리는 할례와 세례 사이의 유사성을 주의 깊게 설명했다. "그 당시 하나님과의 언약 관계에 들어가는 방법이 할례였다면, 오늘날의 방법은 세례다." 유대인들이 예배 공동체 안으로 받아들여지는 것이 할례를 통해서였던 것과 마찬가지로, 그리스도인은 세례를 통해 받아들여진다.[69] 이 것이 세례의 두 번째 유익이다.

세례는 우리를 하나님과 아브라함 사이의 약속의 언약과 유사한 하나님과의 언약 관계로 받아들임으로 우리에게 유익을 준다. 그러나 그리스도인의 세례는 "죄와 불법이 더는 존재하지 않게 하는" 성취의 언약이다.[70] 이스라엘 백성이 할례를 통해 하나님과 언약 관계를 맺었듯, 우리는 세례를 통해 하나님과 언약 관계를 맺는다. 이 언약은 복음에 의해 생겨난 새마음으로 들어가는 언약이다. 이 언약은 영원하다. 영원하신 하나님에 의해 영원하신 하나님과 맺는 언약이기 때문이다. 복음 시대의 세례는 할례를 대신해 그리스도의 가족으로 받아들여지는 징표가 되었다. 세례에서 우리는 "그리스도로 옷 입고" "신비로운 연합을 통해 그와 하나가 된다." "그리스도와의 이러한 영적·생명적 연합이 세례 받는 자에게 은혜가 작용하게 한다."[71] 우리가 그리스도께서 주신 모든 특권과 약속을 누리는 것

---

68   "A Treatise on Baptism," JWO 321-22; J X:189-90, sec. 2. 1.
69   시 11:9; 창 17:7-8; "A Treatise on Baptism," JWO 322; J X:188-90, sec. 2. 2.
70   "A Treatise on Baptism," JWO 322; J X:189, sec. 2. 2.
71   "A Treatise on Baptism," JWO 322; J X:191, sec. 2. 2.

은 이 연합으로 인한 것이다.

a. 아담 안에서의 옛 사람과 그리스도 안에서의 새 사람

"우리는 모두 아담의 죄책 아래에서 태어난다." 이 깨달음에서 "초대교회는 일치를 이루었다."[72]

오늘날의 세상에서는 매우 소수만 진지하게 받아들이는 이런 생각이 어떻게 성경과 초대교회의 일치된 깨달음일 수 있었을까? 내 생각은 현대인은 역사에 대한 인식이 부족해 어떻게 한 세대가 다른 세대에 영향을 끼치는지에 대해 잘 알지 못한다는 것이다. 그러나 이곳에서 내 임무는 단순히 다음과 같은 성경 말씀으로 채워져 있는 웨슬리의 가르침을 제시하는 것이다. "내가 죄악 중에서 출생하였음이여 어머니가 죄 중에서 나를 잉태하였나이다"(시 51:5). 우리는 모두 "'본질상 진노의 자녀였고'(엡 2:3) '허물과 죄로 죽었다'(엡 2:1). '아담 안에서 모든 사람이 죽었고'(고전 15:22), '한 사람이 순종하지 아니함으로 많은 사람이 죄인이 되었으며'(롬 5:19), '한 사람으로 말미암아 죄가 세상에 들어오고 죄로 말미암아 사망이 들어왔으며 … 모든 사람이 죄를 지었으므로 사망이 모든 사람에게 이르렀다'(롬 5:12). … '아담부터 모세까지 … 사망이 왕 노릇 하였다'(롬 5:14)."[73]

기쁜 소식은 이것이다. "그러나 '한 범죄로 많은 사람이 정죄에 이른것 같이 한 의로운 행위로 말미암아 많은 사람이 의롭다 하심을 받아 생명에 이르렀느니라'(롬 5:18)."[74]

---

72 같은 곳.
73 "A Treatise on Baptism," JWO 321; J X:188, sec. 2. 1.
74 "A Treatise on Baptism," JWO 322; J X:191, sec. 2. 2.

b. 왜 성경은 세례를 일반적 기독교의 실천으로 가르치는가?

왜 세례를 주어야 하는가? "하나님께서 값없이 선물로 주시는 은혜와 그리스도의 삶과 죽음의 공로는 세례를 통해 우리에게 적용되기 때문이다. '그리스도는 교회를 위하여 자신을 주셔서 물로 씻어 말씀으로 깨끗하게 하사 거룩하게 하셨다'(엡 5:25-26). 즉 칭의의 일반적인 도구인 세례를 통해 그 일을 행하신다."[75] "일반적 도구"(ordinary instrument)라는 말은 우리가 은혜 언약으로 들어가고 교회 안으로 받아들여지며 그리스도의 몸의 일원이 되게 하는 규정된 수단이라는 의미다.[76] "일반적"(ordinary)이라는 말은 하나님이 제정하셨고, 성자 하나님의 지시로 명령 받았으며, 하나님께서 우리가 신앙 공동체에 가입하는 방법으로 명령하신 수단을 가리킨다. 만약 유아가 돌이킬 수 없도록 죄의 역사에 얽히게 되었다면, 그들은 씻음의 성례를 받기에 적합한 대상이다.[77]

c. 세례를 통해 정결하게 하시는 성령의 사역

성령께서는 십자가에서 행하신 그리스도의 대속으로 죄를 용서하고 죄책을 제거하기 위해 그리스도의 피로 영혼을 씻으신다. 이 씻음은 단지 비유로 여겨서도 안 되고, 문자적 의미에서 피로 씻는 것으로 여겨서도 안 된다. 그리스도의 피는 실제적인 것이고, 물로 씻음도 실제적인 것이다. 회중은 성령께서 그 둘을 연결시키시기를 기도한다. 그럴 때 이제 정죄는 없게 된다. 부모가 자녀에게 이 사실을 제대로 가르치는 방법을 알지 못하면 자녀가 누릴 수 있는 엄청난 선물을 빼앗는 것이 된다.

---

75   엡 5:25-26; "A Treatise on Baptism," JWO 322; J X:189, sec. 2. 2.

76   고전 12:13; 갈 3:27; 엡 4:12 .

77   "A Treatise on Baptism," JWO 324-25; J X:193-95, sec. 4. 1-5.

입회 의식에서 교회는 신자가 "죄의 사면을 받도록" 성령 하나님께 기도한다.[78] 세례 받은 사람은 "성령으로 씻음받아 거룩해져 하나님의 진노에서 건짐받고 죄의 사면을 받으며 하늘의 씻음이라는 영원한 복을 누린다."[79] 전에 우리는 죄된 본성으로 인해 진노의 자식이었고 죄 속에서 죽었으나 이제는 죄를 용서받고 새사람이 된다. 외적 씻음은 세례의 물을 "우리의 거듭남"의 수단으로 변화시키는 내적 은혜와 연결되지 않으면 아무 효력을 갖지 못한다.[80]

3. 셋째 유익: 그리스도의 몸의 일원이 됨

세례의 셋째 유익은 "세례를 통해 우리가 교회에 받아들여져 교회의 머리 되시는 그리스도의 몸의 일원이 되는" 것이다. 이러한 그리스도와의 "생명의 연합이 세례 받는 자에게 은혜가 작용하게 한다."[81]

신자는 "그리스도와 신비적으로 연합해 그와 하나가 된다. '다 한 성령으로 세례를 받아 한 몸'"(고전 12:13)과 교회와 "그리스도의 몸"(엡 4:12)이 되었다. 우리가 세례의 은혜를 통해 언약 공동체와 하나님의 가족으로 소속된 결과는 하나님 나라의 상속자가 되는 것이다. 우리는 그리스도의 거룩함에 참여함으로 그와 함께 공동 상속자가 되는 것이다.

4. 넷째 유익: 그리스도의 몸에 접붙임받아 하나님의 자녀가 됨

나무의 어린 가지나 새싹을 잘라 다른 나무의 줄기나 몸통에 이식하면

---

78 "A Treatise on Baptism," JWO 319; J X:188, sec. 2. 2.
79 엡 5:25-26; "A Treatise on Baptism," JWO 322; J X:191, sec. 2. 2.
80 "A Treatise on Baptism," JWO 322; J X:191, sec. 2. 2.
81 "A Treatise on Baptism," JWO 322; J X:191, sec. 2. 3.

그것을 접붙인다고 한다. 이처럼 우리는 세례를 통해 "'본질상 진노의 자녀'였으나 하나님의 자녀가 된다"(엡 2:3). 우리는 "그리스도의 교회의몸으로 접붙임받아 양자 삼으심과 은혜로 하나님의 자녀가 된다."[82]

이것이 세례의 네 번째 유익이다. 이 설명에 사용된 비유는 새 이스라엘이 옛 이스라엘에 접붙여지는 것이다. 하나님의 아들에게 속한 자녀는 약속의 언약에 접붙여진다. 본래 하나님의 아들은 한 분밖에 없지만, 우리는 신앙을 통해 그분의 아들 됨에 참여해 하나님의 가족으로 입양된다. 세례를 통해 우리는 하나님의 규례에 따라 그리스도를 통한 온전한 죄 씻음의 선물을 받는다. 물로 우리는 죄 씻음을 받고 그분의 비할 데 없는 거룩함의 영역에 들어간다.

웨슬리가 세례를 통한 중생을 긍정했는지에 관한 논쟁은 전적으로 바울이 사용한 "중생의 씻음"(딛 3:5; 참고. 엡 5:26)이라는 문구가 무엇을 의미하는지에 달려 있다. 이 표현은 세례의 물을 영적 중생이라는 목적을 위해 지정된 수단으로 전제한다. 웨슬리는 이 중생은 "외적 씻음이 아니라 내적인 은혜"에서 기인하며, "외적 씻음은 내적 은혜가 더해져야만 성례가 된다"는 사실을 분명히 했다. 중생은 하나님께서 온전한 씻음의 징표로 정하신 물을 통해 전달되는 내적 씻음이다. 이 은혜가 주어지고 세례를 통해 자발적으로 받아들여지면, 이 은혜는 "우리가 성령을 소멸시키지 않는 한 완전히 없어지지는 않을 것이다."[83]

세례의 의미는 오직 예수님의 십자가와 부활에서 온전히 명확해진다. 세례를 통해 우리는 그리스도의 죽으심과 부활에 참여한다. 우리는 세례에서 남편이 사랑하는 아내를 지키기 위해 기꺼이 자기 목숨을 내놓듯, 그

---

82   "A Treatise on Baptism," JWO 322; J X:191-92, sec. 2. 4.
83   "A Treatise on Baptism," JWO 322; J X:191, sec. 2. 2.

리스도께서 교회를 위해 어떻게 자기 목숨을 버리셨는지를 깨닫는다. 이 것이 에베소서에서 사용된 뜻밖의 비유다. '그리스도께서 교회를 위해 어떻게 자신을 내어주셨는가?'라고 묻는다면, 그 대답은 '남편이 사랑하는 아내를 위해 모든 것을 내놓은 것처럼 하셨다'는 것이다. 이 설명에서 남편은 준비하고 있다 필요할 때가 오자 그 아내를 위해 희생하는데, 이처럼 성자 하나님은 사람들을 위해 자신을 희생하신다. "남편들아 아내 사랑하기를 그리스도께서 교회를 사랑하시고 그 교회를 위하여 자신을 주심같이 하라 이는 곧 물로 씻어 말씀으로 깨끗하게 하사 거룩하게 하시고 자기 앞에 영광스러운 교회로 세우사 티나 주름 잡힌 것이나 이런 것들이 없이 거룩하고 흠이 없게 하려 하심이라"(엡 5:25-27).

이 "물로 씻어 말씀으로 깨끗하게 하심"이 언약 공동체를 거룩함의 영역에 들어가게 한다. 우리는 하나님의 뜻이 우리 삶을 다스리는 하나님의 거룩하심의 영역에서 살아간다. 하나님께서 그리스도의 십자가와 부활에서 우리를 위해 행하신 일은 "티나 주름 잡힌 것이나 … 흠이 없게" 하시는 것이다.[84]

5. 다섯째 유익: 하나님의 새로운 다스리심을 받음

a. 세례를 통해 하나님 나라의 상속자가 됨

세례의 다섯 번째 유익은 앞의 네 가지 유익 모두의 결과다. 즉 우리가 하나님의 자녀가 되었기에, 우리는 하나님 나라의 상속자가 된다. 우리는 하나님 나라의 자녀, 즉 하나님께서 다스리시는 자녀로서 "하나님의 상속

---

84 "A Treatise on Baptism," JWO 322; J X:191, sec. 2. 3-4.

자요 그리스도와 함께한 상속자"(롬 8:17)다. 우리는 사람의 아들이자 하나님의 아들로서 우리와 함께하시는 그리스도의 생명이 지닌 현재와 미래의 풍요로움에 동참한다. 우리가 회개하고 믿음으로 우리가 받은 세례에 부합하는 삶을 사는 한 우리는 이 언약 속에 받아들여져 장차 올 나라의 상속자가 된다.[85]

b. 요약

요약하면 바울이 성경에서 말씀한 세례의 다섯 가지 유익으로 웨슬리가 가르친 내용은 다음과 같다.

1. 세례에서 그리스도의 죽으심의 공로가 우리와 죄에 개인적으로 적용된다.
2. 세례에서 우리는 새언약 공동체 안으로 받아들여진다.
3. 세례에서 우리는 그리스도의 몸의 일원이 된다.
4. 세례에서 우리는 그리스도의 몸에 접붙임을 받아 하나님의 자녀가 된다.
5. 세례에서 우리는 하나님의 새로운 다스리심을 받는 상속자가 된다.

F. 은혜의 방편으로서 세례

1. 시간이 지나도 유효한 은혜의 방편

그리스도께서는 세례가 교회의 영원한 의식으로 남기를 바라셨는가? 그렇다. 세례는 "세례를 입회 수단으로 삼는 교회가 지속되는 한 계속되도록 의도된 것이다."[86] 교회나 하나님 나라에 들어가기 위한 또 다른 "일

---

85 "A Treatise on Baptism," JWO 323; J X:191, sec. 2. 5.
86 "A Treatise on Baptism," JWO 323; J X:192, sec. 3. 1.

반적 방법"은 없다. 시대를 거쳐도 세례는 교회의 영원한 의식으로 남아 있다. 왜 그런가? 하나님께서 누구나 이해할 수 있도록 이 간단한 은혜의 방편을 선택하셨기 때문이다. 그분은 단순한 물을 택해 은혜의 방편으로 삼으셨다.

그러나 외적 세례 없이 예배 공동체에서 신생을 얻을 수는 없었을까? 그렇다. "외적 세례는 내적 은혜를 일으키는 수단이다." 할례와 유사하게 세례는 단 한 번 이루어진다. 세례는 신자를 신앙 공동체에 가입시킨다. 어떤 유대인도 "나는 내적 할례가 있다. 그러니 굳이 그 표징과 인까지 받아야 한다며 나를 괴롭히지 말라"는 식으로 유추하지는 않을 것이다.[87] 그런 사람은 "그 백성 됨의 인을 경시함으로 인해" 백성 전체에서 잘려나갈 것이다.[88] 세례를 무효화할 수 있는지 여부에 관한 논쟁은 전적으로 그 백성 됨의 인이 제거될 수 있는지에 달려 있다. 한 번 할례를 받으면 유대인은 항상 할례를 받은 상태로 남는다. 그와 같이 한 번 세례를 받으면 그리스도인은 언제나 세례 받은 상태로 남게 된다.

예수님은 이 가시적인 인을 통해 "세상 끝날까지 항상 함께"하실 것을 약속하신다.[89] 그리스도께 순종하는 모든 시대의 모든 사람은 세례를 받으라는 주님의 지시를 자발적으로 따를 것이다. 세례를 통해 우리는 죄 용서의 약속을 받는다. 성령에 의해 하나님의 자녀로 입양되었다는 사실은 세례로 표징과 인을 받는다. 세례로 믿음이 확증되고 더 큰 은혜를 받는다.

"예나 지금이나 외적 할례가 마음의 할례의 수단이었듯 외적 세례는 내적 세례의 수단이다."[90] 할례가 옛 언약으로 들어가기 위해 필요했듯, 세

---

87   "A Treatise on Baptism," JWO 323; J X:192, sec. 3. 2.
88   창 17:14; "A Treatise on Baptism," JWO 323; J X:192, sec. 3. 2.
89   "A Treatise on Baptism," JWO 323; J X:192, sec. 3. 3.
90   "A Treatise on Baptism," JWO 323; J X:192, sec. 3. 2.

례는 새 언약으로 들어가기 위해 필요하다. 외적 할례가 "마음의 내적 할례"[91]를 상징했듯, 세례라는 외적 표징도 옛 사람의 죄 된 본성에서 구원받은 사람의 신생으로 내적 변화를 상징한다. 우리는 회개하고 세례를 받아야 하며, 하나님 나라에 들어가는 다른 길은 없다. "그러므로 너희는 가서 모든 민족을 제자로 삼아 아버지와 아들과 성령의 이름으로 세례를 베풀고"(마 28:19). 얼마나 먼 곳까지 가야 하는가? "오직 성령이 너희에게 임하시면 너희가 권능을 받고 예루살렘과 온 유대와 사마리아와 땅 끝까지 이르러 내 증인이 되리라 하시니라"(행 1:8).

성경은 세례가 그리스도께서 다시 오실 때까지 언제나 은혜의 방편으로 남도록 의도된 사실을 분명히 말씀한다.[92] 세례는 그리스도의 계획에 따라 대위임 명령으로 확립된 영구히 변하지 않는 요소다.[93]

2. 은혜의 수용이 조건인 구원의 효력

그러나 '만약'이라는 조건이 있다. "만약 우리가 세례와 부합하도록 산다면, 즉 우리가 회개하고 믿고 복음에 순종한다면, 이를 전제로 지금 우리를 구원한다. 즉 현재는 우리를 교회로 받아들여 이후에 있을 영광으로도 받아들여지게 한다."[94]

여기서의 '만약'은 결정적이다. 우리는 회개하고 믿고 순종한다는 것을 전제로, 세례를 통해 전달되는 은혜로 구원을 받는다. 이러한 조건을 알지 못해 세례를 잘못 이해하고 부적절하게 받아들인다면, 그런 물 세례

91 　같은 곳.
92 　"A Treatise on Baptism," JWO 323; J X:192, sec. 3. 1.
93 　"A Treatise on Baptism," JWO 323; J X:192, sec. 3. 3.
94 　"A Treatise on Baptism," JWO 323; J X:192, sec. 2. 5.

는 구원을 이루지 못한다.

하나님 사랑은 조건이 없다. 그 사랑은 받을 만한 자격을 갖추어야 한다는 조건을 붙이지 않는다. 신앙은 하나님의 조건 없는 사랑을 단순히 받아들이는 것이다. 신앙은 용서받기 위한 조건으로 작용하는 새로운 행위가 아니라, 하나님의 용서를 받아들이기를 택한 행위 그 자체다.

3. 성령을 소멸시킴

과거에 세례를 받고도 타락한 사람은 영적 신생의 필요를 절실히 깨달을 수 있다.[95]

일반적으로 기독교 가르침에서 중생을 인치는 것은 은혜를 신자에게 전달하는 물 세례를 통해서다.[96] 이 중생은 외적 씻음의 행위를 완성하는 영속적인 내적 유익을 주는데, 그 유익은 오직 성령을 부인하거나 모독함으로, 또는 고집스레 타락한 삶을 살아감으로 제거된다. 웨슬리는 "세례 때 은혜의 원리가 주입된다. 이 원리는 우리가 오랫동안 계속 악을 저질러 하나님의 성령을 소멸시키지 않는다면 완전히 제거되지는 않는다"[97]고 적었다. 우리는 어리석은 결정으로 성령을 소멸시킬 수 있다. 그러나 그렇다 해서 자유를 오용하는 우리의 미련함이 성령보다 더 큰 능력을 지니는 것은 아니다. 성령께서는 우리가 꺼버린 불을 재점화시키실 수 있다.

웨슬리는 어리석은 선택으로 자신의 세례를 소멸시켜버린 사람들을 향해 그들이 과거에 받은 세례를 통한 신생을 가르쳤다. 믿음 없는 세례는 우리를 구원할 수 없다. 그러나 세례 없이는 우리가 구원받을 수 없다. 세

---

95 같은 곳.
96 "A Treatise on Baptism," JWO 323; J X:192, sec. 2. 4.
97 같은 곳.

례의 은혜가 효력을 발휘하려면 머잖아 어느 단계에 가서는 반드시 신앙을 통해 수용되어야 한다. 이 사실이 세례의 은혜를 약화시키는가? 그렇지 않다. 우리가 하나님의 무한한 은혜를 약화시킬 수는 없다. 우리의 어리석은 선택으로 약화시킬 수 있는 것처럼 보일 뿐이다. 세례는 물만으로 효력을 나타내는 것이 아니다. 그러나 중생하게 하는 물이 없이 효력을 나타내지도 않는다. 이 물 세례는 외적 씻음의 행위이자, 그 씻음을 내적으로 받아들이는 것이기도 하다.

웨슬리의 논문은 이러한 점을 다루는 더 골치 아픈 문제로 나아간다.

G. 가족 세례

1. 할례와 세례

a. 성경의 의미를 이해한 초대교회

아이들이 이스라엘 족속에 받아들여진 것이 할례를 통해서인 것과 마찬가지로, 아이들이 그리스도의 몸으로 받아들여지는 것은 세례에 의해서다.[98] 그러나 왜 아이들이 세례를 받아야 하는가? 웨슬리는 자발적 수용의 필요성을 가르치지 않는 세례를 통한 중생의 교리의 위험성을 알았다.

웨슬리는 언약 공동체에서 세례를 받기에 합당한 나이를 묻는 물음에 답할 때 "성경과 이성, 그리고 초대교회에서 전해내려온 보편적 실천"에 호소했다. 사람들은 웨슬리가 영적 진리에 관한 참된 권위의 원천으로 가르친 사변형의 방법을 간단히 "성경, 이성, 초기 기독교 전통, 실제적 경

---

98 "A Treatise on Baptism," JWO 324; J X:193-95, sec. 4. 1-5.

험"으로 말한다. 웨슬리는 "세례에 관한 논문"에서 이 네 가지 단계를 모두 가르친다. 이 네 가지 기준 모두를 사려깊게 적용할 경우에만 우리는 충분한 해답을 발견할 수 있다. 오직 이 균형이 목회의 바른 실천의 방향을 제공할 것이다.

웨슬리는 이 네 가지 기준을 활용하면 유아 세례에 대한 치열한 논쟁에 관해 신뢰할 만한 해답을 찾을 수 있다고 주장했다. 즉, 할례에서 유아가 그 부모에 의해 언약으로 들어갈 수 있었다면, 동일한 가정은 복음 시대에도 마찬가지로 유지되고 변형된 형태로 적용될 수 있다는 것이다. 따라서 유대인 아이들이 옛 언약에서 배제되지 않은 것처럼, 기독교의 세례에서도 어린아이라는 이유로 배제되어서는 안 된다. 기독교의 세례는 그 아이가 복음적 신앙과 그 신앙 공동체로 들어온 사실을 인치는 것이다. 세례를 통해 인치시기로 결정하신 분은 주님이지, 차후의 해석자들이 아니다.[99] 따라서 아이들은 반응할 수 있는 능력이 제한되어 있다는 사실을 고려해, 신앙을 가진 부모의 자녀에게는 세례라는 올바른 방법을 통해 복음의 새 언약이 허용되어야 한다.[100]

웨슬리는 "이성적이며 종교적인 사람들에게 보내는 추가적 호소"(A Farther Appeal)에서, 비록 유아는 자신의 탓이 아닌 이유에 의해 스스로 믿을 수 있는 능력이 없더라도 세례를 통해 칭의 된다고 주장했다. 그들은 부모와 주위 사람들을 통해 믿음생활을 하고 있는 것으로 예상할 수 있고, 또 이미 언약 공동체에 참여하고 있다. 유아는 단지 신생아라는 이유만으로 신앙의 약속에서 배제되지는 않는다. 이러한 조건에서 유아는 자기 자녀를 위해 대변하는 부모의 신앙을 통해 이미 신앙 공동체에 참여하고 있

---

99   "A Treatise on Baptism," JWO 325; J X:193-95, sec. 4. 1 – 5.
100 "A Treatise on Baptism," JWO 324; J X:194-95, sec. 4. 3.

다.[101] 성인의 경우는 분명히 이와 다르다. 신생이 그들에게 효과적으로 수용되기 위해서는 세례를 통해 그들이 회개하고 믿어야 한다.[102]

세례에 관한 논쟁의 역사는 세례의 방식과 조건에 대해 신자의 의견이 다를 수 있음을 시사한다. 서로 조화를 이루도록 해석해야 할 성경 구절은 다양하고도 복잡하다. 성경만으로는 세례 실행의 방식과 세례가 가능한 연령에 관한 여러 문제를 결정적으로 해결하지 못하므로, 신자는 성경 본문의 의도를 더 잘 이해하도록 돕는 과거와 현대의 최고의 해석자들을 참고할 수 있다. 교회는 이러한 성경 구절에 관해 성령께서 기록된 말씀을 이해할 수 있도록 이끌어주시기를 기도하며 논쟁해온 역사를 가지고 있다.

웨슬리는 이성과 경험뿐 아니라 "초대교회에서 전해내려온 보편적 실천", 즉 초기 기독교의 보편적 가르침과 그것에 바탕을 둔 현재의 실천적 표현에 호소하면서 다시 한 번 이미 확립된 영국 국교회의 가르침을 따랐다. 즉, 초기 기독교의 일치된 실천과 동방과 서방 교회 분열 이전 여러 세대에 걸쳐 전해내려오며 "널리 행해진 실천"을 통해 논리적으로 추론할 수 있도록 분별력을 사용하라는 것이다. 이 기준은 웨슬리의 목회적 실천을 이해할 수 있는 중요한 이해를 제공한다.[103] 우리는 단지 개인의 경험만이 아니라 역사적 기독교 공동체의 경험에도 호소해야 한다. 그러나 무엇보다 성경 본문에 우리의 생각과 판단을 굴복시켜야 한다.

b. 아브라함의 가족

어린아이와 가족 전체가 언약 관계로 들어갈 수 있다는 사실은, 아브

---

101 FA, pt. 1, B 3:107-11.
102 "A Treatise on Baptism," JWO 324; J X:194-95, sec. 4. 3.
103 "A Treatise on Baptism," JWO 324; J X:193-95, sec. 4. 1-5.

라함 가정 이야기나 복음 시대에 함께 구원받은 신약성경의 가족 이야기와 같은 사례에서 알 수 있듯, 성경 속 언약의 역사에서 분명히 드러난다. 유아가 부모를 통해 언약으로 들어가는 경우는 성경의 역사 전체에서 일반적이다.

우리는 그 모범을 신명기 29:10-13에서 볼 수 있다.

> 오늘 너희 곧 너희의 수령과 너희의 지파와 너희의 장로들과 너희의 지도자와 이스라엘 모든 남자와 너희의 유아들과 너희의 아내와 및 네 진중에 있는 객과 너를 위하여 나무를 패는 자로부터 물 긷는 자까지 다 너희의 하나님 여호와 앞에 서 있는 것은 네 하나님 여호와와의 언약에 참여하며 또 네 하나님 여호와께서 오늘 네게 하시는 맹세에 참여하여 여호와께서 네게 말씀하신 대로 또 네 조상 아브라함과 이삭과 야곱에게 맹세하신 대로 오늘 너를 세워 자기 백성을 삼으시고 그는 친히 네 하나님이 되시려 함이니라[104]

성경은 하나님께서 유아들과도 언약을 맺으신 사실을 분명히 말씀한다. "만약 유아는 언약을 맺을 수 없다면, 하나님께서 그들과 언약을 맺지 않으셨을 것이다."[105] 어린아이도 언약에 들어갈 수 있는가? "각 나라의 관습과 인류의 일반적 이성은 유아도 언약에 들어갈 수 있으며, 타인이 유아의 이름으로 맺은 언약에 의해 그 의무를 지게 된다는 사실을 입증한다."[106]

우리는 아브라함의 자녀가 아브라함의 언약이 확증되었음을 보여주는 어떤 자발적인 결정을 내리기 전부터 이미 아브라함의 언약에 포함되어 있는 것으로 예상한다. 아브라함의 믿음의 언약은 앞으로 있을 복음 시대를 예기한다. 성경이 이 같은 예기를 통해 의미한 것은, 그리스도께서

---

104 "A Treatise on Baptism," JWO 324-25; J X:194, sec. 4. 3.
105 "A Treatise on Baptism," JWO 326-31; J X:195-200, sec. 4. 3.
106 같은 곳.

직접 아이들을 받아들이신다는 사실이다. 그리스도께서는 아이들을 불러 나아오게 하셨고, 부모가 그들을 데리고 찾아왔을 때도 그들을 받아들이셨다.[107]

아이들은 부모가 그들의 이름으로 맺은 언약에 매인다는 것은 법과 성경 모두의 원리다.[108] 만약 유아가 부모가 그들의 이름으로 맺은 법적 계약에 매일 수 있다면, 그들은 부모가 그들의 이름으로 맺은 약속에 따라 세례와 양육을 받을 수도 있다. 만약 유아가 법적 계약 관계에 포함될 수 있다면, 그들이 하나님과의 언약으로도 들어갈 수 있는 것으로 예상할 수 있다. 만약 아이들이 자신의 의지가 아니라 조상의 행위로 타락한 역사의 죄의 영역에 들어가게 되었다면, 그들을 아무런 치료약 없는 상태에 내버려 두는 것은 그들에게서 은혜의 공정함을 박탈하는 것이 된다.[109]

2. 가족 전체의 공동 언약

a. 세대를 이어가는 언약

세례와 같은 가족 언약을 이해하는 열쇠는, 그리스도의 몸이 시간 속에서 세대를 이어가는 특징에 있다. 가족 언약의 이해는 할례와 세례의 유사성을 이해하는 데 달려 있다. 즉 성경은 그리스도께서 오시기 전과 후의 서로 다른 두 가지 상호 보완적인 언약을 계시한다. 옛 언약에서 신자의 유아는 할례를 받았다는 것이 분명하다. 따라서 그와 유사하게 새 언약에서 신앙을 가진 하나님의 새로운 백성의 유아는 세례를 받는다.[110] 아이가 어

---

107 마 19:13-14; "A Treatise on Baptism," JWO 324-25; J X:195, sec. 4. 6.
108 "A Treatise on Baptism," JWO 324-25; J X:194, sec. 4. 4.
109 "A Treatise on Baptism," JWO 324-25; J X:193-95, sec. 4. 1-5.
110 "A Treatise on Baptism," JWO 324; J X:193, sec. 4. 1.

릴 때 부모는 하나님의 계획에 따라 아이의 유익을 위해 아이를 대표하는 대리인이 된다. 그러나 이것이 아이가 책임을 질 수 있는 나이가 되었을 때 자신이 받은 세례에 대해 져야 할 책임을 경감시키지 않는다.

옛 언약에서 유아는 할례를 받을 수 있었고, 그들이 자라 자기 행동에 책임질 나이가 되면 책임을 지는 것이 의무가 된다. 그들은 언약을 저버리고 언약의 유익을 포기할 수도 있지만, 거기에는 결과가 뒤따른다. 선지자들은 이러한 결과에 관해 끊임없이 경고했다. 이러한 점에서 유추해 보면 비록 유아지만 그들이 앞으로 회개와 신앙으로 나아갈 것을 하나님은 예견하실 수 있다. 하나님의 지식은 현재의 시간에 한정되지 않는다. 오직 하나님만이 아이의 미래를 독단적으로 결정하시지 않고도 미리 내다보실 능력이 있으시다. 이와 유사하게 신앙의 부모의 자녀는 신앙으로 참여하는 기독교 세례를 통해 새 언약으로 들어갈 수 있다. 부모는 성령께서 미래에 아이가 언약의 조건에 책임 있게 응답할 수 있도록 도와주시기를 기도한다.[111]

주님께서는 사도들에게 모든 민족에게 세례를 베풀어 제자 삼을 것을 명령하셨다. 민족은 유아를 포함하므로 "모든 민족"에는 유아도 포함된다. 만약 유아가 효과적인 세례에서 배제된다면, 동일한 이유로 할례에서도 배제되는 것이 옳지 않았겠는가?[112]

b. 가족 세례

신약성경은 한 신자가 세례를 받을 때 종종 온 가족이 함께 세례를 받았다는 사실을 반복해서 말씀한다(행 16:33; 18:8). 바울은 자신이 "스데

---

111 "A Treatise on Baptism," JWO 326-31; J X:195-200, sec. 4. 10.
112 "A Treatise on Baptism," JWO 326-31; J X:195-200, sec. 4. 3.

바나 집 사람에게 세례를 베풀었다"(고전 1:16)고 기록했다. 이와 유사하게 누가는 사도행전에 다음을 기록했다. "그 밤 그 시각에 간수가 그들을 데려다가 그 맞은 자리를 씻어주고 자기와 그 온 가족이 다 세례를 받은 후 그들을 데리고 자기 집에 올라가서 음식을 차려주고 그와 온 집안이 하나님을 믿으므로 크게 기뻐하니라"(행 16:33-34). 누가는 루디아에 관해 다음과 같이 회고한다. "두아디라 시에 있는 자색 옷감 장사로서 하나님을 섬기는 루디아라 하는 한 여자가 말을 듣고 있을 때 주께서 그 마음을 열어 바울의 말을 따르게 하신지라 그와 그 집이 다 세례를 받고 우리에게 청하여 이르되 만일 나를 주 믿는 자로 알거든 내 집에 들어와 유하라 하고 강권하여 머물게 하니라"(행 16:14-15). 온 가족이 함께 사도에게 세례를 받았음이 분명하다. 나이와 상관 없이 가족 모두가 세례를 받았다. 가족에는 그 가족에 소속된 사람 모두가 포함되기 때문이다.[113] 성경은 세례 받은 대상 중 특별히 유아를 언급하지 않는다. 그러나 여성 역시 언급하지 않았다 해서 여성들이 세례를 받았음을 의심하는 사람은 아무도 없다.[114]

가족이 함께 세례를 받을 때 그중에 자주 아이들이 있었을 것이라는 가정이 합리적이다. 사도행전 2:38-39에서 베드로는 그런 가족을 명시적으로 언급했다. "너희가 회개하여 각각 예수 그리스도의 이름으로 세례를 받고 죄 사함을 받으라 그리하면 성령의 선물을 받으리니 이 약속은 너희와 너희 자녀와 모든 먼 데 사람 곧 주 우리 하나님이 얼마든지 부르시는 자들에게 하신 것이라"(행 2:38-39).[115] 유아들 역시 때가 되면 그리스도께 나아가야 한다. "그때에 사람들이 예수께서 안수하고 기도해주심을 바라고 어

---

113 "A Treatise on Baptism," JWO 326-31; J X:195-200, sec. 4. 5-10.
114 "A Treatise on Baptism," JWO 326-31; J X:195-200, sec. 4. 8.
115 "A Treatise on Baptism," JWO 326-31; J X:195-200, sec. 4. 8-9.

린아이들을 데리고 오매 제자들이 꾸짖거늘 예수께서 이르시되 어린 아이들을 용납하고 내게 오는 것을 금하지 말라 천국이 이런 사람의 것이니라 하시고"(마 19:13-14). 누가의 증언도 일치한다. "사람들이 예수께서 만져 주심을 바라고 자기 어린 아기를 데리고 오매"(눅 18:15).[116]

웨슬리는 19세기 미국 개척지에서 신생아 세례 문제가 어느 정도까지 많은 교단을 분열시키게 될지 예상할 방법이 없었다. 또 그는 세례를 통한 중생을 성경적으로 바르게 정의하는 문제로 얼마나 맹렬한 논쟁이 벌어질 것인지도 예상할 수 없었다.

c. 세례에 관한 역사적 기독교의 경험의 일치

웨슬리는 이러한 성경적 증거를 명확히 하기 위해 고대의 보편 교회 및 오리겐, 키프리안, 아타나시우스, 크리소스톰, 어거스틴과 같은 교부들의 증언을 살펴봄으로 이러한 일치된 관점을 입증하고자 했다. 웨슬리는 세례에 관한 동일한 전통이 유럽 교회만이 아니라 아프리카, 아시아, "성 도마의 전통이 남아 있는" 인도 교회 등 전 세계에서 발견된다는 사실에 대한 강력한 역사적 증거가 있다고 생각했다.[117] "유아 세례에 관한 고찰"(Thoughts on Infant Baptism)에서 웨슬리는 메소디스트 연합체를 위해, 윌리엄 월(William Wall)의 "유아 세례의 역사"(History of Infant Baptism)에서 세례에 관한 교부들의 풍부한 자료를 발췌해 제공했다.[118]

웨슬리는 초기 기독교의 보편적 합의사항을 신뢰했다. "만약 유아에게 세례를 주는 것이 모든 세대와 모든 지역 기독교 교회의 보편적 관례였

116 "A Treatise on Baptism," JWO 326 – 31; J X:195-200, sec. 4. 6.
117 "A Treatise on Baptism," JWO 326 – 31; J X:195-200, sec. 4. 9.
118 William Wall, *History of Infant Baptism* (London: R. Hawes, 1780).

다면, 그것은 사도들이 실행했던 것임에 틀림없고, 따라서 그것은 그리스도의 정신이었을 것이다."[119] 그는 초기 기독교 저술가들 중 어린이를 세례에서 배제하거나 유아 세례를 불법으로 여겼다고 묘사한 사례를 전혀 찾지 못했다. 그는 성경의 어순이나 지나친 어원적 논쟁에 근거해 설득력 없는 주장을 펼치는 것에 반대했다.[120]

초기 기독교 저술가들은 만약 사도들이 유아에게 세례를 주었다면, 오늘의 사도적 교회 역시 그러해야 함을 거의 만장일치로 주장했다. 만약 일반적 교회의 실천에서 외적 세례가 구원을 위해 필수적인 그리스도의 명령이라면, 아이들을 구원의 길에서 마음대로 배제해서는 안 된다. 예수님은 "어린아이들을 용납하고 내게 오는 것을 금하지 말라 천국이 이런 사람의 것이니라"(마 19:14)라고 말씀하셨다. 또 "진실로 너희에게 이르노니 너희가 돌이켜 어린아이들과 같이 되지 아니하면 결단코 천국에 들어가지 못하리라"(마 18:3)라고 하셨다. 구원의 조건인 회개와 믿음과 세례는 다시 어린아이 같이 되는 것, 즉 하나님을 신뢰하고 새롭게 태어나는 것을 필요로 한다.

웨슬리는 이처럼 합리적·역사적·성경 주석적·경험적 논증에 기초해 예수님께서 유아로서 할례를 받으신 것과 마찬가지로 사도들이 유아에게 세례를 주었다는 결론을 내린다. 그는 유아 세례의 실천은 "유대인들이 할례를 통해 자녀를 하나님의 것으로 성별할 것을 명령받은 것과 마찬가지로, 우리의 아이들을 세례로 하나님께 드리기 위해 가장 초기부터 그리스도의 교회 전체가 부단히 실천해 온 것과 일치한다"고 생각했다.[121]

---

119 "A Treatise on Baptism," JWO 326-31; J X:195-200, sec. 4. 9.
120 "A Treatise on Baptism," JWO 326-31; J X:195-200, sec. 4. 1.
121 "A Treatise on Baptism," JWO 326-31; J X:195-200, sec. 4. 10. 3.

이 점에서 사무엘과 존 웨슬리, 그리고 웨슬리안 연합체 전체는 대체로 세
대를 초월해 전 세계 교회가 가르쳐 온 일치된 가르침을 확고하게 따랐다.
따라서 신앙의 가정의 아이들을 그리스도께로 이끌어 세례의 은혜를 받
게 함으로 초기 기독교로부터 내려오는 관례를 따르는 것은 합법적이고
무죄하고 옳은 것으로, 목사가 반드시 행해야 할 의무다.

3. 대부 • 대모 제도

a. 대리 부모

우리는 아이가 태어날 때부터 신앙과 거룩함 속에서의 성장에 관해 가
르치는 부모 조언자로서 웨슬리의 모습을 "대부대모 제도에 관한 진중한
고찰"(Serious Thoughts Concerning Godfathers and Godmothers,
1752)이라는 짧은 글에서 엿볼 수 있다.[122] 웨슬리는 뜻하지 않은 사건을
겪거나 잘못을 저질렀을 때 필요에 따라 자녀를 지도해줄 수 있는 대부모
를 부모가 선택하는 영국 국교회의 일반적 관례를 마땅한 것으로 받아들
였다.[123] 그는 세례를 받은 사람은 누구나 세 명의 대부모를 갖되 그중 두
명은 아이와 같은 성별이어야 한다고 생각했다. 대부모의 임무는 "일종의
영적 부모"의 역할을 감당해 아이를 믿음 안에서 격려하는 것이다. 그들은
특별히 아이들을 책임진 자연적 부모에게 "어떤 영적 도움이 필요한지"
면밀히 살필 수 있어야 한다.[124] 또 아이들의 교리 수업이나 견진 성사, 또
는 도덕적 성장 과정에서 자신들이 발견한 빈틈을 채우도록 노력해야 한

---

122 J X:506-9.
123 *LJW*, Letter to Zachariah Yewdall, 7:64, 271.
124 "Serious Thoughts Concerning Godfathers and Godmothers," J X:508.

다. 최소한 아이에게 주기도문과 십계명, 사도신경을 가르쳐주어야 한다.

b. 아이에게 세례의 의미 가르치기

아이가 최대한 이른 시기에 자신이 받은 세례의 의미를 배웠는지 확인하는 것은 대부모의 의무다.[125] "얼마나 엄숙한 맹세와 약속, 신앙고백"이 세례 때 있었는지 혹은 앞으로 세례에서 있을 것인지 가르치는 것은 부모의 엄숙한 의무다.[126]

대부모는 부모와 목사, 교회의 회중과 함께 세례 받은 아이의 영적 성장을 지켜보면서 그들에게 성결과 행복의 견고한 토대를 제공할 책임이 있다. 어떤 사람은 대부모가 되는 것의 의미에 대해 고민도 하지 않고 그 직무를 떠맡는다. 어떤 사람은 그 일을 하는 것이 불가능해 보여 거부한다. 오직 "참으로 하나님을 두려워하는" 사람만 대부모로 세워야 한다.[127]

책임을 맡은 사람에게는 하나님께서 그 일을 할 수 있도록 은혜를 주시기 원하고 또 주시므로 두려워하지 말아야 한다. 궁극적으로 하나님 앞에서 책임을 져야 할 사람은 아이 자신이다. 부모와 대부모는 신앙을 가르치기 위해 할 수 있는 일을 할 뿐이다. 성경은 대부모를 반드시 해야 하는 직무로 요구하지 않으므로, 그들이 "반드시 필요하지는" 않다. 그러나 대부모를 갖는 것은 "매우 유익하다." 부모가 없을 때 자녀를 영적으로 돌보아줄 대부모는 부모에게 큰 위로가 된다. 선택해 세운 대부모가 게을러 세례 받은 아이에게 주의를 기울이지 않는 경우, 부모에게 책임이 있다.[128]

---

125 "Serious Thoughts Concerning Godfathers and Godmothers," J X:507.
126 같은 곳.
127 같은 곳.
128 같은 곳.

c. 세례의 의미의 확증

웨슬리가 메소디스트 신도회를 조직했을 때 그들은 영국 국교회 소속이었다. 그들은 앞으로 다양한 세례와 견진 의식을 행하는 많은 비국교도를 수용하게 될 것이었다. 초기 메소디스트들이 세례와 견진 성사, 혼례 성사, 성찬을 받은 것은 지역 교회 목사의 지도 아래 있는 지역 교회에서였다. 그러나 만약 그들이 메소디스트가 되기 원하면, 그들은 교리 교육과 도덕적 개혁, 제자 훈련을 위해 엄격한 시간을 거쳐야 했다. 거기서 그들은 웨슬리의 교육적 설교 전통에서 선포되는 설교를 들었다. 신도회는 메소디스트 신자들이 행하는 신앙과 실천을 진지하게 받아들였다. 그들은 자신들의 신앙고백에 부합하는 행동을 요구했다.

웨슬리가 메소디스트 주일 예배서를 미국 메소디스트들을 위해 보낼 때는 그곳 신도회가 이미 전통적인 교리 교육의 역할을 감당하고 있었기에 거기에 견진 성사를 위한 예배 형식을 포함시킬 필요를 느끼지 않았다. 그러나 그것이 자신이 받은 세례의 진정한 의미에 대한 공적인 고백이 중요하지 않음을 의미하지는 않는다. 웨슬리의 교육적 설교와 메소디스트 신도회를 위한 열정적인 활동은 기독교 신앙의 근본적인 원리로 사람들을 지도하는 역할을 했다. 이것은 다른 기독교 전통에서 행하는 교리 문답 교육의 목적과 일치한다. 웨슬리는 사람들이 기독교 교리로 철저히 교육받아 자신의 신앙을 공적으로 고백할 수 있어야 한다고 믿었다.

웨슬리는 세례와 성례에 관해 전통적 기독교의 가르침을 수용하는 특별한 사역을 감당했으나, 전통적 영국 국교회 교리나 실천을 바꾸려 하지 않았다. 견진 성사라는 의식에 초점을 두는 대신, 신자가 자발적 헌신을 통해 하나님의 은혜에 응답하기 위해 내리는 결단에 초점을 두었다. 웨슬리의 설교는 개인의 세례를 통해 하나님의 은혜를 공적으로 확증하고, 믿음으로 그 은혜를 받아들인 사실을 고백하게 하기 위한 것이었다. 자신의 세례를 확증하는 것은 그리스도의 몸의 일원으로 살아가도록 책임성을 지니는 것이다. 따라서 메소디스트 신도회에서 믿음을 확인하는 과정은 견진 성사라는 의식이 지녔던 더 깊은 의도를 약화하지 않고 오히려 더 확장하고 강화했다.

더 깊은 이해를 위한 독서 자료

Cushman, Robert Earl. "Baptism and the Family of God." In *The Doctrine of the Church*, edited by Dow Kirkpatrick, 79-102. New York: Abingdon, 1964.

Davies, Rupert, and Gordon Rupp. *A History of the Methodist Church in Great Britain*. London: Epworth, 1965.

Felton, Gayle C. *This Gift of Water: The Practice and Theology of Baptism among Methodists in America*. Nashville: Abingdon, 1992.

Fisher, Orceneth. *The Christian Sacraments*. San Francisco: Whitton, Towne, and Co., 1858.

Holland, Bernard G. *Baptism in Early Methodism*. London: Epworth, 1970.

Rupp, E. Gordon. "Son to Samuel: John Wesley, Church of England Man." In *The Place of Wesley in the Christian Tradition*, edited by Kenneth E . Rowe, 39-66. Metuchen, NJ: Scarecrow, 1976.

Summers, T. O. *Baptism: A Treatise on the Nature, Perpetuity, Subjects, Administrator, Mode, and Use of the Initiating Ordinance of the Christian Church*. Richmond: John Early, 1853.

8장

성찬 목회

8장 성찬 목회

A. 주님의 식탁

1. 성찬을 규칙적으로 시행해야 할 의무

알버트 아우틀러[1]에 따르면, 웨슬리는 이 교육적 설교에서 "성찬에 관한 교리와 실천을 가장 분명하게 설명"했다 [설교 #101, "성찬을 규칙적으로 시행해야 할 의무"(The Duty of Constant Communion), B 3:427, J VII:147, 아우틀러의 서문]. 그는 전통적 기독교 저자들과 "보편적 기독교 전통 전체"에 호소했다.

성경 본문은 누가복음 22:19의 "너희가 이를 행하여 나를 기념하라"는 말씀이다. 웨슬리는 일찍이 옥스포드 대학의 교수로 지내는 동안 자신의 학생들에게 "성찬을 규칙적으로 시행해야 할 의무"에 포함되어 있는 독실한 신앙의 내용의 초기 형태를 가르쳤다. 초기의 그 내용은 오랜 시간 후 많은 개정을 거쳐 설교의 기초가 되었다. 1787년에 웨슬리는 1732년 2월 19일에 옥스포드에서 처음 썼던 그 글의 내용을 요약하고 새로 고쳐 개정한 발췌문을 재출판했다.[2] 1787년에 그는 독자를 위한 서문에서 "나는 아주 조금 내용을 추가했으나 많은 부분을 삭제했다. … 나는 그때 가졌던

---

1   Albert C. Outler and Richard P. Heitzenrater, eds., *John Wesley's Sermons: An Anthology* (Nashville: Abingdon), 501.
2   *AM*, May-June 1787, J X:229-36, 290-95.

생각의 어떤 것도 바꿀 이유가 없다는 사실로 인해 하나님께 감사드린다"고 기록했다.[3]

평신도가 성찬을 받는 데 가장 자주 발생하는 문제는, 자신이 부적절한 상태에서 먹고 마시게 되지 않을까 지나치게 두려워하는 것이다(참고. 고전 11:29). 웨슬리는 이 설교에서 "할 수 있는 한 자주 성찬을 받는 것이 모든 그리스도인의 의무"임을 보여주어 불필요한 두려움을 치료하고자 했다 ("The Duty of Constant Communion," B 3:428, J VII:147, 서문).

a. 그리스도의 명령: 이를 행하여 나를 기념하라

사도들이 "성찬에 참여한 모든 사람을 축복하고 떡을 떼어 나누어주어야" 했던 것처럼, 모든 그리스도인은 그리스도의 몸과 피의 징표를 받을 의무가 있었다.[4] 즉 성찬에 참여하는 것은 세례를 받아 그리스도의 몸에 접붙여진 사람들의 의무다.

징표는 떡과 포도주며, 그것이 의미하는 것은 그리스도의 몸과 피다. "떡과 포도주를 받으라는 것은 명령이다." 이는 어느 누구의 말이 아니라 주님 자신의 말씀이며, 유언과도 같다. "이 명령은 우리 주님께서 우리를 위해 자기 생명을 버리실 때 주신 것이다. … 말하자면 세상 끝날까지 그의 죽음을 기억하라고 … 그를 따르는 모든 사람에게 주신 유언이다."[5] "축사하시고 떼어 이르시되 이것은 너희를 위하는 내 몸이니 이것을 행하여 나를 기념하라 하시고" (고전 11:24).

이는 부차적이거나 아무 유익이 없는 명령이 아니다. 그것은 영원한

3　"The Duty of Constant Communion," B 3:427, J VII:147-57, sec. 1. 1.
4　"The Duty of Constant Communion," B 3:428-29, J VII:147, sec. 1. 1.
5　같은 곳.

유익, 무엇보다 "우리가 과거에 지은 죄를 용서하고, 우리 영혼을 현재적으로 강화하고 새롭게 하는" 절대적 명령이다.[6]

b. 영혼의 양식

인간의 자유는 유혹에서 완전히 자유로울 수 없고, 사탄이 우리를 하나님의 은혜에서 벗어나게 하기 위해 날마다 계교를 꾸미기에, 우리는 우리가 그리스도인으로서 살아갈 수 있게 하시는 하나님의 섭리를 우리에게 계속 상기시켜줄 무엇인가를 필요로 한다. 그리고 그것을 제공해주시는 분은 바로 그리스도 자신이시다. 섭리(providence), 공급(provision), 공급하다(provide) 등의 용어는 같은 라틴어 동사인 'provideo'를 어근으로 갖는데, 그 뜻은 "보살피다, 공급하다, 내다보다, 공급하기 위해 미리 계획하다"이다. 오직 하나님만이 모든 것을 보실 수 있기에, 하나님만이 이 일을 완벽하게 하실 수 있다. 하나님께서는 이러한 공급을 성만찬을 통해 뚜렷이 제공해주신다.[7]

우리의 몸은 이 세상 여정을 위해 음식과 음료를 필요로 한다. 하나님께서는 우리의 영적 여정을 위해 필수 지급물로 성찬의 떡과 잔을 제공해주신다. "우리의 몸이 떡과 포도주로 힘을 얻듯 우리 영혼은 그리스도의 몸과 피의 증표로 힘을 얻는다. 이는 우리 영혼의 양식이다. 이것이 우리의 의무를 행할 힘을 공급한다."[8]

그러므로 "주님께서 우리를 위해 준비하신 만찬을 경시하지 않는 것

6 　"The Duty of Constant Communion," B 3:429, J VII:148, sec. 1. 2.
7 　"The Duty of Constant Communion," B 3:429, J VII:148, sec. 1. 3.
8 　같은 곳.

이” 우리 자신에게 유익하다.[9] 크고 과분한 선물을 받고서 그것을 버려둔 채 떠나는 것이 합리적일 수 있겠는가? 하나님의 은혜는 “우리에게 죄를 떠날 능력을 부여하심으로 우리의 죄를 용서하셨다는 사실을 확증하신다.”[10] 우리의 죄에 관해서는 “‘주님의 죽으심’을 보여드림으로써 그 아들의 고난으로 인해 우리 모든 죄를 없애주시기를 간구하는 것보다 더 확실하게 하나님께 용서 받을 수 있는 방법이 있겠는가?”[11] 우리 영혼을 먹이시는 하나님의 방법은 우리 스스로가 고안해낸 방식보다 더 신뢰할 만하다.

c. 모든 기회를 활용해 용서의 은혜를 받으라

하나님께서는 우리 영혼을 먹이시는 최선의 방법을 아시므로 “우리는 하나님께서 이러한 목적으로 선하신 섭리를 통해 제공해주시는 어떤 기회도 경시해서는 안 된다.” 우리는 “하나님께서 주시는 기회를 최대한 활용해” 그분의 공급하심을 받아야 한다.[12]

하나님의 명령은, 우리에게 유익한 것을 때때로가 아니라 항상 받으라는 것이다. 이는 율법적인 의미의 의무사항이라든지, 주기상 매일이나 매주 의무를 다해야 한다는 의미가 아니라, 복음적인 의미에서 하나님의 은혜의 선물을 끊임없이 받아들이라는 의미다.

성찬을 받지 않는 것은 단순히 말해 성찬에서 제공되는 유익을 이해하지 못하는 것이다. “그러므로 누구든지 모든 것이 준비되었음에도 성찬을 받지 않고 돌아서는 사람은 누구나 자신의 의무를 이해하지 못하거나, 죄사함을 받고 영광의 소망으로 영혼을 강화하며 새롭게 하라는 유언과도

9　같은 곳.
10　같은 곳.
11　“The Duty of Constant Communion,” B 3:429, J VII:148, sec. 1. 2.
12　“The Duty of Constant Communion,” B 3:429, J VII:147-48, sec. 1. 3.

같은 자신의 구원자의 명령을 이해하지 못한 것이다."[13]

하나님을 기쁘시게 하기를 원하는 사람은 모두 이 부르심에 응답할 것이다. 자기 영혼의 유익을 염두에 두라. 하나님의 은혜를 되새기게 하는 성찬이 제공될 때 그 은혜의 선물을 거부하지 말라.[14] 성찬은 짧은 시간에 행해지지만 영원한 유익을 약속한다. 고린도 교회에 보낸 바울의 편지는 "성례의 목적이 그리스도의 죽으심을 계속 기념"하는 것임을 분명히 한다.[15]

'계속'이라는 말의 의미는, 당신이 다른 일은 하지 않고 오직 그리스도의 죽으심만 계속 기억한다는 것인가, 아니면 그의 죽으심을 기억함으로 모든 일을 행한다는 말인가? 성찬은 물리적으로 끊임없이 제공되지는 않으나 시간 속에서 영원을 바라보게 한다. '계속'이라는 말은 자주를 의미하는가 반복을 의미하는가, 아니면 끊임없음을 말하는가? 성경적인 답은 그리스도인의 삶 전체, 그 모든 순간이 그리스도의 몸에 참여하는 것이어야 한다는 것이다. 그리고 성찬을 지불해야 할 계산서가 아니라, 마지막 날 어린양 혼인 잔치에 참여할 수 있는 초대장같이 여겨야 한다는 것이다. 성찬상은 힘을 북돋우는 음식과 음료로 채워져 있다. 그런 선물을 받으려면 신자는 "이 엄숙한 규례에 참여하기 위해 자기 성찰과 기도로 자신을 준비해야 한다."[16]

d. 그분의 모든 약속을 받겠다는 변치 않는 의도

'변치 않는'(constant)이라는 말에는 "그분의 모든 약속을 받겠다"는

---

13   같은 곳.
14   "The Duty of Constant Communion," B 3:430, J VII:148, sec. 1. 4.
15   "The Duty of Constant Communion," B 3:430, J VII:149, sec. 1. 5.
16   "The Duty of Constant Communion," B 3:430, J VII:149, sec. 1. 6.

끊임없는 의도가 내포되어 있다.[17] 하나님의 사랑은 변하지 않기에, 우리는 그 사랑을 받는 일에 변함이 없어야 한다. 하나님께 대한 순종은 신자 자신의 상황에 따라 선택적으로 이루어져서는 안 된다.[18] 하나님께서 명령하신 것이라면 이따금씩이 아니라, 하나님 뜻에 따라 살겠다는 변치 않는 의도로 순종해야 한다. "명령에 순종할 수 있는 때임에도 순종하려 하지 않는 사람이라면 하늘나라에 그를 위한 자리는 없을 것이다."[19]

우리가 행동으로나 의도로 하나님의 명령을 지금 행하려 한다면, 우리는 조금도 지체 없이 그것을 행해야 한다. '지금'은 매 순간 흘러가버리기 때문이다.[20] 이는 매우 논리적인 주장이다. 지금이라는 순간은 시간 속에서 움직이는 영원의 형상이다. 마치 순종과 불순종의 기준이 순전히 우리 자신의 욕구인 양 자신이 원하는 것에만 선택적으로 반응한다면, 그것은 하나님의 명령을 대하는 자세가 아니다.

2. 성찬에 관한 조언

a. 시간과 영원의 비교: 어떤 행복을 원하는가?

인간의 행복은 하나님의 거룩하심의 결과다. 구속사에서 하나님의 목적은 인간을 최대한 행복하게 하시는 것이다. 그 일을 위해 하나님은 죄의 역사 속에서 만성적으로 비뚤어진 인간 의지의 왜곡을 고려하신다.

우리의 행복의 정도는 우리 행복이 하나님의 행복과 얼마나 철저히 조화를 이루는지에 전적으로 좌우된다. 하나님은 무한히 행복하시다. 하나

---

17   "The Duty of Constant Communion," B 3:431, J VII:149, sec. 2. 1.
18   "The Duty of Constant Communion," B 3:431, J VII:149, sec. 2. 2.
19   "The Duty of Constant Communion," B 3:431, J VII:150, sec. 2. 3.
20   "The Duty of Constant Communion," B 3:432, J VII:150, sec. 2. 4.

님께서는 인간이 이따금이 아니라 언제나 무한히 행복하기를 원하신다. 하나님은 "사람이 하나님 자신처럼 행복할 수 있는 길은 오직 한 길, 즉 하나님처럼 거룩해지는 길밖에 없다"는 사실을 아셨다.[21] 그러나 우리는 은혜 없이 스스로나 자발적으로 하나님의 거룩하심을 반영할 수는 없다. 우리는 하나님의 도움을 필요로 한다. 하나님께서는 "우리 스스로는 그것을 할 수 없음을 아시기에 그분의 도움을 받는 특별한 수단을 우리에게 주셨다. 그중 하나가 주의 만찬이다. … 따라서 우리는 이 수단을 통해 하나님께서 우리를 위해 예비하신 은혜를 받아, 이 땅에서는 거룩함을 얻고 하늘에서는 영원한 영광에 참여할 수 있게 된다."[22]

b. 은혜로 여겨야 할 성찬으로의 초대

"이를 행하여 나를 기념하라"는 말씀은 약속 없는 무서운 명령이 아니라, 받아들일 것을 요청하는 하나님의 선물이다. 이 초청은 지겨운 의무라기보다 하나님의 은혜의 행위다.

이러한 관점에서 제기되는 질문은, 당신은 왜 그분의 은혜를 가능한 한 자주 받으려 하지 않느냐는 것이다. 당신은 왜 성찬에 참여하려 하지 않는가? "당신에겐 은혜를 받을 기회가 있다. 그런데 왜 받으려 하지 않는가? 당신은 왜 자신을 강건하게 해줄 모든 기회를 붙들지 않는가?"[23]

성례전 전문가이자 상담자로서 목사에게는 연약한 자, 죄책감에 빠져 있는 자, 낙심한 자에게 기쁜 소식을 전할 기회가 언제나 있다. 이 소식은 떡과 포도주라는 수단을 통해 효과적으로 전달될 수 있다.

---

21   "The Duty of Constant Communion," B 3:432, J VII:150, sec. 2. 5.
22   같은 곳.
23   같은 곳.

이러한 내용에 뒤따르는 것은 성찬에서 주어지는 은혜에 대한 오해를 다루는 사례 연구다.

c. 성찬 거절 핑계의 허구성

우리 자신에게 유익한 것을 거부하는 것은 비이성적 태도다. 하나님의 명령을 선택 사항으로 다루는 자들은 그들이 대하는 하나님이 어떤 분이신지 바르게 알지 못하고 있다. 성찬의 은혜를 거부하거나, 어쩌다 성찬을 받거나, 성찬이 유익하다고 느껴질 때만 받는 사람은, 하나님께서 이따금씩만이 아니라 지속적으로 은혜를 주신다는 사실을 제대로 이해하지 못한 것이다.[24]

당신에게 유익한 것, 참으로 영원히 유익한 하나님의 은혜를 받으려 하지 않고, 또 가능한 한 끊임없이 받으려 하지 않는 것에 대해 당신은 어떤 핑계를 댈 수 있겠는가? 당신에게는 하나님의 행복에 참여함으로 자신의 행복을 더할 수 있는 기회가 주어진 것이다.[25]

d. "나는 용서받을 자격이 없다"는 말의 어리석음

성찬에 참여해 그리스도를 기념하는 은혜를 받지 않는 것에 대한 가장 일반적인 핑계는, "나는 자격이 없기에 … '자기의 죄를 먹고 마시는'(고전 11:29) 일을 피하기 위해 성찬에 참여할 수 없다"는 것이다.[26] 누가 이렇게 말한다면 그는 은혜를 거부하면서 이를 마치 의무처럼 취급하는 것이다. 웨슬리는 은혜에 대한 응답은 좀 더 지혜로워야 함을 가르친다.

---

24   같은 곳.
25   "The Duty of Constant Communion," B 3:433, J VII:151, sec. 2. 6.
26   고전 11:29; "The Duty of Constant Communion," B 3:433, J VII:151, sec. 2. 7.

하나님은 우리 편에서 받을 수 있는 가장 큰 은혜를 제공하시면서 당신에게 그 것을 받으라고 명령하신다. 당신은 왜 그분의 명령에 순종해 이 은혜를 받으려 하지 않는가? 당신은 "나는 그것을 받을 자격이 없습니다"라고 말한다. 그것이 어떻다는 것인가? 당신은 물론 하나님께 은혜를 받을 자격이 없다. 그러나 그것 이 모든 은혜를 거부할 이유가 되는가? 하나님께서는 당신의 모든 죄를 용서하 려 하신다. 당신이 그럴 자격이 없다는 사실은 확실하며, 하나님도 그것을 아신 다. 그럼에도 은혜를 베풀기 원하시는데 그래도 당신은 받지 않을 것인가?[27]

어떤 죄인도 용서받기에 합당하지 않지만, 그럼에도 하나님은 죄인을 용서해주신다. 우리는 예수님의 죽음과 부활을 통해 실제 역사에서 그 용 서가 이루어진 사실을 본다.

하나님의 용서는 당신의 무자격하다는 느낌을 뛰어넘어 그가 목적하 시고 이루시는 은혜의 선물이다. 만약 당신이 "나는 무자격하다는 느낌을 초월해 주시는 선물을 받기에도 여전히 너무나 부족합니다"라고 말한다 면, 이 얼마나 어리석은 태도인가? 당신이 자격 없다고 느낌에도 하나님 께서 그것을 초월해 은혜를 주기 원하시는데, 당신은 어떻게 여전히 은혜 받을 자격이 없다는 이유를 댈 수 있는가?[28]

e. 무례하고 무질서한 잘못된 성찬 참여

바울은 성찬을 먹고 마심에서 '우리의 자격 없음'에 관해서는 한마디 도 말씀하지 않았다. 우리는 누구나 은혜의 선물을 받을 자격이 없으며, 그 선물은 우리의 무자격함을 초월해 주어진다. "자격 없음"과 은혜를 받 는 방법이 잘못된 것은 서로 다르다. "바울은 분명 '합당하지 않은' 방식으

---

27   "The Duty of Constant Communion," B 3:433, J VII:151, sec. 2. 7.
28   "The Duty of Constant Communion," B 3:433, J VII:152, sec. 2. 8.

로 성찬을 먹고 마시는 문제를 언급했지만, 그것은 우리의 자격 없음과는 다른 것이다." 그 차이를 이해하기 위해 바울의 글을 자세히 보라. 본문의 문맥을 살펴보면, 바울이 "합당하지 않게 먹고 마신다"는 말로 명백히 언급한 것은, "'어떤 사람은 시장하고 어떤 사람은 취할'(고전 11:21) 정도로 무례하고도 무질서한 방식으로 성찬을 받는 태도"였다.[29] 바울이 말한 합당하지 않음은 하나님의 은혜를 가치 없게 만드는 잘못된 태도를 말한다.

그러나 우리가 죄 용서의 은혜로운 선물을 받을 자격이 없더라도, 하나님의 명령에 순종함으로 우리의 자격 없음을 초월해 베풀어주시는 하나님의 은혜의 유익을 누리는 일에서 합당치 못한 태도를 피할 수 있다.[30]

성찬에서 우리는 "두려워할 이유가 없음에도 두려워하는" 공포 증후군에서 벗어나라고 요청받고, 또 그럴 수 있는 능력을 받는다. 당신은 성찬에 참여하지 않는 것을 두려워해야 한다. 당신은 자격 없음을 극복하게 하시려는 하나님의 계획을 저버림으로 자신을 더 자격 없게 만든다.[31]

웨슬리는 "우리 교회가 '중대한 범죄를 저지른' 사람을 회개도 없이 성찬을 받게 하는 것을 금하는 것이 사실"임을 인정한다. "그러나 거기에 뒤따르는 결론은 우리가 성찬으로 나아가기 전 회개해야 한다는 것이지, 아예 성찬을 받지 않아도 된다는 것이 아니다."[32] 회개 없이 성찬을 받는 것은 성찬을 전혀 받지 않는 것이나 다를 바 없다. 주님은 우리에게 "또 다른 불순종의 죄를 범하라. 그러면 하나님은 과거의 불순종을 더 쉽게 용서하실 것"이라며 지시하신 적이 없다.[33]

---

29 같은곳.
30 같은곳.
31 "The Duty of Constant Communion," B 3:433-34, J VII:152, sec. 2. 9.
32 "The Duty of Constant Communion," B 3:434, J VII:152-53, sec. 2. 10.
33 "The Duty of Constant Communion," B 3:434, J VII:153-54, sec. 2. 10.

3. 단지 은혜를 받으라

a. 성찬을 받을 시간

어떤 사람은 "성찬에 합당하게 살 수 없고, 지속적인 성찬 참여가 부여하는 책임에 부합하는 거룩한 삶을 사는 척 흉내 낼 수도 없다"는 두려움을 이유로 성찬 참여를 피한다.[34] 그러나 성찬의 온전한 목적은 죄인에게 율법의 행위 없이 값없이 죄 용서를 받을 기회를 부여하는 것이다. 하나님의 은혜에 부합하는 삶을 살 수 없다고 생각하는 사람은, 성찬이 자격 없는 자에게 베푸시는 전적 은혜임을 이해하지 못하는 것이다.

회개한 신자는 은혜를 받기 위해 성찬으로 나아오지, 자신이 전에 행한 선행을 주님께 상기시키려 하지 않는다. 성찬에서 우리는 우리가 행한 잘못을 용서받는다. 성찬을 받는 곳은 하나님의 용서를 거부하거나 우리의 공로를 주장하는 곳이 아니다. 성찬에서는 자신이 성취한 의를 주장할 여지가 없다. 우리의 죄를 짊어지시는 일에서 주님의 의는 우리의 모든 잘못을 덮을 만큼 충분한 선행이다. "그렇다면 당신은 지속적인 성찬 참여가 요구하는 거룩한 삶을 살 수 없다고 말하기 전에 당신이 무엇을 말해야 할지 생각해 보라."[35]

어떤 사람은 "우리는 감히 성찬을 받을 수 없다. 그것을 받은 후에는 완벽한 순종을 해야 하지만 우리는 그 실천을 장담할 수 없기 때문"이라며 더 터무니없는 핑계를 댄다. 하나님의 명령에 지속적으로 순종하려는 의도는 성찬에 참여할 때 이루어진다. 지속적인 성찬 참여가 지속적인 순종의 내용이다.

---

34   같은 곳.

35   "The Duty of Constant Communion," B 3:435, J VII:153, sec. 2. 11.

세례와 성만찬은 하나님의 용서를 받겠다는 의지의 다른 표현이다. 세례는 자유를 얻는 신생으로서 단 한 번 이루어진다. 지속적 성찬 참여는 세례 이후 모든 순간에 자발적으로 이루어진다. 우리가 세례를 받는 것은 단 한 번이지만, 성찬을 받는 것은 반복적이다. 두 성례 모두에서 지속적인 의도는 하나님의 용서를 받아들이는 것이다.

성찬은 "당신이 세례에서 약속한 온전한 순종 그 이상도 이하도 요구하지 않는다." 따라서 당신이 세례에서 한 약속에 동의하기를 거부한다면, 그것은 당신이 받은 세례를 부인하는 것이 된다.[36] 이런 핑계는 "지속적인 성찬 참여를 거부하는 것이기보다 아예 성찬 참여 자체를 거부하는 것이다. 우리가 성찬에 참여할 만한 자격을 갖추기까지 성찬을 받을 수 없다면" 그것은 우리가 앞으로도 결코 성찬을 받지 못한다는 것을 의미하기 때문이다.[37]

하나님께서는 하나님의 명령에 순종해 그 유익을 받아들이겠다는 의도를 고백하는 자에게 명령을 성취할 은혜를 주신다.[38] 신자는 "하나님의 모든 명령을 지키려는 마음의 온전한 목적과 … 그의 모든 약속을 받으려는 진지한 열망"을 가져야 한다.[39] 내적 의도와 진지한 열망은 성찬을 대신하는 것이 아니라 성찬으로 이어진다.

b. 용서받을 시간이 없다는 핑계의 어리석음

당신이 하나님께 용서받을 시간이 없다고 한다면 어떻게 되는가? 그것

---

36   "The Duty of Constant Communion," B 3:435-36, J VII:153-54, sec. 2. 13.
37   "The Duty of Constant Communion," B 3:436, J VII:153, sec. 2. 13.
38   "The Duty of Constant Communion," B 3:435, J VII:153, sec. 2. 12.
39   "The Duty of Constant Communion," B 3:430, J VII:149, sec. 1. 6.

은 유죄를 선고받은 죄인이 형 집행 정지를 받고도 "나는 바쁘니 방해하지 말라"고 말하는 것과 다름 없을 것이다.

성찬에 참여하기 위해 준비할 시간이 없는가? "꼭 필요한 모든 준비는 '당신이 과거에 지은 죄를 참되게 회개하고 그리스도를 당신의 구주로 믿으라'는 말씀에 다 담겨 있다."[40] 이것은 당신이 "삶을 바로잡아 모든 사람을 사랑함으로 이 거룩한 신비에 참여하는 데 적합하게 되기를" 요구한다.[41] 세례를 받는 데 동의한 모든 사람은 이로써 "두려움 없이 가까이 나아가 위로의 성례를 받을" 준비를 갖춘다.[42]

당신이 "그리스도께서 죄인을 구원하시기 위해 죽으셨음을 믿지" 못하게 방해하는 어떤 일이 있는가? 당신의 시간을 영원이라는 문맥에 대입해 보라. "만약 어떤 일이 당신을 구원의 상태에서 벗어나도록 방해할 정도로 중대한 일이 아니라면, 그 일로 성찬 참여를 방해받아서는 안 된다. 만약 당신이 그리스도를 따르기로 결정하고 계획했다면 성찬에 나아갈 준비가 된 것이다."[43] 만약 당신이 일시적인 일을 영원한 일보다 더 중시해 온 사람이라면 바로 당신이 성찬의 은혜를 누구보다 필요로 하는 사람이다. "실로 모든 신중한 사람은 시간이 있다면 성찬을 받기 전에" 가장 단순하게 "자신이 하나님의 약속을 믿고 있는지, 그리고 온전히 하나님의 방법으로 살아가기를 계획하고 있는지" 자신을 점검해 보아야 한다.

그러므로 "하나님의 명령을 존중한다면서 그것으로 하나님의 명령을 어기는 구실을 삼지" 말라.[44]

---

40   "The Duty of Constant Communion," B 3:436, J VII:154, sec. 2. 14.

41   BCP, 성만찬으로의 권유.

42   BCP; "The Duty of Constant Communion," B 3:436, J VII:154, sec. 2. 14.

43   "The Duty of Constant Communion," B 3:436, J VII:154, sec. 2. 14.

44   "The Duty of Constant Communion," B 3:436-37, J VII:154, sec. 2. 15.

4. 의무와 감정

a. 즉각적 유익을 느낄 수 없다는 것이 주님의 명령을 무효화하지 않음

어떤 사람은 "성찬을 자주 받으면 그 의미가 퇴색된다"며 불평한다. 그들은 성찬을 반복하면 느낌이 축소되어 덜 거룩하게 느껴진다고 말한다. 하나님의 용서를 받고자 하는 부단한 의지가, 현재에 제공된 떡과 잔에 대한 존중을 감소시킨단 말인가? 하나님께서 우리에게 베풀어주기 원하시는 행복에 대해 싫증나게 만들거나 덜 알고 싶어지게 만든단 말인가?

웨슬리는 다음과 같이 대답한다. "혹 그렇다고 가정해 보자. 하나님께서는 하나님의 명령에 순종하는 것이 그분의 명령에 대한 존중을 감소시킬 때는 당신이 그 명령을 어겨도 좋다고 말씀하셨는가?"[45] "'이것을 행하라'고 명령하신 하나님은 '만약 그것이 너의 존중하는 마음을 감소시키지 않으면'이라는 전제를 붙이지 않으셨다."[46] 참된 경외는 우리가 우리 감정에 집중하는 데서가 아니라, 하나님의 뜻을 수용하는 데서 흘러나온다.

하나님의 용서를 받으려는 부단한 의지는 "참된 신앙적 경외의 태도를 감소시키지 않고 오히려 확증하고 증대시킨다."[47] 성찬의 은혜를 거부하기를 고집하는 것은 지혜롭지 못하고 경솔한 태도. 성만찬의 제정을 우리를 향한 은혜로 여기는 사람에게는 특히 그렇게 보인다.[48]

b. 용서는 감정적 효과에 달려 있지 않음

감정적 효과가 없다는 것은 단지 "그가 하나님의 모든 약속을 받기 위

---

45 "The Duty of Constant Communion," B 3:437, J VII:155, sec. 2. 16.
46 "The Duty of Constant Communion," B 3:439, J VII:157, sec. 2. 22.
47 "The Duty of Constant Communion," B 3:437, J VII:155, sec. 2. 17.
48 "The Duty of Constant Communion," B 3:438, J VII:156, sec. 2. 21.

해 … 바르게 준비하지 않았음"을 나타낼 수 있다.[49] 우리가 은혜를 받기 위해 적절하게 준비하지 못한 것은 하나님의 잘못이 아니다. "우리가 할 수 있었던 필요한 준비를 게을리한 것은 우리의 잘못이기 때문에, 성찬에서 은혜를 받지 못했다는 것이 성찬을 거부하는 변명거리가 될 수 없다."[50]

영국 국교회에서는 교회법상 의무로 일 년에 적어도 세 번 이상 성찬을 받아야 한다.[51] 이것이 어떤 사람들로 이 최소한의 횟수만 충족시키면 "이를 행하여 나를 기념하라"는 명령을 충분하고도 완전하게 순종하는 것이 된다고 생각하게 만든다. 이러한 핑계는 성찬에 관해 권면하는 목회자에게는 기쁜 소식을 전할 기회가 된다. 즉 성찬은 숙제가 아닌 선물이라는 사실이다. 그 선물을 받기 위한 은혜의 방편은 성육신하신 성자 하나님께서 우리에게 직접 가르쳐주신 것이다.[52]

어떤 사람은 선의로 "나는 오랫동안 지속적으로 성찬에 참여했지만 내가 바라던 은혜를 받지 못했다"고 고백할 수 있다. 그러나 웨슬리는 성찬의 초점이 즉각적으로 느끼는 감정적 유익에 있지 않음을 가르쳤다. 우리는 단순히 하나님께서 명령하신 것을 행한 후 나머지는 성령님께 맡겨야 한다. "하나님께서 명령하신 것이라면 우리는 거기서 어떤 유익을 느끼든 못 느끼든 그가 명하신 것을 행해야 한다."[53]

하나님의 명령에 따름으로 우리는 유혹이 닥쳐오지 않도록 방벽을 놓는다. "이를 행하여 나를 기념하라"는 말씀은 세례의 유익을 날마다 누리라는 하나님의 직접적 명령이다. 이 명령에 순종하는 것은 "많은 죄와 유

---

49   "The Duty of Constant Communion," B 3:438, J VII:156, sec. 2. 19.
50   "The Duty of Constant Communion," B 3:439, J VII:157, sec. 2. 22.
51   BCP, 성만찬 규정.
52   "The Duty of Constant Communion," B 3:438, J VII:156, sec. 2. 20.
53   "The Duty of Constant Communion," B 3:437, J VII:155, sec. 2. 18.

혹에서 보호받는 방법이 된다. 그리고 이 점은 우리가 성찬에서 감정적 변화를 즉각적으로 느끼지는 못하더라도 가능한 한 자주 성찬을 받게 만들기에는 충분하다." 성찬이 가져오는 정서적 은혜 역시 하나님께서 정하신 때가 되면 신자에게 분명하게 나타날 것이다.[54]

B. 어린양의 혼인 잔치 참여 준비

1. 결혼 예복

주님을 맞이하기에 알맞은 결혼 예복은 무엇인가? 웨슬리 설교 127번 "결혼 예복에 대하여"(On the Wedding Garment)는 어린양의 혼인 잔치에 적합한 결혼 예복은 그리스도께서 십자가와 부활로 보여주신 의에서 기인하는 마음과 삶의 거룩함이라고 답한다 [(1790년 3월 26일) B 4:139-48; J #127, VII:311-17].

a. 혼인 잔치의 비유

마태복음 22장에서 예수님은 아들을 위해 대단한 결혼 잔치를 계획한 왕의 비유를 드셨다. 왕은 초대장을 보냈지만 초대받은 사람들이 참여를 거부했다. 그가 놀라운 만찬을 준비했다고 말했지만, 그들은 관심을 기울이지 않고 자기 할 일만 할 뿐이었다. 그들은 너무 바빴다.

드디어 혼인 잔치 준비가 끝나자, 왕은 자신이 초대한 사람들에게 종을 보내 잔치로 초대했다. 그들은 화를 냈고, 심지어 종들을 죽였다. 왕은 그들이 잔치에 참여할 자격이 없는 자들이라며 응수했다. 왕은 그들을 위해 선물을 준비했으나, 초대받은 자들이 그것을 외면했다. 그러자 왕은 종들에게 명령을 내려, 길에 나가 악한 자나 선한 자나 만나는 대로 모두 데려오게 했고, 혼인 잔치는 손님으로 가득했다. "임금이 손님들을 보러 들어올새 거기서 예복을 입지 않은 한 사람을 보고 이르되 친구여 어찌하여 예복을 입지 않고 여기 들어왔느냐 하니 그가 아무 말도 못 하거늘"(마 22:11-12). 기분이 상한 왕은 "청함을 받은 자는 많되 택함을 입은 자는 적으니라"(마 22:14)라고 말하며 종들을 시켜 그 사람을 밖으로 내쫓았다.

b. 비유의 의미

이 비유는 웨슬리가 놀랍고 중요한 의식, 즉 주님께서 타락한 인간 역사를 훌륭하게 종결지으시는 마지막 잔치를 어떻게 준비할 것인지를 가르치는 기초가 되었다. 이 마지막 잔치는 성찬을 통해 예시된다.

처음 초대받은 사람은 언약 백성들이다. 그러나 그들은 초대에 응하지 않았다. 그들은 각자에게 좋은 일을 행하느라 너무 바빴다. 다음으로는 가장 악한 자들을 포함해 모든 사람이 초대를 받았다. 단 하나의 요구사항은 잔치에 적합하도록 준비하는 것이었다. 준비되었음을 보여주는 표식은 단지 적절한 결혼 예복을 입는 것이다. 어느 누가 그런 멋진 잔치에 행사를 축하하기 위한 예복도 없이 참여할 수 있겠는가! 그 마지막 잔치를 위해 준비를 갖추지 않은 사람은 밖으로 내던져졌다. 그는 왕의 선물을 받을 준비를 갖추지 않았다. 행사에 적합한 상태로 오지 않았던 것이다.

2. 하나님 나라에 들어가기 위한 자격

예수님의 혼인 잔치 비유는 우리가 영원히 거룩하신 하나님의 존전에서 살아가기에 적합해야 한다고 요구한다. 그 적합성은 우리 자신의 의가 아닌 그리스도의 의에 기초한 것이다. 그것이 단 하나의 요구사항인 적절한 예복이다. 주님께서는 지금 이곳에 존재하는 교회를, 주님과 영원히 함께할 영생의 소망을 통해 그 적합성을 갖추도록 양육하신다. 이 적합성은 시간의 제약 속에서 살아가는 제자들로 영생을 얻을 준비를 갖추게 한다.

혼인 잔치 비유는 성찬을 받을 준비를 말하는 것이 아니라, 성찬이 가리키는 의로움, 즉 마지막 심판 때 회개하고 믿는 사람에게 베푸시는 하나님의 용서를 받도록 준비해야 함을 말씀한다.[55]

"그리스도의 의 없이는 우리가 영광을 누릴 어떤 권리도 가질 수 없고, 거룩함이 없이는 우리가 그 영광을 누리기에 적합하지 않다."[56] 요한계시록 19:7-8에서 어린양의 혼인 잔치는 전투적 교회가 시간 속에서 받아들인 그리스도의 의를 드높인다.[57] 이 비유에서 잔치는 전투적 교회가 궁극적으로 받아들인 그리스도의 의다. 이 잔치는 역사의 종국에 일어날 비길 데 없는 사건이다. 우리는 성찬을 통해 미래에 있을 그 사건을 상기하게 된다. 상기할 장면은 지난 주일에 있었던 일이 아니라 역사의 마지막 날에 있을 일이다.[58]

결혼 예복이 우리가 마지막 날 입게 될 그리스도의 의(계 19:8)라면, 그리스도의 의로 옷 입는 것이 예식을 위한 준비다. 예복은 그리스도의 의에 기초한 거룩함으로, "이 거룩함이 없이는 아무도 주를 뵙지 못한다"(히 12:14).[59] 사탄의 계략은 우리가 이 예복, 즉 하나님 나라에 들어가는 데 필수 조건인 마음과 삶의 거룩함이 없어도 마지막 날을 위해 준비되었다는

---

55   "On the Wedding Garment," B 4:141-43, J VII:311-13, secs. 2-6.
56   "On the Wedding Garment," B 4:141-43, J VII:314, sec. 10.
57   "On the Wedding Garment," B 4:143, J VII:314, sec. 8.
58   "On the Wedding Garment," B 4:141, J VII:314, sec. 4.
59   "On the Wedding Garment," B 4:144, J VII:314, sec. 10.

환상을 갖게 만드는 것이다(참고. 설교 42번 "사탄의 계략들"). 사탄은 이같이 진리를 왜곡해 많은 사람에게 비참한 결과를 가져왔고, 인간의 행위에 근거한 의의 교리로 교회를 속여왔다. 혼인 잔치에 들어가기 위해 요구되는 단 한 가지는 하나님의 거룩하심을 반영하는 거룩한 삶으로의 부르심에 응하는 것이다.[60]

예복은 헐벗은 자를 입히고 주리는 자를 먹이고 자선행위를 하고 측은하게 여겨 자비를 베푸는 것 같은 선행이 아니다. 잔치에 입어야 할 유일한 예복은 그리스도의 의로, 우리는 오직 그분의 공로로 그분의 영광에 들어간다. 우리는 우리의 행위를 통해 그분의 영광을 반영할 수 있다. 우리는 오직 그리스도의 의로 칭의 되고(죄책에서 구원), 성화되며(죄 자체에서 구원), 영화 된다(천국으로 올려짐). 성경이 말씀하는 결혼 예복은 단순히 성만찬 준비가 아니라, 주님의 존전에서 영원한 영광에 들어가기를 준비하는 것이다. 적합한 결혼 예복을 입지 않은 사람은 누구도 잔치 참여가 허락되지 않는다.[61]

a. 행위로 말미암지 않은 거룩함

결혼 예복은 우리 자신의 거룩함이 아니라 십자가 위에서 드러나고 구체화된 주님의 의다. 그리스도의 의가 없다면 우리는 영원한 영광에 참여할 준비를 갖출 수 없다. 성령께서 우리에게 능력을 부어 가능케 하신 우리 자신의 거룩함 없이는, 우리는 영광을 누리기에 적합하지 않다. 그러나 우리가 그리스도께 참여하는 자와 하나님의 자녀, 하나님 나라의 상속자

---

60 "On the Wedding Garment," B 4:141-43, J VII:315, sec. 13.
61 "On the Wedding Garment," B 4:147-48, J VII:316-17, secs. 17-18.

가 되는 것은 그리스도의 의에 의한 것이다. 신앙을 통해 하나님의 거룩하심에 참여함으로 얻는 우리 자신의 거룩함에 의해 우리는 "빛 가운데서 성도의 기업의 부분을 얻기에 합당"(골 1:12)하게 된다. 여기서 우리는 우리를 위한 그리스도의 의와 그에 적합한 반응으로서 우리 자신의 거룩함이 결정적으로 연결되어 있음을 본다.[62]

예복은 단지 교회에 출석하거나 도덕적 삶을 살거나 바른 견해를 갖는 것이 아니라, 실제로 그리스도의 마음을 품는 것이다. 우리가 그리스도 안에서 새로운 피조물이 되어 우리를 향한 본래의 목적대로 거듭나면 이 예복을 입게 된다. 당신은 하나님의 은혜에 의해, 신앙을 통해 구원을 얻는다. 그런데 이 구원의 신앙은 순종하는 모든 자를 거룩한 삶으로 이끈다. 결혼 예복은 "거룩함이 없이는 아무도 주를 보지 못하리라"(히 12:14)고 하신 그 거룩함, 즉 우리 주님의 의다.[63]

그리스도의 의 없이는 어떤 죄인도 하나님 나라에 받아들여질 준비를 갖추지 못한다. 말씀이 선포될 때마다 성령 하나님은 기꺼이 이 예복을 우리에게 입혀주시기 원하신다. 그리스도의 의에 의해 우리는 그리스도께 참여하는 자와 하나님의 자녀, 하나님 나라의 상속자가 된다. 성령의 은혜에 의해 우리는 성도가 받을 유업에 참여할 수 있게 된다.

칭의의 신앙에 의해 우리는 죄에서 구원을 받는데, 이 구원은 거룩함을 목적으로 한다. 이제 우리는 우리 자신이 그리스도의 마음을 품고 그리스도처럼 행하게 하시려는 하나님의 목적에 따라 우리가 구원받았음을 깨닫는다. 우리는 다시 태어나 새로운 피조물, 새 사람이 되어야 한다. 신앙이 우리 자신의 거룩함을 불필요하게 한다는 생각은, 복음이 우리를 모

---

62 "On the Wedding Garment," B 4:146-47, J VII:314, secs. 16-17.
63 "On the Wedding Garment," B 4:147, J VII:317, sec. 18.

든 책임에서 면제한다고 잘못 주장하는 율법무용론의 핵심 사상이다. 도리어 믿음은 사랑으로써 역사한다(갈 5:6). 즉 하나님과 인류를 향한 사랑을 통해 일한다. "믿음으로 우리는 죄에서 구원받고 거룩해진다."[64]

b. 구원과 거룩한 삶

생명을 주신 분은 모든 생명, 죄로 인해 불행에 빠진 모든 영혼을 구원하기를 원하신다. 그러나 하나님은 어떤 영혼도 억지로 신생의 선물을 받도록 강요하지 않으신다. 이 선물은 사람이 받기로 결단함으로써만 받을 수 있다. 구원은 하나님의 강제가 아니라, 하나님께서 은혜로 우리 스스로의 결정을 도와주심으로 가능하게 된다.

마지막 어린양의 혼인 잔치에 적합한 유일한 결혼 예복을 입은 사람은, 이미 그리스도의 보혈로 씻음받아 잔치에 참여할 준비를 갖춘 사람이다. 이 예복을 준비하지 못한 사람은 그 태만함으로 인해 하나님의 잔치에서 내던져질 것이다.[65] 참된 결혼 예복은 우리가 마지막 날에 입게 될 그리스도의 의다.[66]

웨슬리는 이 설교를 작성한 1790년 3월 26일 일지에 다음과 같이 적었다. "나는 결혼 예복에 관한 설교 작성을 마쳤다. 이것이 내가 쓰는 마지막 설교문이 될지도 모른다. 내 눈은 침침해졌고 자연적인 기력은 약해졌다. 그러나 나는 죽어 티끌로 돌아가기 전, 할 수 있는 한 하나님을 위해 아주 작은 일이라도 할 것이다."

---

64   같은 곳.
65   "On the Wedding Garment," B 4:148, J VII:314, sec. 10.
66   "On the Wedding Garment," B 4:148, J VII:316, sec. 17.

더 깊은 이해를 위한 독서 자료

Baker, Frank. *Methodism and the Love Feast*. London: Epworth, 1957.

Barratt, Thomas H. "The Lord's Supper in Early Methodism." In *Methodism: Its Present Responsibilities, The Proceedings of the Methodist Church Conference, Bristol*, 71-81. London: Epworth, 1929.

George, Raymond A. "The Lord's Supper." In *The Doctrine of the Church*, edited by Dow Kirkpatrick, 140-60. New York: Abingdon, 1964.

Johnson, Susanne. "John Wesley on the Duty of Constant Communion: The Eucharist as a Means of Grace for Today." In *Wesleyan Spirituality in Contemporary Theological Education*, 25-46. Nashville: General Board of Higher Education and Ministry, United Methodist Church, 1987.

Jones, Scott J. *Staying at the Table: The Gift of Unity for United Methodists*. Nashville: Abingdon, 2008.

9장

그리스도의 몸의 하나 됨

9장 그리스도의 몸의 하나 됨

A. 그리스도 안에서 한 몸

1. 분열에 대하여

a. 그리스도의 몸에는 분열이 없어야 함

존 웨슬리는 82세 때 "분열에 대하여"(On Schism)라는 중요한 설교를 통해 "당신을 기독교 공동체에 연합하게 한 거룩한 연대를 성급하게 끊어 버리지 말라"며 간곡히 호소했다. 설교 본문은 고린도전서 12:25의 "몸 가운데서 분쟁이 없고 오직 여러 지체가 서로 같이 돌보게 하셨느니라"라는 말씀이다. 분열은 우리 자신과 다른 사람 모두에게 악한 추측과 무자비한 비판, "응어리, 적의, 굳은 증오심" 같은 파괴적인 성품을 일으키고, 이는 또다시 교회의 연합과 선교를 방해하는 "심각한 장애물"이 된다 [설교 75번 (1786년 3월 30일, 영국 뉴카슬), B 3:59-69; J #75, VI:401-10]. 웨슬리는 그리스도의 몸 안에서 이런 기질과 다툼은 전혀 유익하지 않다고 생각했다.[1] 이 설교를 작성한 목적은 메소디스트 신도회 내의 다투기 좋아하는 분파주의 성향에 반대해, 자신의 의도는 영국 국교회에서의 분리가 아님을 재확인하려는 것이었다.

---

1   "On Schism," B 3:59-60, J VI:401-2, 서문 2.

동사 ‘*schisma*’는 ‘잘라내다, 찢다, 나누다’를 의미한다. 웨슬리는 교회를 분열시킨다는 비난을 받자 신약성경이 ‘*schisma*’를 어떻게 바라보는지 검토해 보았다. 바울 서신들에서 분열은 “생각과 판단(그리고 감정)에서 불일치함에도 외적으로는 전과 같이 연합된 상태”를 말한다.[2] 분열은 그리스도의 몸 안에서의 갈림이나 나뉨이다.[3] 메소디스트 중 일부는 영국 국교회에서의 분리를 원했으나, 웨슬리는 분리를 원치 않았고 단호히 반대했다.

b. 분열의 성격

웨슬리는 분열을 “이유 없이 살아있는 그리스도인 조직체에서 분리되는 것”[4]으로 정의했다. 분열이라는 용어가 사용되면 그것은 “(일반적 교회든, 특정한 교회든, 보편적 교회든, 어떤 국가 교회든) 교회로부터의 분리가 아니라, 교회 내에서의 분리”를 말한다.[5]

고린도 교회의 분리주의자들은 무엇에 관해 다투고 있었는가? 고린도 교회에서 불화를 일으키는 문제는 그 공동체만의 특별한 것으로, 성찬을 받을 때의 부주의하고도 몰인정한 태도였다. 우리는 고린도전서에서 이에 관한 기록을 본다. “이는 먹을 때에 각각 자기의 만찬을 먼저 갖다 먹으므로 어떤 사람은 시장하고 어떤 사람은 취함이라”(고전 11:21). 이 일은 “어떤 사람은 시장한데 다른 사람은 취해 있는 충격적인 방식으로” 일어나고 있었다.[6] 좋지 못한 일이지만, 그리스도의 몸을 나눌 만큼 나쁜가?

2   “On Schism,” B 3:60-61, J VI:403, sec. 1. 2.
3   같은 곳.
4   “On Schism,” B 3:64, J VI:406, sec. 2. 10.
5   “On Schism,” B 3:60, J VI:402, sec. 1. 1.
6   “On Schism,” B 3:61-62, J VI:403, sec. 1. 5.

'이단'의 헬라어 단어는 '분열'(schism)과는 의미가 다르지만, 둘은 서로 밀접하게 관련되어 있다. '이단'(heresy)이라는 말은 본래 "수세기 동안 이상하게 왜곡된 결과로 오류가 많은 사상을 의미"하게 되었다. 이단은 우리가 전하는 것이 사도적 진리보다 더 뛰어나다는 허식, 우리가 더 나은 복음을 가르칠 수 있다는 교만한 망상을 의미한다. 그러나 분열은 그리스도의 몸 안에서 지니는 연합된 조직체를 찢어 나누는 것을 말한다.[7] 누군가가 하나의 통일체로 움직이는 살아있는 유기체에서 그 일부를 찢어 몸의 하나 됨을 파괴했다고 상상해 보라.

바울은 교회사에서 이단이 존재하게 된 것에는 교회의 잘못을 교정하고 안이한 신앙을 일깨우려는 섭리적, 교정적 목적이 있음을 알았다. "너희 중에 파당이 있어야 너희 중에 옳다 인정함을 받은 자들이 나타나게 되리라"(고전 11:19). "하나님의 지혜는 이러한 목적, 즉 하나님 앞에서 그 마음이 바른 사람을 더 분명히 드러내시기 위해 이단을 허락하신다."[8]

분열은 마음의 문제로, 꼭 "어떤 특정한 교회나 그리스도의 몸 전체에서의 분리"를 의미하지는 않는다.[9] 오히려 고린도전서 12:25에서의 분리는 "누군가의 마음이 그 형제를 향한 애정에서 멀어진 것, 마음이 나뉜 것, 거기서 생겨나는 파당"을 의미한다.[10]

c. 분열과 악

분열은 그 자체가 악이지만, 또 더 큰 악을 초래하는 상황을 만든다.[11]

---

7   같은 곳. 이 구절에서 바울은 이단과 분열이라는 용어를 기능적으로 동일하게 사용하고 있다. 분열 문제를 제기한 후 즉시 이단에 대한 언급으로 넘어가기 때문이다.

8   "On Schism," B 3:62, J VI:404, sec. 1. 6.

9   "On Schism," B 3:63, J VI:405, sec. 1. 9.

10   "On Schism," B 3:63, J VI:405-6, sec. 1. 7.

11   "On Schism," B 3:64, J VI:405-6, sec. 2. 10.

"분열은 우리가 이전에 연합되어 있던 살아있는 그리스도인의 몸에서 우리를 분리시키기에 … 그 자체가 악하다."[12] 우리가 그리스도께서 사랑하신 것처럼 사랑한다면 우리가 그리스도 안에서 가졌던 하나 됨에서 분리되지 않을 것이다. "우리를 서로 연합시키는 것이 사랑의 본성이기 때문이다." 초대교회의 그리스도인들은 서로를 향한 사랑으로 심지어 다른 사람을 위해 기꺼이 죽기까지 함으로, 그리스도 안에서 자신들의 사랑과 하나 됨을 나타냈다.[13] "우리가 형제들로부터 분리를 생각하게 된 것은 오직 우리의 사랑이 식었을 때였다." 신자들에게 분열이 생기게 된 "진정한 원인은 언제나 사랑의 결핍이었다."[14]

분열은 그 자체로 악할 뿐 아니라 악한 열매를 맺는다. 분열은 "악한 열매를 맺는다. 분열은 자연스럽게 가장 유해한 결과를 낳는데" 거기에는 "서로를 향한 맹렬하고 무자비한 비난"도 포함된다. "분열은 모욕과 분노와 증오를 불러일으킨다."

마음의 악은 실제로 끔찍한 열매를 맺는다. "그 마음이 편견이나 분노, 의심, 또는 어떤 좋지 못한 성품으로 가득한 사람은 반드시 그 마음의 기질과 일치하는 방식으로 말하게 되어 있다." 그로 인해 "심한 말, 고자질, 험담, 모든 종류의 비방"이 생겨난다.[15] "이 모든 언쟁이 하나님의 성령을 얼마나 근심하시게 하겠는가!" 이런 다툼은 "그 형제들의 영혼에 하나님의 사역을 진척시켜나가던 사람으로 열의를 잃게 만들어 … 먼저는 경건의 능력을, 다음으로는 경건의 모양 그 자체마저 전적으로 파괴한다. 이런 결과는 단지 상상에 불과한 것이 아니며, 단지 추측으로 말하는 것도 아니

---

12 "On Schism," B 3:64, J VI:405-6, sec. 2. 11.
13 Tertullian, *Apologia* 30 .
14 "On Schism," B 3:64, J VI:405-6, sec. 2. 11.
15 "On Schism," B 3:65, J VI:407, sec. 2. 13.

다."[16] 분리주의적인 태도는 파멸의 흔적을 남긴다.

"기독교 신앙에 익숙하지 않은 사람"에게는 이 사소한 것이 전도의 장애물이 된다. 그 결과는 "한때 하나님의 얼굴빛 속을 걸었던 수천 명의 영혼, 결코 적지 않은 사람들이 화평의 길에서 돌아서게 될지도 모른다"는 것이다. 분리주의적 태도의 결과는 사회 질서에도 악영향을 끼친다. "이것이 기독교 교회나 공동체에서 갈라져 나오는 사람이 자신뿐 아니라 사회 전체와 세상에 일반적으로 끼치는 복잡한 악영향이다."[17]

2. 반복되는 문제

a. 파당 정신을 용인하지 말라

웨슬리의 설교 "분열에 대하여"의 마지막 부분(구분 번호 17-21)은 오늘날 범웨슬리안 교단에 속한 모든 사람, 특히 웨슬리안 핵심 교리를 잊은 채 쇠잔해가는 교회를 염려하는 사람에게 적용할 만한 요소가 있다.

현대의 모든 웨슬리안 전통의 교단은 특히 성 문제, 더 분명히 말하면 안수 받은 목사가 한 남자와 한 여자가 결혼할 때 전통적 기독교가 가르쳐 온 충성 서약을 경시하는 결혼식을 집례하는 문제와 관련해 내적 불화와 외적 분리라는 유사한 문제에 직면해 있다.

어떤 교인은 웨슬리 시대에 "우리는 깨끗한 양심으로는 영국 국교회에 남아 있을 수 없기 때문에 어쩔 수 없이 분리될 수밖에 없다"[18]고 주장한 사람들처럼 실패한 교회에서의 '평화적 분리'를 주장한다. 웨슬리는 메소디

---

16   "On Schism," B 3:66, J VI:407, sec. 2. 15.
17   "On Schism," B 3:66, J VI:408, sec. 2. 16.
18   "On Schism," B 3:67, J VI:408, sec. 2.17.

스트가 영국 국교회에서 분리되는 문제에 관해 다루었지만, 오늘날에도 유사한 문제는 여전히 발생한다.

비록 오늘날의 분리는 주로 복음주의적 신자가 자유주의적 사상이 우세한 교회에서 분리되어 나가는 것으로 말하지만, 더 정확히 말하면 자유주의적 사상을 가진 성직자가 그들의 뿌리에서 떨어져나가는 것이다. 역사적 기독교 전통을 지키는 평신도가 아니라 그 전통을 지키지 않는 성직자들이 험악한 분열을 부추긴다. 분리에 관한 논의는, 교회가 한 남자와 한 여자가 결혼 생활에서 지속적으로 언약적 책임성을 지녀야 하며, 그것이 그 자녀 및 관계된 모든 사람에게 영향을 끼친다는 사실을 강조해 온 전통적 가르침을 부인할 것을 요구하는 사람에게서 시작된다. 불화를 일으키는 사람은 기독교 전통에서 이미 확립되어 있는 교리를 더 좋게 바꾸겠다고 자처하는 사람이다.

복음주의적인 사람은 이미 확립된 교리와 목회적 실천에 균열을 일으키지 않는다. 그렇다면 그들은 타락한 교회를 떠나야 하는가, 아니면 소수의 부정한 지도력을 개혁하기 위해 남아야 하는가? 오늘날 모든 복음주의적 교회는 초기 메소디스트 신도회를 괴롭혔던 것과 같은 딜레마, 즉 남아야 하는지 떠나야 하는지의 문제에 직면한다. 따라서 나는 오늘의 범웨슬리안 교단들을 위해 분열에 관한 웨슬리 설교가 여전히 중요함을 말하고자 한다. 이러한 논의에서는 정확한 용어 사용과 공정한 양심이 중요하다.

b. 양심의 문제

오랜 고민 끝에 웨슬리는 양심에 거리낌이 있어 분리되어 나온 사람은 "분리를 택했다는 이유로 나무랄 수 없다"고 주장했다. 그들의 마음은 여

428 존 웨슬리의 기독교 해설 3: 목회신학

전히 그리스도의 몸과의 하나 됨을 유지하고자 했다는 것이다.

교회의 하나 됨을 강조하고자 결심했으면서도 웨슬리는 하나의 중요한 예외가 있음을 인정했다. "예를 들어, 하나님의 말씀이 금하는 무엇인가를 행하거나, 하나님의 말씀이 행하라고 하는 것을 어기지 않으면 영국 국교회에 남을 수 없다고 해보자. (감사하게도 실제로는 그렇지 않지만) 만약 그렇다면 당신은 영국 국교회에서 마땅히 분리되어야 한다."[19]

만약 잘못된 교회가 성경이 금하는 것을 요구한다면 떠나야 한다. 그러나 교회가 하나님이 금하시는 일을 행하라고 요구하지 않는다면 남아야 한다. 그는 영국 국교회는 하나님께서 금하시는 일을 행하라고 요구하지 않으므로, 후자의 범주에 속한다고 생각했다. 그래서 그는 영국 국교회를 떠나지 않았다.

양심의 문제는, 교회가 당신에게 잘못된 일을 명령하느냐로 좁혀진다. 현재의 성 윤리에 관한 논쟁 역시 이 문제에 해당되지 않는가? 나는 내 교회로부터 하나님의 명령에 반대되는 무엇을 행하라는 지시를 받은 적이 없음을 선한 양심을 가지고 말할 수 있다. 웨슬리가 교회로부터의 분리의 근거를 개인적 양심에 관한 것으로 말했듯, 나 자신도 개인적인 생각을 말할 뿐이다. 나는 이 문제에서 나와 다르게 생각하는 분들을 존중한다.

웨슬리는 자신이 세례를 받고 목사 안수를 받은 영국 국교회의 순결성과 관련해 개인의 양심적 고뇌가 있었음을 솔직히 밝힌다. "나는 나 자신의 경우에 대해서도 말하고자 한다. 나는 어려서부터 영국 국교회 회원이었고 현재도 국교회 회원이자 목사다. 나는 내 영혼이 몸에서 분리되는 순간이 오기까지 영국 국교회에서 분리되고 싶은 마음이나 계획이 전혀 없

다. 그러나 만약 내가 하나님께서 내게 요구하시는 것을 어기지 않고서는 국교회에 머물 수 없게 된다면, 지체 없이 떠나는 것이 적절하고도 옳으며, 나의 마땅한 의무일 것이다."[20]

적극적 국교 반대주의자는 그의 마지막 문장을 주의 깊게 들을 필요가 있다. 그의 질문은, 현대의 자유주의적 교회가 "하나님의 요구를 지킬 수 없게 만들어" 당신으로 교회에 남아 있을 수 없게 만드는가 하는 것이다. 이 점에 관해 나는 쇠퇴해가는 자유주의적 교회라도 하나님께서 금하신 무엇을 행하라고 나에게 강요한다고 생각하지는 않는다. 안수 받은 목사로서 나는 결혼 서약을 선포하지만, 단지 선한 양심으로 결혼하기에 합당하다고 판단한 사람들에게만 그렇게 한다. 이러한 나의 의무는 내가 안수받을 때 한 서약과 교회의 규칙에 이미 포함되어 있다.

웨슬리의 영국 국교회와 내가 소속된 연합감리교회의 유사성은 우리의 이해를 돕는다. 웨슬리에 의하면, 만약 내가 속한 교회가 나에게 죄를 짓게 하거나 우상숭배를 저지르게 하는 잘못된 요구를 하면 "교단을 떠나는 것이 나의 마땅한 의무"가 된다. 이는 "이유 있는 분리"이지 불필요한 분열이 아니다. 그러나 웨슬리는 메소디스트 연합체가 영국 국교회를 떠나야 할 충분한 이유가 있다고 생각하지 않았다. 그는 자신의 타락한 교회가 개혁의 가능성이 있다고 생각했다. 그래서 그는 국교회의 갱신을 요구할 뿐 아니라, 국교회에 남아 그 갱신을 일으키기 위해 노력했다.

웨슬리는 분열에 관한 설교에서 신중하게 다음과 같이 말한다.

나는 하나님께서 내게 복음 전파의 사명을 맡기셨음을 압니다. 만약 내가 복음을 설교할 수 없다면, 나는 국교회에서 분리되어야 할 필요가 있습니다. 그렇게

---

20 같은 곳.

하지 않는다면 나는 내 영혼을 잃게 될 것이기 때문입니다. 이와 마찬가지로 내가 죄를 짓거나, 거짓과 위선을 행하거나, 나 자신도 믿지 않는 교리를 타인에게 가르치지 않으면, 작은 신도회나 교회 또는 그리스도인 무리와 계속 연합해 있을 수 없다면, 나는 절대적 필연성에 의해 그런 단체에서 분리되어야 합니다. 그리고 이 모든 경우 분리의 죄와 그에 따르는 모든 악은 내 책임이 아니라, 내 양심으로는 따를 수 없는 것을 교제의 조건으로 요구해 내가 분리될 수밖에 없도록 강제한 그들의 책임입니다.[21]

웨슬리처럼 나는 "지금 연합된 교회가 내게 성경이 금하는 것을 하게 하거나, 성경이 하라고 하는 것을 하지 못하게 하지 않는 한 교회를 떠나지 않는 것이 내가 지켜야 할 의무"임을 말하고 싶다.[22]

이러한 원리가 오늘날 웨슬리안 연합체의 비극적 분열에도 적용될 수 있는가 하는 것은, 공적 정책이나 법적 규정의 문제라기보다 우리가 내면에서 해결해야 할 양심의 문제로 남아 있다. 웨슬리는 양심의 문제를 해결하기 위한 명확한 대안을 다음과 같이 주의 깊게 요약했다. "내가 현재 연합된 교회나 공동체가 나에게 성경이 금하는 것을 하게 하거나, 성경이 하라고 하는 것을 못하게 하지 않는 한 교회를 떠나지 않는 것이 내가 지켜야 할 의무다. 만약 그런 불가피한 상황이 아님에도 분리된다면, 나는 (결과를 예견했든 그렇지 못했든) 그 결과로 생기는 모든 악에 대해 마땅히 책임을 져야 한다."[23] 웨슬리의 말은 성급하게 분리만이 답이라고 생각하는 이들에게 강한 경고가 된다. 분리 문제는 양심의 문제로 남을 것이기에 성급히 답을 구해서는 안 된다.

---

21   같은 곳.
22   같은 곳.
23   같은 곳.

어떤 사람은 분리가 죄이기는커녕 꼭 필요한 것이라고 생각할지도 모른다. 웨슬리는 그들에게 다음과 같이 깨우친다. "그들은 한 방에서 나와서 다른 방으로 들어가는 것만큼 태연하게 기독교 공동체를 떠난다. 그들은 … 입을 닦고는 자신이 아무런 죄를 범하지 않았다고 말한다!" 그들은 "그 자체로 악한 행동을 한 것일 뿐 아니라 그 후에 따를 것으로 예상되는 모든 결과에 대해서도 하나님과 사람 앞에서 마땅히 책임을 져야 한다."[24]

c. 성급히 깨뜨리지 말라

웨슬리는 마지막 문단에서 열정적으로 호소함으로 자신의 마음을 드러낸다. "당신을 기독교 공동체와 연합하게 한 거룩한 연대를 성급히 깨뜨리지 마십시오. … 그 분리로 인해 당신이 그리스도의 몸을 어떻게 깨뜨리게 될 것인지 주의하십시오. … 분리는 그 자체로 악한 것입니다. 그리고 그 결과도 고통스럽고 악합니다. … 그리스도께서 위하여 죽으신 그들의 길에 더는 걸림돌을 놓지 마십시오."[25] 당신의 마음이 상한 것으로 인해 그리스도의 몸의 하나 됨을 더는 깨뜨리지 말아야 한다. "주의하십시오. 나는 파당을 만드는 것에 대해 말하는 것이 아닙니다. 그리스도인 공동체에서는 파당을 용인하거나 방조하는 것조차도 경계해야 합니다. 그리스도인 모임에서는 말로든 행동으로든 어떤 분열도 부추겨서는 안 될 뿐 아니라, 분열의 원인이 되어서는 더더욱 안 됩니다."[26] 분열을 부채질하지 말라. "분쟁에 빠진 사람, 다투기를 좋아하는 사람의 일에 관여하지 마십시오. 나는 '다투기를 좋아하는 사람은 하나님을 사랑하지 않는다'는 말이 틀

---

24   "On Schism," B 3:68, J VI:409, sec. 2. 18.
25   "On Schism," B 3:68, J VI:409-10, sec. 2. 19.
26   "On Schism," B 3:68-69, J VI:410, sec. 2. 20.

린 경우를 한 번도 본 적이 없습니다."[27]

대신 평화의 중재자가 돼라. "하나님의 교회에서 화평케 하는 성품을 지닌 사람은 복되다."[28] "실로 불이 이미 번진 후에 끄는 것보다는 미리 예방하는 것이 훨씬 쉽다." 그리스도의 몸을 양육하기 위해 당신의 몫을 하라. "그러면 하나님이 함께하셔서 당신의 선한 의도가 좋은 결과로 나타나게 하실 것이다. 선을 행하되 낙심하지 말아야 한다."[29]

d. 나 자신의 경험

나는 연합감리교회 내에서 신앙고백 운동(confessing movement)을 시작한 사람으로, 그 목적이 교리적 갱신을 통해 그리스도 몸의 하나됨을 회복하는 데 있음을 안다. 교회를 분열시키려는 세력은 전통적 기독교 교리를 부인하면서 법률 제정과 직접적인 정치적 행동을 통해 교회의 모든 다른 사람에게도 수정된 요소를 강요해온 사람이다. 그리고 그들이 바로 교회를 떠난 사람들이다. 그들이 감독이건 평신도건 그들은 분명 교회의 가르침에서 떠남으로 교회를 떠났다.

연합감리교회를 떠날 것인지 말 것인지에 관한 나 자신의 결정은 전적으로 다음과 같은 확고하고 분명한 신념에 좌우된다. 즉 전통적 웨슬리안 교리적 표준(웨슬리의 표준 설교, 신구약성경주해, 교리에 관한 연회록)이 유지되고 교회법으로 보장되는 한, 나는 나에게 세례를 베풀고 성직자로 안수한 교회를 떠나지 않을 것이라는 사실이다. 정치적 활동가들이 하는 어떤 활동도 내가 받은 세례나 안수에 결함이 있다고 생각하게 만들 수

---

27   같은 곳.
28   "On Schism," B 3:69, J VI:410, sec. 2. 21.
29   같은 곳; "Farther Thoughts on Separation" and "Reasons against Separation."

는 없을 것이다. 그러나 교회가 내게 선한 양심으로 동의할 수 없는 무엇인가를 요구한다면, 나는 웨슬리처럼 "지체 없이 교회를 떠나는 것이 내 의무"라고 생각할 것이다. 나는 그런 일이 일어나지 않기를 소망하고 기도한다. 현재 나는 그리스도의 몸을 분열시키는 성(sexuality) 문제와 관련해서도 전통적 웨슬리안 교리적 표준에 호소하고 있다.

웨슬리는 양심 문제로 불가피하게 떠날 수밖에 없도록 강요받지 않는 한 자신에게 세례를 베푼 교회 안에 머물겠다는 신념을 일평생 확고히 지켰다. 그는 교회를 떠나지 않았고, 나 역시 그러하며, 앞으로도 그럴 의향이 없다. 그러나 얄궂게도 나는 나 자신이 1784년의 웨슬리와 비슷한 상황에 놓인 것을 본다. 평생 분열과 싸우고 교회 내부 개혁을 추구했음에도, 지금 그리고 앞으로 나는 교회에서 내 양심의 문제로 씨름하게 될 것이다.

교회 '내에서'라는 말은 나 자신은 물론, 내가 내부로부터의 교회 개혁을 위해 1994년 부활절에 시작하도록 도움을 준 연합감리교회 내의 신앙고백 운동에도 결정적으로 중요한 단어다. 나는 선한 의도에서 한 것이지만 슬프게도 교회의 분리를 바라는 주장에 꾸준히 반대해왔다. 분리와 관련된 도덕적 문제는, 분리의 열기에서 태어난 다른 종교개혁 전통에 속한 신자에게는 그리 비통한 일이 아닐 것이다. 그러나 웨슬리와 나에게는, 세례를 베풀고 성직으로 안수해준 교회를 떠나겠다는 생각을 하거나 떠날 것이라며 협박하는 자세는 비양심적인 일이다. 내게 그런 일은 엄숙한 혼인 서약을 어기고 비극적으로 이혼하는 것과 같아 보인다.

우리 시대에 당면한 문제는 대체로 입법에 관한 문제를 투표로 결정하는 관례일 것이다. 그러나 웨슬리는 분리 문제는 입법이나 투표의 문제가 아니라 하나님 앞에서 결정해야 할 양심의 문제로 규정한다. 결혼의 권리에 관한 민법의 규정은, 거룩한 결혼식을 집례하는 목사의 책임에 대한 규정과는 그 성격이 전혀 다르다. 판사는 공정한 법이 지켜졌는지 올바르게 살펴볼 의무가 있다. 목사는 그리스도의 몸에 속한 영혼을 돌볼 의무가 있다. 결혼에서 목사는 한 남자와 한 여자의 자발적 요청을 받아 남자와 여자를 창조하신 하나님의 뜻에 어긋나지 않는 방식으로 그들의 결합과 사랑, 미래의 자녀를 축복한다. 만약 범웨슬리안 교단 내에서 교회의 입법 기관이 거룩한 결혼에 관해 이미 확립되어 있는 기독교의 가르침을 무시하거나 거부하면, 그 교단에 소속된 모든 평신도는 '하나님께서 금하신 것을 요구하는 그런 법의 지배를 내가 허용할 것인가?'라는 양심의 문제에 직면하게 된다.

3. 교회를 분리해야 하는가?

웨슬리는 "교회를 분리해야 하는가?"(Ought We to Separate? Appendix C of B 9:567-80, 1755년 연회)라는 글에서 메소디스트 부흥 운동에 속한 신도회는 영국 국교회의 교회법과 질서 있는 규율을 준수하기 위해 매우 주의를 기울여왔음을 주장했다.

a. 교회법을 준수하라

웨슬리는 자신을 영국 국교회의 실천과 교회법에 대한 반대자가 아니라, 스스로의 양심에 따라 교회법을 준수하는 사람으로 생각했다.

교회는 순수한 하나님의 말씀이 선포되고 성례가 바르게 집행되는 신자들의 신앙 공동체다. 웨슬리는 영국 국교회가 성경과 일치하도록 교회를 바르게 정의했다고 생각했다. 교회의 정의는 예배에 관해 신앙 공동체를 지도하는 영국 국교회 공동기도서 및 모두가 합의해 받아들인 성경적 교리를 가르치는 영국 국교회 신조에 표현되어 있다. 웨슬리는 성례의 효력은 집례하는 목사의 자격에 달려 있는 것이 아니라, 성례를 통해 우리가 간구해야 할 하나님의 은혜에 달려 있다고 가르쳤다. 따라서 메소디스트들이 성찬을 집례하는 사람의 해이함을 이유로 성찬을 멀리하는 것은 전혀 납득할 만한 이유가 될 수 없다.

웨슬리는 일반적으로 받아들여지고 있는 역사적 교회에 참지 못하고 화내며 분개하는 태도에 빠지는 것을 경고했다. 그는 교회 내에서 순종과 복종을 요구했고, 교회와 예배에서 예의와 질서를 강조했다. 혹 영국 국교회 예배서의 규정에 흠이 있을 수 있다는 것이 분리 그 자체를 정당화하지는 않는다.

b. 적법하게 안수 받은 목사가 집례하는 성만찬을 피하지 말라

이러한 고교회적 견해를 가지고 있었던 웨슬리는 안수 받지 않은 메소디스트 설교자가 성찬과 세례를 집례할 수 있는가 하는 질문에 자주 답해야 했다. 1755년 메소디스트 연회와 그 후 많은 연회에서 설교자들은 이 문제에 관해 자주 논의했다.

웨슬리는 비록 미국의 메소디스트 설교자들의 성찬 집례를 허용해야 할 현실적 이유를 이해했고 강조하기도 했으나, 변함없이 메소디스트 설교자와 신도회의 핵심 사역은 언제나 복음을 선포해 사람들을 회심과 신생, 거룩한 삶으로 인도하는 것이라고 주장했다. 메소디스트 회원은 지나치게 교단을 가리지 말고 어떤 신앙 공동체에서든 성만찬을 받도록 지도받았다. 만약 순회 설교자가 안수 받지 않았다면 그의 사역은 역사적으로 감독 직분을 감당해 온 안수 받은 목사의 지도 아래 있어야 한다. 웨슬리는 메소디스트 신도회가 자신의 지도 아래 있었던 것은 오랜 기독교 역사의 사도적 전통에 서 있는 것이라고 생각했다.

c. 정규적인 방식으로 성찬을 받으라

웨슬리는 1755년에 구약성경의 제사장과 예언자 사이의 구분에 기초해 메소디스트 설교자들에게 복음전도자와 교회를 감독하는 장로 사이를 구분한 신약성경의 구분을 견지할 것을 요구했다. 메소디스트들은 영국 국교회나 다른 교회에서 성찬을 받을 수 있었기 때문에, 안수 받지 않은 메소디스트 설교자들이 성례를 집례하려 할 필요가 없었다. 그러나 이것이 말씀을 선포하고 성례를 행하는 것이 교회의 본질이라는 웨슬리의 관점을 바꾸지는 않았다. 메소디즘의 소명은 성례 참여를 약화시키지 않으면서 설교하는 것이었다. 성례 참여는 오히려 복음 설교에 의해 더 강화된다.

이후 영국 국교회 사제의 수가 흔치 않았던 북미에서는 메소디스트 설교자들이 그와는 전혀 다른 상황에 직면하게 된다. 웨슬리가 그 설교자들에게 성례 집례를 허용한 것은 오랜 뒤의 일이다. 그리고 그런 허용조차도 평신도들이 다른 방법으로는 주의 만찬을 제대로 받을 수 없는 비상 상황에서 주저함과 슬픔으로 이루어졌다. 웨슬리는 그런 절실한 상황에서 미국 메소디스트 설교자들이 말씀을 선포하고 성례를 집례하는 일을 축복해달라는 요구에 응한 것이다.

다양한 상황적 도전에도 목회와 목사 안수, 교회 분리에 관한 웨슬리의 생각은 그의 긴 생애 동안 놀랍게도 한결같았다.[30] 1745년에 웨슬리는 "이성적이며 종교적인 사람들에게 보내는 추가적 호소"(A Farther Appeal

---

30   모든 세부 사항이 동일하거나 발전적 요소가 없는 것은 아니지만, 전반적으로 웨슬리의 견해는 변화하는 상황에서도 상당히 일관적이다.

to Men of Reason and Religion)[31]를 썼다. 이를 더 자세히 살펴보고 싶은 이들은, 서로 다른 시기에 쓴 같은 가르침을 담은 세 편의 글을 함께 참고하는 것이 좋다. 그 글들은 1755년 목회자 연회를 위해 작성된 "우리가 영국 국교회에서 분리되어야 하는가?"(Ought We to Separate from the Church of England?, B 9:567-80, app. C)와 "영국 국교회에서의 분리를 반대하는 이유"[Reasons against Separation from the Church of England, 존 웨슬리의 글로 1758년에 찰스 웨슬리의 『메소디스트 설교자를 위한 찬송집』(Hymns for the Preachers among the Methodists)에 다시 수록됨], 그리고 훨씬 후인 1789년에 쓴 "분리에 관한 추가적 숙고"(Farther Thoughts on Separation, J XIII:272-74)이다. 이 글들은 자세히 살펴보면 대체로 많은 내용이 반복된다. 우리는 그 대신 왕성해져가는 메소디스트 부흥운동이 어떻게 세대 간 연속성을 이루어가야 하는지에 관한 웨슬리의 생각을 들여다볼 것이다.

4. 순회 설교자에 대한 권고

한동안 심각한 병과 씨름한 웨슬리는 자신의 죽음 이후에도 메소디스트 연합체가 지속될 수 있도록 구체적으로 준비했다. 이 목적으로 간단한 계획을 기록했다 ["순회 설교자에 대한 권고"(Address to the Travelling Preachers, 1769년 8월 4일), J XIII:242-44]. 그의 바람은 "믿음으로 구원받는다는 진리를 믿고 설교하는 우리 교회의 모든 목회자가 서로 간에 진심으로 일치를 이루어 서로를 방해하지 않고 돕는 것"이었다.[32]

---

31 이 시리즈 제1권에서 다룬 내용이다; 참고. B 9:95-327.
32 "Address to the Travelling Preachers," J XIII:242, sec. 1.

a. 메소디스트 연합체의 하나 됨을 유지하는 방법

웨슬리는 자신이 지도하며 총애하던 "순회 설교자"들에게 다음과 같이 권고했다. "여러분은 지금 한 몸입니다. 여러분은 서로 협력해 하나의 일치된 목적을 위해 일합니다. 그러나 이제 이 하나 됨을 지속하기 위해 무엇을 할지 숙고해야 할 때가 왔습니다. 물론 내가 살아있는 동안에는 큰 문제가 없을 것입니다. 하나님 아래에서 나는 모든 지역 설교자와 순회 설교자의 연합의 구심점이 되어 왔습니다."[33] 그가 깊이 숙고한 것은 "하나님께서 나를 데려가시면 어떤 방법으로 이 연합체가 유지될 것인가?" 하는 것이었다.[34] 메소디스트의 교리와 규율, 훈련 전반의 퇴보 가능성을 염려한 것이다. 그는 이 가능성이 하나님의 영광과 사람의 구원이 아닌 다른 것을 목적 삼는 사람에게 "단일한 마음"을 요구한다는 사실을 엄중히 가르쳤다. "명예나 이익, 안일함 같은 세상의 것을 바라고 구하는" 사람은 어떤 고난이 오면 사역을 계속하지 못할 것이기 때문이다.[35]

웨슬리는 "하나로 남을 것을 택한 자들의 굳건한 연합을 유지하기 위한" 방법을 추천하고,[36] 다음을 제안했다. "통일된 행동을 하기로 택한 사람들이 서명해 지킬 합의문을 만들자. 그렇게 하지 않기로 택한 사람은 가능한 가장 우호적인 방식으로 떠나게 하자. 운영위원회와 협력해 내가 지금 하는 일, 즉 설교자 자격을 심사해 받아들이거나 제외할 것을 제안하고, 다음 해 설교자의 사역지와 연회 기간을 결정하며" 하나님께 전적으로 헌신하기 위해 작성한 "여러 합의문에 서명할 새로운 의장을 선출하자."[37]

---

33   "Address to the Travelling Preachers," J XIII:242, sec. 2.
34   같은 곳.
35   "Address to the Travelling Preachers," J XIII:242, sec. 3.
36   같은 곳.
37   "Address to the Travelling Preachers," J XIII:243, sec. 4.

이 연합체에 머물려면 그들은 "다른 것이 아니라 연회록에 담긴 옛 메소디스트 교리만을 가르칠 것을" 서약해야 한다.[38] 이 문장은 웨슬리안 교리적 표준의 역사에서 하나의 이정표와 같은 것이 되었다.[39]

b. 메소디스트 교리의 핵심

연회록은 이후 250년간 굳건하게 지속되어오고 앞으로도 오랫동안 지속될 것으로 보이는 메소디스트 교리와 훈련의 핵심을 담고 있다. 또 성경적 기독교, 성령의 증거, 구원, 신앙, 중생, 성화 등 웨슬리와 메소디스트 설교자들이 굳게 붙들었던 '옛 메소디스트 교리'의 핵심적 내용을 분명히 제시한다. 연회록은 이후 '메소디스트 교회의 교리와 장정(章程)'으로 불리게 된다. 그 내용은 범웨슬리안 교단이 흔히 '장정(章程)'으로 부르는 교회법의 중심에 여전히 남아 있다. 변하지 않고 계속 유지되어 온 이러한 교리는 1769년에 작성된 "순회 설교자에 대한 권고"에서 확고한 형태를 갖추게 되었다. 웨슬리의 『신약성서주해』와 함께 이 전통적 메소디스트 교리는 범웨슬리안 교단의 헌법에 영구히 새겨져 있다.

B. 복음 사역자에 대하여

웨슬리는 "복음 사역자에 대하여"(Thoughts Concerning Gospel Ministers, J X:455-57)에서, 어떤 사람은 하나님의 주권과 섭리, 인간의 상태에 관해 공식적이고 지적으로 정확하게 설교하고도 진정한 복음 사역자가 되지 못할 수 있음을 보여준다.

---

38 "Address to the Travelling Preachers," J XIII 243, sec. 5.
39 *DSWT*, 61, 64.

자신이 가르치는 내용과 일치하는 삶을 살지 않는 사람은 복음 사역자로 불릴 수 없다. "어떤 교단에 속해 있든" 복음 사역자란 "하나님의 말씀 전체"를 선포할 뿐 아니라, 자신이 그 말씀대로 살아가는 사람이다. 그는 자신이 가르치는 모든 것을 청중의 마음과 자신에게 어떻게 실제적으로 적용해야 하는지를 안다.[40] 하나님의 말씀 전체는 단지 약속만이 아니라 하나님께서 죄를 심판하신다는 가르침을 포함한다. 또 칭의와 성화 모두에 대한 성경의 가르침, 즉 그리스도께서 우리를 위해 죽으셨을 뿐 아니라 우리 속에 사신다는 가르침을 포함한다.

어느 누구도 말로만 복음 사역자가 될 수는 없다. 오직 그가 살아낸 삶에 의해서만 복음 사역자가 될 수 있다. 또 누구도 단지 교회의 선출이나 하나님의 작정에 의해서만 복음 사역자가 될 수는 없다. 복음 사역자가 되는 것은 오직 복음대로 살고, 복음을 듣는 사람의 양심에 직접 호소해 회개하고 믿게 함으로 이루어진다. 제자들로 사랑으로써 역사하는 믿음으로 나아가게 하지 않으면서 오직 하나님의 은혜와 주권만 설교하는 것으로는 복음 사역자가 될 수 없다. 복음 사역자는 그리스도의 보혈로 의롭게 된다고 말만 하지 않고, 약속대로 살아 그 진리를 체현해낸다.[41]

1. 친구에게 보내는 편지

a. 설교 권한을 부여할 수 있는 적법한 권위

웨슬리는 "친구에게 보내는 편지"(A Letter to a Friend)에서 설교의 권한을 부여할 수 있는 적법한 권위와 그 권위의 남용 문제를 다루었다 ["A

---

40 "Thoughts Concerning Gospel Ministers," J X:455-56, secs. 1-4.
41 "Thoughts Concerning Gospel Ministers," J X:455-57, secs. 4-6.

Letter to a Friend" (1761년 4월 10일), J XIII:232-33].

메소디스트 신도회가 모이기 시작한 지 얼마 되지 않아 영국 국교회에서는 그런 비정규적 방식으로 "모이는 회중에 대해 엄청난 공격이 가해졌다."[42] 그들의 불만은, 오직 영국 국교회만이 설교의 권한을 부여할 합법적 권위를 지닌다는 것이었다. 웨슬리는 "복음을 전하는 것이 내게 맡겨진 사명이라면 어떤 교회도 나에게 침묵을 명령할 권한은 없다"[43]고 답했다.

교회법을 남용해 주님의 사역자가 교회에서 복음을 선포하지 못하게 막는다고 해보자. 나아가 그가 어떤 상황에서든 어디서든 복음을 선포하는 것을 금지했다고 해보자. 웨슬리는 그런 법은 비합법적이고 무효한 것으로 여겼다. 만약 법이 "그리스도인으로 자기 교구 교회 밖에서 그리스도의 복음 듣는 것을 금지한다면 … 그 법을 따르는 것은 죄가 될 것이다."[44]

b. 교회법이 복음 선포를 방해하면

복음을 선포하는 것은 공공의 질서를 파괴하는 행위가 아니다. 복음 선포가 파괴하는 것은, 오직 "우리 교회의 질서를 비열하게 남용해, 복음을 선포하지도 않고 복음대로 살지도 않는 사람들이 공개적으로 복음을 뿌리째 뽑고 … 회중을 속여 죽은 형식과 타락한 도덕성의 형편없는 혼합물을 가르치는 행위"뿐이다.[45] 웨슬리는 교회에는 충성했으나 교회 내 악습에는 저항했다.

그는 옥외 설교와 기도, 성경 공부, 훈련을 위한 신도회 조직으로 인해

---

42 "A Letter to a Friend," J XIII:232-33, sec. 1, 서문.
43 "A Letter to a Friend," J XIII:232-33, sec. 1. 1- 2.
44 "A Letter to a Friend," J XIII:237-38, sec. 4. 1.
45 "A Letter to a Friend," J XIII:232-34, sec. 2. 4.

항의를 받았다. 어떤 사람은 "당신은 영국 국교회에서 태어났다. 당신의 조상도 이 교회를 지지했고 그로 인해 고귀한 지위를 얻었다. … 당신 스스로도 신중하게, 그리고 반복적으로 이 교회를 옹호해 왔다. 당신의 신분과 위치 그 자체가 당신을 국교회의 공식적이고 탁월한 옹호자가 되게 한다"고 주장했다. 그러나 웨슬리의 대답은 그와 반대다. 즉, 만약 교회 지도자들이 교회의 본질을 파괴하는 행동을 한다면 "당신의 신분, 위치, 명예, 양심 모두는 국교회를 반대해야 합니다"라고 답했다.[46] 그는 메소디스트 설교자들이 견지해야 할 "근본 원리"는 참으로 "영국 국교회의 원리"와 동일하다고 주장했다.[47] 웨슬리는 영국 국교회 반대자가 아니라, 오히려 국교회의 소명과 가르침에 전적으로 동의한 사람이라고 말하는 것이 옳다.

c. 영국 국교회가 질서와 규율을 파괴하면

비난하는 사람들은, 메소디스트 목사들은 "이 나라 모든 곳에서" 영국 국교회의 회중을 빼앗아 "그들에게 목회적 직분을 행사하지만, 그것은 그들이 안수 받을 때 오직 제한된 권위만을 부여받은 것에 직접적으로 반대된다"고 주장했다.[48] 웨슬리는, 복음을 선포하는 것은 "메소디스트 목사들이 안수 받을 때 제한된 권위를 부여받은 것과 반대되지 않는다. 그들이 안수 받은 것은 특정 교구만을 위해서가 아니라" 그리스도의 몸 전체를 위해 봉사하기 위한 것이기 때문이라고 응수했다.[49] 수많은 평신도가 복음에 목말라 한 것은 누구나 알고 있었다. 많은 사람이 진정으로 소명을 받은 사

---

46   "A Letter to a Friend," J XIII:234-36, sec. 3. 4.

47   "A Letter to a Friend," J XIII:234-36, sec. 3. 5.

48   "A Letter to a Friend," J XIII:234-36, sec. 3. 6.

49   같은 곳.

람에게서 하나님의 말씀을 듣기 위해 모여들었다. 그럼에도 "안수를 받고 그들을 돌보도록 임명받은" 교구 사제들은 "그들을 돌보지 않았고, 어떻게 그들을 도와야 하는지조차 알지 못했다"고 웨슬리는 말한다.[50] 메소디스트 목사들은 자신이 "영국 국교회 안수만이 유효하다고 믿었을 때 순수한 마음으로" 서명한 영국 국교회 신조에 반대하지 않았다.[51]

그들은 "자신들이 무모하게 내쫓기지 않는 한 영국 국교회와의 교제를 거부하지 않기로 결심했다."[52] 또 영국 국교회 가르침에 이의를 제기하지 않았기에 스스로 국교회 반대자로 자칭하지도 않았다. "그들은 영국 국교회를 사랑하고, 할 수 있는 한 국교회의 모든 교리와 규율을 지킨다. 만약 그들에게 어떤 조그마한 차이라도 있다면, 그들은 그것이 머리카락 하나 차이 그 이상이 되지 않도록 노력을 기울일 것이다."[53]

d. 교회법 파괴자

복음을 선포하지 못하도록 규제하는 법은 언제든 어디에서든 복음을 선포하도록 명령받은 교회에서 더는 유효한 것으로 여겨져서는 안 된다. "타일이 집의 가장 근본적인 구조물이 아닌 것처럼" 이런 규제는 이제 유효한 교회 질서일 수 없다.[54] 웨슬리는 다음과 같이 말한다.

> 문은 우리가 교회라고 부르는 건물의 본질적 구성 요소일 수 있다. 그러나 교회에 불이 나면 우리가 문을 부수어 열거나 돌쩌귀에서 떼내더라도 잘못을 저지르는 것이 아니다. 이것이 지금 교회에서 실제로 일어나고 있는 일이다. 목재와

---

50 같은 곳.
51 "A Letter to a Friend," J XIII:236, sec. 3. 6.
52 "A Letter to a Friend," J XIII:234-36, sec. 3. 6.
53 같은 곳.
54 같은 곳.

집의 주요 기둥들은 썩었고, 신자들은 행위로 얻는 구원이라는 썩은 기둥이 있던 자리에 그것을 대신해 믿음으로 얻는 구원이라는 견고한 기둥을 세우고 싶어 한다. 살아계신 하나님의 집인 교회가 세상에 대한 사랑과 야망, 탐욕, 시기, 분노, 악의의 불로 불타고 있다. … 아! 누가 와서 이 불을 끄기 위해 도울 것인가? 모든 종류의 손해를 입고 방해를 받으면서도 소수의 사람이 그 일을 시작했고, 나는 그들이 건물을 구해내거나 그렇지 않으면 그 자신들이 건물 잔해에 파묻힐 때까지는 그 일을 쉬지 않을 것을 확신한다.[55]

메소디스트 부흥운동에서 실제로 일어난 일은 다음과 같다. "몇 명의 변칙적 설교자가 (몇몇을 제외한 대부분의) 성직자들이 억압하거나 완전히 부인하는 하나님의 진리를 공공연히 증거했다. 그들이 전한 말씀에는 하나님의 권능이 함께해 죄인으로 죄를 깨닫고 회심하게 했다."[56] 그들이 비정규적으로 말씀을 전하게 된 것은 그들이 원해서가 아니다.[57]

이 "변칙적 설교자들"은 영국 국교회의 성급한 판단과 경계심으로 인해 변칙적으로 사역할 수밖에 없게 되었다.[58]

영국 국교회 헌법의 가장 본질적 부분인 영국 국교회 교리를 이 설교자들은 명백히 확언하고, 그 교리를 타파하려는 사람들에 반대했다. 메소디스트 설교자들을 반대한 사람들은 그들로 영국 국교회 규율 중 일부를 어길 수밖에 없도록 만든 원인 제공자들, 즉 영국 국교회 교리를 전복시키려는 자들이었다. 메소디스트 설교자들은 그 외의 다른 모든 면에서는 양심에 따라 영국 국교회의 규율을 지켰다. 우리와 같은 교리를 선포하는 사람들, 영국 국교회 교리를 타파하려는 사람들이 내쫓으려 했으나 그렇게 하지 못한 그들이 오히려 영국 국교회 교

---

55   "A Letter to a Friend," J XIII:234-36, sec. 3. 7.

56   "A Letter to a Friend," J XIII:237, sec. 4.

57   "A Letter to a Friend," J XIII:237, sec. 4. 1.

58   "Letter to a Clergyman," J VIII:496, sec. 1. 5-10.

리를 타파하려는 사람들과 한패가 되어 같은 신앙을 가진 형제들, 같은 구원을 함께 전하는 증인들을 반대하는 것은 얼마나 안타까운 일인가![59]

2. 목회자를 향한 권면

웨슬리는 효과적인 목회 사역을 돕기 위해 단순하면서도 실제적인 글을 저술했다. 그 내용은 열매를 살펴보라는 것이다 ["목회자를 향한 권면"(A Letter to a Clergyman), J VIII:496, sec. 1. 5-10]. 그는 옥외 설교를 위해 평신도 설교자들을 지도하겠다는 결정을 내림으로 인해 자주 안수 받은 성직자들의 비난을 받았다. 목회 영역에 관한 이 문제에 답하기 위해 그는 다음과 같은 효과적인 비유를 들었다.

a. 환자가 병을 고친 적 없는 의사에게 매달려야 하는가?

어떤 의사가 잘 교육을 받고 시험을 통과해 자격증을 받은 후 수년 동안 실습을 했음에도 치료된 환자가 전혀 없다고 해보자. 어떤 환자는 그의 치료를 받다 쇠약해졌고, 어떤 환자는 죽었다. 웨슬리는 그렇다면 그의 자격증들이 얼마나 가치가 있는지 물었다. (의사라는 직함만 가졌지) 실제로 병을 치료한 경력이 없다면 수십 년을 일한 의사라도 그를 정말 의사로 부르는 것은 적절하지 않다.[60]

어떤 다른 사람이 이 마을에 왔는데, 그는 제대로 교육도 받지 못하고 자격증도 없지만 실제로 병을 고치고 또 병에 잘 듣는 치료를 할 수 있는 능력을 즉시 입증해 보였다고 해보자. 당신은 자신이 가진 기술을 활용한

---

59 "A Letter to a Friend," J XIII:237-38, sec. 4. 1.
60 "Letter to a Clergyman," J VIII:496, sec. 1. 5-10.

것 때문에 그 사람을 비난하겠는가? 그가 따뜻한 마음으로 조언과 치료를 무료로 해준다고 해보자. 당신은 진료비를 받지 않는다는 이유로 그를 비난하겠는가?[61]

b. 평신도 설교자의 가능성

이 비유가 말하고자 하는 것은, 전문적으로 보이지만 실제로는 은혜를 끼치지 못하는 안수 받은 성직자와 능력 있게 사역하는 평신도 설교자들 사이의 구분과도 비슷하다. 하나님께서는 평신도 사역에 은혜를 부어주셔서 놀라운 회심이 일어나게 하셨다. 자격증이 없고 돈을 받지 않는다는 것은 치료에 지장을 주지 않는다. 중요한 것은 실질적 결과물이다. "세상에서 어떤 보상도 없이, 죽어가는 영혼을 불쌍히 여기는 마음과 그리스도의 복음을 아는 지식을 가지고 목사들도 구원해내지 못한 많은 사람을 죄에서 구해냈다는 이유로 그를 비난할 것인가?"[62]

영혼을 치유하는 의사들에 대한 평가는 이러한 실제적 결과라는 기준으로 내려야 한다. 자격증도 가지고 있으면서 영혼을 회심시키고 은혜를 끼친 경험도 있다면 가장 좋을 것이다. 그러나 목회는 단순히 공식적 자격증이 있느냐의 문제가 아니다. 몸의 질병을 고치는 의사의 정당한 권위는 벽에 어떤 자격증을 걸어놓았느냐가 아니라, 그들의 실제 치료 경력에 달려 있다. 영혼을 고치는 의사의 참된 권위 역시 실제로 사람들의 삶을 얼마나 효과적으로 변화시켰는지에 달려 있다.[63]

---

61 "Letter to a Clergyman," J VIII:497, sec. 1. 10-14.
62 "Letter to a Clergyman," J VIII:497, sec. 2. 7.
63 "Letter to a Clergyman," J VIII:497, sec. 2. 1-12.

3. 플뢰리 목사에게 보내는 편지

a. 교회의 가르침에 대한 잘못된 비난에 저항하기

18세기 메소디스트 부흥운동은 (사도적 계승을 경시하고, 관리와 감독이 부족하며, 영국 국교회를 반대하는 것으로 여겨졌기에) 교회에 대한 건전한 교리를 결여했다는 비난을 받곤 했다. 교회에 관한 웨슬리의 복음적 교리는 자신들의 교구 사역이 침해받지 않기를 바랐던 영국 국교회 주교와 사제에게서 자주 공격을 받았다. 가장 맹렬히 공격한 사람은 아일랜드 워터퍼드(Waterford)의 조지 루이스 플뢰리(George Lewis Fleury) 목사였다. 웨슬리는 플뢰리 목사에게 보내는 장문의 편지로 목회, 개인적 계시에 대한 주장, 성직 규범 위반, 사도적 계승, 평신도 설교자, 교회 질서에 관한 그의 질문에 차분히 답했다.[64]

메소디스트들을 향한 일반적 비난은 분열 조장, 황홀경적 열광주의, 영국 국교회 교구 교회 건물 밖에서 이루어지는 평신도 설교, 특별한 개인적 계시에 대한 주장, 온전한 사랑의 가르침에 대한 것이었다. 웨슬리는 성경과 오랫동안 교회에 확립되어온 관례를 들어가며 침착하게 답했다.

플뢰리는 메소디스트 사역자들이 "그리스도와 같은 정도로 거룩하고 순수한 본성"을 지녔음을 주장했다며 비난했다. 웨슬리는 플뢰리가 그런 표현을 발견한 출처는 웨슬리 자신의 글이 아닌, 윌리엄 로(William Law) 의 "트랩(Trapp) 박사에게 보내는 진지하고 엄숙한 답변"(An Earnest and Serious Answer to Dr . Trapp)임을 가르쳐 주었다.[65] 로는 이러한

---

64 A Letter to the Rev. Mr. Fleury, May 18, 1771, B 9:389-401, J IX:179-91.
65   William Law, "An Earnest and Serious Answer to Dr. Trapp" (London: W. Innis and R. Manby, 1740).

표현을 부정확하고도 악의적으로 웨슬리에게 적용한 것이다.[66] 이에 대응해 웨슬리는 우리가 "신성한 성품에 참여하는 자"(벧후 1:4)가 되도록 부르심을 받았다는 베드로후서의 본문을 인용했다. 메소디스트 연합체 안에 있는 사람은 사도들이 가졌던 소망과 증거에 반대되는 어떤 형태의 영감도 주장한 적이 없다. 그들은 어느 때, 어느 곳에서든 모든 참된 신자가 공통적으로 믿어온 성경적 교리를 따랐다.[67] 죄로부터의 자유를 가르친다는 비난에 대해서는 사도 바울이 이미 "그리스도께서 우리를 자유롭게 하려고 자유를 주셨으니 그러므로 굳건하게 서서 다시는 종의 멍에를 메지 말라"(갈 5:1)고 기록해 답을 주었다. 하나님께서 우리에게 주신 것은 "열광주의의 영이 아니라 오직 사랑과 건전한 정신"(참고. 딤후 1:7)이다.[68]

b. 평신도 설교에 대한 분노

플뢰리 목사가 격노한 것은 평신도 설교에 대한 분노 때문이었다. 이에 웨슬리는 자신이 평신도 설교자를 세우기 위해 적용하는 엄격한 기준과 영국 국교회가 성직자를 세우기 위해 적용하는 느슨하고 경솔한 기준을 비교함으로 반박했다. 웨슬리는, 메소디스트 설교자들 중에는 "(1) 참으로 하나님 앞에서 깨어 있어 하나님과 인류에 대한 '사랑으로 역사하는 믿음'을 경험하고, (2) 하나님의 말씀 및 인간의 영혼 속에서 행하시는 하나님의 역사에 대해 충분한 지식을 지녔으며, (3) 그들이 하나님께 부르심을 받았다는 증거로서, 죄인을 그 잘못된 길에서 돌이키게 하지 않고도 설

---

66   A Letter to the Rev. Mr. Fleury, B 9:397, sec. 14.
67   A Letter to the Rev. Mr. Fleury, B 9:397, sec. 13.
68   A Letter to the Rev. Mr. Fleury, B 9:398, sec. 15.

교자로 불리는 것이 승인된 사람은 아무도 없다"고 적었다.[69] "어떤 죄인도 하나님께 돌이키게 하지 못한" 사람은 목사로서 자격이 없다.

웨슬리는 무지에서 비롯된 공격을 할 것이 아니라 공정하고도 정직하게 대화를 나누자고 간청했다. "우리가 우리 자신의 영혼에 있기를 바라는 동일한 행복이 당신에게 있기를 바랍니다. 우리는 당신이 자신을 '하나님이 기뻐하시는 거룩한 산 제물'로 드리기를 바랄 뿐입니다."[70]

69   A Letter to the Rev. Mr. Fleury, B 9:398-99, sec. 16.
70   A Letter to the Rev. Mr. Fleury, B 9:401, sec. 21.

더 깊은 이해를 위한 독서 자료

Couture, Pamela D. "Sexuality, Economics, and the Wesleyan Alternative." In *Blessed Are the Poor? Women's Poverty, Family Policy, and Practical Theology*, 119-34. Nashville: Abingdon, 1991.

Cubie, David Livingstone. "Separation or Unity? Sanctification and Love in Wesley's Doctrine of the Church." In *The Church*, edited by Melvin Dieter and Daniel Berg, 333-95. Anderson, IN: Warner, 1984.

Harrison, A. H. *The Separation of Methodism from the Church of England*. London: Epworth, 1945.

Wainwright, Geoffrey. "Schisms, Heresies, and the Gospel: Wesleyan Reflections on Evangelical Truth and Ecclesial Unity." In *Ancient and Postmodern Christianity*, 183-98. Downers Grove, IL: InterVarsity, 2002.

10장

효과적인 교회 리더십

10장 효과적인 교회 리더십

A. 복음 전파의 효과 평가하기

웨슬리는 자신의 일생의 사역을 돌아보면서 1787년에 "하나님의 포도원"(On God's Vineyard)이라는 설교를 출판해, 이사야 5:4의 "내가 내 포도원을 위하여 행한 것 외에 무엇을 더할 것이 있으랴 내가 좋은 포도 맺기를 기다렸거늘 들포도를 맺음은 어찌 됨인고?"라는 통렬한 질문을 던졌다 [설교 #107 (1787년 10월 17일, 잉글랜드 위트니), B 3:502-17; J #107, VII:202-13; JWO 104-16].

1. 하나님의 포도원

하나님의 포도원은 하나님의 백성에 대한 성경적 비유다. 이 포도원에서는 심겨진 포도를 정성스럽게 경작하고 들포도는 잘라낸다. 넓은 의미로 포도원은 세계 모든 곳에 있는 교회를 말하지만, 이 설교에서는 좀 더 개인적이고 좁은 의미에서 웨슬리가 자신의 삶 전체를 바쳐 일군 복음적 부흥운동이라는 포도원을 말한다. 즉 메소디스트라 불리운 사람들이다.[1]

---

1   JWO 105, 서문.

웨슬리는 하나님께서 메소디스트 부흥운동이 "큰 가지를 뻗어 온 세상에 퍼져나가도록" 계획하셨음을 알았다.[2] 이제 그는 자신의 포도원을 돌아보면서 그 효과를 재평가하고 있다.

그 시기는 웨슬리가 막 "영국 메소디즘 전체의 범위와 분포도에 대한 철저한 조사를 마쳤을" 때였다.[3] 1787년의 이때는 인생의 말년에 이른 84세의 복음전도자가 지난 50년 동안 여행하고 설교하며 목회하면서 열정적으로 살아온 자신이 이룬 것이 무엇이며, 특히 아직 남아 있는 해야 할 일이 무엇인지 돌아보고 있었다. 길고도 힘든 사역 기간 동안 그가 경험한 하나님의 섭리와 여전히 남아 있는 부족한 점들에 대한 개인적 소회를 읽어보면 가슴이 뭉클하다.

그는 수심에 잠긴 채 이사야가 물었던 질문을 던진다. "더 이상 무엇을 해야 하는 것일까?" 이미 한 일들 외에 무엇을 더 할 수 있을까? 이사야서 본문의 경우, 이스라엘이 좋지 못한 열매를 맺은 것에 대해 실망하며 한탄하시는 분은 하나님이시다. 이 설교에서는 웨슬리가 스스로 자문한다. "우리가 이룬 일은 무엇이며, 실패한 일은 무엇인가?" 그는 네 개의 영역을 세밀히 점검한다.

1. 교리적 가르침
2. 영적 훈련
3. 징계 조치
4. 하나님의 위대한 역사를 반대와 핍박에서 지켜내기

2 JWO 106, 서문.
3 JWO 104; Tyerman, 3:496-99.

2. 건전한 교리로 지켜온 포도원

교리적 가르침의 목회 효과에 관해 웨슬리는, 영국 국교회 내에서 활동해온 메소디스트 공동체는 성경적이고 정통적이며 전통적인 기독교의 가르침을 충분히 접해 왔다고 주장했다. 이는 처음부터 복음 전도자와 설교자들이 "한 책의 사람"이었기 때문이다. 기록된 하나님 말씀은 그들의 여정을 지속적으로 비추어온 빛이었다. 그들은 꾸밈 없이 단순히 오직 성경적 그리스도인이 되기를 추구했다. 또 그들은 참으로 영국 국교회의 훌륭한 신학 전통과 예배서, 설교집, 탁월한 실천신학 서적에서 많은 유익을 누렸다. 이 모든 것은 그리스도인의 삶의 신뢰할 만한 유일한 기준인 성경의 판단을 받는다.[4]

웨슬리는 이 설교에서 메소디스트의 교리적 가르침을 교부 시대 및 종교개혁 시대 기독교 교리와 조화를 이루는 것으로 주장한다. 메소디스트 부흥운동은 칭의와 성화 사이에서 어느 한쪽만 지나치게 강조하는 오류에 빠지지 않으면서 둘 사이의 변증법적 균형을 이루었다는 것이다.[5] 메소디스트 설교자들은 성경에 근거해 하나님의 은혜에 의해, 사랑으로 역사하는 믿음을 통해 얻는 칭의를 지속적으로 가르쳤다. 그들은 하나님의 칭의시키시는 은혜와 성화시키시는 은혜를 밀접하게 연결시켰다. 웨슬리가 볼 때 루터는 후자보다 전자를 더 잘 이해했다. 중세 스콜라주의는 후자는 잘 이해했으나, 전자에는 거의 전적으로 무지했다.[6] 칭의에 대한 중세의 무관심은 교정이 필요했다.

칭의에 대한 설교는 그리스도의 십자가로 인해 죄인을 용서하시겠다

---

4 "On God's Vineyard," B 3:505, J VII:204, sec. 1. 4.
5 이 시리즈 제2권, 칭의와 성화에 관한 부분 참고.
6 "On God's Vineyard," B 3:505, J VII:202-6, sec. 1. 4.

는 하나님의 영원한 결정을 선포한다. 칭의와 성화 모두는 하나님의 은혜의 계시의 역사라는 맥락에 위치한다. 그 둘은 모두 성령께서 능력을 부으심으로 가능케 된 신생에서 시작된다. 성화는 일반적으로 사람이 태어난 후 성장하는 것과 유사한 성장 과정이라면, 칭의는 믿음을 통해 순간적으로 이루어지기에 특정한 날에 일어나는 생명의 탄생과 더 유사하다.[7]

a. 교리적・성경적으로 건전한 설교를 통해 주어지는 은혜

균형 잡힌 성경적 교리에 대한 종교개혁적 가르침은 부흥운동의 진지한 훈련과 견고히 연결되어 있었다. 값없이 주시는 은혜의 복음은 은혜에 합당한 열매를 요구한다. 성경에 따르면 그리스도인은 믿음으로 의롭다 함을 받은 자로, 성령은 그가 얻은 신생을 내적・외적으로 성화시키신다. 따라서 웨슬리의 관점에서 메소디스트 부흥운동이라는 포도원에 어떤 들포도가 맺히더라도 그것은 교리적 오류에서 기인한 것이 아니다.[8]

3. 어떤 방법으로 평신도를 일으키셨는가?

둘째로 웨슬리는 성령께서 메소디스트 부흥운동에 제공하신 특별한 도움의 손길을 관찰했다. 그는 하나님께서 복음 사역을 새롭게 하시기 위해 필요한 모든 역할을 다하셨다고 말한다. 사람들의 반응은 어떠했는가? 이 질문에는 성령 운동의 간략한 역사에 관한 서술적 답변이 요구된다.[9]

메소디스트 부흥운동은 확고한 초기 사도적 가르침 위에서 실제적 영

---

7   "On God's Vineyard," B 3:505, J VII:204, sec. 1. 5.
8   "On God's Vineyard," B 3:505, J VII:205, sec. 1. 6-9.
9   "On God's Vineyard," B 3:505, J VII:204, sec. 2. 1.

성 형성을 위해 하나님의 섭리적 은혜를 공급받고 있었다. 그 공급은 소그룹 성경 공부와 기도 그룹을 통해 이루어졌는데, 거기에 모인 사람들은 하나님 안에서 신생을 경험하고 매일 새로운 삶을 살아가면서 다른 사람도 그렇게 살아갈 수 있도록 서로를 적극적으로 도왔다. 그들은 부르심에 합당하게 행하고자 서로를 복음적 책임성 속에 두기를 배워가는 과정에 있었다. 또 그들은 자신들 속에서 서로 의견이 나뉘는 문제들을 기도, 성경 공부, 상호 조언, 연회라는 정규적 수단을 통한 회의 등을 통해 어떻게 해결해가야 하는지를 배우고 있었다.[10] 그것을 알게 된 후에는 어떻게 되었는가?

부흥의 가장 초기에 즉시 발생한 첫 번째 문제는, 청중이 교회에 빽빽이 들어차 교회의 교구민이 들어설 공간조차 없다는 것이었다.[11] 그들은 "우리는 믿음으로 구원받으며, '거룩함이 없이는 아무도 주를 보지 못한다'(히 12:14)"는 오래된 교리를 선포했으나, 청중은 그것을 마치 새로운 교리처럼 여겼다.[12] "설교의 열매는 빠르게 나타났다. 많은 죄인이 마음과 삶 모두가 변화되었다. 그러나 이 일은 오래 지속되지 못할 것으로 보였다. 설교자들이 머지않아 지칠 것이라는 점은 누가 보더라도 뻔했고, 어떤 성직자도 그들을 도울 엄두를 내지 못했기 때문이다. 그러나 곧 한두 사람이 안수는 받지 않았지만 그들을 돕겠다고 자원하기 시작했다."[13] 하나님께서는 많이 배웠든 못 배웠든 그런 젊은이들을 축복하셨다.

---

10   "On God's Vineyard," B 3:509-11, J VII:207-8, sec. 2. 2-8.
11   같은 곳.
12   히 12:14; "On God's Vineyard," B 3:509, J VII:208, sec. 2. 1-2.
13   "On God's Vineyard," B 3:509, J VII:207-8, sec. 2. 1.

a. 하나님께서 포도원에 베푸신 영적 도움

지도자들은 계획을 가지고 메소디스트 부흥운동을 시작하지 않았다. 그들은 단지 성령의 인도하심을 따랐을 뿐이다.[14] 부흥운동의 성공은 그들로 어떻게 이 일을 계속 해나가야 하는지를 묻게 만들었다. 그들은 어떻게 하면 거듭난 하나님의 백성들이 자신들의 유익을 위해 함께 모여 자신이 고백한 "신앙고백에 합당하게 살고 있는지" 점검하게 할 수 있을지 고민했다.[15] 성령께서 그들을 도와주셨다. "그들은 하나님의 섭리로 인도하심을 받아 … 모든 사람을 그들의 거주지에 따라 작은 그룹인 속회로 나누었고, 각 속회에서는 한 사람을 선정해 나머지 사람들을 한 주에 한 번씩 심방하도록 했다. 이 방법을 사용하니 그중 누가 죄 속에 살고 있는지 빠르게 알 수 있었다. 만약 죄 속에 산다면 먼저 훈계했고, 교정이 불가능하다는 판단이 내려지면 신도회에서 제외했다."[16] 이 일은 사람들이 흔히 생각하듯 웨슬리의 영특한 행정적 계획으로 이루어진 것이 아니라, 성령의 음성에 귀 기울였기에 가능했다. "사람들을 속회로 나누고, 무질서하게 사는 사람은 차별하지 않고 누구나 모임에서 제외시키는 것은, 대부분의 다른 공동체에서는 볼 수 없었다."[17]

신도회 회원의 수가 늘어나자 청지기들은 "중심이 되는 장소에서 석 달에 한 번 설교자들을 만나 여러 신도회의 영적 · 현실적 상태를 보고해야 할" 필요가 생겼다.[18] 연회는 발전해가는 조직의 핵심이었다. "그들은 곧 사도 바울이 교회 전체에 관해 말씀한 것이 교회의 각 부분에도 적용될 수

---

14 "On God's Vineyard," B 3:509, J VII:207-8, sec. 2. 2.
15 "On God's Vineyard," B 3:509, J VII:209, sec. 2. 3.
16 같은 곳.
17 "On God's Vineyard," B 3:509, J VII:207-8, sec. 2. 4.
18 "On God's Vineyard," B 3:509-10, J VII:207, sec. 2. 4.

있음을 알게 되었다. 즉 '그에게서 온 몸이 각 마디를 통하여 도움을 받음으로 연결되고 결합되어 각 지체의 분량대로 역사하여 그 몸을 자라게 하며 사랑 안에서 스스로 세우느니라'(엡 4:16)라는 말씀이다."[19]

"사람들은 한 사람보다 다양한 설교자를 통해 더 큰 유익을 누릴" 수 있었기에, 그들의 경험은 설교자들이 한 신도회에서 다른 신도회로 순회하는 것이 더 좋다는 사실을 알려주었다.[20]

성령의 이러한 특별한 도움은 부흥운동이 영국 전역으로 신속히 퍼져나가게 했다. 메소디스트들은 대체로 영국 국교회 교회법을 따랐지만, 국교회 사역의 일반적 형태와 비교하면 그런 방법들은 메소디스트 신도회만의 특별한 것으로 여겨졌다.

이 신도회들은 많은 열매를 맺는 복을 받았다. 그들은 영국 국교회에서 분리하려는 유혹을 받았을 때 "분리할 수 없고 분리해서도 안 되며 분리하지 않을 것이다. … 만약 교제를 지속하기 위해 죄를 지어야 한다면 어쩔 수 없이 분리될 수밖에 없겠지만, 현재 상황은 그런 것이 아니기에 우리는 계속 영국 국교회에 남고자 한다"고 결정했다.[21] 웨슬리는, 만약 메소디스트가 "모라비아 형제단처럼 분리된 자들"이 되어야 하는가 하는 질문을 받으면, "나는 분리는 하나님께서 메소디스트들을 세우신 전체 계획, 즉 성경적 기독교를 온 땅 모든 교단 사람에게 전파하면서도, 각 사람이 자신의 견해와 예배 방식을 계속 견지할 수 있게 하려는 계획과 완전히 반대된다고 답합니다"라고 말했다.[22] 이 포도원은 또 하나의 분리된 교회를 세우기 위한 것이 아니라, 지금까지 존재해온 가시적이고 역사적인 교회에 새

19 엡 4:16; "On God's Vineyard," B 3:509, J VII:207-8, sec. 2. 5.
20 "On God's Vineyard," B 3:509, J VII:207-8, sec. 2. 6.
21 "On God's Vineyard," B 3:509, J VII:207-8, sec. 2. 7.
22 "On God's Vineyard," B 3:505, J VII:204, sec. 2. 8.

로운 활력을 불어넣기 위한 것이다. 그들은 단지 교회의 거룩한 훈련과 성경적 진리에 대한 사랑을 구현하고자 애썼다. 성령 하나님께서 우리를 위해 이미 행하신 것 외에 무엇을 더 하실 일이 있겠는가?

b. 온화하면서도 확고한 훈련

온정 있는 훈련은 성령께서 포도원을 가꾸도록 제공하신 은사다. "메소디스트 훈련보다 더 간단하고 합리적인 것은 없다. 그것은 상식에 기초해 있고, 특히 성경의 일반적 규칙을 적용한 것이다. (유일하게 요구되는 조건인) 자기 영혼을 구원하기로 결심한 사람은 누구나 그들과 연합할 수 있다. 그러나 구원에 대한 열망은 모든 알려진 죄를 금하고, 모든 힘을 다해 선을 행하며, 하나님의 모든 규례에 참여하는 세 가지 표징을 통해 입증되어야 한다."[23]

메소디스트 공동체는 참여자가 자발적으로 참여하는 공동체다. 누구도 이 포도원에 강제로 끌려오지 않았다. 그러나 참여한 후에는 죄를 피하고, 받은 은혜에 따라 선을 행하며, 기도와 성경 읽기와 교회의 예배 참여를 통해 하나님의 은혜의 방편을 활용하는 이 세 가지 의무를 성실히 수행해야 한다. 웨슬리의 신도회에 참여하는 사람은 매주 모이는 "속회에 배정되고" 1년에 네 차례 점검을 받았다. 웨슬리는 "어떤 반대도 없으면 그는 신도회에 받아들여졌고", 그가 "신앙고백에 따라 살아가는 한" 신도회 생활을 계속할 수 있다고 기록했다.[24] 그러나 그렇게 하지 않는다면 "잘못

---

23 "On God's Vineyard," B 3:511, J VII:208-9, sec. 3. 1. 한 가지 조건은 "앞으로 닥쳐올 진노를 피하고자 하는" 마음이었다.

24 같은 곳.

이나 잘못을 범한 사람은 곧 모임에서 제외된다."[25] 징계를 거부하거나 경시하는 사람은 신도회 삶을 지속할 수 없었다. 석 달마다 신도회의 각 사람은 면밀한 점검을 통해 교제를 계속할 수 있도록 허락하는 (때때로 "출입증"으로도 불린) 확인증을 교부 받았다.

아침 기도회는 새벽 5시에 드렸고, 주의 만찬은 주일에 제공되었다. 웨슬리는 "주일 저녁에 신도회가 모인다. 그러나 일찍 헤어지도록 주의를 기울여야 하는데, 이는 각 가정의 모든 가장으로 그 가족들을 지도할 시간을 갖게 하기 위해서였다"고 설명한다.[26]

c. 포도원을 보호하시는 하나님의 섭리

노년의 웨슬리는 성령께서 어떤 방법으로 그렇게 심한 반대와 박해에서 포도원을 지켜주셨는지 곰곰이 생각해 보았다. 자신들을 괴롭히기 위해 폭도를 보내는 타락한 사회의 위험에서 그들은 외적 보호를 위해 오직 하나님만 신뢰하기를 배웠다. 웨슬리가 이 설교를 작성할 때도 메소디스트 부흥운동에 소속된 사람들에 대한 박해는 계속되고 있었다. 그러나 웨슬리는 그들에게 십자가를 지는 특권에 부합하는 인내를 권고했다.

이러한 부흥운동은 "홍수와 같은 반대" 없이는 일어날 수 없다. 원수는 결코 잠들어 있지 않다. 비난하는 자는 "눈에 보이는 도움의 손길, 돈도, 힘도, 친구도 없이 가난하게 무방비 상태로 멸시당하는 사람들을 대항해" 쉬지 않고 일한다.[27] 포도원 사람들은 성경에서 "그리스도 예수 안에서 경건하게 살고자 하는 자는 박해를 받으리라"(딤후 3:12)라고 배웠다.

---

25   "On God's Vineyard," B 3:512, J VII:209, sec. 3. 2-3.
26   "On God's Vineyard," B 3:512, J VII:209, sec. 3. 3.
27   "On God's Vineyard," B 3:512, J VII:209, sec. 4. 1.

"이 세상 신은 잠들어 있지 않고, 게으르지도 않다. 그는 모든 힘을 다해" 나쁜 사람 중 가장 잔인한 사람들을 선동해 "싸움을 일으켰다. 그들은 사자같이 포효했다."[28]

이 폭도와 깡패들은 "무방비 상태의 작은 무리를 사방에서 에워쌌다. 누구도 예상하지 못한 방식으로 구원이 임하기까지 폭풍은 점점 더 거세어져갔다."[29] 예상하지 못했던 평온함은 사회의 질서를 통해 찾아왔다. 웨슬리는 "하나님께서 자비로운 군주 조지2세의 마음을 움직여" 박해를 멈추도록 명령을 내리게 하신 것은 전례없는 은혜라고 생각했다. 왕은 윌리엄 피트(William Pitt)의 호소에 응답해 공개적으로 "내가 왕좌에 있을 동안에는 어떤 사람도 양심 문제로 핍박을 받지는 않을 것"이라고 선언했다.[30] 그 후 메소디스트들은 "자신들의 양심에 따라 하나님을 예배하는 것이 허락되었다."[31]

4. 우리는 무엇을 하고 있는가?

a. 예기치 않은 결과

이것이 웨슬리가 50년 이상 비옥하게 가꾸어온 포도원이다. "참으로 하나님께서 이 포도원을 위해 아직 행하시지 않은 어떤 일을 더 행하실 수 있겠는가? 이 사실은 대체로 잘 알려져 있기에" 웨슬리는 다음으로 "강하고도 부드러운 권면"으로 나아갔다. 그는 이 50년 동안의 증거는 "믿음과 사랑, 의와 참된 성결, 성령의 열매 곧 사랑, 희락, 화평, 오래 참음, 자비,

---

28 "On God's Vineyard," B 3:512, J VII:209, sec. 4. 2; 사 5:29.
29 "On God's Vineyard," B 3:513, J VII:210, sec. 4. 2.
30 같은 곳.
31 "On God's Vineyard," B 3:513-14, J VII:210, sec. 4. 3-4.

양선, 충성, 온유, 절제 이 모든 것에서의 성장"을 기대할 이유를 충분히 제공해준다고 생각했다.[32] "참으로 40-50년 전 하나님께서 그분의 백성 가운데 행하신 것을 보았을 때, 곧 그들이 첫 사랑으로 뜨거워 주님을 찬양하고 그들의 구주 하나님 안에서 기뻐하는 것을 보았을 때, 나는 그보다 못한 어떤 상태를 상상도 할 수 없었습니다." 웨슬리는 이 부흥운동이 지속되어 "성부와 성자와 더불어 언제나 교제하게 될 것으로" 생각했다.[33]

그러나 기대와 달리 실제로 일어난 일은 "포도나무에 들포도가 맺힌 것이었다. … 포도나무는 수없이 많은 잘못된 열매를 맺었다."[34]

> 부흥운동에 동참한 많은 단순한 사람들이 정도를 벗어나고 말았다. 그들은 열광주의, 상상으로 꾸며낸 영감, 지나친 상상력으로 만들어낸 무모하고 터무니없으며 자기 모순적인 꿈을 지혜의 하나님께서 주신 것으로 돌리는 잘못에 빠졌다. … 교만에 빠져 모든 좋은 은사를 주시는 분에게서 그 이름에 합당한 영광을 도둑질했다. 그들은 편견, 악한 추측, 까다로움, 서로 판단하고 정죄하는 태도에도 빠졌는데, 이 모든 것은 그리스도인의 신앙고백의 참된 징표인 형제 사랑을 전적으로 파괴했다. … 그들은 분노, 미움, 적의, 복수, 모든 악한 말과 행동 등 성령으로부터 나지 않은 모든 무시무시한 열매를 맺었다.[35]

b. 부의 오용에 대한 경고

웨슬리는 슬프게도 많은 신실한 사람이 함께 오랫동안 열심히 일구어낸 이 포도원에 아무도 심지 않은 들포도가 자라기 시작했음을 언급했다. 신실한 자들은 이 모든 것에 대행해 계속해서 싸웠다.[36] 모든 기대에도 포

---

32 "On God's Vineyard," B 3:514, J VII:211, sec. 5. 1.
33 같은 곳.
34 같은 곳.
35 "On God's Vineyard," B 3:515, J VII:211, sec. 5. 2.
36 같은 곳.

도원은 "영혼의 독약인 세상에 대한 사랑의 열매를 맺었고, 그 모든 가지에는 감각의 즐거움에서 행복을 추구하는 '육신의 정욕', 의복이나 상상의 즐거움에서 행복을 추구하는 '안목의 정욕', 사람의 칭찬에서 행복을 추구하는 '이생의 자랑'을 열매 맺었다."[37] "그것은 모든 종류의 방종, 연약함, 우유부단, 인간의 비애를 녹이는 올바른 관대함이 아닌 잘못된 관대함을 낳았다. 또 너무나 천하고 비열한 성정을 낳았다."[38]

웨슬리는 부자에게 특별히 경고했다. "당신은 자신이 처한 위험을 알고 계십니까? 당신은 '부자가 천국에 들어가기가 얼마나 어려운지' 느끼고 있습니까? 당신은 불 한가운데 있으면서도 불에 데지 않을 수 있습니까?"[39] "여러분은 식탁에 앉았을 때 '여러분의 목에 칼을 두어' 여러분의 식탁이 여러분에게 덫이 되지 않게 했습니까? … 먹는 것과 마시는 것, 혹은 다른 어떤 감각적인 쾌락이 여러분이 즐기는 최고의 즐거움이 아닙니까?"[40] "여러분은 점점 더 나약하고 연약해지지 않습니까? 당신이 가난했을 때는 잘 견뎠던 추위와 더위와 바람과 비를 지금은 견디지 못합니까? 가난한 사람을 돌봄으로 재물을 하나님께 쌓는 대신, 재산을 늘리며 땅 위에 보물을 쌓고 있지 않습니까?"[41]

c. 퇴보의 원인

하나님 편에서는 할 수 있는 모든 일을 다 하셨다. 웨슬리는 다음과 같이 경고한다. "당신은 말씀의 신령한 젖을 먹지 않았습니까? 하나님의 온

---

37   "On God's Vineyard," B 3:515, J VII:212, sec. 5. 3.
38   "On God's Vineyard," B 3:515, J VII:211-12, sec. 5. 3.
39   "On God's Vineyard," B 3:516, J VII:212, sec. 5. 4.
40   같은곳.
41   같은곳.

전한 말씀이 당신에게 전해지지 않았습니까?"[42] "내적이고 외적인 거룩함의 모든 가지들이 분명히 선포되고 진지하게 적용되지 않았습니까?"[43]

웨슬리는 사람들에게 하나님께서 그들을 위해 예비하신 도움을 멸시하지 말 것을 간청했다. 그들은 오직 "교육받은 사람"에게서만 듣고자 했기 때문에 웨슬리는 "하나님께서 자신의 메신저를 선택하시도록 하나님께 맡겨두지 않겠습니까?"라고 말했다. 웨슬리가 선택한 평신도 설교라는 방법은 매우 효과적이었다. 그는 심지어 "교육받은 사람들"이 "들포도를 맺는 원인"이 아닌가 생각하기도 했다.[44]

어떤 사람들은 소그룹에서 감당해야 할 책임감의 압박에 저항했다. 이들에게 웨슬리는 "당신은 기독교 신도회의 도움 없이 스스로 잘 해나갈 수 있다고 생각하십니까?"라며 응수했다.[45] "'한 사람이면 어찌 따뜻하랴'(전 4:11)라는 말씀을 당신은 읽어보지 못했습니까?"[46]

포도원에 있는 사람은 "하나님께 대한 갈망"을 가지고 나아와야 하고, 또 "자신의 영혼에 대해 책임을 지고 돌볼" 신앙의 동료들을 원하는 마음이 있어야 한다. 그들은 "주님의 이름으로 모인 곳에는 주님께서 그들과 함께하실 것을 기대하며" 나아와야 한다. 그들은 "참된 기독교의 보편적 전파로 인해 자신에게 주어진 놀라운 양심의 자유와 '온갖 좋은 은사를 주시는 분'으로 인해 진정으로 감사드렸다."[47]

저명한 웨슬리 학자이자 나의 스승인 알버트 아우틀러는 이 설교에 대

42　"On God's Vineyard," B 3:515, J VII:212-13, sec. 5. 5.
43　같은 곳.
44　같은 곳.
45　"On God's Vineyard," B 3:517, J VII:213, sec. 5. 6.
46　같은 곳.
47　"On God's Vineyard," B 3:517, J VII:213, sec. 5. 7.

해 다음과 같이 논평했다. "권고의 말씀으로 끝맺는 부분만 제외하면, 이 설교는 자서전적 회고로 그 목적은 부흥운동이 시작된 지 50년이 지난 후 이 운동의 기원과 본질을 되새김으로써 또 다른 갱신을 바라는 마음으로 부흥운동의 과정을 설명하고 그 전체를 재평가하기 위한 것이다. 이 회고는 확실한 권위를 가지고 부흥운동의 기원과 본질 모두를 말할 수 있는 유일한 사람에 의해 이루어졌다."[48]

B. 하나님께서 행하신 일이 어찌 그리 크냐!

초기 수십 년간 메소디스트 신도회의 본부와도 같은 곳은 신도회 모임이 처음 시작된 런던의 파운더리(Foundery) 집회소였다. 1777년 4월 21일 시티 로드(City Road)에 새로운 본부를 건축할 때, 웨슬리는 메소디스트라 불리는 사람들에 대해 회고하며 설교했다. 이 설교에서 그는 메소디스트 연합체가 오랫동안 영국 국교회 내부에 존재해온 사실을 재확증하고자 했다.

1. 새 교회의 초석을 놓음에 있어

새 본부의 기초를 놓는 기념할 만한 사건을 위해 웨슬리는 민수기 23:23의 "이때에 대하여 논할진대 … 하나님께서 행하신 일이 어찌 그리 크냐"라는 말씀을 설교의 본문으로 삼았다 [설교 #112, "새 교회의 초석을 놓음에 있어"(On Laying the Foundation of the New Chapel, City Road), B 3:577-93; J #112, VII:419-30]. "이때에"라는 표현은, 이 말씀이 이스라엘

---

48   JWO 105.

백성이 비스가산 정상에서 "그들을 애굽에서 인도하여 내신"(민 23:22) 하나님께 제단을 쌓아 바칠 때 하나님께서 주신 말씀임을 알려준다. 현대어로 말하면 이것은 약속이 담긴 선포의 말씀이다. "이때에 야곱과 이스라엘에 대하여 논할진대 하나님께서 행하신 일이 어찌 그리 크냐 하리로다"(민 23:23). 여기서 유추할 수 있는 것은 어떤 저주도 야곱에게 미치지 않는다는 것이다. 그들을 해할 저주는 없다. 하나님께서 과거의 이스라엘을 위해 이런 일을 행할 수 있으셨다면, 그분은 새 이스라엘의 신실한 자들을 위해서도 동일하게 행할 수 있으시다. 메소디스트 부흥운동은 종교개혁 이후 여러 세대 동안 교회가 빠져버린 무기력함의 주문을 떨쳐냈다.

웨슬리는 이 약속이 어떻게 메소디스트라 불리는 사람들에게 적용될 수 있는지를 보여주었다. 그가 실제로 말하려는 것은, 만약 메소디스트 신도회가 행한 일을 사실적으로나 기술적으로 살펴본다면, 영국 국민들과 영국 국교회 신자들은 "하나님께서 행하신 일이 어찌 그리 크냐"라고 외칠 충분한 이유가 있음을 깨달을 수 있으리라는 것이다.[49]

이 설교는 메소디스트 부흥운동 내부 사람들만을 위한 것이 아니다. 대담하게도 나라 전체를 위한 것이다. 즉 메소디스트 부흥운동의 가르침과 훈련, 사랑의 윤리에 영국 전체가 큰 유익을 얻었다. 영국 국민들은 머지 않아 그것을 알게 된다.

하나님께서 특별한 신앙의 부흥을 허락하시는지에 관해 영국 국교회 지도자들은 이의를 제기했다. 유감스럽게도 런던의 주교 에드먼드 깁슨(Edmund Gibson)은 하나님께서 비상하게 역사하실 가능성 그 자체를 부인했다. 그는 이 자격 없는 대중 영합주의자들의 부흥운동을 통해 "하나

---

49   "On Laying the Foundation of the New Chapel," B 3:579, J VII:419, 서문 1.

님께서 나라를 위해 '특별한 일'을 행하셨음"을 인정하기를 거부했다. 깁슨 주교의 생각으로는 그러한 하나님의 특별한 사역을 상상하는 것조차도 "심각한 종교적 열광주의"일 뿐이었다.[50]

웨슬리는 하나님께서 실제로 영국의 복음주의 부흥운동을 통해 비상한 일을 행하지 않으셨다면 주교의 판단이 옳을 것이라고 너그러이 말한다. 그러나 그는 동시에 만약 하나님께서 참으로 그러한 일을 행하고 계신다면 "우리가 그것을 믿고 주장한다 해서 부당하게 비난해서는 안 된다"고 덧붙였다.[51] 웨슬리는 깁슨 주교를 "이제는 더 좋은 세상에서" 살고 계실 "훌륭한 분"으로 여겼다.

그보다 더 대단한 사람은 이름난 경건과 학식의 사람 J. A. 벵겔(Bengel)로, 그는 1741년에 앞으로 있을 대부흥을 예언했다.[52] 그가 왜 1836년에 대부흥이 있을 것으로 생각했는지, 그리고 왜 그리 나중에 있을 것으로 생각했는지 묻자, 그는 "나는 모든 예언이 나로 하여금 그 시기를 한 세기 앞당기도록 재촉하고 있음을 인정합니다"라고 대답했다. 벵겔이 알았다면 좋았겠지만, 1738년은 영국의 복음적 부흥이 시작된 해다.[53] 웨슬리는 이 편차(곧 있을 부흥에 관한 벵겔의 직감)에 관해, 또 그것이 어떻게 메소디스트 신도회의 시작과 명백히 연결되어 있는지를 아는 사람이 어떻게 그렇게 적은지에 대해 놀라워했다. 웨슬리는 다음으로 그의 청중에게 실제로 일어난 일을 말하는 것이 자기 과시로 여겨지지 않도록 그것을 소개하는 동기를 호의적으로 해석해달라고 부탁했다. 그는 웨슬리 형제 자신들만이 이 부흥운동을 그 시작부터 상세히 알고 있음을 알고 있었다. 그 이

---

50 "The Signs of the Times," sec. 2. 2.
51 "On Laying the Foundation of the New Chapel," B 3:579, J VII:420, 서문 2.
52 J. A. Bengel, *Ordo temporium a principio per periedos oeconomiae divinae* (1741).
53 "On Laying the Foundation of the New Chapel," B 3:579-80, J VII:420, 서문 3.

야기를 말하는 것은 모임의 가장 연장자인 자신의 몫이었고, 그에게는 이제 그것을 정확히 말해야 할 적합한 기회와 책임이 있었다.[54]

a. 영국에서 일어난 복음적 부흥의 기원과 과정

다음으로 웨슬리는 자신이 경험한 그대로 부흥운동의 기원을 이야기했다. 부흥운동의 기원은 웨슬리가 1725년 오직 한 마음으로 그리스도의 법에 순종하기로 헌신했던 시기에 점진적으로 형성되었다. 이 단계는 토마스 아 켐피스(Thomas à Kempis)와 제레미 테일러(Jeremy Taylor)가 웨슬리와 그의 옥스퍼드 학생들에게 끼친 강한 영향력에 뿌리를 두고 있다. 이 시기는 부흥운동 자체가 아닌 그것을 위한 준비 단계였다. 앞으로 있을 부흥을 가장 먼저 희미하게나마 감지할 수 있었던 것은, 몇몇 옥스포드 학생이 "임박한 진노를 피해야"(마 3:7) 할 필요를 예민하게 인식하면서였다. 그들은 테일러 주교가 『거룩한 죽음』(The Rules and Exercises of Holy Dying, 크리스천다이제스트)에서 제안한 규칙에 따라 살려는 진지한 열망을 가졌다. 1729년과 1735년 사이에 웨슬리는 혼자서도 성경을 읽었고, 믿음과 선행을 지속하도록 서로를 격려하는 동료와 함께 성경을 연구하기도 했다.[55] 대학의 한 젊은이는 그들의 행동이 규칙적임을 알고 "우리 중에 새로운 메소디스트 무리가 나타났다"고 말했는데, 그들에게 그 이름은 그대로 고정되었다.[56]

이 작은 그룹은 "양심을 위해 교회의 모든 규정과 대학교 전체 및 각 소속 대학의 모든 법규를 준수했다. 그들은 모든 면에서 정통적이어서 세 가

---

54   "On Laying the Foundation of the New Chapel," B 3:579-80, J VII:420, 서문 4.
55   "On Laying the Foundation of the New Chapel," B 3:585, J VII:421, sec. 1. 1.
56   "On Laying the Foundation of the New Chapel," B 3:581, J VII:421, sec. 1. 2.

지 신조를 확고히 믿었을 뿐 아니라, 영국 국교회 신조와 설교집에 포함되어 있어 영국 국교회 교리라고 판단하는 모든 것을 믿었다."[57] 그들은 의무감이 아니라 나누고자 하는 열망으로 모든 것을 나누었다. "이것이 그들 사역의 초기에 있었던 일이다." 마치 어린아이들처럼 그들은 앞으로 어떤 일이 있어날지 전혀 알지 못했다. 그들은 "단지 오늘을 살기 위해 애쓸 뿐 '내일을 생각하지 않았다.'"[58] 여기에 아직 충분히 발달되지 않은 "메소디스트 신도회의 기초"가 있었다.[59]

b. 실패를 통한 교훈

부흥을 위한 초기 준비의 다음 단계는 웨슬리가 조지아에서 아메리카 원주민 부족의 선교사로 섬길 때 이루어졌다. "우리의 계획은 그 지역 주위에 살고 있는 인디안 부족들에게 말씀을 선포하는 것이었다." 아직 성례와 안수에 관해 엄격한 관점을 견지했던 웨슬리는 사바나(Savannah) 주 식민지의 한 루터란이 성찬을 집례해줄 것을 요청했을 때 거절했다. "나는 그를 세례 받지 않은 자로 생각했기 때문에 감히 그에게 성찬을 베풀 수 없다고 말했다. 나는 평신도가 행한 세례는 무효이며 주교에게 안수받지 않은 사람 역시 그러하다고 생각했기 때문이다."[60] 이 일은 교회법을 지키는 일에 웨슬리가 얼마나 엄격했는지를 보여주는 사례다. 성찬 참여를 승인하는 일과 관련해 권한을 남용했다는 이유로 웨슬리를 조지아 법정에 몰아간 것 역시, 규정을 지키는 일에서 그가 이처럼 엄격했기 때

57 "On Laying the Foundation of the New Chapel," B 3:586, J VII:421, sec. 1. 3.
58 같은 곳.
59 "On Laying the Foundation of the New Chapel," B 3:586, J VII:422, sec. 1. 4.
60 같은 곳.

문이었다.

　규정을 엄격히 지키려는 열심이 문제가 되자 웨슬리는 1738년에 영국으로 돌아갔다. "나는 이제 속히 옥스포드로 돌아가 내가 사랑하는 은둔 생활에 다시 파묻히고자 했다." 그러나 그는 "계속 이런저런 교회에서 설교해야 했고, 그것은 주일 오전 오후 저녁뿐 아니라 평일에도 계속되었다. 내가 최근 먼 나라에서 왔다는 이유로 수많은 관중이 몰려들었다."[61]

　결국 웨슬리는 비범한 사역으로 인해 영국 국교회 강단에서 설교할 수 없도록 배제당했다. "나는 조용히 있을 수 없었다. 명예와 양심 사이에서 잠시 씨름한 후에는 부득이함을 핑계 삼아 무어필즈(Moorfields) 광장 가운데 서서 설교했다. 그곳에는 어느 교회도 수용하지 못할 정도의 수천 명의 사람이 모였다. 그중에는 한 번도 교회나 공적인 예배 장소에 가보지 않은 사람도 많았다."[62]

　마음에 찔림을 받은 사람들이 신앙적 조언을 얻기 위해 웨슬리를 찾아오자 그는 그들 중 몇 사람과 다시 만나기로 약속했다. 그 몇 명은 얼마 지나지 않아 웨슬리가 혼자 지도하기에는 너무나 많은 숫자로 불어났다. 심지어 교회의 정책적인 방해를 받았음에도, "자신의 구원을 이루기 위해 서로 도우며 협력하는 사람들의 모임으로서 영국의 메소디스트 신도회는 그렇게 사전의 어떤 계획도 없이 시작되었다."[63]

　계속 증가하는 구도자들을 목회적으로 지도해주어야 할 필요가 메소디스트 신도회 설립의 계기가 되었다는 사실은 아이러니하다.

　영국 국교회 사제 웨슬리는 그들을 지도하기 위한 충분한 자격을 갖추

61　"On Laying the Foundation of the New Chapel," B 3:586-87, J VII:422-23, sec. 1. 5.

62　같은 곳. 영국 국교회 교구 밖에서, 교구를 초월해 이루어진 웨슬리 사역은 이곳에서 처음 시작되었다.

63　같은 곳.

었다. "다음 봄 우리는 브리스톨(Bristol)과 킹스우드(Kingswood)에 초청 받았는데, 그곳에서도 신도회는 빠르게 형성되고 있었다. 그다음 해 우리는 뉴카슬 어폰 타인(Newcastle upon Tyne)으로 가 주변 모든 광부에게 설교했다. 1744년에는 콘월(Cornwall) 지역에서 사역했고" "이삼년이 더 지나자 거의 영국 전역을 방문했다." 그 후에는 아일랜드와 스코틀랜드까지 나아갔다. 거기서 "우리는 노력의 가장 큰 결실을 보았다."[64]

2. 오래된 종교

a. 메소디즘은 '새로운 종교'인가?

'메소디즘'(Methodism)이라는 낯선 단어는 무엇을 의미하는가? 어떤 사람은 그것을 새로운 종교로 생각했다. 많은 사람이 그렇게 생각했지만 "어떤 주장도 그것만큼 사실에서 동떨어진 것일 수 없다. 그렇게 생각하는 것은 완전한 착오다. 메소디즘은 오래된 종교로 성경과 초대 교회, 영국 국교회의 종교"다.[65]

'오래된 종교'란 선지자들과 사도들의 종교다. '초대교회의 종교'는 사도 이후 저술가들과 동서 교회가 분리되기 전 하나의 일치된 내용을 가르치던 시기의 종교다. 선지자와 사도, 교부 저술가들의 종교는 역사적으로 영국에서는 "영국 국교회의 종교"라는 말로 표현되었다.[66] 웨슬리는 그 종교를 사랑으로 역사하는 믿음에 대한 선포를 갈망하는 새로운 청중에게로 확장시켰다.

---

64   "On Laying the Foundation of the New Chapel," B 3:587-88, J VII:423, sec. 1.6-11; FA, pt. 3, sec. 1. 4-5.
65   "On Laying the Foundation of the New Chapel," B 3:585, J VII:422-23, sec. 2. 5.
66   같은곳.

"이 '오래된 종교'란 ⋯ 다름 아닌 사랑, 하나님과 인류에 대한 사랑입니다. 그것은 우리를 먼저 사랑해주신 분이자, 우리가 가진 모든 선한 것과 우리가 향유하기를 소망하는 모든 것의 원천이 되시는 하나님을 온 마음과 영혼과 힘을 다해 사랑하며, 또 하나님께서 이 땅에 만드신 모든 사람을 나 자신의 영혼같이 사랑하는 것입니다."[67] 이 사랑은 영혼의 질병을 치료하는 약이다. "이 사랑은 생명을 살리는 위대한 치료약이자 무질서한 세상의 모든 악을 치유하는 결코 실패하지 않는 치료약입니다."[68]

사랑의 행위는 이 사랑에서 비롯된다. "이 사랑과 희락과 화평의 종교는 사람의 영혼 가장 깊은 곳에 자리하지만, 열매를 통해 스스로를 드러냅니다."[69] "이것이 성경이 말씀하는 종교입니다. 주의 깊게 성경을 읽는 사람은 누구도 그것을 부인할 수 없습니다. ⋯ 성경이 하나님의 말씀임을 인정하는 사람은 이것이 참 종교임을 인정해야 합니다."[70]

b. 가장 순수한 기독교

웨슬리는 "이것이 초대교회의 종교, 가장 순수했던 시기의 전 교회의 종교입니다. 그것은 로마의 클레멘스, 이그나티우스, 폴리캅이 남긴 얼마 되지 않는 글에서도 분명히 표현되었습니다. 그것은 터툴리안, 오리겐, 알렉산드리아의 클레멘스, 시프리안의 글에서 더 자세히 드러납니다. 4세기에도 그것은 크리소스톰, 바실, 시리아의 에프렘, 마카리우스의 글에서 발견됩니다. 누구도 그중 기독교의 오랜 가르침을 제대로 알지 못한 사람이

---

67   "On Laying the Foundation of the New Chapel," B 3:585, J VII:423, sec. 2. 1.
68   같은 곳.
69   같은 곳.
70   "On Laying the Foundation of the New Chapel," B 3:585, J VII:424, sec. 2. 2.

있다고 주장하지는 못할 것입니다."[71]

영국 국교회에 전해져 웨슬리가 영국 국교회 사제였던 부친에게 배운 것이 이 종교였다. 영국 국교회의 종교가 이 종교라는 것은 국교회의 예전과 설교집, 예배서의 내용을 통해 입증된다. 이 모든 것은 "'성령의 감동으로 우리 마음의 생각을 깨끗케 하사 우리로 당신을 온전히 사랑하며 당신의 거룩한 이름에 합당한 영광을 돌리게 하소서'라는 하나의 포괄적인 간구에 훌륭하게 요약되어 있다."[72] 오래된 종교는 신실한 영국 국교회 신자에게 반감을 일으키는 것일 수 없다. 그들은 성찬 때마다 그것을 위해 기도하기 때문이다.

18세기 메소디스트 부흥운동을 통해 수많은 사람이 듣고 받아들인 것이 이 오래된 전통적 기독교다. 그것은 어떤 새로운 종교가 아니다. 이 종교가 쉬운 언어로 선포된 곳마다 그것을 갈급해하는 청중이 있었다. "이러한 회개에서 '회개에 합당한 열매'가 생겨났다. 그들은 삶 전체가 변화받아" 외적인 태도가 달라졌을 뿐 아니라, 내적으로 마음이 복음으로 갱신되었다.[73] 하나님의 사랑이 그들의 마음에 부은 바 되자 그들은 즉시 하나님을 사랑하고 다른 사람들을 사랑하게 되었는데, 이는 하나님께서 자신들을 먼저 사랑하신 것을 깨달았기 때문이다. 하나님의 사랑은 "그들을 강권해 그리스도 안에 있던 그 마음으로 … 모든 사람을 사랑하게 했다."[74] 이것이 한 마을에서 다른 마을로 전파되어 영국 전체에 퍼진 종교의 부흥이었다.

---

71   "On Laying the Foundation of the New Chapel," B 3:586, J VII:424, sec. 2. 3.
72   "On Laying the Foundation of the New Chapel," B 3:586, J VII:424, sec. 2. 4; 참고. BCP.
73   "On Laying the Foundation of the New Chapel," B 3:586, J VII:425, sec. 2. 5.
74   같은 곳.

c. 오래된 종교가 새 옷을 입음

웨슬리는 개신교 역사에서 메소디스트 부흥운동처럼 많은 영혼에 역사하신 성령의 능력에 필적하는 다른 사례를 찾지 못했다. 회개하고 믿는 자의 마음의 변화가 그들 눈앞에서 대규모로 일어나고 있었다. 아마도 콘스탄티누스 이후 어떤 나라에서도 이같은 큰 진전이 이렇게 짧은 시간에 이루어진 적은 없었다.[75] 웨슬리는 자신이 본 것을 다음과 같이 기록했다.

> 많은 사람이 철저히 죄를 자각했고 얼마 후에는 기쁨과 사랑으로 충만해 자신이 몸 속에 있는지 몸을 벗어나 있는지 알지 못했습니다. 그들은 사랑의 능력으로 세상이 두려워하거나 갈망하는 것을 짓밟고, 가장 극심한 고난 속에서도 인류에 대한 변하지 않는 따뜻한 선의와 거룩함의 모든 열매를 보여주었습니다. 그렇게 깊은 회개와 강한 믿음, 뜨거운 사랑, 순결한 거룩함이 아주 짧은 시간에 그렇게 많은 사람에게 이루어진 것은 세상이 오랜 시간 동안 보지 못한 것입니다.[76]

이것이 온 나라가 경험하고 있는 복음적 부흥이었다. 개인의 회심은 그보다 넓은 사회 환경에 영향을 끼치고 있었다. 그것은 오래된 종교였고 두려워할 이유가 없었다. 웨슬리는 다음과 같이 말한다. "그들 역시 미신이나 이단에서 깨끗하지 않았습니다. 이전 시대에는 어떤 색다른 종교적 관심사가 생겨나면 그와 함께 종교와 무관한 것에 대한 열심도 함께 생겨났습니다. 그러나 이번에는 그렇지 않습니다." 메소디스트 부흥운동에서는 신앙의 열매가 사회 전체에 영향을 끼치고 있었다. "최근 이 나라에 널리 퍼진 종교는 미신과 교리적 오류에서 진실로 깨끗합니다."[77]

75 "On Laying the Foundation of the New Chapel," B 3:586-87, J VII:425-26, sec. 2. 6.
76 "On Laying the Foundation of the New Chapel," B 3:586-87, J VII:426, sec. 2. 7.
77 "On Laying the Foundation of the New Chapel," B 3:587-88, J VII:426, sec. 2. 8.

혹 당신이 메소디스트들이 말하는 성령의 역사를 받아들이지 않더라도, 적어도 그 결과가 "진지하고 활력있고 이성적"이라는 사실을 보라.[78] 하나님께서 부흥운동을 통해 감동을 주신 사람들에게는 도덕적 행동에 변화가 나타났다. 그들의 종교는 편협함에서 매우 깨끗했고, 그들은 바른 견해를 지키는 일에만 과도하게 집중하지 않았다. "그들은 특정한 견해를 갖는 것이 자신을 그리스도인으로 만들어줄 것이라고 생각할 정도로 특정한 견해에 지나친 애착을 드러내거나, 그 교리에 관해 자신들과 일치하는 사람들만으로 사랑과 존경을 제한하지도 않았습니다."[79] 우리는 "잘못된 열심, 즉 교회 개혁의 정신에 자주 수반되는, 다른 사람을 박해하려는 마음을 두려워해야" 할 이유가 있다. '오래된 종교'로 돌아가려는 이 운동은 양심과 이성, 설득, "자신의 신앙고백과 일치하는 실천"에 대한 존중을 특별히 중시했다.[80]

영국에서는 종교개혁 이후 다양한 부흥운동이 있어왔다. "그러나 영국 국민 대다수는 그것에서 큰 유익을 누리지 못했다. 그 이유는 설교자든 일반인이든 운동에 참여한 사람들이 곧 영국 국교회를 떠나 자신들만의 구별된 종파를 만들었기 때문이다."[81] 장로교인들과 독립교단 신자들, 재세례파 교도들, 퀘이커 교도들이 그렇게 했다. 그리스도의 몸의 하나됨은 계속 손상되었다. 그러나 메소디스트 신도회는 그렇게 하지 않았다. 그들은 엄격하게 영국 국교회의 신도회로 출발했고, 이 글을 쓸 당시에도 그것을 고수했다.

---

78 "On Laying the Foundation of the New Chapel," B 3:588, J VII:426, sec. 2. 9.
79 "On Laying the Foundation of the New Chapel," B 3:588, J VII:427, sec. 2. 10.
80 "On Laying the Foundation of the New Chapel," B 3:587-88, J VII:427, sec. 2. 11.
81 "On Laying the Foundation of the New Chapel," B 3:588, J VII:427, sec. 2. 12.

3. 메소디스트의 특별한 영광

　메소디스트 부흥운동은 매우 일찍부터 분리 문제에 대해 신중했고, "깊이 숙고한 끝에 영국 국교회에 남기로 결정했다."[82] 하나님께서는 그리스도의 몸의 하나 됨을 지키고 분리되지 않겠다는 이 결정에 은혜를 더하셨다. "성직자나 평신도가 그것을 선용하든 악용하든 그들의 확고한 목적은, 하나님께서 그들을 내쫓기로 하시지 않는 한 … 하나님의 은혜로 모든 것을 인내하면서 자신들의 방식을 고수해 … 영국 국교회 안에서 부흥운동을 지속하는 것이었다."[83] 심지어 그들이 내쫓겼을 때조차 그들은 양심이 허락하는 한 자신에게 세례를 베푼 영국 국교회에 신실하고자 했다.

　교회의 하나 됨에 관한 웨슬리의 강력한 조언 네 가지는 다음과 같다.

1. "우리는 구별된 종파를 만들지 않았고 앞으로도 그럴 것이며, 원칙적으로 지금까지 언제나 그래왔듯 앞으로도 영국 국교회의 참된 일원으로 남을 것이다."[84]

2. 사도들이 전해준 "오래된 종교"에 기초한 초기의 보편적 기독교, "이것이 메소디스트가 누리는 특별한 영광이다."

3. 분리는 그리스도의 몸의 하나 됨과 모순되기에, "만약 메소디스트가 영국 국교회를 떠난다면, 하나님께서도 그들을 떠나실 것이다."

4. 우리는 언제나 분리에 반대해 왔기에 "그들이 영국 국교회에서 분리되더라도, 그것은 우리 책임이 아니다."[85]

　웨슬리가 이것을 말한 때는 1777년이다. 이후 영국 국교회 목사 대부

82　"On Laying the Foundation of the New Chapel," B 3:589, J VII:428, sec. 2. 13.
83　같은 곳.
84　"On Laying the Foundation of the New Chapel," B 3:591, J VII:429, sec. 2. 16.
85　"On Laying the Foundation of the New Chapel," B 3:589-91, J VII:428-29, sec. 2. 14-16.

분이 전 식민지를 떠나 본국으로 돌아갔기에, 개척지에서 성찬에 참여하는 것이 힘들어진 미국의 특별한 상황으로 인해 1784년까지 이 결정은 부분적 수정을 필요로 하게 되었으나, 웨슬리의 거부감은 상당히 컸다.

만약 이 '오래된 종교'가 영국의 역사적 교회에 충실하면서도 그 내적 갱신이 얼마나 빠르고 광범위하게 전개되었는지를 고려하면, 우리는 "기독교가 처음 이 섬나라에 심겨진 이후 영국 역사에서 발견할 수 있는 어떤 것도 이 부흥에는 필적할 수 없음을 인정할 수밖에 없다."[86]

"이것이 사실이라면 우리는 '하나님께서 행하신 일이 어찌 그리 크냐!'라고 말해야 하지 않겠는가?"[87] 106년이 지난 후 동일한 문구 "하나님께서 행하신 일이 어찌 그리 크냐!"가 최초로 전송된 전보의 내용이 된 것은 큰 의미가 있다. 1844년 5월 24일 웨슬리의 삶을 바꾼 올더스게이트 체험 106주년 기념일에, 새뮤얼 F. B. 모스(Samuel F. B. Morse)가 워싱턴과 발티모어를 잇는 전신선으로 처음 보낸 전보가 "하나님께서 행하신 일이 어찌 그리 크냐!"였던 것이다. 그 순간 새 메소디스트 예배당의 기초를 놓으며 전했던 웨슬리의 메시지는 역사 속에 되살아나 근대 의식의 기억에 깊이 새겨졌다.

4. 성경적인 초기 기독교 회복을 위한 호소

웨슬리는 영국 국교회 신자를 향해 진정한 국교도가 되기를 간청했다. 시티 로드에서 웨슬리의 설교를 들었던 청중 대부분은 그가 말한 대로 "영국 국교회 회원"이었다. "여러분은 적어도 영국 국교회 신자로 불립니다.

---

86 같은 곳.
87 "On Laying the Foundation of the New Chapel," B 3:587-88, J VII:427, sec. 2. 11.

그러나 여러분이 제가 앞에서 설명한 종교의 증인" 즉 선지자와 사도 및 그들이 쓴 성경의 가장 초기 해석자들의 오래된 종교의 증인이 아니라면 "여러분은 참된 영국 국교회 신자가 아닙니다."[88]

그러므로 웨슬리는 신자의 마음에 다음과 같이 호소했다. "이 문제에 관해 당신의 마음은 어떠합니까?"[89] "하나님 앞에서 당신의 양심을 점검해 보십시오." 설교자로서 웨슬리의 습관은 청중에게 연달아 질문을 던지는 것이었고, 여기서도 그는 질문을 던진다. "당신의 마음은 모든 선하고 온전한 은사를 주시는 분께 대한 감사로 타오릅니까? … 당신의 영혼은 모든 사람을 향한 사랑으로 뜨겁습니까? … 당신의 삶과 대화의 지속적인 방향이 이를 증거합니까? 당신은 '말로만이 아니라 행함과 진실함으로 사랑합니까?' 당신의 마음이 내 마음과 같다면, 나와 손을 잡읍시다."[90]

만약 그렇다면, 웨슬리는 다음과 같이 말한다. "와서 함께 주님을 높입시다. … 할 수 있는 한 사람들 가운데 평화와 선의를 세움으로 가장 높은 곳에 계신 하나님께 영광을 돌리는 이 복된 사역을 위해 마음과 힘을 모읍시다."[91] "온 영혼을 다해 순수하고 더럽혀지지 않은 종교의 보편적 부흥을 갈망하고, 하나님의 형상 즉 각 사람 속 순수한 사랑의 회복을 갈망합시다. 우리가 가진 다양한 위치에서 이 성경적인 초기 기독교를 진척시키도록 노력합시다."[92]

---

88 "On Laying the Foundation of the New Chapel," B 3:591-92, J VII:430, sec. 2. 17.
89 같은 곳.
90 "On Laying the Foundation of the New Chapel," B 3:592, J VII:430, sec. 2. 17.
91 "On Laying the Foundation of the New Chapel," B 3:591-92, J VII:430, sec. 2. 17.
92 같은 곳.

C. 메소디스트 부흥운동에 대한 사실적 평가

1. 기독교의 무능함에 대한 원인들

a. 자멸적 습관을 피하라

시티 로드 설교 12년 후, 웨슬리는 동일한 주제를 다루어 메소디스트 부흥운동을 재평가했다. 86세의 웨슬리는 시력이 약해지고, 움직임이 둔해졌으며, 기력이 쇠약해지는 등 약해진 건강 상태에서 부흥운동의 약속과 실행 사이의 아이러니한 불균형에 대해 돌이켜 보았다. 그는 당대의 메소디스트 부흥운동이 잠재적인 자멸적 태도로 기울어지고 있지는 않은지 궁금해했다. 그는 독특한 경제적 가정을 해보았다. "참된 기독교가 전파되는 곳마다 근면과 성실이 뒤따른다. 그것은 자연히 부를 낳는다. 그러면 부는 자연히 교만과 세상에 대한 사랑, 기독교를 파괴하는 모든 성정을 낳게 된다."[93] 경제학은 19세기에는 우울한 학문(dismal science)으로 여겨졌다. 웨슬리는 18세기의 우울한 학문의 선구자였을지도 모른다.

이후 웨슬리 전집 미국인 편집자 조셉 벤슨(Joseph Benson)이 "기독교의 무능함에 대한 원인들"(The Causes of the Inefficacy of Christianity)로 제목을 붙인 이 설교의 본문은 예레미야 8:22의 "길르앗에는 유향이 있지 아니한가 그곳에는 의사가 있지 아니한가 딸 내 백성이 치료를 받지 못함은 어찌 됨인고?"라는 말씀이다 [설교 #122 (1789년 7월 2일), B 4:85-96; J #116, VII:281-90].

b. 길르앗에는 유향이 있지 아니한가?

온 세상을 치료하기 위해 이스라엘이 택함을 받고, 영국 섬나라를 치

---

93 "The Causes of the Inefficacy of Christianity," B 4:95-96, J VII:290, sec. 2. 17.

료하기 위해 메소디스트 신도회가 사용된 것과 마찬가지로, 이스라엘에 치료약을 제공한 것은 길르앗이었다.

하나님께서 이스라엘의 영적 상처를 치료하기 위해 제사장과 선지자들을 보내셨다면, 이스라엘 사람들의 육신의 질병을 치료하는 데는 길르앗에서 나는 유향이 사용되었다. 바벨론 포로기의 역사에서 예레미야는 어떻게 하나님께서 이스라엘에게 치료약을 주지 않으실 수 있는지, 하나님의 감추어진 의도를 이해할 수 없었다. 하나님의 백성의 딸이 회복하지 못하는 이유는 무엇이란 말인가?

웨슬리 역시 유사한 의문을 가졌다. 왜 참된 기독교는 짧은 부흥을 경험한 뒤에는 긴 쇠퇴의 기간을 겪는가? 복음의 유전자에는 기독교를 자멸로 나아가게 하는 어떤 숨겨진 유전질이 있는가? 이 질문에 답하려면 웨슬리가 죄의 고질적 성향에 관해 광범위하게 숙고한 것과 같은 주의 깊은 분석이 필요하다.

c. 인간 본성의 보편적 타락

이 진지한 설교에서 웨슬리는 예레미야와 함께 하나님께서 자신의 영광을 위해 창조하신 이 세상을 과연 잊어버리셨는지 질문한다.[94] 하나님의 영광을 위해 창조된 빛은 어두워졌다. "보라 어둠이 땅을 덮을 것이며 캄캄함이 만민을 가릴 것이다"(사 60:2).[95] 깊은 악의 비밀이 인간의 마음 깊이 자리잡고 있더라도, 웨슬리는 기독교의 무능함의 원인 중 어떤 것은 치료될 수 있음을 주장했다.[96]

---

94   "The Causes of the Inefficacy of Christianity," B 4:87, J VII:282, sec. 2.
95   같은 곳.
96   같은 곳.

그는 엄숙한 질문의 범위를 좁혀, 왜 기독교는 더 큰 세상의 문화, 도덕, 정치, 경제 질서의 영적 활력과 건강에 그렇게도 적은 영향밖에 끼칠 수 없었는지를 질문했다. 만약 그것이 인간 본성의 보편적 타락 때문이라고 말한다면, 우리는 기독교가 그 타락을 치료하기 위한 것이라고 답해야 하지 않겠는가? 따라서 문제는 여전히 해결되지 않은 채 남아 있다. 왜 모든 종류의 역기능과 악이 세상을 뒤덮고 있는가?[97] 우리는 오늘도 왜 하나님께서 유혹과 고통을 막지 않으시는지 궁금해한다. 그러면서도 우리는 소망을 안고 그 가슴 아픈 흑인 영가를 부른다.

> 길르앗에는 향유가 있네
> 상처받은 자를 고치네
> 길르앗에는 향유가 있네
> 죄로 병든 영혼을 고치네

이 향유는 복음이다. 병든 영혼은 인류가 듣게 된 가장 기쁜 소식에서 돌아서고 있다.

2. 참된 기독교는 왜 충분히 알려지지 않았는가?

a. 복음 전파 지역 분석

역사적으로 기독교가 세계에 미미한 영향밖에 끼치지 못한 것으로 보이는 주된 이유 중 하나는 세상의 많은 부분에서 아직도 기독교가 잘 알려지지 않았기 때문이다. 이 점에서 웨슬리는 세계 선교의 역사를 위해 매우 중요한 세계 종교 인구에 대한 이론적 분석을 시도했다. 그는 당시 인류의

---

97 "The Causes of the Inefficacy of Christianity," B 4:86-87, J VII:281-82, sec. 1.

대략 5/6 정도는 기독교에 대해 전혀 듣지 못한 것으로 추정했다.

웨슬리는 전혀 복음을 들을 기회조차 갖지 못한 세상의 사람들의 수를 계산해 보고자 했다. "인류를 서른 부분으로 나눈다면 그중 열아홉은 기독교에 대한 지식이 전혀 없다고 생각한다." 또 "기독교를 완전히 경멸"하는 이슬람 교도들이 있다. 안타깝게도 "인류의 25/30는 명목상의 그리스도인도 아니다." 결과적으로 "인류의 5/6는 기독교에 대해 전혀 알지 못하고 있다. 그러니 인류의 5/6 또는 9/10가 기독교의 유익을 전혀 누리지 못하고 있다는 것은 전혀 놀랄 일이 아니다."[98] 기독교는 "알려지지 않은 곳에서는 어떤 유익도 끼칠 수 없기 때문이다."[99]

웨슬리는 다음으로 당시의 세계 인구를 조사하면서, 동방 정교회부터 로마 가톨릭주의, 유럽의 개신교에 이르기까지 참된 기독교에 관한 지식이 어느 정도 전파되었는지를 분석한다. 먼저 동방 정교회에 대한 분석으로 시작한다. 그는 동방 교회 신자들은 한때 신실했지만 콘스탄티누스 시대 이전 초대교회 시대의 영광을 대부분 잃어버리고 말았다고 생각했다. 동방 교회는 오스만 투르크와 그 군주들뿐 아니라 심지어 비칼케돈파 기독교 형제들의 약탈을 견뎌야 했다.[100] 투르크가 지배하던 각지로 흩어진 동방 교회의 그리스도인은 참된 기독교에 대해 무엇을 알고 있었는가? 웨슬리는 곰곰이 생각해 보았다. 그들 대부분은 진정한 복음적 부흥에 관해 들어보았다는 징표를 보여주지 못했다. 그는 러시아가 전통적으로 받아들인 기독교의 형태는 깊이 타락했다고 생각했다.[101] 또 그는 로마 교회는 여전히 중세 스콜라주의라는 장애물을 극복하지 못했다고 생각했다. 그

98 "The Causes of the Inefficacy of Christianity," B 4:87, J VII:281-82, sec. 3.
99 같은 곳.
100 "The Causes of the Inefficacy of Christianity," B 4:88, J VII:283, sec. 4.
101 같은 곳.

는 동방 정교회와 로마 가톨릭 모두에서는 은혜에 의해 믿음으로 얻는 칭의에 대한 "'지식이 없어' 수많은 사람이 죽어가고 있다"고 생각했다.[102]

b. 참된 기독교는 개신교에도 충분히 알려지지 않음

개신교인은 복음을 들을 기회가 충분함에도, 웨슬리는 유럽 대륙에서는 인구의 2퍼센트도 채 안 되는 사람만 그리스도인의 삶을 살아가는 참된 그리스도인이라고 추산했다. 개신교 신자 열 명 중 아홉은 자신이 믿는 것을 말로 표현해내지 못한다. 그들은 칭의의 은혜나 그리스도의 인격과 사역, 성령의 내적 역사에 대해서도 거의 알지 못한다. 독일, 네덜란드, 덴마크, 스웨덴에서는 "그런 것을 아는 그리스도인이 많았다." 그러나 웨슬리는 그중에도 진정한 의미의 신자는 "오십 명 중 한 명이 안 되거나, 그 정도가 아니라면 열 명 중 한 명이 채 안 될 것"이라고 말했다.[103]

다음으로 웨슬리는 기독교가 알려지지 않은 지역에서 잘 알려졌을 가능성 있는 지역, 예를 들면 영국 같은 곳으로 논의의 초점을 옮긴다.

> 우리 자신의 상황은 어떤지 살펴봅시다. (가장 높거나 가장 낮은 계층의 사람들은 이런 것에 대해 거의 아무것도 알지 못하므로 중간 계층에 속한) 일반적인 영국 국민은 기독교를 이해하고 있습니까? 그들은 기독교가 무엇인지 압니까? 기독교의 이론적이거나 실천적인 면에 대해 설득력 있게 설명할 수 있습니까? 기독교의 가장 근본적인 원리들을 알고 있습니까? 하나님의 자연적이고 도덕적인 속성, 특별한 섭리, 인간의 구원, 그리스도의 사역, 성령의 역사, 칭의, 신생, 내적이고 외적인 성화에 대해 알고 있습니까? 당신이 마주치는 열 명의 사람에게 물어

---

102 "The Causes of the Inefficacy of Christianity," B 4:88-89, J VII:283-84, sec. 5.
103 "The Causes of the Inefficacy of Christianity," B 4:89, J VII:284, sec. 6.

본다면 그중 아홉 명은 그 전체에 대해 아무 것도 모르지 않습니까?[104]

예를 들어, 전통적 기독교 가르침의 핵심 전제인 '신앙의 유비'(analogy of faith)라는 중요한 원리를 생각해 보자. 웨슬리는 다음과 같이 말한다. "신앙의 유비, 즉 성경적 진리의 연결된 사슬과 그 속에서 각각의 상호관계를 이해하는 사람이 얼마나 적은가!"[105]

c. 메소디스트의 훌륭한 교리와 불충분한 훈련

다음으로 웨슬리는 "성경적 기독교가 잘 알려져 있고", "기독교가 공공연하게 선포되고, 수많은 사람이 지속적으로 '예수님 안에 있는 진리'를 듣고 받아들이는" 지역을 살펴보았다. "이런 지역에서조차 기독교의 영향력은 왜 그리도 미미한가?"[106] 그 주된 이유는 "바른 교리가 선포되는 곳에서도 올바른 훈련 없이는 청중에게 충분한 영향력을 발휘할 수 없기" 때문이다.[107] 교리가 아무리 건전하더라도 그것이 훌륭한 훈련과 결합되지 않으면 지속적인 효과로 이어지지 않는다.

메소디스트 부흥운동의 특별한 소명은 바로 여기에 있었다. 즉 기독교의 진리를 선포해 모든 신자의 삶에서 온전히 체현되게 하는 것이다. 그러나 참된 교리가 선포되어온 곳에서도 그것이 사회의 문화와 사람들의 도

---

104 "The Causes of the Inefficacy of Christianity," B 4:89, J VII:283-84, sec. 6.

105 같은 곳. 신앙의 유비란 성경으로 성경을 해석하는 원리로, 한 본문의 의미가 명확하지 않을 때 다른 구절이나 성경의 전반적 가르침으로 그 의미를 분명히 하는 방법이다. 이것은 웨스트민스터 신앙고백(1.9)에서는 다음과 같이 표현되었다. "성경 해석의 확실한 기준은 성경 그 자체다. 따라서 어떤 성경 구절의(많은 의미가 아니라 하나의) 참되고 온전한 의미를 알고자 하면, 동일한 내용을 더 분명히 말씀하는 다른 구절을 통해 그것을 발견하고 깨달아야 한다."

106 "The Causes of the Inefficacy of Christianity," B 4:90, J VII:284, sec. 7.

107 같은 곳.

덕적 행동, 국가 정신, 지적 삶에 끼치는 영향은 크지 않았다.[108] 이것이 메소디스트 부흥운동 후기의 중대한 실패로 이어졌다.[109]

d. 메소디스트 일부에게도 무능한 기독교

더 심각한 문제는 아직 남아 있다. 웨슬리는 비기독교인과 기독교인 모두를 거침없이 평가하는 가운데 "문제를 더 세밀히" 들여다보고자 했다. "일반적으로 메소디스트로 불리는 사람 중에는 성경적 기독교가 선포되고 좀 더 잘 알려지지 않았는가?"[110] 그중 많은 사람은 "명목상 그리스도인"(almost Christian)이다. 그런데 "왜 그들은 온전한 그리스도인이 되지 못하는가?" 그들은 훌륭한 교리를 배우고, 하나님과 함께하는 온전한 삶에 대해 들었다. 따라서 웨슬리는 다음과 같이 질문한다. "왜 우리는 우리가 처음 배운 대로 마음이 온유하고 겸손하지 못한가? 왜 우리는 주님과 같이 모든 상황에서 '내 원대로 마시옵고 아버지의 원대로 되기를 원하나이다', '내가 온 것은 내 뜻을 행하려 함이 아니요 나를 보내신 이의 뜻을 행하려 함이니라'라고 말하지 못하는가?"[111] 믿음의 열매는 어디 있는가?

다음으로 웨슬리는 좀 더 핵심으로 다가가, 메소디스트 중 가장 진실한 자들이 돈을 어떻게 사용하고 있는지 물었다. 돈을 어떻게 사용하는가 하는 것은 신자가 어떤 신앙을 가졌는지 보여주는 증표가 되기 때문이다. 메소디스트들은 오래전부터 돈 사용에 관한 세 가지 규칙을 확고하게

---

108 "The Causes of the Inefficacy of Christianity," B 4:86, J VII:285, sec. 8.
109 부흥운동의 퇴보에 관해서는 Andrew Goodhead, *A Crown and a Cross: The Rise, Development and Decline of the Methodist Class Meeting in Eighteenth Century England* (Eugene, OR: Wipf & Stock, 2010)를 참고하라.
110 "The Causes of the Inefficacy of Christianity," B 4:90-91, J VII:285-86, sec. 8.
111 마 26:39; 요 6:38; "The Causes of the Inefficacy of Christianity," B 4:90-91, J VII:285-86, sec. 8.

배웠다. 즉 최대한 많이 벌고, 최대한 많이 저축하며, 최대한 많이 나누어 주라는 것이다.[112] 많은 사람이 첫 번째 규칙을 지켰고, 몇몇 사람은 두 번째 규칙을 지켰으나, "'최대한 많이 나누어주라'는 세 번째 규칙을 지킨 사람은 얼마나 되겠는가? 오만 명이나 되는 메소디스트 중 이 세 번째 규칙을 지킨 사람이 오백 명은 될 것이라 믿을 근거가 있는가? 처음 두 가지 규칙은 지키면서 세 번째 규칙은 지키지 않는 사람은 결코 충분치 않다는 사실만큼 분명한 것이 있겠는가?"[113]

e. 약화된 자기 부인

웨슬리가 말하고자 하는 주된 내용이 드디어 모습을 드러냈다. 길르앗에 향유가 없었던 이유, 즉 기독교가 사람과 사회를 치료하는 일에 미미한 효력밖에 나타내지 못한 주된 이유는, 기독교를 더 잘 아는 사람들의 자기 부인이 부족했기 때문이라는 것이다. "기독교 교회 내에서 하나님의 능력을 그렇게 많이 경험하고도 자기 부인이 그렇게 부족한 사람들이 예전에는 없었다."[114]

웨슬리는 하나님께서 메소디스트들에게 아주 많은 것을 주셨지만, 그들은 "계속해서 하나님의 성령을 근심시키고, 그분의 은혜로운 능력이 우리 모임에 임하는 것을 철저히 가로막았다"고 말한다. 그가 제시한 증거는 이것이다. "당신의 형제들 중 하나님께서 사랑하시는 많은 사람이 먹을 것이 없고 입을 옷이 없고 머리를 누일 장소가 없다는 것입니다."[115] 웨슬리

---

112 "The Use of Money," sec. 1. 1.
113 "The Causes of the Inefficacy of Christianity," B 4:90-91, J VII:285-86, sec. 8.
114 "The Causes of the Inefficacy of Christianity," B 4:86, J VII:291-92, sec. 9.
115 같은 곳.

의 질문은 날카로워졌다. "왜 당신은 당신의 빵을 주린 자에게 주지 않습니까? … 하나님께서는 이런 목적으로 (당신의 것이 아닌) 그분의 것을 당신에게 맡기시지 않았습니까? 그분께서 당신에게 '하나님의 종아, 잘하였다'고 말씀하십니까? 그렇지 않음을 당신은 잘 알고 있습니다. 당신의 잘못된 돈 사용은 하나님께도, 당신의 양심으로도 인정받을 수 없습니다. 그럼에도 당신은 '그렇게 할 여유가 없다'고 말합니다. 그런 잘못된 말을 한 것에 대해 부끄러워하시기 바랍니다."[116] 신자가 자신의 수입을 어떻게 사용하는가 하는 것은 그들이 산상수훈을 얼마나 진지하게 받아들이고 있는지를 보여준다. 분명히 거듭난 너무나 많은 영혼이 "내 원대로 마시옵고 아버지의 원대로 되기를 원하나이다"라고 말하기를 배우지 못했다. 그들은 세상에 대해서는 십자가에 못 박히지 않은 채 여전히 육체 가운데 죽어 있다. 하나님 안에서 그리스도 안에 감추어진 삶을 살지 않고 자신 속에서만 살고 있다.[117]

3. '신앙 - 근면 - 부 - 교만'의 자멸적 순환

a. 부흥운동의 도덕적 퇴보에 대한 경제적 분석

웨슬리 설교의 나머지 부분은 참된 자기 부인을 배우지 못해, 부유하지만 몰인정하고 제멋대로 행동하는 교회 사람들에 주목한다.

모든 신자가 자기 몫의 책임이 있지만 부유한 자는 특히 그렇다. 메소디스트 부흥운동 내 많은 사람이 근면함을 통해 부유해졌음에도 여전히 인색했다. 그들은 하나님께서 자신에게 맡기신 것을 가난한 자에게 주지

---

116 "The Causes of the Inefficacy of Christianity," B: 4:92, J VII 291-92, sec. 9.
117 "The Causes of the Inefficacy of Christianity," B 4:86, J VII:291-92, sec. 9.

않았다.

어떤 사람은 모든 가난한 사람에게 그들이 필요로 하는 것을 공급하는 일은 불가능하지 않느냐며 반문했다. 그러나 웨슬리는 만약 그리스도인이 자기 믿음을 사랑으로 역사하도록 이끈다면 복음적 그리스도인들에게는 그럴 수 있는 자원이 충분할 것이라고 주장했다. 많은 가난한 사람이 여전히 병들고 약한 것은, 그들의 동료 그리스도인들이 방치했기 때문이다. 퀘이커 교도와 모라비아 교도들은 이보다 나았다.[118]

예루살렘 교회는 가난했어도 고아와 과부, 주린 자들을 보살폈다. 사도 시대의 그 위대한 교회는 복음으로 약자를 돌보는 본보기로 남아 있다. "그 중에 부족한 사람이 없었고 분배는 각 사람의 필요에 따라 이루어졌다"(행 4:34-35에 대한 웨슬리의 해석).[119] 이러한 분배는 권력자에 의해 강요되지 않고 자발적으로 이루어졌다.

각자 자신의 가정을 돌보라는 것은 성경의 명령이다. 그러나 신자의 자녀는 물질적으로는 부족하더라도 영적으로는 부유하다. 하나님께서는 복음적 그리스도인들로 가난한 사람에게 '최대한 나누어주라'고 요구하신다. 이것은 의도적으로 가르쳐야 하는 것이다.

목사는 이것을 가르쳐야 할 의무를 수행하지 않음으로 가난한 자를 방치하는 일에 공모자가 된다. 부유한 평신도가 가난한 자들에게 책임을 다하지 않도록 내버려두는 것은, 목회자가 그들에게 호의를 베푸는 것이 될 수 없다. 그들에게 목회자의 직분이 주어진 것은, 가르치는 사역을 끊임없이 행해 도덕적 해이와 향락적 생활에 빠질 위험에서 신자를 보호하기

---

118 "The Causes of the Inefficacy of Christianity," B 4:92, J VII:286-87, sec. 10.
119 "The Causes of the Inefficacy of Christianity," B 4:92, J VII:287, sec. 10.

위한 것이다.[120]

웨슬리는 익살스럽게 다음과 같은 주장을 펼친다.

> 나는 하나님께 재산의 절반을 드리라거나 절반은 남기라고 말하지 않겠습니다. 당신은 이것이 천국을 얻기 위한 대가로는 너무 비싸다고 생각할지 모릅니다. 그렇다면 가격을 좀 낮추어 봅시다. 여러분 중에는 백 파운드, 또 어떤 사람은 천 파운드를 나누어주더라도 자기 자녀들을 충분히 도울 수 있는 사람들이 있지 않습니까? 이천 파운드 정도만 있으면 우리는 현재 우리 중 모든 가난한 사람의 필요를 공급할 수 있고, 앞으로도 그렇게 할 수 있습니다.[121]

b. 자발적인 희생적 나눔

설교의 마지막 부분에서 웨슬리의 마음은 가난한 자들에게로 향한다. 그는 잘사는 사람들에게 더 많은 희생을 요구했다.[122]

하나님께서는 회개의 기회를 허락하시지만, 그 기회는 언젠가 끝날 것이다. 웨슬리는 날카롭게 지적했다. "참으로 하나님의 사역은 이 중대한 결함에도 불구하고 놀라운 방식으로 계속될 것이지만, 이 결함이 없을 때와 동일하게 진행될 수는 없을 것입니다. 하나님의 말씀은 그것을 듣는 사람들이 '자신을 부인하고 날마다 자기 십자가를 지지' 않는다면 최대한의 효과를 나타낼 수 없습니다."[123]

웨슬리는 겸손을 위해 금식하고 가난한 사람을 위해 중보기도하는 초대교회의 실천으로 돌아가야 함을 주장했다. 많은 사람이 더는 금식을 실천하지 않지만, 금식이 하나님의 수없이 많은 선물에 대한 회개의 반응

---

120 "The Causes of the Inefficacy of Christianity," B 4:93, J VII:287, sec. 11.
121 같은 곳.
122 "The Causes of the Inefficacy of Christianity," B 4:93, J VII:287-88, sec. 12.
123 "The Causes of the Inefficacy of Christianity," B 4:94, J VII:288, sec. 13.

으로서 적합한 행위라는 사실은 여전하다.[124] 웨슬리는 "초대교회로부터 이 실천은 보편적으로 용인되어 왔다"는 교부 저술가 에피파니우스(Epiphanius)의 말을 인용했다. "에피파니우스는 '전 세계의 그리스도인이 주중 넷째와 여섯째 날(수요일과 금요일)을 금식일로 지켜온 것을 모르는 사람도 있는가?'라고 말했다."[125] 어떻게 그 보편적 실천이 무시당하게 되었는가?

수년 동안 메소디스트들은 일주일에 이틀을 금식일로 지켜왔다. 처음에는 건강을 해칠 정도로 과하게 금식하거나 가식으로 하는 경우도 있었다. 그러나 웨슬리는 이제 일주일에 두 번은커녕 대다수가 "한 달에 두 번도 금식하지 않는다"고 말했다.[126] 금식 전통이 유일하게 남아 있는 절기는 사순절 뿐이다. 무슨 일이 일어난 것인가? 왜 이 초대교회의 영적 훈련이 폐기되고 말았는가?

안타깝게도 복음적 부흥운동의 2세대와 3세대에서는 이미 부와 안락 추구가 자기 부인을 대체해버렸다. 웨슬리는 열 명 중 아홉이 부가 늘어나는 만큼 은혜에서 멀어지고 있다고 생각했다.[127]

4. 암울한 순환

a. 신앙 - 근면 - 부 - 교만

웨슬리는 높은 현실 감각을 지닌 기민한 사회 경제적 관찰자가 되었다. 그럼에도 기독교와 경제 사이의 순환 패턴에 관한 그의 생각은 거의

---

124 "The Causes of the Inefficacy of Christianity," B 4:86, J VII:282, sec. 14.
125 "The Causes of the Inefficacy of Christianity," B 4:94, J VII:288, sec. 14.
126 같은곳.
127 "The Causes of the Inefficacy of Christianity," B 4:95, J VII:289, sec. 16.

주목을 받지 못했다. 그는 막스 베버나 리처드 토니(R. H. Tawney) 같은
후대의 작가들이 더 충분히 묘사한 기독교 윤리학의 심오한 역설에 처음
주목한 사람에 속한다. 웨슬리에 의하면, 기독교 복음이 바르게 수용되면
그것은 근면과 자기 책임성을 낳는다. 여기까지는 좋다. 다음 단계는 이
러한 검약의 습관이 부를 낳는 경향이 있다는 것이다. 그리고 그것은 타인
을 돌보는 자선의 증가로 이어져야 마땅하다. 그럼에도 부는 감사와 관대
한 나눔을 증가시키기보다 교만과 세속적인 마음, 악한 성품으로 연결될
가능성이 훨씬 크다.

여기서 깊은 모순이 발생한다. 어떤 사람이 기독교 신앙에 진지해질수
록 그는 더 절약하게 되고, 더 절약할수록 더 부유해지며, 더 부유해질수
록 더 교만해진다는 것이다. 더 교만해질수록 자선 행위는 줄어드는가? 웨
슬리는 그렇다고 생각했고, 그 증거를 제시했다.[128]

이스라엘에 왜 향유가 없는가? "기독교, 참되고 성경적인 기독교가 시
간이 흐름에 따라 자신의 뿌리를 침식해 자멸하는 경향"을 갖는 것은 무
엇 때문인가? "참된 기독교는 그것이 전파되는 곳에서 자연적으로 근면과
절약을 일으키고, 그것은 자연히 부를 낳는다. 그런데 부는 자연스럽게 교
만과 세상에 대한 사랑, 기독교를 파괴하는 모든 기질을 낳기 때문이다."
이로 인해 참된 기독교가 널리 퍼진 곳마다 기독교는 "자신의 토대를 침
식"하는 경향을 나타낸다.[129] 복음적 부흥운동의 첫 세대에서 시작해 둘째
와 셋째 세대에 이르기까지 각 세대는 안타깝게도 이 암울한 주장이 사실
임을 입증했다.

---

128 "The Causes of the Inefficacy of Christianity," B 4:95-96, J VII:290, sec. 17.
129 "The Causes of the Inefficacy of Christianity," B 4:96, J VII:290, sec. 17.

b. 복음적인 경제적 책임성 회복의 길

"그러나 이 자멸적 순환을 막을 방법은 없는가?" 자기 부인의 공동체를 지속하고 영속할 수 있다는 소망은 불가능한가? 웨슬리는 가장 실용적인 해답은 자명하다고 보았다. 이 자멸적 순환은 회개와 훈련과 희생으로 깨뜨릴 수 있다. 예수님께서 말씀하신 그대로 행하는 것이다(마 16:24-26).

돈 사용의 법칙은 어린아이라도 이해할 수 있을 정도로 간단하다. 즉, 최대한 많이 벌고 모으고 나누는 것이다.[130] 이것은 부모가 자녀에게, 목사가 신자에게 가르쳐야 하는 것이다.

웨슬리는 자신에게 적용하지 않는 기준을 타인에게 요구한 것이 아니다. 그는 일평생 최대한 많이 벌었고 모았고 나누어주었다. 그러나 웨슬리는 한 어떤 일도 자신을 구원하는 원천이 될 수 없고, 구원은 그리스도께서 이미 이루신 일에 달려 있음을 잘 알았다.[131] 우리가 부유하게 되는 방법은 좀과 녹이 슬지 않는 하늘의 기업을 받는 것이다.

D. 과거 이상화에 대한 반대

웨슬리는 세계 역사의 흐름에 큰 관심을 가지고 있었다. 그는 하나님의 섭리를 강하게 믿었고, 모든 인류 역사 속 불법의 비밀에 대해서도 알고 있었다. 또 진보에 대한 피상적 이론들을 경계했다. 그는 '오래된 종교'의 진리를 추천했으나 그것을 과도하게 이상화하지는 않았다.

---

130 "The Causes of the Inefficacy of Christianity," B 4:96, J VII:290, sec. 18.
131 같은 곳.

1. 옛날에 대하여

웨슬리는 기독교가 사회 질서에까지 외적 영향을 끼친 흔치 않은 강력한 영적 부흥의 기간에 특히 인간 역사에 결정적 기여를 했다고 생각했다. "옛날에 대하여"는 진보의 개념을 하나님의 섭리와 연결한 한 개신교 신학자의 가장 초기 논문 중 하나다.[132]

a. 이전 시대와 현 시대 비교

이전 시대가 현재보다 우수했는지 현실적으로 평가하고자 하는 사람은 이 설교를 반길 것이다. 웨슬리는 1787년 6월 27일 더블린에서 전도서 7:10의 "옛날이 오늘보다 나은 것이 어찜이냐 하지 말라 이렇게 묻는 것은 지혜가 아니니라"라는 말씀을 기초로 "옛날에 대하여"(Of Former Times)라는 제목으로 설교했다 [설교 #102, B 3:440-53; J #102, VII:157-66 (1787년 11-12월호 AM); J X:566-72, 620-25, 1787]. 현 시대와 비교해 이전 시대에 관해 '지혜롭게 묻는다'는 것은 무엇을 의미하는가?

이 설교에서 웨슬리는, 아름다운 황금기가 오래전에 실제로 존재했던 것으로 가정해, 현 시대에 좌절할 정도로 옛 시대를 훌륭하게 묘사하는 사람들에게 답한다. 그는 염세주의에 반대해 하나님께서 오늘날 베푸시는 영적인 가능성은 과거의 영적인 가능성만큼이나 위대하고, 오히려 더 위대할 수 있다는 증거를 제시하고자 했다.[133]

웨슬리는 1566년에 과도한 염세주의와 낙천주의를 논박하는 역사의 진폭에 관한 변증법 이론을 제안한 장 보댕(Jean Bodin)을 알고 있었

---

132 "Of Former Times," B 3:440-42, J VII:157-58, secs. 1-4; JWO, 서문.
133 "Of Former Times," B 3:453, J VII:166, sec. 23.

다.[134] 1668년에 조지프 글랜빌(Joseph Glanvill)은 "아리스토텔레스 이후 지식의 추이와 진보"(The Progress and Advancement of Knowledge Since the Days of Aristotle)에서 과학적 진보 이론을 자세히 설명했다.[135] 웨슬리는 세계 역사에 대한 복음적 해석이 이런 이론과 어떻게 다른지 살펴보고자 했다.

b. 이전 시대는 정말 위대했는가?

웨슬리는 하나님께서 현재 무엇을 행하시는지는 알지 못하면서 과거를 낭만적으로 이상화하는 태도를 경계해야 함을 강조했다. 시간의 간격은 이전 시대를 실제보다 더 훌륭하게 보이게 한다. 그러나 이전 시대가 실제로 얼마만큼 아름다웠을까? 하나님과 사람에 대한 사랑이 사람의 마음을 지금보다 더 가득 채웠고, 그들의 삶을 지금보다 더 다스렸을까? 웨슬리는 그렇다고 확신할 수 없었다. 그는 영국에서 일어난 부흥은, "참된 종교는 결코 축소되지 않고 오히려 현 시대에 훨씬 더 확장되고 있음"을 보여준다고 생각했다.[136]

호메로스(Homer) 시대 사람들은 어리석게도 자신의 조상들이 그들 이후 어떤 시대 사람들보다 더 위대하고 크고 강했을 것이라고 상상했다. 웨슬리는 과거를 찬미하는 이러한 문학의 역사에 대해 다음과 같이 논평했다.

134　*Method for the Easy Comprehension of History.* 보댕은 카르멜회(Carmelite) 수사 출신 법학자이자 경제학자이다.

135　Joseph Glanvill, "The Progress and Advancement of Knowledge Since the Days of Aristotle" (1668; repr., Hildesheim, Germany: Georg Olms Verlag, 1979); Wesley, "Of Former Times," B 3:441, J VII:157; JWO, 서문.

136　"Of Former Times," B 3:440-43, J VII:157-58.

흔히 사람들은 세상은 나이를 먹었고 모든 것이 쇠퇴하고 있기에 지금 우리는 시간의 찌꺼기에 살고 있다고 생각한다. 특히 오래전 사람들은 지금보다 훨씬 키가 크고, 훨씬 뛰어난 능력과 더 깊고 강한 이해력을 지녔기에, 그들이 남긴 모든 글은 후대의 글보다 훨씬 훌륭하다고 생각한다. 무엇보다 이전 세대 사람은 현 세대 사람보다 훨씬 탁월한 덕을 지녔으나, 각 시대와 나라의 인류가 점차 퇴화한 결과 지금은 황금 시대에서 철의 시대로 추락했고, 이제 세상에서 정의는 사라지고 없다고 생각한다.[137]

경험적 증거는 그와 정반대임을 보여준다. 인류는 체격이 줄지 않았다. 과거 사람은 더 지혜롭지도, 도덕적 덕에서 더 탁월하지도 않았다.[138]

2. 환상에 대한 점검

a. 문헌적 증거

호메로스는 그가 그린 영웅 중 한 명을 "열 명이 들기도 힘든" 바위를 던질 수 있는 힘센 사람으로 묘사했다. 그러나 유효한 증거에 의하면 "어떤 시대, 어떤 나라 사람도 지금보다 훨씬 장대했던 것 같아 보이지 않는다." 웨슬리의 실증적 탐구 정신은 증거를 원했다. 그는 고대의 무덤과 관의 크기에서 그 증거를 찾았다. 고대 이집트 미라나 3세기 로마의 바위들 사이의 카타콤의 벽감(壁龕) 중 어느 것도 180센티미터를 넘지 않았다.[139]

현재의 역사에 수많은 악하고 부도덕한 요소가 있는 것은 사실이다. 그러나 어떤 영역에서는 자비와 동정심이 증가하고 있다. 웨슬리는 하나

---

137 "Of Former Times," B 3:442, J VII:158, sec. 2.
138 같은 곳.
139 "Of Former Times," B 3:443-44, J VII:157 – 58, sec. 4.

님의 은혜는 인간의 자유를 강제하지 않고 그 자유와 함께 일함으로 목적
을 성취하도록 도우신다고 믿었다. 이를 강조하는 전통적 기독교의 가르
침을 섭리론이라고 부른다. 계속적인 기독교 역사에서 이런 긍정적인 발
전을 보지 못하는 것은 실증적 관찰의 부족에서 기인한다.[140] 전도서 설교
자가 '옛날이 오늘보다 나았다'는 너무나 손쉬운 가정에 의문을 제기한 것
은 마땅하다. 하나님은 역사 속에서 일하기를 멈추지 않으셨다. 웨슬리는
복음적 부흥운동 자체가 그 강력한 증거라고 생각했다.[141]

b. 증거에 대한 관심

웨슬리는 이전 시대의 영광과 당대의 조악함에 대한 일반적인 생각을
확증하거나 부인하는 증거를 찾으려 했다. 그는 옥스포드 대학의 교수다
운 어조로 자신의 생각을 말하기 시작했다. "만약 어떤 가정 그 자체가 옳
을 뿐 아니라 옳다는 사실이 분명히 입증되지 않았는데도, 그 가정의 원인
을 묻는 것은 어리석은 일이다. 따라서 '이전 시대가 지금보다 나았다'는
가정은 아주 일반적이지만 아직 입증된 적이 없고 또 입증될 수도 없는 것
이기에, 왜 이전 시대가 지금보다 나았느냐며 가정의 원인을 질문하는 것
은 어리석은 일이다."[142] 이전 시대가 더 좋았다는 일반적인 가정은 결코 증
명된 적이 없기에, 웨슬리는 이 가정이 이성적 입증의 대상이 될 수 있는지
부터 질문한 것이다. 증거가 보여주는 것은 시대는 바뀌고, 항상 그런 것
은 아니더라도 어떤 경우에는 더 나은 방향으로 바뀐다는 것이다.

---

140 "Of Former Times," B 3:442, J VII:158, sec. 2.
141 "Of Former Times," B 3:442-43, J VII:156, secs. 1-4.
142 "Of Former Times," B 3:442, J VII:157, sec. 1. 이러한 연구 방법론은, 입증할 수 없는 주장이
      나 가정은 무의미하다고 본 알프레드 에이어(A. J. Ayer)와 리처드 브레이스웨이트(R. B.
      Braithwaite) 등으로 대표되는 현대의 논리적 분석의 선구자로 웨슬리를 자리매김하게 한다.

c. 아담 이후 시대는 필연적으로 퇴보한다는 암울한 가정

성경은 타락 전과 후의 아담을 비교한다. 처음부터 모든 것이 점점 악화되고 있는가?

어떤 면에서 "아담과 하와가 낙원에서 보낸 시기는 그들 후손의 어떤 시기보다 훨씬 나았으며, 그리스도께서 이 땅을 다스리시기 위해 다시 오실 때까지의 어떤 날보다도 나았을 것"임은 확실하다.[143] 그러나 아담 이후 인류의 역사만 놓고 보면, 이전 시대가 지성이나 덕성에서 더 탁월했다는 증거는 찾기 힘들다. 아담의 타락에 관해 이야기하는 사람은 누구나 하나님께서 타락을 초월하시며 사람을 구원하신다는 사실 역시 기억한다.

그러나 이전 시대는 실제로 얼마나 위대했는가? "위대함과 비천함"은 하나님의 위대하심에 비하면 "상대적 개념"이다.[144] 웨슬리는 이를 심리학적으로 설명했다. "모든 사람은 사물을 자신과 비교해 위대함과 비천함을 판단한다. 따라서 우리가 아이였을 때 사람들이 실제보다 더 크다고 생각한 것은 이상한 일이 아니다."[145] 아이에게 크다는 것은 어른에게 크다는 것과 기준이 다르다. 이와 마찬가지로 영적으로 초신자에게는 대단해 보이는 것이 언제나 은혜로만 살아가는 사람에게는 대단한 것이 아닐 수 있다.

웨슬리는 "후대의 사람이 고대의 철학자, 시인, 역사가 등 많은 고대 저술가와 대등하거나 그들을 능가하는 실력을 갖추는 것은 쉽지 않음"을 인정했다.[146] "그러나 우리는 고대 사람 대다수가 현재 사람보다 한 치도 더 지혜롭지 못했다"는 증거를 역사나 문학, 고대 무덤 연구 등 "가장 신뢰할

---

143 "Of Former Times," B 3:443, J VII:158, sec. 3.
144 "Of Former Times," B 3:444, J VII:159, sec. 5.
145 같은 곳.
146 "Of Former Times," B 3:445, J VII:160, sec. 6.

만한 기록들에서 쉽게 모을 수 있다." 웨슬리는 고대 이집트 사람들이 "고양이를 숭배하는 것"이 요즘 남학생들이 고양이와 장난치는 것보다 "심오한 의미를 지닌 것은 아니"라고 생각했다. "나는 삼천 년 전 보통 이집트인들은 오늘날 잉글랜드와 웨일즈의 보통 농부 정도만큼 지혜로웠을 것으로 생각합니다."[147] 인간의 두뇌 구조는 바뀌지 않았으나, 인간 정신의 역사는 두뇌의 기능적 능력을 확장시켰다.

서양 고전 문학의 역사는 사람들이 얼마나 자주 그리고 열렬히 "모든 시대가 점점 더 나빠져간다"고 생각하고 있는지를 보여준다. 호메로스는 "우리 부모 시대는 조부모 시대보다 악했고, 우리 시대는 부모 시대보다 악하며, 우리는 우리 부모보다 악하고, 우리 자녀는 우리보다 악할 것"이라고 생각했다.[148] 호라티우스(Horace)가 그랬듯, 모든 시대의 사람이 자신의 어린 시절이 현재보다 나았다고 생각하는 경향은 인간의 일반적인 습관이다.[149] 필연적인 퇴보에 대한 생각은 어떻게 생겨났는가? 웨슬리는 이 질문에 간단히 경험적으로 답할 준비가 되어 있었다.

d. 역사 퇴보 주장의 전제에 대한 심리사회적 설명

웨슬리는 어린아이와 시간의 관계에 관해 심리적 분석에 기초해 흥미로운 해석을 제공했다.

> 우리보다 많은 경험을 가지고 있기에 우리보다 지혜롭다고 생각하는 사람들이 세상의 퇴보에 대해 끊임없이 되풀이해서 말하고, 그래서 이전 세상이 지금보다 얼마나 좋았는지에 관해 어릴 때부터 익숙하게 듣다 보면(또한 사람이 어렸

147 "Of Former Times," B 3:445-46, J VII:160, sec. 6.
148 "Of Former Times," B 3:446, J VII:161, sec. 8.
149 Horace, *Art of Poetry* 2.173–74; "Of Former Times," B 3:446, J VII:161, sec. 8.

을 때는 젊음의 활력이 주변의 모든 것에 기분좋은 느낌을 실제로 더해준다), 세상이 점점 나빠진다는 생각이 그들의 성숙과 함께 자연히 더 발전하게 된다.[150]

웨슬리는 다음과 같은 의문을 가졌다. 필연적 퇴보에 대한 생각은 즐거운 어린 시절을 보냈던 사람들이 점차 문제가 많은 성인기로의 변화를 겪는 데서 찾아오는 결과인가? 그는 "냉정하게 편견 없이 생각해보면 이전 시대가 지금보다 나은 것은 아니며, 오히려 정반대로 많은 면에서 현재가 과거보다 비할 데 없이 좋다"고 생각했다. 그렇기에 믿음의 공동체는 "모든 좋은 선물을 주시는 분께 대한 깊은 감사로, 지금 우리가 사는 시대는 이전 시대에 비할 수 없을 만큼 좋음을 인정해야 한다."[151] 이전 시대를 이상화하는 것은 우리로 하나님께서 오늘날 행하시는 사역을 보지 못하게 만들 수 있다.

3. 메소디스트 부흥운동 평가

a. 종교개혁은 신자의 삶의 변화에 지속적인 영향을 끼쳤는가?

웨슬리는 문헌적·심리적 분석을 넘어 문제의 핵심으로 나아갔다. "가장 중요한 질문은 남아 있습니다." 덕과 신앙이라는 더 중요한 영역에서는 "'이전 시대가 지금보다 나았다'는 것이 사실 아닙니까?" 그는 "종교라는 말로 내가 의미하는 것은 마음을 채우고 삶을 다스리는 하나님과 사람에 대한 사랑입니다. 그리고 사랑의 확실한 결과는 정의와 자비와 진리의 한결같은 실천입니다"라고 말한다. 그는 프랑스, 영국, 아일랜드 지역의 가톨릭과 개신교 전통 모두에서 덕과 신앙에서 모범이 되는 사람들을 언

---

150 "Of Former Times," B 3:447, J VII:161, sec. 9.
151 "Of Former Times," B 3:447, J VII:162, sec. 10.

급했다. 그는 "프랑스의 페넬롱(Fénelon) 대주교, 영국의 켄(Ken) 주교, 아일랜드의 베델(Bedell) 주교가 경험하고 실천한 종교에 관해 이전 시대 어떤 사람이 그들보다 더 뛰어날 수 있습니까?"라고 물었다.[152] 웨슬리는 현대의 모든 것이 이전 역사보다 개선되었다는 것이 아니라, 현대의 모든 새로운 도전 역시 때때로 전례가 없을 정도의 훌륭한 도덕적·영적 반응을 일으킬 수 있다고 주장한 것이다.[153]

웨슬리는 또다시 콘스탄티누스 황제와 종교개혁 시기의 신앙적 부흥을 웨슬리 당시의 복음적 부흥과 비교해 보았다. 개신교인들은 종교개혁 시대를 도덕적이고 종교적인 삶의 질이 향상되고 그 영향력이 지속된 이전 시대로 칭송해왔다. 그러나 종교개혁이 얼마나 성경적 지식과 교리에 개선을 가져왔든지간에, 인간의 행동을 바꾸는 일에서는 크게 성공을 거두지 못했다. 루터 자신이 자주 "개신교인의 성품과 삶은 예전과 크게 다르지 않다"고 말하곤 했을 정도다.[154] 더 나은 교리적 가르침도 관료후원적 종교개혁을 그 후 "사십년 동안 사천만 명의 생명"을 앗아간 끔찍한 전쟁에서 구해내지 못했다.[155]

어떤 이는 훌륭한 사회의 모범으로 콘스탄티누스 시대를 떠올린다. 웨슬리는 콘스탄티누스 시대는 "열 번의 박해를 모두 합한 것보다 더 많은 해악을 교회에 끼쳐 … 그리스도의 나라와 세상 나라가 이상하고 부자연스럽게 뒤섞이고, 기독교와 이교가 철저히 하나가 되어 그리스도께서 다시 오실 때까지 다시는 분리될 수 없을 정도가 되었다"고 생각했다.[156]

---

152 "Of Former Times," B 3:448, J VII:162, sec. 11.
153 "Of Former Times," B 3:449, J VII:163, sec. 13.
154 "Of Former Times," B 3:449, J VII:163, sec. 14.
155 "Of Former Times," B 3:449, J VII:163, sec. 14.
156 "Of Former Times," B 3:450, J VII:164, sec. 16.

콘스탄티누스 이전 시대는 어떠한가? 일반적인 평가는 "콘스탄티누스 이전 시대에는 기독교 교회가 영광스러웠고, 거룩함의 아름다움 속에서 하나님을 예배했다"는 것이다. "그러나 그것이 사실입니까? 그 시기에 살았고 어떤 반론의 여지도 없는 증인으로서 자신의 피로 진리를 인친 성 시프리안은 무엇을 말합니까?"[157] "심지어 사도 시대에 사도 요한은 자신이 아시아에서 세운 여러 교회에 대해 무엇을 말씀합니까? 그 회중들 중 오늘날 유럽의 많은 회중보다 더 훌륭했던 회중은 얼마나 되겠습니까? … '불법의 비밀'은 기독교 교회에서 얼마나 일찍부터 활동하기 시작했습니까! 우리는 마치 이전 시대가 '지금보다 더 나았던' 것처럼 이전 시대에 호소해야 할 이유가 없습니다."[158] 현대에서 더 이른 시대로 거슬러 올라가면서 웨슬리는 이전 시대가 더 훌륭했다는 망상을 깨뜨려 버렸다.

b. 문화에 긍정적 변화를 가져온 메소디스트 부흥운동

이제 웨슬리의 이 설교의 주된 목적인 18세기 메소디스트 부흥운동에서 하나님께서 행하신 놀라운 사역을 실제적이고 경험적으로 강조하는 부분으로 나아가 보자. "공평하고 솔직하게 살펴보는 사람이라면 누구나 참된 종교는 현 세기에도 전혀 축소되지 않았고 오히려 대단히 확장되었음을 쉽게 알 수 있을 것입니다."[159]

웨슬리 시대에, 검증받지 않은 생각이 얼마나 덧없이 속히 사라지고 마는지를 보여준 하나의 시험적 사례는 이신론이었다. 이신론의 저주는 온 유럽에 퍼졌지만, 복음적 신앙의 부흥은 그것에 효과적으로 저항했다. 그

---

157 "Of Former Times," B 3:450, J VII:164, sec. 17.
158 "Of Former Times," B 3:451, J VII:164-65, sec. 18.
159 "Of Former Times," B 3:451, J VII:165, sec. 19.

자체의 계획과는 반대로 이신론은 부흥을 준비하는 일에 중요한 역할을 감당했다! 이신론은 명목상 그리스인들이 "먼저는 참된 기독교에 대해 관용하게 하고, 그 후에는 참된 기독교를 수용하도록 준비시키는 일에" 간접적인 도움을 주었다.[160] 이신론이 기독교를 무력화했다는 일반적인 견해와는 달리, 부흥운동은 오히려 기독교가 이신론을 무력화했음을 보여주었다. "깊도다 하나님의 지혜와 지식의 풍성함이여! 모든 종교에 대한 전적인 경시를 허락하신 것은, 하나님께 합당한 유일한 종교의 부흥의 길을 닦으시기 위한 것이었습니다!"[161] 이 복음적 부흥은 앞으로 웨슬리 이후 세대에 가서는 많은 사람으로부터 프랑스에서 일어난 무정부주의적 피의 혁명에서 영국을 구하는 데 일조했다는 평가를 받게 된다.[162]

웨슬리는 북아메리카에서의 복음적 부흥운동을, 오래된 종교가 도전을 받으면 다시 분발해 사기를 저하시켜온 새로운 종교를 이길 수 있음을 보여주는 지표로 생각했다. 나아가 오래된 종교는 이제 막 발아하는 무신론이 끼칠 해로운 문화적 영향을 역전시킬 수도 있다. 웨슬리는 "북아메리카에서는 누구도 이러한 주장에 이의를 제기하지 않을 것"이라고 생각했다. "하나님께서 그곳에서 참된 종교의 부흥을 위해 행하신 일을 보십시오. 하나님의 방법은 역설적이게도 정부의 철저한 무관심이었습니다. 그들은 누가 종교를 믿건 안 믿건 전혀 상관하지 않았습니다. 그렇지 않았다면 어떤 방해도 받지 않고 참된 성경적 종교를 전파할 수 있는 기회란 없었을 것입니다."[163] 역설적이게도 미국에서는 국교가 없었던 것이 참된 신

160　같은 곳.
161　"Of Former Times," B 3:452, J VII:165, sec. 20.
162　Élie Halévy, *A History of the English People in the Nineteenth Century* (New York: Barnes and Noble, 1961); Elissa Itzkin, "The Halévy Thesis," Church History 44 (March 1975).
163　"Of Former Times," B 3:452, J VII:165, sec. 20.

앙 부흥의 문을 열어놓게 되었다는 것이다.

런던의 경우 웨슬리는 병원에서 이루어진 공적 자선 행위의 확장 사례를 언급했다. "그 증거로 우리는 최소한 런던과 그 인근에서 지난 오백 년보다 이 세기에 훨씬 많은 병원과 보건소, 그리고 다른 공적 자선 기관이 세워진 것을 봅니다. 혹 이 일이 허영심과 칭찬받으려는 마음에서 비롯되었더라도, 우리는 그 불완전한 동기에서 그렇게 많은 선을 이끌어내시는 하나님께 감사해야 할 이유가 충분하지 않습니까!"[164] 복음전도자들이 일반 대중보다 훨씬 많은 원조 물자와 자선 기금을 제공해 왔다는 것은 과거나 오늘이나 변함없는 기정사실이다.

4. 우리 시대에도 역사하시는 하나님

웨슬리는 이러한 반전은 모든 인간 역사에 현존하시는 성령의 섭리적 사역이기도 하지만, 특히 성령의 역사를 수용해 회개와 신앙에 대한 강한 열망을 나타내는 특정 시기에는 더욱 큰 효력을 나타낸다고 생각했다. 모든 종류의 악 가운데서도 하나님은 일하신다.

> 하나님은 겨자씨 한 알이 런던 가까이에 뿌려지게 하셨습니다. 이제 그 씨가 자라나 큰 가지들을 내었는데 가지들은 이쪽 바다에서 저쪽 바다까지 널리 뻗어나갔습니다. 두세 명의 가난한 사람이 함께 만나 진정한 그리스도이 되도록 서로를 도왔습니다. 그들은 수백 명, 수천 명, 무수히 많은 사람으로 불어났지만, 여전히 그들의 단 하나의 목적인 참된 종교, 즉 그들의 성품과 말과 행동을 다스리시는 하나님과 인간을 향한 사랑만을 추구했습니다. 이제 나는 모든 상황을 고려해 볼 때 이러한 사건은 사도 요한이 아브라함의 품으로 돌아간 그때 이후

---

164 "Of Former Times," B 3:452, J VII:166, sec. 21.

로는 지구상에서 본 적이 없다고 감히 말할 수 있습니다.[165]

이는 과거의 낭만적 이상화에 반하는 증거다. "그럼에도 우리는 '이전 시대가 지금보다 나았다'고 말할 수 있겠습니까? 하나님께서는 우리가 그렇게 어리석고 감사할 줄 모르는 사람이 되는 것을 바라지 않으십니다."[166]

메소디스트 부흥운동이 사회에 긍정적인 영향을 끼쳤다는 사실은 증거가 있다. "우리는 단지 시간이 되어서가 아니라, 그분이 능력을 베풀어 영광스럽게 구원하시는 날에 온 인류를 의와 참된 성결로 새롭게 하시기 원하셨기에 생겨날 수 있었습니다. … 주님은 익은 곡식 단과도 같이 얼마나 많은 소중한 영혼을 이미 그분의 창고에 거두어 들이셨는지요! 이제 우리는 그들을 따라 마음으로 언제나 '아멘 주 예수여 오시옵소서!'라고 외칠 준비가 되어 있기를 바랍니다!"[167]

이 장에서 우리는 포도원을 돌보고 보호하며, 실패에서 배우고, 오래된 종교를 새롭게 갱신하며, 복음적 부흥운동의 장단점을 평가하고, 그것이 끼치는 사회적이고 경제적인 영향력을 분석해 18세기 메소디스트 부흥운동을 그 역사적 맥락에서 살펴보면서, 효과적인 교회 리더십과 연관 지어 웨슬리의 목회신학을 고찰했다. 이 내용은 웨슬리가 "영혼 구원"이라는 말로 의미한 것이 무엇인지를 다루는 다음 장으로 바로 이어진다.

---

165 "Of Former Times," B 3:452-53, J VII:166, sec. 22.
166 "Of Former Times," B 3:453, J VII:166, sec. 23.
167 같은 곳.

더 깊은 이해를 위한 독서 자료

Kisker, Scott. *Mainline or Methodist: Discovering Our Evangelistic Mission.* Nashville: Discipleship Resources, 2008.

Knight, Henry H., and Don E. Saliers. *The Conversation Matters: Why United Methodists Should Talk with One Another.* Nashville: Abingdon, 1999.

Luckock, Herbert Mortimer. *John Wesley's Churchmanship.* London: Longmans, Green and Co., 1891.

Stoeffler, Fred Ernest. "Tradition and Renewal in the Ecclesiology of John Wesley." In *Traditio-Krisis-Renovatio aus theologischer Sicht,* edited by B. Jaspert and R. Mohr, 298-316. Marburg: Elwert, 1976.

11장

복음 전도 목회

11장 복음 전도 목회

A. 영혼 구원

복음의 명령은 영혼을 구원하고 거룩한 삶을 살게 하는 데 초점을 둔다. 이 것이 목회신학에 관한 이 책에서 다룰 마지막 주제다.

　메소디스트 부흥운동 전체는 오직 하나의 의도로 영혼을 구원하고, 죄 책을 용서로 바꾸며, 영원한 생명을 얻게 하는 데 뜻을 집중했다. 오늘날 개신교는 이를 "복음 전도"(evangelism), 가톨릭은 "복음화"(evangeli-zation)라고 부른다.

1. 복음의 명령

　웨슬리는 이 두 용어 모두를 두드러지게 사용하지는 않았다. 이 현대 적 용어에는 복음을 상품 광고나 사회 변화의 조직적 도구로 축소시키는 경향이 있을 수 있다.

　웨슬리의 지속적인 관심은 복음 전파에 있었다. 복음 전파는 숫자 놀 음도 아니고 정치적 전략의 문제도 아니었다. 웨슬리는 모든 글에서 명시 적이든 암시적이든 예수 그리스도의 기쁜 소식을 선포했다. 각 영혼을 하 나하나 구원해내는 것이 그의 주된 관심사였다. 그러나 현대의 독자들은 웨슬리가 복음 전도의 방법에 관해서는 왜 그리 적게 말했는지 궁금해할

지도 모른다.

그 이유는 이 시리즈의 2권『그리스도와 구원』(*John Wesley's Teachings 2: Christ and Salvation*, 웨슬리 르네상스 출간예정)에서 언급한 글에서 이미 제시되어 있다. 복음의 명령의 중심은 하나님의 용서의 기쁜 소식을 선포함에 관한 것이다. 복음 전도의 추진력은 사람들을 하나님의 아들 예수 그리스도를 믿도록 인도하시는 성령의 역사다. 이제 우리에게는 다른 사람들이 하나님께 가까이 나아가도록 돕기 위해 우리의 삶으로 성령의 사역을 드러내는 일에서 우리가 어떤 역할을 할 수 있는가 하는 문제가 여전히 남아 있다.

a. 영혼 구원과 거룩한 삶

웨슬리의 글 두 편이 이 복음 전도의 명령을 깊이 파고든다. 사람들은 그 글들을 좀처럼 읽거나 인용하지 않지만, 그 글들은 인간의 변화와 회심에 관해 많은 것을 밝혀준다. 그중 하나는 "영혼을 구원하는 지혜"라는 제목의 초기 설교다. 다른 하나는 "플레처 목사의 죽음에 즈음하여"라는 설교로, 이 설교는 신앙적 삶 전체로 무한한 복음의 열정을 나타낸 복음 전도자의 말년의 생애에 관한 묘사다.

거룩한 삶에 대한 웨슬리의 초기의 열정을 보여주는 "영혼을 구원하는 지혜"는 웨슬리의 회심 이해가 충분히 성숙하기 전에 작성되었다. "플레처 목사의 죽음에 즈음하여"는 1785년 웨슬리가 82세였을 때 자신의 비전을 그대로 삶으로 살아낸 친구의 죽음에 관해 작성한 것이다. 이 두 설교 중 어떤 것도 복음 전도를 '어떻게' 해야 하는지를 다루지는 않는다. 두 설교는 모두 회심과 거룩한 삶 사이의 본질적 관계를 다룬다.

이 두 글이 영혼을 돌보는 것과 관련한 문제의 범위를 벗어난다고 생각하는 것은 목회적 돌봄의 범위를 지나치게 제한하는 것이다. 첫 번째 설교는 영혼 구원이 하나님을 영화롭게 함을 보여준다. 두 번째 설교는 영혼을 구원하는 사람의 거룩한 삶을 묘사한다. 이 설교는 누구도 필적할 수 없도록 훌륭했던 존 플레처(John Fletcher) 목사의 이야기를 통해, 어떻게 복음의 명령대로 살아낼 수 있는지를 직접 보여준 한 사람의 생애를 묘사한다.

2. 영혼을 구원하는 지혜

웨슬리가 "영혼을 구원하는 지혜"(The Wisdom of Winning Souls)를 설교한 것은 사역의 아주 초기인 1731년으로, 설교 장소는 1150-1200년 사이에 건축한 크라이스트 처치 대성당이었다. <해리포터> 영화의 많은 장면이 이 성지에서 찍은 것이다. 그곳에서 있었던 목사 안수식에서 웨슬리는 영혼 구원을 주제로 설교했다 [설교 #142 (1731년 9월 19일), B 4:305-17 (잭슨판에는 수록되어 있지 않음)]. 설교 본문은 잠언 11:30의 "지혜로운 자는 사람을 얻느니라"라는 말씀이었고, 주제는 거룩한 삶은 영혼을 구원하는 일에 필수적이라는 내용이었다. "우리가 우리 마음을 깨끗이 하면 하나님께서 사람들을 우리에게 인도하실 것입니다."[1]

오직 지혜로운 사람만이 영혼의 필요를 돌볼 준비가 되어 있다. 오직 거룩한 삶을 향한 길에 서 있는 사람만이 지혜로워질 준비를 갖춘 것이다. 영혼 구원은 복음 선포의 중심 목적으로, 복음 선포는 그 자체만의 특별한 지혜를 필요로 한다. 하나님께 온전히 헌신함으로 살아낸 삶을 통해 복음

---

1   "The Wisdom of Winning Souls," B 4:307, 서문.

은 한 사람에게서 다른 사람에게로 전해진다.

지혜의 이 특별한 형태는, 구하는 이가 자신의 마음이 악한 성품에서 정결케 되기를 의식적으로 열망하게 하는 과정에서 생겨난다. 이 지혜는 하나님을 기쁘시게 하는 삶을 살고자 하는 굳은 결심으로 이끈다. 또 죄에서 은혜로, 악에서 덕으로, 반역에서 복종으로, "죽음의 그늘에서 빛과 화평으로" 나아가는 길을 영혼에게 보여준다.[2]

a. 상한 심령의 회복으로 하나님은 어떻게 영광을 받으시는가?

영혼을 구원하는 단 하나의 목표는 하나님의 영광이다.[3] 하나님은 그 선하심과 본성과 속성을 선포함으로, 그분의 필적할 수 없는 선하심이 그분의 모든 사역에서 드러나고 찬양 받으실 때 영광을 받으신다. 영혼이 깨어나 "그 본래의 모습으로 회복"되는 과정에서 창조, 보존, 구원, 완성을 위해 일하시는 하나님의 선하심은 분명히 드러난다. 하나님께서 만드신 만물을 통해 목적하시는 바는, 그분의 보이지 않는 능력과 신성이 그것들을 통해 드러나게 하시는 것이다(롬 1:20).

하나님의 형상이 손상되면 오직 하나님의 은혜만이 회복시킬 수 있다. 영혼이 막대한 손상을 입으면 반드시 지혜로운 목자의 도움을 받아야 한다. 생명을 주시는 성육신하신 주님만이 영혼에 생명을 회복시켜 주실 수 있다.[4]

영혼의 구원은 구원받은 영혼을 하나님의 임재의 기쁨에서 영원히 분리되었던 상태에서 벗어나게 하고 참된 행복으로 인도한다. "영혼을 구원

---

2   같은 곳.
3   "The Wisdom of Winning Souls," B 4:307, sec. 1.
4   같은 곳.

하는 사람은, 눈에 보이는 피조물 중 하나님을 묵상할 수 있는 유일한 존재인 사람들에게 하나님의 영광스러운 본성과 속성을 알려줌으로써 하나님의 영광을 대단히 증진시킵니다."[5]

b. 하나님의 영광과 사람의 행복

영혼을 구원하는 사람은 지혜롭게 세 가지 방식으로 하나님의 영광에 동참한다.[6]

1. 영원한 불행에서 영혼을 구원해내는 일에서 하나님의 은혜에 참여하는 자가 됨으로써 하나님의 영광에 동참한다. 유한한 세상 전체와 한 영혼 중 무엇을 구할 것인지 선택해야 한다면, "지혜로운 사람은 조금도 망설이지 않을 것이다." 영원한 영혼이 일시적 세상보다 가치있기 때문이다.

2. 피조물의 행복을 증진시킴으로써 하나님의 영광에 동참한다. "지혜는 불행에 빠져들어가는 사람을 상상할 수 없는 영원한 행복으로 회복시키기 위해 노력하는 것이다!"

3. 영혼에게 "창조의 목적에 부응할 수 있는 영예"를 줌을 통해 사람에게 베풀 수 있는 가장 큰 선을 행함으로써 하나님의 영광에 동참한다.

이러한 과정이 주는 특별한 유익은 이중적인 것으로, 하나님께는 영광이 되고 사람에게는 행복을 준다는 것이다. 하나님께서는 죄인을 회심시키는 일에서 사람을 성령과 함께 일하는 동역자가 되게 하신다. 하나님의 약속은 "나를 존중히 여기는 자를 내가 존중히 여기리라"(삼상 2:30)는 것이다.

---

5   같은 곳.
6   "The Wisdom of Winning Souls," B 4:310, sec. 1.

영혼을 하나님의 존전으로 인도할 때 우리에게는 어느 것과도 비교할 수 없는 하나님의 큰 기쁨이 투영된다. 웨슬리는 "하나님의 뜻을 따라 악하고 불의한 사람에게 자비를 베푸는 사람은, 자신이 그 선하심을 본받기 위해 애쓰는 하나님의 기쁨을 어느 정도라도 맛보지 않을 수 없습니다"라고 가르쳤다.[7] 영혼을 구원하는 것은 하나님의 기쁨을 죄인에게 전함으로 행복을 증대시킨다.

웨슬리에게 영혼 구원은 행복과 관계된다. 신자는 이 행복을 "더 풍성한 보상"을 미리 맛보는 것으로 여긴다. 만일 누군가가 다른 사람을 영원한 행복으로 인도한다면, 그들은 함께 "주인의 즐거움에 참여"(마 25:23)하게 된다.[8]

웨슬리는 주님의 형제 야고보의 "주목할 만한 말씀"을 기억한다. "죄인을 미혹된 길에서 돌아서게 하는 자가 그의 영혼을 사망에서 구원할 것이며 허다한 죄를 덮을 것임이라"(약 5:20). 영혼을 구원한 사람이 받는 상급은 그 마음이 넓어져 그가 구원한 사람이 누리는 더 큰 행복에 참여하게 된다는 것이다.[9] 이러한 이유로 신자는 영혼을 구원하는 하나님의 사역에 동참하는 것이 지혜로운 일임을 믿는다.

3. 영혼을 구원하는 방법

영혼의 방향이 죄에서 벗어나 은혜로 향하게 하려면 사람을 전인(全人)으로 대하는 포괄적인 접근방법이 필요하다. 영혼을 구원하는 방법은

---

7   같은 곳.
8   같은 곳.
9   "The Wisdom of Winning Souls," B 4:310-11, sec. 1.

성경에서 지성과 의지와 감정 세 가지 모두에 관해 설명되어 있다.[10]

- 지성이 먼저 복음의 진리를 깨달아야 한다.

- 다음으로 의지는 기도와 행동의 좋은 습관을 형성하는 실질적 결단으로 다져져야 한다.

- 감정은 마음을 정결하게 하고, 자신이 좋아하던 죄와 정욕을 그치며, 땅의 것이 아니라 위의 것을 생각하겠다는 결심으로 이어져야 한다.

지성과 의지와 감정을 통해 영혼을 회심시키는 일에는 좋은 판단력이 필요하다.[11] 영혼을 구원하는 것은 머리만이 아니라 의지와 정서적 삶도 구원해 "거룩함에 반대되는 모든 경향성"을 바로잡는 것이다. 그 후에도 그것들이 이전 상태로 되돌아가지 않도록 경계를 늦추지 말아야 한다.[12]

영혼을 구원하는 사람이란 영적인 이해력을 밝혀주고, 죄인의 의지를 담금질하며, 성품을 변화시켜 거룩함의 습관이 지속되게 하는 사람이다. 하나님의 영광을 지성과 의지와 감정 깊은 곳까지 전달하는 법을 배운 사람은 지혜로운 사람이다.[13]

그런 변화는 인간이 가진 본래의 능력의 범위를 벗어나는 것으로, 하나님께서 인간의 의지에 작용하셔서 회심하고 거룩하게 하는 은혜를 베푸실 때만 가능하다. 영혼을 구원하는 일은 하나님께서 안수 받은 성직자만이 아니라 평신도에게도 맡기신 보편적 사역이다. 영혼을 구원하기 위해 모든 지혜를 활용해야 할 책임은 "그리스도께서 모든 종에게 보편적으

---

10   "The Wisdom of Winning Souls," B 4:310-13, sec. 2.
11   "The Wisdom of Winning Souls," B 4:311, sec. 2.
12   "The Wisdom of Winning Souls," B 4:310-13, sec. 2.
13   "The Wisdom of Winning Souls," B 4:314, sec. 2.

로 위임"하신 것이다.[14]

28세의 젊은 웨슬리가 쓴 매우 초기의 이 설교는, 그가 이후 올더스게이트에서 온전히 발견하게 될 회심의 은혜의 능력의 깊이에 대한 이해는 부족하지만, 그 정신은 매우 진지하면서도 탐구적이어서 앞으로 부흥운동에서 어떤 일이 일어나게 될지를 예시적으로 잘 보여주고 있다. 이는 마치 앞으로 시간이 지나 성숙해질 그의 거룩한 삶을 위한 여정을 스냅사진으로 미리 포착해 보여주는 듯하다.

B. 영혼 구원의 핵심, 거룩한 삶

이 책에서 우리는 웨슬리와 함께 영혼 돌보는 일에 대해 생각해 보았다. 이 마지막 장에서는 효과적으로 복음을 전하는 방법을 다룬다. "플레처 목사의 죽음에 즈음하여"에서 웨슬리는, 메소디스트 연합체 내에서 소식에 밝은 사람에게 널리 알려진 복음전도자 존 플레처의 모습을 전한다. 그에게서 우리는 영혼 구원의 지혜를 가진 사람의 모습을 엿볼 수 있다.

1. 영혼을 구원하는 지혜의 한 모범

존 플레처에 대해 이야기하기 위해 나는 웨슬리가 쓴 두 개의 겹치는 내용의 글을 합쳐서 말하고자 한다. 하나는 1785년의 장례식 설교인 "플레처 목사의 죽음에 즈음하여"(On The Death of John Fletcher)고,[15] 다른 하나는 1786년에 쓴 훨씬 긴 논문 "존 플레처 목사의 삶과 죽음에 대한 짧은 이야기"(A Short Account of the Life and Death of the Reverend

14 "The Wisdom of Winning Souls," B 4:310-15, sec. 2.
15 J VII:431-52 (1785).

John Fletcher)다.[16] 두 글은 연대기상 마치 하나의 이야기인 양 연결되므로 나는 그 둘을 하나의 연속된 이야기로 합쳐서 전달하고자 한다. 두 글모두 웨슬리의 노년에 쓰였다. 로빈 그리피스(Robin Griffiths)가 죽은 후쓴 첫 장례 설교인 "죽은 자를 위한 애도에 대하여"(1726)와 비교하면, 의롭게 하시는 은혜를 받고 온전한 사랑의 삶을 살 수 있는 가능성에 대한 웨슬리의 관점은 확연히 성숙해 있다. 플레처는 하나님을 영화롭게 하는 삶을 살 수 있는 가능성을 믿도록 도와 주었다.

a. 온전한 사람을 살피라

웨슬리는 오랜 동역자 존 플레처의 죽음을 계기로 온전한 목사이자 메소디스트 목사들이 본받기 바라는 전형으로 그를 추모했다. 웨슬리에게 플레처는 일평생 유지된 날마다의 거룩한 삶을 통해 가장 사랑스러운 방식으로 영혼을 돌본 완벽한 본보기가 되어주었다.

시편 37:37은 회중에게 "온전한 사람을 살피라"고 말씀한다. 우리는 날마다 하나님의 은혜에 온전히 응답하며 살아가는 사람의 삶을 주목하고 그것을 배워야 한다. 이 세상에서 의로운 삶은 놀랍고, 잊지 못할 깊은 인상을 남기며, 영감을 준다. 설교 "플레처 목사의 죽음에 즈음하여"의 성경 본문은 "온전한 사람을 살피고 정직한 자를 볼지어다 모든 화평한 자의 미래는 평안이로다"(시 37:37)라는 말씀이다 [설교 #133 (1785년 런던), B 3:610-29; J #133, VII:431-49].

웨슬리가 이 설교를 한 곳은 플레처의 장례식이다. 이것은 그의 목회 사역과, 영혼 돌봄의 유일하고 올바른 기초를 형성한 거룩한 삶에 대한

---

16   J XI:273-66.

설교 이상의 감동적인 이야기다. 목회를 충실히 감당하며 온전한 생애를 산 목사가 누구인지 질문을 받으면, 웨슬리는 존 플레처를 가리켰다.

웨슬리는 "존 플레처 목사의 삶과 죽음에 대한 짧은 이야기"의 서문에서 다음과 같이 적었다. "영국의 어떤 사람도 나만큼 플레처 씨를 오랫동안 알아온 사람은 없을 것입니다. … 우리는 한 마음, 한 뜻으로 지내왔습니다. 우리는 오랫동안 서로 간에 비밀이 없었습니다."[17] 웨슬리는 영국의 많은 거친 길을 플레처와 함께 걸으며 30년 이상 그를 알아왔다.

노년에 플레처는 웨슬리의 가장 가까운 친구였다. 웨슬리는 플레처에게서 받은 감동을 그의 죽음 후 그의 생애에 대한 애정 어린 회상으로 표현했다. 그리고 이후에는 플레처의 실제적 삶의 모습을 상세하게 고찰했다. 웨슬리의 의도는 플레처의 성숙한 삶을 하나님의 은혜에 온전히 응답하는 삶의 모범으로 제시하려는 것이었다. 웨슬리는 플레처를 오랫동안 직접 겪어보면서 그의 "마음과 삶이 거룩했음"을 확신했기 때문이다.[18]

b. 은혜로 가득한 생애

플레처의 탁월했던 생애를 이해하려면 스위스에서 시작된 그의 이야기를 들어볼 필요가 있다. 그가 자라난 곳은 베른(Bern)과 로잔(Lausanne) 사이의 제네바 호숫가에 자리 잡은 마을이다.

플레처는 프랑스 위그노 교도의 후손으로 스위스 니옹(Nyon)에서 태어났다. 본래 이름은 장 기욤 드 라 플레처(Jean Guillaume de la Fléchère)였다.[19] 그는 어린 시절부터 하나님을 구하며 살았다. 제네바 대

---

17   J XI:375.

18   "On the Death of the Rev. Mr. John Fletcher," J VII:431-49, secs. 1-8.

19   "Short Account of the Life and Death of the Reverend John Fletcher," J XI:277, sec. 1. 1. 이후로는 "Short Account"로 축약.

학 졸업 후에는 외무부에서 일하고자 했다. 그는 언어를 배우기 위해 해외여행을 하기로 결정했고, 가장 먼저 간 곳은 리스본(Lisbon)이었다.[20] 영국에서는 조용한 학자와 가정 교사로 살았다.[21] 거기서 그는 슈롭셔(Shropshire) 턴 홀(Tern-Hall) 지역의 토머스 힐(Thomas Hill) 가정에서 일했다.[22]

플레처는, 신생의 기쁨을 전하면서 "예수 그리스도에 관해 너무나 아름답게 말한" 잘 모르는 "한 가난한 노파"의 소박한 간증에 감동 받아 런던에서 메소디스트 신도회의 일원이 되었다.[23] 그는 존 웨슬리와 찰스 웨슬리 다음 가는 메소디스트 교리의 주요 해석자였다. 그의 작품인『율법 무용론에 대한 경계』(*Checks to Antinomianism*)는 그를 메소디즘의 가장 위대한 신학자로 자리 잡게 했다.

플레처는 거룩한 삶과 온전한 헌신으로 유명했다. 누군가 그에게 원하는 것을 물으면 그는 언제나 "더 큰 은혜 외에는 바라는 것이 없습니다"라고 답했다.[24] 웨슬리는 플레처보다 26살이 많았고, 플레처가 영적 훈련을 위한 메소디스트 연합체 전체를 지도하는 후계자가 되어주길 바랐다.

20 "Short Account," J XI:289, sec. 1. 9.
21 "On the Death of the Rev. Mr. John Fletcher," J VII:433, sec. 2. 12.
22 "Short Account," J XI:281, sec. 1. 14.
23 같은 곳.
24 W. A. Sangster, "Called to Be Saints," Proceedings of the Ninth World Methodist Conference (Nashville: Methodist Publishing House, 1956), 363; www .victorshepherd.on .ca/Heritage/Fletcher.htm.

2. 거룩한 사람을 본받으라

웨슬리는 사람들에게 거룩하게 산 사람의 삶을 연구하기를 권했는데, 이는 그들의 삶이 우리의 영성을 형성하는 데 중요한 영향을 끼친다고 생각했기 때문이다. 성령께서는 교회를 거룩한 삶과 영혼 돌보는 일의 본보기가 없는 상태로 내버려두시지 않았다. 웨슬리가 「기독교총서」(A Christian Library)[25] 시리즈로 서른 권의 책을 편집한 이유도, 사실상 평신도 독자들이 거룩하게 산 사람의 삶과 사상을 접할 수 있게 하기 위해서였다.

웨슬리는 성령은 인간의 삶을 온전히 구원할 능력이 없다는 주장에 반대했다. 그는 "내가 이미 얻었다 함도 아니요"(빌 3:12)라고 말한 바울의 말로 온전한 사랑의 삶의 살아있는 본보기를 제시한 자신의 보고서를 입증했다.[26] 어떤 사람은 아득한 옛날부터 있었던 인간 역사의 근본적인 타락에 대해서는 바르게 주장하면서도, 그 타락을 바로잡는 성령의 능력은 부인하는 잘못에 빠지곤 한다. 그들은 성령은 전능하시지 않고, 따라서 죄에 깊이 빠진 죄인을 온전히 구원하실 수 없다고 상상한다. 그들은 충분한 숙고도 없이 더 거룩한 삶을 가능하게 하시는 성령의 능력을 깎아내린다.

거룩하게 산 사람들에 대한 회상을 역사가들은 무가치한 성인전으로, 윤리학자들은 순진한 낭만주의로 폄하하기도 한다. 그러나 웨슬리는 그렇지 않았다. 그는 많은 거룩하게 산 사람들의 삶을 면밀히 조사했다. 즉 과거의 모범적 성인들뿐 아니라, 자신이 살아가는 모습을 실제로 보았던 거룩한 사람들의 삶도 주의 깊게 연구했다. 그는 흠 없는 신앙을 가진 많

---

25 John Wesley, ed., Christian Library, 30 vols. (London: J. Kershaw, 1827); www.ccel.org/w/Wesley.
26 Wesley, "The Character of a Methodist," digital text in www.crivoice.org.

은 사람을 만나보았고, 그들의 삶의 모범에 깊은 관심을 가졌다. 그는 그
들에게서 하나님의 은혜에 온전히 반응하는 삶을 실제로 살아간 사람들
의 모습을 볼 수 있었다.

　성령의 능력으로 모든 신자는 성경이 권고하시는 이러한 삶을 살 수 있
게 된다.[27] 웨슬리는 믿음으로 의롭다 하심을 받은 아브라함이나 주님을
낳은 마리아 등 성경의 인물을 가리켰다. 또 기독교 역사, 특히 가장 초기
기독교에는 단지 그리스도를 주님으로 고백했다는 이유로 순교한 사람들
이 있었다. 우리는 그들을 그리스도의 삶에 온전히 동참한 사람들로 기
억한다. 그들의 죄는 십자가에서 흘리신 그리스도의 대속의 피로 씻겼다.

　웨슬리는 자신이 태어나기 두 세기 전까지의 성인들에 관한 영국 국
교회의 폭넓은 전통에 매우 익숙했다. 초대교회부터 17세기까지의 순교
자와 성인에 대한 영국 국교회의 관점을 알려면 존 폭스(John Foxe)의
『기독교 순교사화』(Foxe's Book of Martyrs, 생명의 말씀사)를 읽는 것
으로 충분하다. 웨슬리는 본래『행위와 기념비』(Acts and Monuments)
라는 제목이었던 폭스의 순교자 열전을 영적 훈련을 위한 메소디스트 연
합체를 위해 길이를 줄여 출판했다.[28] 웨슬리는 성인들에게 기도하지는 않
았지만 그들처럼 기도했다.

3. 조용한 교구에서 살아낸 거룩한 삶

　존 플레처는 신학에 대한 신뢰를 갖기 전에 먼저 연구했다. 웨슬리는,
플레처가 초기 메소디스트의 설교를 들으면 들을수록 마음이 더욱 불편

27　"On the Death of the Rev. Mr. John Fletcher," J VII:431-49, secs. 1-8.

28　JJW 3:507.

해졌고, 하나님께 용납받기 위해 예전보다 배나 열심히 신앙생활을 했으나, 어느날 그린(Green) 씨의 설교를 듣고서야 자신이 참 믿음이 무엇인지 알지 못한다는 사실을 깨닫게 되었다고 기록한다. 이를 계기로 플레처는 자신을 깊이 돌아보게 되었다. 그는 "신학을 공부했고, 신학적 주제로 글을 써 대학에서 경건상을 받은 내가 믿음이 무엇인지조차 모를 정도로 무지할 수 있단 말인가?"라고 물었다.[29]

플레처가 신학을 얼마나 깊이 있게 연구했는지는 그의 『율법무용론에 대한 경계』를 보면 분명히 드러난다. 그러나 이 신학적 연구를 놀랍게 실현한 것은 메소디스트 신도회를 통해서였다.

a. 거룩한 삶이 가져오는 행복

온전한 사랑의 삶을 목표로 삼아 은혜에서 은혜로 살아가는 것은 성경의 명령이다. 웨슬리는 여러 사람이 실제로 거룩하게 사는 것을 목격했는데, 그중 한 사람이 거룩하게 삶을 통해 행복한 삶을 산 존 플레처였다.[30] 그런 사람은 상상에서만이 아니라 실제로 존재한다. 우리가 눈을 열면 매일의 삶에서 그들이 어떻게 살아가는지를 볼 수 있다. 목회의 직분을 감당하는 사람은 이러한 사람들을 주의깊게 연구해야 한다.

은혜를 충만히 받을 준비가 된 사람은 누구나 이처럼 거룩하게 살 수 있다. 그들에게는 학문적인 자격증이나 증명서가 필요하지 않다. 그들의 삶이 충분한 증거가 되기 때문이다. 그들은 하나님이 거룩하신 것처럼 거룩하게 만드시는 성령의 능력을 입증한다. 우리는 우리의 유한성이라는

---

29 "On the Death of the Rev. Mr. John Fletcher," J VII:437-48, sec. 2. 12.
30 "On the Death of the Rev. Mr. John Fletcher," J VII:431, sec. 1. 3.

한계 속에서도 하나님의 거룩하심의 영광을 반영할 수 있다.[31]

웨슬리는 거룩하게 사는 사람들의 이름을 공개적으로 언급하기를 삼 갔는데 거기에는 이유가 있었다. 헤롯이 도피 생활 중에 있던 거룩한 가정 의 거룩한 아이를 죽이려 했던 것처럼(마 2:13), 그들의 이름을 공개적으 로 언급하는 것은 그들을 파괴하려는 악한 자의 공격에 그들을 노출시키 는 것이 될 수 있기 때문이다. 이름을 말하면 그들은 공격의 대상이 된다. 웨슬리는 플레처의 죽음을 계기로 그의 거룩한 삶을 공개적으로 말하게 되었다. 그러나 그것은 그가 숨을 거둔 후였다.

b. 거룩하게 산 사람을 주목하라

살아있을 때와 죽을 때 모두 행복하기를 바라는 사람은 온전히 신실한 삶을 산 사람을 주목하는 것이 좋다. 웨슬리는 시편 기자가 "'온전한 사람 을 살피라'고 말했을 때 특별히 모범이 되는 사람이 눈앞에 있었을" 것으 로 생각했다.[32] 그런 삶은 전혀 존재하지 않을 만큼 희귀하지는 않다.

이 짧은 장례식 설교는 두 가지 질문을 일으킨다. "여기서 '온전한 사 람, 정직한 사람'(시 37:37)은 어떤 사람을 말하는가?" 그리고 "어떻게 올 바른 삶이 화평을 주는가?" 하는 질문이다.

먼저 웨슬리는 기본 전제를 분명히 했다. 그는 오직 하나님만이 거룩 하실 수 있고 또 거룩하시다고 말한다. 그러나 피조물은 하나님께서 주시 는 은혜로 그분의 거룩하심에 참여할 수 있다. 신앙 안에서 온전히 성숙한 사람은 자신의 행위가 아니라 하나님의 은혜로 의로워진다.[33] 그는 성자

---

31   "On the Death of the Rev. Mr. John Fletcher," J VII:431-49, secs. 1-8.
32   "On the Death of the Rev. Mr. John Fletcher," J VII:432, sec. 1. 1.
33   "On the Death of the Rev . Mr . John Fletcher," J VII:432, sec. 1. 2.

하나님께서 십자가에서 자신을 위해 이루신 속죄 사역을 믿는다. 그의 영혼은 성령과 연합되며, 그는 부활하신 그리스도의 몸을 체현해낸다. 그의 믿음은 사랑으로써 역사한다.[34] 그는 "그리스도 예수의 마음"(빌 2:5)을 품는다. 그는 거리낌이 없는 양심을 갖게 된다. 또 모든 외적인 죄를 피하고, 악은 어떤 모양이라도 버린다.[35] 그는 "먹든지 마시든지 무엇을 하든지 다 하나님의 영광을 위하여 하라"는 하나의 법칙을 따라 살며,[36] 은혜에서 은혜로 지속적으로 자라간다. 거룩한 삶은 아무것도 하지 않는 것이 아니라, 외적인 행동과 내면적 상태, 공적이고 사적인 것 모두에서 하나님과 사람 앞에 흠 없이 살아가는 삶이다.

c. 역경 속에서도 누리는 평화

그러한 삶은 어떤 도전과 유혹에도 하나님 안에서 은혜를 통해 믿음으로 사는 삶과 함께 오는 평안, 그 하나의 목적을 지향하며 살아간다.[37] 하나님은 영원한 미래의 안식만이 아니라, 시간과 공간의 한계 속에 살아가는 현재의 삶에서도 앞으로 누릴 영원한 평강을 고대하게 하심을 통해 이 평안을 주신다. 이 평안은 하나님과 함께하는 삶을 통해서만 올 수 있다.[38] 그런 평안을 가진 사람은 그가 만나는 모든 사람에게 축복이 된다. 웨슬리는 시편 37:37의 본문이 존 플레처의 매일의 삶과 승리의 죽음 전체를 통해 그의 사역에서 풍성하게 표현되고 성취되었음을 확신했다. 웨슬리 외에도 많은 사람이 그의 거룩한 삶에 대해 증언했다.

34　"On the Death of the Rev. Mr. John Fletcher," J VII:432, sec. 1. 3.
35　"On the Death of the Rev. Mr. John Fletcher," J VII:432, sec. 1. 4.
36　같은 곳.
37　"On the Death of the Rev. Mr. John Fletcher," J VII:432, sec. 2.
38　"On the Death of the Rev. Mr. John Fletcher," J VII:433, sec. 2. 1.

거룩한 삶을 통해 얻는 평안은 신자에게 어떤 역경도 닥치지 않도록 막아주는 평안이 아니다. 그것은 외적 평안이 아니다. 플레처가 육체의 질병 및 사람들의 비방과 싸워내야 했듯, 내적 평안을 아는 사람도 오랫동안 역경과 씨름하게 될지도 모른다.[39] 이 평안은 역경 속에서 누리는 내적 확신과 힘이다. 또 이 평안은 인간의 제한된 언어로 다 담을 수 없기에 "모든 지각에 뛰어난 평강"(빌 4:7)으로 표현할 수밖에 없다.[40]

삶의 끝에서 이 평안은 이미 전 인격에 견고히 자리 잡아 영원한 삶을 향해 견실하고도 굳건하게 흘러가는 은혜의 강과도 같다. 이 "말할 수 없는 평온함"은 영혼이 그리스도의 몸 속에서 경험하는 평온함에서 비롯된다. 신자가 "처음 구원받은 때부터" 마지막 죽는 날까지 그 신앙을 지속한다고 가정한다면, 이 평안은 "더 낮든 높든" 그의 모든 열정과 기질에 중대한 영향을 끼친다.[41]

d. 율법에서 복음으로의 회심

플레처의 회심은 웨슬리의 올더스게이트 체험과 유사한 면이 많다. 그의 회심은 마음에 변화를 가져왔다. 그는 죄의 무거운 짐을 느끼고 있었다. 그는 "하나님을 떠나 방황"하는 가운데 "모든 노력이 아무런 도움이 되지 않았고", 리스본에서는 "모든 희망을 버릴 정도"가 되었다.[42]

1755년 1월에 플레처는 "나는 하나님께 부르짖었지만 내 마음은 내 말을 따라가지 못했다"고 기록했다. 그는 인간의 어떤 능력으로도 하나님의

---

39   "On the Death of the Rev. Mr. John Fletcher," J VII:432, sec. 1. 3-2.
40   "On the Death of the Rev. Mr. John Fletcher," J VII:433, sec. 2.
41   같은 곳.
42   "Short Account," J XI:282, sec.1. 9.

진노를 해결할 수 없음을 깨닫자 "나에게 의롭게 하는 신앙을 주옵소서"
라고 기도했다. 하나님의 은혜로 그는 놀랍게도 자신을 끊임없이 에워쌌
던 죄가 더는 자신을 지배할 수 없음을 발견했다.[43] 그는 자신이 얻은 구원
이 실제적임을 깨닫기 시작했다. 다른 사람들 역시 그가 변화되었음을 확
인했다. 기도를 통해 그의 전 존재가 "기쁨으로 충만"하게 된 것이다. 하나
님의 은혜로 복음의 소식을 바르게 수용하면서 그는 구원에 대한 온전한
확신을 체험했다.[44] 그는 즉시 시편 55:22의 "네 짐을 여호와께 맡기라 그
가 너를 붙드시고 의인의 요동함을 영원히 허락하지 아니하시리로다"라
는 약속의 말씀에 확신을 갖게 되었다. 이러한 방식으로 웨슬리는 플레처
가 죄의 속박에서 칭의와 성화의 은혜로 나아가는 복음적 변화를 경험한
사실을 묘사했다. "그 후로 그는 언제나 쾌활한 삶을 살았다."[45]

　1754년 1월에는 플레처가 "하나님 앞에 얼굴을 땅에 대고 엎드려 간절
히 기도"할 때, 그는 "자신의 생명을 속하기 위해 자기 생명을 주신" 십자
가에 못 박히신 주님께서 자신의 마음에 말씀하시는 환상을 보았다.[46] 그
후로 그는 전에는 알지 못했지만 일평생 누리게 된 평안과 확신, 쾌활함을
얻게 되었다. 그는 자신의 마음에서 성령이 자신의 영과 더불어 하나님의
사랑을 지속적으로 증거하시는 것을 경험했다.[47]

43　"Short Account," J XI:285, sec. 2. 6.
44　"Short Account," J XI:286-88, sec. 2.
45　"Short Account," J XI:286, sec. 2.
46　"Short Account," J XI:286, sec. 2. 9.
47　"Short Account," J XI:286-88, sec. 2. 9.

4. 모든 목사의 귀감

a. 메들리(Madeley)에서 플레처의 목회

플레처의 태도는 사람의 마음을 얻었다. "그는 영국 말 특히 발음에 전혀 능숙하지 못했음에도, 그가 말할 때 드러나는 영국에서 볼 수 없었던 진실함과, 모든 말과 행동에 스며 있는 가난하고 길 잃은 죄인을 향한 형언할 수 없이 다정다감한 사랑은, 그의 말을 듣는 모든 사람에게 깊은 인상을 남겨 그에게서 은혜를 받지 않고 빈 마음으로 돌아가는 사람이 없었다."[48]

"(충분히 성숙한 나이가 된) 1753년 즈음 플레처는 안수를 받아 부제와 사제가 되었고, 곧이어 슈롭셔의 메들리의 작은 집을 배정받았다. 그가 자주 말한 것처럼 그것은 그가 바랐던 유일한 재산이었다."[49] 영국 국교회의 성직자로서 그는 메들리 마을에 정착해 1785년에 죽을 때까지 25년간 지칠 줄 모르고 일했다. 그는 반대에 직면해서도 침착한 태도를 유지했다. 또 그는 자신이 설교한 대로 살고, 쉬지 않고 기도하며, 타락한 사람을 권면하면서 자주 밤늦게 집에 돌아왔고, 아침에는 매우 일찍 일어나 갱부들에게 말씀을 전한 모범적인 목사였다.[50] 그러면서 많은 도전과 장애물을 만났고, 특히 여러 만성 질병을 앓았다. "그는 오랫동안 많은 반대에 직면했고, 목숨이 위험한 때도 자주 있었다."[51]

플레처는 가난한 사람들 중에서도 가장 가난한 사람들, 특히 갱부들을 위해 지속적으로 사역했다. 메소디스트들 중 가장 훌륭한 지성을 지닌 이들의 평가에 따르면, 플레처는 그의 학문적 작업을 통해 메소디즘의 첫 신

48 "On the Death of the Rev. Mr. John Fletcher," J VII:435, sec. 2. 3.
49 "On the Death of the Rev. Mr. John Fletcher," J VII:436, sec. 2. 4; "Short Account," J XI:282, sec. 1. 9.
50 "Short Account," J XI:292-96, sec. 4.
51 "On the Death of the Rev . Mr . John Fletcher," J VII:433, sec. 2. 3.

학자가 되었다. 그는 엄격한 형태의 훈련의 삶을 살면서 하나님과 가까이 동행하고, 끊임없이 기도하고, 말씀을 따르며 하나님을 예배하는 일에 온전히 전념했다. "그렇게 하면서도 그는 전적으로 채식만 했고, 한동안 빵과 우유, 물만 먹기도 했다."[52] "그의 두드러진 갈망은 … 그리스도 예수의 마음의 증인이 되는 것이었다. 그가 끊임없이 노력한 것은 자유롭고 방해받지 않는 지성을 보존하기 위한 것이었다."[53] 그는 언제나 다른 사람의 연약함을 떠안을 준비가 되어 있었다. "하나님께서는 그의 길을 단순하게 하셨다." 그는 메들리 교구가 마치 "하나님께서 직접 배정하신 교구인 것처럼" 받아들여 "그곳에서 지치지 않고 일했다."[54]

b. 경건한 목사와 교사로서의 모범적 사역

플레처는 헌팅던(Huntingdon) 백작 부인의 요청으로 트레베카(Trevecca) 대학에서 가르치게 되었는데, 학교의 교장은 메소디즘의 지도적 성경해석자인 조셉 벤슨(Joseph Benson)이었다. 플레처는 매우 사랑받는 교사가 되었다. 그는 "'성령으로 충만한 것'은 (그 나름대로 유용성을 지닌) 어떤 고전적 학문보다도 훨씬 뛰어난 복음 사역을 위한 자격이 된다"고 확신했다.[55] "그는 젊은이들을 학식과 철학으로 지도하면서 모든 힘을 다해 성령 충만하기 위해 애썼다."[56]

플레처는 트레베카에서 1767년부터 1772년까지 가르쳤으나, 이중 예정론 논쟁에서 메소디즘의 특정 가르침을 부인하라는 요구를 받자 양심

---

52 "Short Account," J XI:286, sec. 2. 11.
53 "Short Account," J XI:341-45.
54 "On the Death of the Rev. Mr. John Fletcher," J VII:433, sec. 2. 3.
55 "Short Account," J XI:292-302, secs. 4-5.
56 "On the Death of the Rev. Mr. John Fletcher," J VII:433, sec. 3. 6.

에 어긋나는 행동을 할 수 없어 학교를 그만두었다.[57] 헌팅던 부인은 플레
처를 매우 존경해 트레베카 대학의 학장으로 세웠으나 둘 사이에 신학적
견해 차이가 야기된 것이다. 메소디스트 "연회록에 담긴 여덟 가지 주장
을 부인"하라는 요구를 받자, 플레처는 그것을 거부하고 학장직을 사임하
고 메들리 교구로 돌아갔다.[58]

　　이 작은 시골 교구에서 플레처는 하나님의 은혜와 인간의 책임에 관한
전통적 기독교의 가르침을 담은 자신의 유명한 작품『율법무용론에 대한
경계』(Checks to Antinomianism)를 저술했다.[59] 이 시리즈의 출판 후 그
가 메소디즘 최고의 학자와 신학자로 우뚝 서게 된 것은 분명하다. 웨슬리
는 "(외국인이 전에는 결코 쓰지 못했던 수준의) 언어의 순수함, 논리의 힘
과 분명함, 글 전체에 숨 쉬는 영혼의 온화함과 다정함"을 매우 높이 평가
했다.[60] 웨슬리가 보기에 플레처는 "자신이 쓴『그리스도인의 완전에 관한
평이한 해설』(A Plain Account of Christian Perfection)에 대한 살아있는
주석"과도 같았다.[61] "그의 삶 전체로 판단해 보건대 그는 온전한 겸손, 온
전한 위탁, 온전한 사랑의 사람이었다."[62]

c. 끈질긴 장애물 극복

　　플레처는 "이른 시간이든 늦은 시간이든, 어떤 날씨에든 그의 교구 전
체"를 억척스럽게 찾아다녔다. 그는 "덥든 춥든, 비가 오든 눈이 오든, 말

57　"Short Account," J XI:292-302, secs. 4-5.
58　"On the Death of the Rev. Mr. John Fletcher," J VII:433, sec. 3. 6.
59　같은 곳.
60　같은 곳.
61　"Short Account," J XI:305, sec. 5. 13.
62　같은 곳.

을 타든 걷든" 그것에 위축되지 않았다.[63] 교구에서는 열정적으로 "끊임없이 연구"를 계속했다.[64] 그는 자신의 식단을 대체로 "빵과 치즈, 또는 과일"로 한정했다.[65]

웨슬리는 플레처에게 "함께 스코틀랜드로 여행"할 것을 제안했고, "그는 흔쾌히 승락했다. 우리는 봄에 떠나 1,800킬로미터에서 1,900킬로미터 정도를 여행한 후 가을에 런던으로 돌아왔다"고 말한다.[66]

플레처가 폐결핵을 앓았을 때는 "모든 계층 사람"이 그를 찾아왔다. 그들은 모두 "그의 안에 있는 하나님의 은혜에 놀라워했다. … 그의 모든 호흡은 하나님을 높이거나 이웃을 권고하고 위로하는 일에 사용되었다."[67]

건강을 회복한 플레처는 "매년 5-7개월을 영국 각지를 여행하며 설교하는 일에 건강을 활용했다." 웨슬리는 심지어 휫필드조차도 설교하는 일에서 "플레처만큼 탁월한 자격을 갖추지는 못했다"고 평가했다.[68] 웨슬리가 생각하기에 플레처는 목사의 완벽한 본보기였다. 메들리의 작은 교구에서 "플레처는 자신이 정한 좁은 행동 반경에서 많은 선을 행했으며, 영국의 모든 교구 목사가 본받기에 충분한 본보기였다."[69]

5. 본보기가 된 거룩한 삶

진정한 목사의 모범을 찾고자 하는 사람은, 웨슬리가 존 플레처에 관해 말한 내용에서 그 모범을 충분히 발견할 수 있을 것이다. 그는 거룩한

63 "On the Death of the Rev. Mr. John Fletcher," J VII:433, sec. 3. 7.
64 같은 곳.
65 같은 곳.
66 "On the Death of the Rev. Mr. John Fletcher," J VII:433, sec. 3. 8.
67 "On the Death of the Rev. Mr. John Fletcher," J VII:433, sec. 3. 9.
68 "On the Death of the Rev. Mr. John Fletcher," J VII:433, sec. 3. 11.
69 같은 곳.

삶을 통해 영감을 주는 설교자가 되었다. 그가 가난하고 병든 사람들을 얼마나 세심하게 돌보았는지에 대한 증언은 끊임없이 이어졌다.[70] 특히 고아들의 어려운 상황이 그의 마음에 깊이 와닿았다. 이 공감의 마음으로 그는 "오직 구걸하거나 도둑질할 수밖에 없도록 길러진 많은 버려진 아이들을 돌보아" 음식과 의복을 제공받을 수 있도록 방법을 마련했다.[71]

플레처는 사람들을 단지 "죄에서 씻음받은" 상태만이 아니라 "성령으로 충만한" 상태로 인도하기 위해 전적으로 헌신되어 있었다.[72] 푀비 팔머(Phoebe Palmer)보다 앞서 설교와 목회에서 그가 가르치기를 선호했던 주제는, "성부 및 성자와 연합하는 특별하고 풍성한 은혜를 포함해 성부의 약속과 성령의 은사"였다.[73] 그는 성경을 지참하지 않거나 "그리스도인의 모범"이 되지 않는 모습을 보인 적이 없었다.[74] 플레처는 비록 온화한 영혼을 지녔으면서도 용감한 사람으로, 자신의 첫 설교로 야고보서 4:4의 "간음한 자들아 세상과 벗 된 것이 하나님과 원수 됨을 알지 못하느냐 그런즉 누구든지 세상과 벗이 되고자 하는 자는 스스로 하나님과 원수 되는 것이니라"라는 말씀을 선포할 정도로 대담했다.

"그의 삶 전체는 기도의 삶이었다. … 누군가가 그 자리에 없는 어떤 사람의 잘못된 행실을 말하면, 그의 답변은 언제나 '그를 위해 기도합시다'였다."[75] 웨슬리에 따르면, 그는 생애의 마지막 20년 동안 불친절한 말을 입에 담은 적이 없었다.[76]

---

70   "Short Account," J XI:287, sec. 2.1.
71   "Short Account," J XI:335-39, sec. 8. 1-5.
72   "Short Account," J XI:306, sec. 5. 14.
73   욜 2; "Short Account," J XI:306, sec. 5. 14.
74   "Short Account," J XI:286, sec. 2. 2.
75   "Short Account," J XI:290, sec. 3.
76   같은 곳.

a. 메소디스트 연합체를 함께 이끈 웨슬리의 핵심 동역자

1757년부터 1760년까지 플레처는 동역자가 되어달라는 웨슬리의 요청에 응했다. 플레처는 웨슬리에게 그가 그 일을 맡게 된 것은 "당신의 연세에 당신이 담당하고 계신 그 많은 짐을 조금이라도 덜어드리기 위해서"라고 말했다. 만약 플레처가 웨슬리보다 더 오래 살았더라면, 그는 확실히 웨슬리 이후 메소디스트 지도자들 중 가장 중심적인 인물이 되었거나, 그렇지 않더라도 매우 중요한 역할을 감당했을 것이다. 1773년에 웨슬리는 플레처가 자신의 뒤를 이어 메소디스트 신도회의 리더십을 이어받기를 부탁했다. 웨슬리와 플레처의 사역은 어떤 흠도 없이 매우 밀접하게 연결되어 있었다. 이후 이어지는 세기들에 일어난 성결운동, 오순절운동, 은사운동은 웨슬리만큼이나 플레처에게 그 근본 뿌리를 두고 있다.

1776년에 웨슬리는 다시 플레처에게 자신이 매년 여행하는 영국 북부와 스코틀랜드에 함께 가자고 요청했다.[77] 1777년에 플레처는 중병을 앓아 브리스톨의 핫웰 온천장의 향유를 구해야 했다. 건강을 회복하자 그는 『회복의 계획』(*The Plan of Reconciliation*) 저술에 공을 들였는데, 이 글은 "예수님의 모든 진정한 목회자와 제자를 화평과 사랑의 줄로 하나로 묶는" 교회의 하나됨을 요청한다. 복음의 진리 안에서 하나 됨을 통해서만 목사들은 "예루살렘에 평화의 숨결을 불어넣을" 수 있다. 플레처는 폐 합병증에 시달렸지만 죽음에 대해 어떤 두려움도 없었다. 그는 스위스, 이탈리아, 프랑스(칼레, 아브빌, 디종, 리용, 액스)까지의 긴 여행을 마친 후, 쉽지 않은 교구 목회에 대한 새로운 결의를 가지고 메들리로 돌아왔다.[78]

---

77 "Short Account," J XI:300, sec. 5.
78 "Short Account," J XI:309, sec. 6.

b. 경건한 결혼

"플레처는 1781년에 모든 친구가 전적으로 찬성하는 가운데 보즌켓 (Bosanquet) 양과 결혼했다." 웨슬리는 "내 생각에 영국에서 플레처 씨와 결혼할 자격 있는 사람은 오직 그녀뿐이다. 그녀의 다정하고 현명한 보살핌으로 플레처의 건강은 점점 회복되었다"[79]고 적었다. 플레처가 재능이 많은 메리 보즌켓을 처음 만난 것은 17세(1746) 때였다. 그는 일찍부터 자신이 결혼한다면 그녀와 할 것이라 생각했다. 그는 다음과 같이 말했다.

> 25년 전 사랑하는 아내를 처음 보았을 때 나는 만약 내가 결혼한다면 그녀와 결혼할 것이라고 생각했다. 그러나 그녀는 너무 부유했기 때문에 나는 결혼에 대한 모든 생각을 떨쳐냈다. 그 후 수년 동안, 결혼생활을 하면 독신생활을 할 때처럼 하나님께 헌신하는 것이 불가능하다고 생각해 결혼에 대한 생각을 기피하게 되었다. 그러나 "에녹은 … 자녀들을 낳았으며 … 하나님과 동행하더니 하나님이 그를 데려가시므로 세상에 있지 아니하였더라"(창 5:21-24)라는 말씀을 읽은 후에는 결혼에 대한 반감을 갖지 않게 되었다.[80]

1781년이 되어서야 플레처는 메리 보즌켓에게 청혼했다.

그들의 결혼은 그 자체로 매우 행복하고 개방적이며 진실하고 사랑하는 관계 속에서 "주님과의 영원한 언약"이 되었다.[81] 플레처는 아내와 함께 메들리에서 활기 넘치는 사역을 계속했다. 그들은 함께 메들리 우드 (Madeley Wood) 회사에서 일하는 가난한 노동자 가정의 아이들을 위한 학교를 설립했고, 초기 주일학교 운동의 형성에도 기여했다.[82] 메리는 남

---

79 "On the Death of the Rev. Mr. John Fletcher," J VII:433, sec. 3. 11; "Short Account," J XI:326, sec. 7. 1.
80 "Short Account," J XI:331-32, sec. 7. 3.
81 같은 곳.
82 "Short Account," J XI:331-32, sec. 8.

편에 대해 "나는 그렇게 하나님의 뜻대로만 살아가는 사람을 본 적이 없습니다"[83]라고 기록했다. 그는 죄를 책망할 때는 담대했고, 시련과 위험 속에서는 신실했으며, 자신에게 맡겨진 영혼들의 상태에 "특별히 민감"했다.

c. 메리 보즌켓 플레처의 증언

메리는 플레처에 관해 다음과 같이 기록했다.

> 내가 그와 함께 사는 영예와 행복을 누린 이후 매일의 삶은 성령님께서 그에게 행하시는 위대한 일을 더 깊이 느끼게 만들었습니다. 그 열매는 그의 모든 삶과 대화에서 분명하게 드러났지만, 무엇보다 그의 온유함과 겸손함에서 가장 분명하게 드러났습니다. 그것은 어떤 모욕으로도 흔들지 못하는 온유함이었고, 알려지지 않고 잊혀지며 멸시받는 것조차 기뻐하는 겸손이었습니다. … 그는 다른 사람을 자신보다 낫게 여기기를 기뻐했습니다. 그렇게 하는 것이 그에게는 너무나 자연스러워서 다른 사람을 자신보다 앞세우는 일이 마치 그의 취미인 듯 보였습니다. 그는 꼭 필요한 상황이 아니라면 그 자리에 있지 않은 사람의 잘못을 말하지 않았고, 꼭 그래야 하는 상황에서는 매우 신중하게 말했습니다.[84]

메리는 또 "그는 무리 중 어린 양 같은 아이들을 특별히 사랑해 매우 부지런히 아이들을 가르쳤고, 그 일에 특별한 은사가 있었습니다"[85]라고 말했다. 플레처는 어린이 교육을 위한 주일학교 설립을 가장 먼저 강조한 사람에 속했다.[86] "그는 자신과 다른 모든 사람의 영혼을 하나님과의 직접적인 교제로 이끌기 위해 끊임없이 노력했습니다. … 그는 자주 말했습니다. '하나님으로부터 분리되었다고 느끼지 않기 위해 믿음으로 하나님께

83 "On the Death of the Rev. Mr. John Fletcher," J VII:447, sec. 3. 12.
84 Mary Bosanquet Fletcher, "On the Death of the Rev. Mr. John Fletcher," J VII:437-48, sec. 2.12.
85 같은 곳.
86 "The Life and Death of the Reverend John Fletcher," J XI:336, sec. 8. 8.

매달리는 것으로는 충분하지 않습니다. … 나는 성령의 충만함으로 채워지기 원합니다. … 사망아 네가 쏘는 것이 어디 있느냐! 하나님께 감사하게도 나에게는 영혼의 조급함과 불신의 두려움이 없습니다.'"[87] 메리는 주님께서 "가장 확고하고 단호한 용기"를 플레처에게 주셨다고 말했다. "그는 죄와 두려움을 모르는 죄인을 책망할 때 '우레의 아들'이었습니다."[88]

플레처는 중병을 앓았음에도 자신이 해야 할 일을 계속해 나갔다.

> 8월 4일 목요일에 그는 오후 3시부터 저녁 9시까지 하나님의 일을 하고 있었습니다. 집에 돌아온 후 그는 "내가 감기에 걸렸어요"라고 말했습니다. 금요일과 토요일에 그는 건강 상태가 좋지 않았음에도 특별히 기도에 빠져 있는 듯 보였습니다. 토요일 밤에는 열이 매우 심했습니다. 나는 그에게 아침에 교회에 가지 말라고 부탁했지만 그가 "이렇게 하는 것이 주님의 뜻입니다"라고 말했기 때문에 더는 그를 설득할 수 없었습니다. 기도문을 읽을 때 그는 거의 기절할 뻔했습니다. 나는 교회의 회중 사이를 지나 그에게로 가서 단상에서 내려오시기를 간청했습니다. 그러나 그는 매우 부드러운 어조로 우리가 하나님의 질서를 방해해서는 안 된다고 나와 다른 사람들에게 알려주었습니다. 나는 자리로 돌아갔고, 주변의 모든 사람은 눈물을 흘렸습니다. 창문을 열고 어느 정도 원기를 회복한 후 그는 기도문을 계속 읽었고, 그 후에는 우리 모두가 놀랄 정도의 힘과 기억력을 가지고 설교했습니다.
>
> 설교 후 그는 성찬상으로 가서 "나는 천사의 날개 아래 은혜의 자리에 나 자신을 던질 것입니다"라고 말했습니다. 예배는 거의 2시까지 계속되었습니다. 때때로 그는 서 있을 수조차 없었고, 또 자주 멈추어야 했습니다. 사람들은 깊은 감동을 받았고 모두가 울었습니다. … 예배가 끝나자 우리는 그를 급히 침상으로 옮겼고 그는 즉시 정신을 잃었습니다.

---

87   Mary Bosanquet Fletcher, "On the Death of the Rev. Mr. John Fletcher," J VII:437-48, sec. 2. 12; "Short Account," J XI:313, sec. 6. 8.

88   Mary Bosanquet Fletcher, "On the Death of the Rev. Mr. John Fletcher," J VII:437-48, sec. 2. 12.

그의 말이 끊어지기 시작했습니다. … 잠시 말할 힘이 있을 때는 가만히 있지 않고 그를 돌보는 친절한 의사에게 "선생님은 제 몸을 돌보기 위해 매우 신경을 쓰고 계십니다. 제게는 선생님의 영혼을 위해 신경 쓰도록 허락해 주십시오"라고 말했습니다. … 나는 이제 내 슬픈 이야기를 끝내고자 합니다. 그러나 나의 쓰라린 마음에는 그의 탁월한 거룩함의 아름다운 형상이 영원히 남아 있을 것입니다.

그는 엄격하게 올바른 사람이었으나, 세상에 대한 모든 사랑에서는 전적으로 자유했습니다. 그는 자신이 가진 모든 것을 가난한 자들과 나누었고 그들을 마음 깊이 두었기에 죽음이 다가오자, "아! 나의 가난한 사람들! 내가 죽으면 내 가난한 사람들은 어떻게 될까?"라며 탄식했습니다. 나는 3년 9개월 이틀 동안 나의 경건한 남편과 함께할 수 있었지만, 이제 이 세상에서 나의 기쁨의 태양은 영원히 사라졌고, 내 영혼은 괴로움으로 가득합니다. 이제 나는 하나님의 뜻에 온전히 의탁함으로써만 위로를 얻을 수 있을 것입니다.[89]

d. 끝까지 변치 않은 신실함

플레처는 56세의 이른 나이에 죽었다. 웨슬리는 그가 가졌던 확고한 신앙을 "하나님께서 특별히 사랑하시는 종을 위해 특별히 베푸신 능력과 자비"로 묘사했다.[90] 그는 플레처처럼 말하는 기술, 온화한 교육, 언어와 철학과 신학적 훈련이라는 여러 덕이 섬세하게 조화를 이루고, 또 예수 그리스도와 깊고도 변함없는 교제를 보여준 사람을 본 적이 없었다.

웨슬리는 그보다 훌륭한 사람은 찾을 수 없을 것이라 생각했다. 플레처는 모든 면에서 훌륭했다. 그는 자신에 대해 말하는 것을 자제했으나, 아내에게는 숨기는 것이 없었다. 또 모든 것을 기도로 하나님께 아뢰었다.

89 　같은 곳.
90 　"Short Account," J XI:356, sec. 10.

"이웃의 유익을 위한 일이라면 그 어떤 것도 그에게는 어려워 보이지 않았습니다."[91] 그는 빈말을 하지 않았다. 꼭 필요한 의무가 아닌 경우에는 그 자리에 없는 사람의 잘못을 말하지 않았다. 그는 이 세상에 대해서는 죽은 사람이었으며, 빚을 지지 않았다. 또 아이들과 후세대 양육에 깊이 헌신했다. 그는 돈을 한푼도 낭비하지 않았고, 자신이 가진 모든 것을 가난한 사람들에게 나누어주었다. 그리고 자신의 탁월함을 감추기 위해 노력했다. 웨슬리는 "플레처처럼 죄에 대한 혐오와 죄인에 대한 사랑이 공존하는 경우를 지금까지 본 적이 없습니다"[92]라고 말했다.

이제까지 나는 왜 이렇게 자세히 플레처의 삶을 이야기했는가? 웨슬리가 그를 온전함 속에 살면서 더욱 온전함을 향해 나아간 거룩한 삶의 산 본보기로 여겼기 때문이다. 플레처를 진정한 목사가 되게 한 것은 거룩한 삶이었다.

웨슬리는 메리 보즌켓 플레처의 증언에 대해 다음과 같이 말했다. "이 하나님의 사람에 대해서는 자신의 온 마음을 다해 증언한 그녀의 증언 위에 그 이상의 무엇도 덧붙일 필요가 없습니다. 단 하나 말할 수 있는 것은, 나는 플레처를 만나기 전에는 오랫동안 대영제국 거주자 중에서는 그레고리 로페즈(Gregory Lopez)나 드 렌티(Monsieur de Renty) 같은 사람을 찾지 못해 낙심했었다는 것입니다."[93]

---

91 같은 곳.
92 같은 곳.
93 "Short Account," J VII:448, sec. 11; 참고. "La Vie de Monsieur de Renty," 1651. 그레고리 로페즈 (1542-96)는 스페인 수도사로서 아메리카 선교사가 되었다. 드 렌티(1611-49)는 프랑스 카르투지오회 수도사로 가난한 사람들을 위해 일했다. 두 사람은 뛰어난 경건의 사람으로 널리 알려져 있다.

그들의 전기를 쓴 사람이더라도 그들에 대해, 플레처 부인과 내가 플레처 씨의 삶 전체를 눈으로 보고 귀로 들으며 목격해 그를 아는 것같이, 충분히 알 수는 없었을 것입니다. 우리는 플레처 씨의 삶이 어떤 우상숭배나 미신으로도 더럽혀지지 않았음을 알고 있습니다. 나는 30년 이상 그와 친밀한 교제를 나누었고, 수백 마일을 함께 여행하면서 어떤 것도 숨기지 않고 아침, 점심, 저녁으로 대화를 나누었습니다. 그 모든 시간 동안 나는 그가 부적절한 말을 하는 것을 한 마디도 들어본 적이 없고, 부적절한 행동을 하는 것을 한 번도 본 적이 없습니다. 결론적으로 말하자면, 나는 80년 동안 마음과 삶이 거룩한 많은 사람을 알아왔지만, 플레처 같은 사람은 본 적이 없습니다.[94]

웨슬리는 그렇게 한결같고 하나님께 깊이 헌신된 사람을 만나보지 못했다. "나는 모든 면에서 그렇게 흠 없는 사람을 유럽이나 미국 어디서도 만나보지 못했고, 앞으로 이 세상에서는 만날 수 없을 것이라고 생각합니다. 그러나 우리 모두가 그런 사람이 될 수 있습니다. 그러니 그가 그리스도를 따랐던 것처럼, 우리도 그를 따르도록 노력합시다."[95]

마지막에 소개한 웨슬리의 설교 두 편, 초기 설교 한 편과 노년의 설교 한 편, 영혼을 구원하는 것에 관한 설교 한 편과 영혼을 구원하는 사람의 모범에 관한 설교 한 편은, 목회의 정수에 관한 웨슬리의 가르침 중에서 내가 발견한 최고의 증언이다. 웨슬리는 플레처에게서 인간의 삶을 온전히 변화시킬 수 있는 성령의 능력에 관한 살아있는 증거를 보았다.

---

94   Wesley, "On the Death of the Rev. Mr. John Fletcher," J VII:437-48, sec. 2. 12.
95   "Short Account," J XI:365, sec. 11.

C. 결론

웨슬리의 목회신학은 소명, 은사, 목회 상담, 거짓에 대한 저항, 목회적 직분, 병든 자 심방, 목회적 권고, 가정에 대한 돌봄, 결혼 관계, 자녀 양육, 자녀의 신앙 교육, 예배, 말씀과 성례 사역, 세례와 성찬, 그리스도의 몸의 하나됨, 효과적인 교회 리더십, 복음 전도, 거룩한 삶을 위한 영적 훈련 등 사실상 교회의 교리와 실천이라는 제목 아래 일반적으로 연구되는 모든 주제를 다룬다.

그러나 그의 목회신학이 지닌 이러한 넓이와 깊이에도, 문헌들에서 웨슬리를 목회 상담가나 목회신학자로 거의 다루지 않는 것은 아이러니하다. 그 이유는 설교자와 저술가로서 그가 쓴 광범위한 작품 전체에 흩어져 있는 이러한 조언을 발견하기 위해 파고들지 않았기 때문이다. 나는 독자들을 위해 웨슬리의 이러한 통찰을 발굴해 목회신학의 체계로 구성하기 위해 노력했다. 적어도 이 책 이후로는 웨슬리가 목회신학의 역사에서 매우 중요한 인물임을 간과하는 풍토는 영원히 사라져야 한다. 더 나아가 나는 웨슬리를 따르는 많은 사람이 그의 목회적 비전을 이해하고 적용하게 되기를 소망한다.

더 깊은 이해를 위한 독서 자료

Chandler, Douglas R. "John Wesley and the Uses of the Past." In *The 1972 Wilson Lectures*, 27-37. Washington, DC: Wesley Theological Seminary, 1972.

Coleman, Robert E. *Nothing to Do but Save Souls: John Wesley's Charge to His Preachers*. Grand Rapids: Zondervan, 1990.

Coleson, Joseph E. *Be Holy: God's Invitation to Understand, Declare, and Experience Holiness*. Indianapolis: Wesleyan Publishing House, 2008.

Collins, Kenneth J. "The Conversion of John Wesley: A Transformation to Power." In *Conversion*, edited by John S. Hong. Bucheon City, Kyungki-Do, South Korea: Seoul Theological University, 1993. Published in Korean.

Knight, Henry H., and F. Powe. *Transforming Evangelism: The Wesleyan Way of Sharing Faith*. Nashville: Discipleship Resources, 2006.

Macquiban, Tim. "Dialogue with the Wesleys: Remembering Origins." In *Unmasking Methodist Theology*, 17-28. New York: Continuum, 2004.

Meeks, Merrill D. "The Future of the Methodist Theological Traditions." In *The Future of the Methodist Theological Traditions*, edited by Merrill D. Meeks, 13-33. Nashville: Abingdon, 1985.

Outler, Albert C. "How to Run a Conservative Revolution and Get No Thanks for It." In *Albert Outler: The Churchman*, edited by Bob W. Parrott, 397-416. Anderson, IN: Bristol House, 1985.

알파벳순 웨슬리 설교 목록

(200주년 기념판, 잭슨판 출처)

200주년 기념판은 'B', 잭슨판은 'J'로 표기했다. 설교 번호 앞에 샤프[#] 부호를 붙였다. 이전 웨슬리 전집에서 웨슬리 설교가 아닌데도 웨슬리 설교에 포함시켜 저자가 바로잡았거나, 다른 판에서 서로 다른 제목이나 번호를 붙였을 경우에는 별[*] 표로 표시했다

The Almost Christian (#2, B 1:131-41=#2, J V:17-25), Acts 26:28

Awake, Thou That Sleepest (#3, B 1:142-58=#3, J V:25-36), Ephesians 5:14

A Call to Backsliders (#86, B 3:201-26=#86, J VI:514-27), Psalm 77:7-8

The Case of Reason Impartially Considered (#70, B 2:587-600=#70, J VI:350-60), 1 Corinthians 14:20

The Catholic Spirit (#39, B 2:79-96=#2, J V:492-504), 2 Kings 10:15

*The Cause and Cure of Earthquakes (찰스 웨슬리의 설교, #129, 잭슨판에만 수록됨, J VII:386-99), Psalm 46:8

The Causes of the Inefficiency of Christianity (#122, B 4:85-96 = #122, J VII:281-90), Jeremiah 8:22

A Caution against Bigotry (#38, B 2:61-78=#38, J V:479-92), Mark 9:38-39

Christian Perfection (#40, B 2:97-124=#40, J VI:1-22), Philippians 3:12

The Circumcision of the Heart (#17, B 1:398-414=#17, J V:202-12), Romans 2:29

The Cure of Evil Speaking (#49, B 2:251-62=#49, J VI:114-24), Matthew 18:15-17

The Danger of Increasing Riches (#131, B 4:177-86=#131, J VII:355-62), Psalm 62:10

The Danger of Riches (#87, B 3:227-46=#87, J VII:1-15), 1 Timothy 6:9

Death and Deliverance (#133, B 4:204-14; 잭슨판에는 수록되지 않음)

Dives and Lazarus (#115, B 4:4-18="The Rich Man and Lazarus"라는 다른 제목, #112, J VII:244-55), Luke 16:31

The Duty of Constant Communion (#101, B 3:427-39=#101, J VII:147-57), Luke 22:19

The Duty of Reproving Our Neighbor (#65, B 2:511-20=#65, J VI:296-304), Leviticus 19:17

The End of Christ's Coming (#62, B 2:471-84=#62, J VI:267-77), 1 John 3:8

The First Fruits of the Spirit (#8, B 1:233-47=#8, J V:87-97), Romans 8:1

Free Grace (#110, B 3:542-63=#110, J VII:373-86), Romans 8:32

The General Deliverance (#60, B 2:436-50=#60, J VI:241-52), Romans 8:19-22

The General Spread of the Gospel (#63, B 2:485-99 = #63, J VI:277-88), Isaiah 11:9

God's Approbation of His Works (#56, B 2:387-99 = #56, J VI:206-15), Genesis 1:31

God's Love to Fallen Man (#59, B 2:422-35 = #59, J VI:231-40), Romans 5:15

The Good Steward (#51, B 2:281-99 = #51, J VI:136-49), Luke 16:2

The Great Assize (#15, B 1:354-75 = #15, J V:171-85), Romans 14:10

The Great Privilege of Those That Are Born of God (#19, B 1:431-43 = #19, J V:223-33), 1 John 3:9

Heavenly Treasure in Earthen Vessels (#129, B 4:161-67 = #129, J VII:344-48), 2 Corinthians 4:7

Heaviness through Manifold Temptations (#47, B 2:222-35 = #47, J VI:91-103), 1 Peter 1:6

Hell (#73, B 3:30-44 = #73, J VI:381-91), Mark 9:48

Human Life a Dream (#124, B 4:108-19 = #124, J VII:318-25), Psalm 73:20

The Imperfection of Human Knowledge (#69, B 2:567-86 = #69, J VI:337-50), 1 Corinthians 13:9

The Important Question (#84, B 3:181-98 = #84, J VI:493-505), Matthew 16:26

In What Sense We Are to Leave the World (#81, B 3:141-55 = #81, J VI:464-75), 2 Corinthians 6:17-18

An Israelite Indeed (#90, B 3:278-89 = #90, J VII:37-45), John 1:47

Justification by Faith (#5, B 1:181-99 = #5, J V:53-64), Romans 4:5

The Late Work of God in North America (#113, B 3:594-609 = #131, J VII:409-29), Ezekiel 1:16

The Law Established through Faith, 1 (#35, B 2:20-32 = #35, J V:447-57), Romans 3:31

The Law Established through Faith, 2 (#36, B 2:33-43 = #36, J V:458-66), Romans 3:31

Lord Our Righteousness (#20, B 1:444-65 = #20, J V:234-46), Jeremiah 23:6

Marks of the New Birth (#18, B 1:415-30 = #18, J V:212-23), John 3:8

The Means of Grace (#16, B 1:376-97 = #16, J V:185-201), Malachi 3:7

The Ministerial Office (#121, B 4:72-84 = #115, J IV:72-84), Hebrews 5:4

More Excellent Way (#89, B 3:262-77 = #89, J VII:26-37), 1 Corinthians 12:31

The Mystery of Iniquity (#61, B 2:451-70 = #61, J VI:253-67), 2 Thessalonians 2:7

National Sins and Miseries (#111, B 3:564-76 = #111, J VII:400-408), 2 Samuel 24:17

The Nature of Enthusiasm (#37, B 2:44-60 = #37, J V:467-78), Acts 26:24

The New Birth (#45, B 2:186-201 = #45, J VI:65-77), John 3:7

New Creation (#64, B 2:500-510 = #64, J VI:288-96), Revelation 21:5

Of the Church (#74, B 3:45-57 = #74, J VI:392-401), Ephesians 4:1-6

Of Evil Angels (#72, B 3:16-29 = #72, J VI:370-80), Ephesians 6:12

Of Former Times (#102, B 3:440-53 = #102, J VII:157-66), Ecclesiastes 7:10

Of Good Angels (#71, B 3:3-15 = #71, J VI:361-70), Hebrews 1:14

On Attending the Church Service (#104, B 3:464-78 = #104, J VII:174-85), 1 Samuel 2:17

On Charity (#91, B 3:290-307 = #91, J VII:45-57), 1 Corinthians 13:1-3

On Conscience (#105, B 3:478-90 = #105, J VII:186-94), 2 Corinthians 1:12

On Corrupting the Word of God (#137, B 4:244-51 = #137, J VII:468-73), 2 Corinthians 2:17

On the Death of Mr. Whitefield (#53, B 2:325-48 = #53, #133, J VI:167-82), Numbers 20:10

On the Death of Rev. Mr. John Fletcher (#133, B 3:610-29 = #133; J VII:431-52, 1785), Psalm 37:37

On the Deceitfulness of the Human Heart (#128, B 4:149-60 = #128, J VII:335-43), Jeremiah 17:9

On the Discoveries of Faith (#117, B 4:28-38; #117, J VII:231-38), Hebrews 11:1

On Dissipation (#79, B 3:115-25 = #79, J VI:444-52), 1 Corinthians 7:35

On Divine Providence (#67, B 2:534-50 = #67, J VI:313-25), Luke 12:7

On Dress (#88, B 3:247-61 = #88, J VII:15-26), 1 Peter 3:3-4

On the Education of Children (#95, B 3:347-60 = #95, J VII:86-98), Proverbs 22:6

On Eternity (#54, B 2:358-72 = #54, J VI:189-98), Psalm 90:2

On Faith (#106, B 3:491-501 = #106, J VII:195-202), Hebrews 11:6

On Faith (#132, B 4:187-200 = #122, J VII:326-35), Hebrews 11:1

On the Fall of Man (#57, B 2:400-412 = #57, J VI:215-24), Genesis 3:19

On Family Religion (#94, B 3:333-46 = #94, J VII:76-86), Joshua 24:15

On Friendship with the World (#80, B 3:126-40 = #80, J VI:452-63), James 4:4

On God's Vineyard (#107, B 3:502-17 = #107, J VII:203-13), Isaiah 5:4

*On Grieving the Holy Spirit [윌리엄 틸리(William Tilly)의 설교, #137, 잭슨판에만 수록됨, J VII:485-92], Ephesians 4:30

*On the Holy Spirit [존 갬볼드(John Gambold)의 설교, #141, 잭슨판에만 수록됨, J VII:508-20], 2 Corinthians 3:17

On Knowing Christ after the Flesh (#123, B 4:97-106 = #123, J VII:291-96), 2 Corinthians 5:16

On Laying the Foundation of the New Chapel (#112, B 3:577-93 = #112, J VII:419-30), Numbers 23:23

On Living without God (#130, B 4:168-76 = #130, J VII:349-54), Ephesians 2:12

On Love (#149, B 4:378-88 = #149, J VII:492-99), 1 Corinthians 13:3

On Mourning for the Dead (#136, B 4:236-43 = #136, J VII:463-68), 2 Samuel 12:23

On Obedience to Parents (#96, B 3:361-72 = #96, J VII:98-108), Colossians 3:20

On Obedience to Pastors (#97, B 3:373-83 = #97, J VII:108-16), Hebrews 13:17

On the Omnipresence of God (#118, B 4:39-47 = #118, J VII:238-44), Jeremiah 23:24

On Patience (#83, B 3:169-80 = #83, J VI:484-92), James 1:4

On Perfection (#76, B 3:70-87＝#76, J VI:411-24), Hebrews 6:1

On Pleasing all Men (#100, B 3:415-26＝#100, J VII:139-46), Romans 15:2

On Predestination (#58, B 2:413-21＝#58, J VI:225-30), Romans 8:29-30

On Redeeming the Time (#93, B 3:322-32＝#93, J VII:67-75), Ephesians 5:16

*On the Resurrection of the Dead [벤자민 칼라미(Benjamin Calamy)의 설교, #137, 잭슨판에만수록됨, J VII:474-85], 1 Corinthians 15:35

On Riches (#108, B 3:518-28＝#108, J VII:214-22), Matthew 19:24

On Schism (#75, B 3:58-69＝#75, J VI:401-10), 1 Corinthians 12:25

On Sin in Believers (#13, B 1:314-34＝#13, J V:144-56), 2 Corinthians 5:17

On a Single Eye (#125, B 4:120-30＝#125, J VII:297-305), Matthew 6:22-23

On Temptation (#82, B 2:156-68＝#82, J VI:175-84), 1 Corinthians 10:13

On the Trinity (#55, B 2:373-86＝#55, J VI:199-206), 1 John 5:7

On Visiting the Sick (#98, B 3:384-98＝#98, J VII:117-27), Matthew 25:36

On the Wedding Garment (#127, B 4:139-48＝#127, J VII:311-17), Matthew 22:12

On Working Out Our Own Salvation (#85, B 3:199-209＝#85, J VI:506-13), Philippians 2:12-13

On Worldly Folly (#126, B 4:131-38＝#126, J VII:305-11), Luke 12:20

On Zeal (#92, B 3:308-21＝#92, J VII:57-67), Galatians 4:18

Origin, Nature, Property, and Use of Law (#34, B 2:1-19; #34, J V:433-46), Romans 7:12

Original Sin (#44, B 2:170-85＝#44, J VI:54-65), Genesis 6:5

Prophets and Priests (#121, B 4:72-84＝The Ministerial Office, #115, J IV:72-84), Hebrews 5:4

Public Diversions Denounced (#143, B 4:318-28＝#143, J VII:500-508), Amos 3:6

Reformation of Manners (#52, B 2:300-324＝#52, J VI:149-67), Psalm 94:16

The Repentance of Believers (#14, B 1:335-53＝#14, J V:156-70), Mark 1:15

The Reward of Righteousness (#99, B 3:399-414＝#99, J VII:127-38), Matthew 25:34

*The Rich Man and Lazarus (#115, "Dives and Lazarus"라는 다른 제목, B 4:4-18＝#112, J VII:244-55), Luke 16:31

The Righteousness of Faith (#6, B 1:200-216＝#6, J V:65-76), Romans 10:5-8

Salvation by Faith (#1, B 1:117-30＝#1, J V:7-16), Ephesians 2:8

Satan's Devices (#42, B 2:138-52＝#42, J VI:32-43), 2 Corinthians 2:11

Scriptural Christianity (#4, B 1:159-80＝#4, J V:37-52), Acts 4:31

The Scripture Way of Salvation (#43, B 2:153-69＝#43, J VI:43-54), Ephesians 2:8

Self-Denial (#48, B 2:236-59＝#48, J VI:103-14), Luke 9:23

Sermon on the Mount, 1 (#21, B 1:466-87＝#21, J V:247-61), Matthew 5:1-4

Sermon on the Mount, 2 (#22, B 1:488-509 = #22, J V:262-77), Matthew 5:5-7

Sermon on the Mount, 3 (#23, B 1:510-30 = #23, J V:278-294, Matthew 5:8-12

Sermon on the Mount, 4 (#24, B 1:531-49 = #24, J V:294-310), Matthew 5:13-16

Sermon on the Mount, 5 (#25, B 1:550-71 = #25, J V:310-27), Matthew 5:17-20

Sermon on the Mount, 6 (#26, B 1:572-91 = #26, J V:327-43), Matthew 6:1-15

Sermon on the Mount, 7 (#27, B 1:591-611 = #27, J V:344-60), Matthew 6:16-18

Sermon on the Mount, 8 (#28, B 1:612-31 = #28, J V:361-77), Matthew 6:19-23

Sermon on the Mount, 9 (#29, B 1:632-49 = #29, J V:378-93), Matthew 6:24-34

Sermon on the Mount, 10 (#30, B 1:650-63 = #30, J V:393-404), Matthew 7:1-12

Sermon on the Mount, 11 (#31, B 1:664-74 = #31, J V:405-13), Matthew 7:13-14

Sermon on the Mount, 12 (#32, B 1:675-686 = #32, J V:414-22), Matthew 7:15-20

Sermon on the Mount, 13 (#33, B 1:687-98 = #33, J V:423-33), Matthew 7:21-27

The Signs of the Times (#66, B 2:521-33 = #66, J VII:409-19), Ezekiel 1:16

The Signs of the Times (#66, B 2:521-33 = #66, J VI:304-13), Matthew 16:3

Some Account of the Late Work of God in North America (#113, B 3:594-608 = #131, J VII:409-29), Ezekiel 1:16

The Spirit of Bondage and of Adoption (#9, B 1:248-66 = #9, J V:98-111), Romans 8:15

Spiritual Idolatry (#78, B 3:103-14 = #78, J VI:435-444), 1 John 5:21

Spiritual Worship (#77, B 3:88-102 = #77, J VI:424-435), 1 John 5:20

The Trouble and Rest of Good Men (#109, B 3:531-41 = #109, J VII:365-32), Job 3:17

True Christianity Defended (#134, Jackson ed. only, VII:452-62), Isaiah 1:21

The Unity of the Divine Being (#120, B 4:61-71 = #114, J VII:264-73), Mark 12:32

The Use of Money (#50, B 2:263-80 = #50, J VI:124-36), Luke 16:9

Walking by Sight and Walking by Faith (#119, B 4:48-59 = #113, J VII:256-64), 2 Corinthians 5:7

Wandering Thoughts (#41, B 2:125-37 = #41, J VI:23-32), 2 Corinthians 10:5

The Way to the Kingdom (#7, B 1:217-32 = #7, J V:76-86), Mark 1:15

What Is Man? (#103, B 3:454-63 = #103, J VII:167-74), Psalm 8:4

Wilderness State (#46, B 2:202-21 = #46, J VI:7-91), John 16:22

The Wisdom of God's Counsels (#68, B 3:551-66 = #68, J VI:325-33), Romans 11:33

The Wisdom of Winning Souls (#142, 200주년 기념판에만 수록됨, B 4:305-17), 2 Corinthians 1:12

The Witness of the Spirit, 1 (#10, B 1:267-84 = #10, J V:111-23), Romans 8:16

The Witness of the Spirit, 2 (#11, B 1:285-98 = #11, J V:123-34), 2 Corinthians 1:12

우리말 웨슬리 설교 목록

우리말 웨슬리 설교 목록은 한국웨슬리학회가 번역・출판한 「웨슬리 설교전집」(총 7권), 한국웨슬리학회 편 (대한기독교서회: 서울, 2006)을 정리했다. 각 권 아래 설교 번호, 제목: 영문 제목: 성경 본문 = 페이지 순서로 표기했다.

제1권
설교 1 믿음으로 말미암는 구원: Salvation by Faith: 에베소서 2:8 = 15

설교 2 명목상의 그리스도인: The Almost Christian: 사도행전 26:28 = 33

설교 3 잠자는 자여 일어나라: Awake, Thou That Sleepest: 에베소서 5:14 = 47

설교 4 성경적인 기독교: Scriptural Christianity: 사도행전 4:31 = 67

설교 5 믿음에 의한 칭의: Justification by Faith: 로마서 4:5 = 93

설교 6 믿음으로 얻는 의: The Righteousness of Faith: 로마서 10:5-8 = 113

설교 7 하나님 나라로 가는 길: The Way to the Kingdom: 마가복음 1:15 = 133

설교 8 성령의 첫 열매: The First Fruits of the Spirit: 로마서 8:1 = 151

설교 9 노예의 영과 입양의 영: The Spirit of Bondage and of Adoption: 로마서 8:15 = 171

설교 10 성령의 증거 Ⅰ: The Witness of the Spirit, Discourse Ⅰ: 로마서 8:16 = 195

설교 11 성령의 증거 Ⅱ: The Witness of the Spirit, Discourse Ⅱ: 로마서 8:16 = 215

설교 12 우리 자신의 영의 증거: The Witness of Our Own Spirit: 고린도후서 1:12 = 235

설교 13 신자 안에 있는 죄: On Sin in Believers: 고린도후서 5:17 = 251

설교 14 신자의 회개: The Repentance of Believers: 마가복음 1:15 = 273

설교 15 대심판: The Great Assize: 로마서 14:10 = 297

설교 16 은총의 수단: The Means of Grace: 말라기 3:7 = 317

설교 17 마음의 할례: The Circumcision of the Heart: 로마서 2:29 = 345

제2권
설교 18 신생의 표적: The Marks of the New Birth: 요한복음 3:8 = 15

설교 19 하나님께로부터 난 자의 특권: The Great Privilege of Those That are Born of God: 요한일서 3:9 = 33

설교 20 우리의 의가 되신 주: The Lord Our Righteousness: 예레미야 23:6 = 51

설교 21 산상설교 Ⅰ: Upon Our Lord's Sermon on the Mount Ⅰ: 마태복음 5:1-4 = 69

설교 22 산상설교 Ⅱ: Upon Our Lord's Sermon on the Mount Ⅱ: 마태복음 5:5-7 = 89

설교 23 산상설교 III: Upon Our Lord's Sermon on the Mount III: 마태복음 5:8-12 = 109

존 웨슬리의 기독교 해설 3: 목회신학

Copyright ⓒ 웨슬리 르네상스 2022

초판2쇄 2024년 4월 30일

지은이 토머스 C. 오든
옮긴이 장여결
펴낸이 장기영
편 집 장기영
교정·윤문 이주련
표지 오인표 (도서출판 토비아)
인쇄 (주) 예원프린팅

펴낸곳 웨슬리 르네상스
출판등록 2017년 7월 7일 제2017-000058호
주소 경기도 부천시 호현로 467번길 33-5, 1층 (소사본동)
전화 010-3273-1907
이메일 samhyung@gmail.com

ISBN 979-11-966084-2-2 (04230)
값 22,000원